박순혁의
K-주식 투자 바이블

배터리 아저씨만의 10루타 주식 발견 노하우

박순혁의
K-주식 투자 바이블

박순혁 지음

차례

1부 · K-주식의 과거, 현재, 그리고 미래

1장
나의 K-주식 투자 스토리

- 주식 투자 꿈나무, 애널리스트가 되다: 1980~2000년대 한국 증시 역사   013
- 세계 증시의 변곡점을 두루 목격하다: 2000~2010년대 한국 증시 역사   024
- '배터리 아저씨'로서의 명성과 고난이 함께 찾아오다   043
- 1차 상승 랠리를 맞이한 2차전지   053
- 2차 상승 랠리를 맞이한 2차전지   062
- 기울어진 '공매도 운동장'을 평평하게 하는 데 일조하다   072

2장
한국 증시와 산업의 미래, K-배터리 투자의 모든 것

- 내가 9대 종목을 이야기한 이유   087
- 세계 최고의 배터리 제조사 LG에너지솔루션과 LG화학   100
- 세계 최고의 양극재 제조사 에코프로비엠과 에코프로   115
- 세계 최고의 리튬 개발 회사 POSCO홀딩스와 포스코퓨처엠   137
- 특급 기술로 글로벌 경쟁력을 갖추다: SK이노베이션과 삼성SDI   148
- 차세대 배터리 기술의 방향인 나노 기술의 강자: 나노신소재   159
- 전기차 캐즘, 어떻게 극복할까?   163
- 트럼프 2기가 K-배터리에 미칠 영향   174
- 2차전지에 대한 관점, 무엇이 그대로이고 무엇이 바뀌었나?   185

2부 · K-주식 투자의 정석

3장
K-주식 최적화 포트폴리오

- 시장에서 살아남는 포트폴리오가 필요한 이유   217
- 포트폴리오를 구성하기 전 생각할 문제   225
- K-주식 최적화 포트폴리오에 담을 주식들   233
- 포트폴리오, 어떻게 조정해나갈 것인가?   242

4장
K-주식은 재무제표부터 알아야 한다

- 주식 초보자도 이해할 수 있는 재무제표 원리   253
- 재무제표, 어디에서 어떻게 볼 수 있나?   273
- 돈과 돈이 될 만한 것을 나타내는 재무상태표   286
- 한 해 동안 얼마나 벌었는지를 나타내는 손익계산서   300
- 실제로 돈이 어떻게 오갔는지를 나타내는 현금흐름표   308
- 네이버페이 증권의 '기업실적분석' 활용하기   312
- K-주식은 재무제표만 보면 안 된다   324

5장
K-주식 투자에 꼭 필요한 기업 분석의 핵심 기초

- K-주식 애널리스트 리포트의 신뢰도가 낮은 이유   335
- 애널리스트 리포트에서 버려도 되는 내용   342
- 애널리스트 리포트에서 꼭 참조할 내용   365
- 성공적인 주식 투자를 위해 모아야 할 자료 리스트   395

6장
K-주식 투자에 꼭 필요한 기술적 분석의 핵심 원리

- 주식 초보자도 이해할 수 있는 기술적 분석의 원리　　　　　　411
- 기술적 분석을 관통하는 핵심 원리 1: 추세　　　　　　　　　　418
- 기술적 분석을 관통하는 핵심 원리 2: 본전 생각　　　　　　　　426
- 기술적 분석을 관통하는 핵심 원리 3: 물극필반　　　　　　　　444
- 기술적 분석은 결국 심리를 파악하는 것이다　　　　　　　　　　452
- 배터리 아저씨의 기술적 분석 노하우와 현금 보유 비중　　　　　469

배터리 아저씨만의
10루타 주식 발견 노하우

1부

―

K-주식의
과거, 현재, 그리고 미래

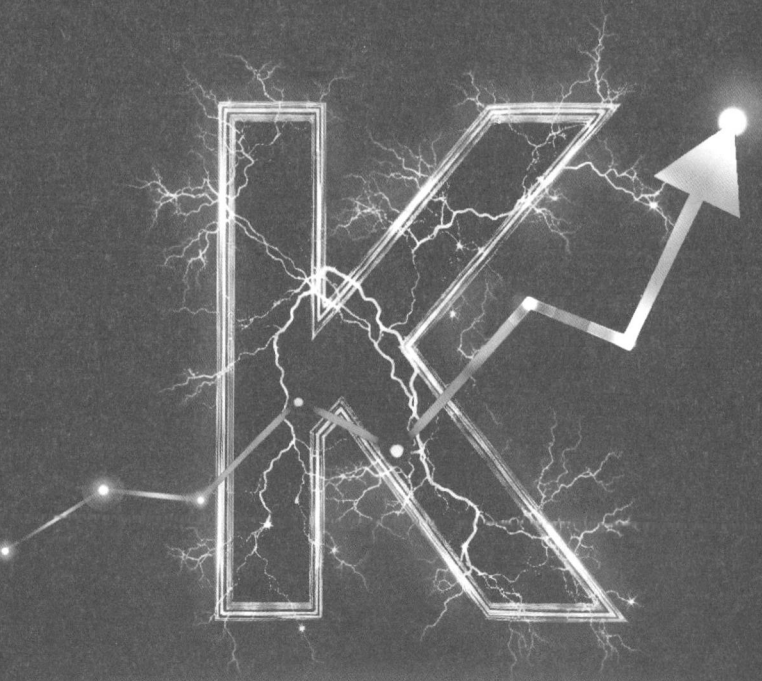

1장

나의
K-주식 투자 스토리

주식 투자 꿈나무, 애널리스트가 되다
: 1980~2000년대 한국 증시 역사

　2023년 대한민국 증권계는 한 사람의 등장으로 온통 시끄러웠다. 그 화제의 주인공이 바로 나, 박순혁이다. 2023년 상반기 내내 '배터리 아저씨 8대 종목'을 축으로 한국의 2차전지 주요 종목은 연일 랠리를 펼쳤다. 특히 에코프로는 2023년 한 해에만 10만 원에서 150만 원(액면분할 전 가격 기준, 액면분할 후 가격으로는 2만 원에서 30만 원)으로 무려 15배나 오르는 기염을 토했다.

　그 전해인 2022년 여름, 에코프로가 6만원 일 때(액면분할 후 1.2만 원) "이 주식은 너무나 저평가돼 있어서 30배도 갈 수 있다"라는 얘기를 공개적으로 한 적이 있는데, 당시에는 무척 터무니없는 얘기로 들렸던 말이 불과 1년 만에 25배나 오름으로써 현실화됐다. 덕분에 2023년 4월 경에는 에코프로와 나를 둘러싼 다양한 밈meme들이 증권가에서 일대 유행하기도 했다.

영국 낭만파 시인 바이런의 '자고 일어나니 유명해져 있더라'라는 말은 당시의 나를 두고 하는 말이었다. 하지만 빛이 있으면 그늘도 있는 법이다. 유명세를 타게 되자 나는 이내 '친중매국 여의도 카르텔'로부터 지난 2년간 엄청난 핍박을 받았다. 그래서 이번 책의 첫 장에서는 그 격변의 2년 동안 한국 증시에서 무슨 일이 있었던 것인지 복기해보고자 한다. 그리고 그 2년의 시간에 대해 이야기를 하려면 그 이전의 시간들에 대해서도 말하지 않을 수 없다. 한국 증시와 함께한 지난 30년은 물론이고, 그 이전에 지나온 내 삶의 행적을 한국 경제, 특히 주식시장의 흐름과 엮어 설명하려 한다. 이를 통해 박순혁이라는 개인에 대한 이해는 물론이고, 한국 증시의 역사에 대한 큰 틀에서의 안목을 두루 갖출 수 있으리라고 생각한다.

1980년대, 대한민국 증시 최고의 대활황장을 보며 주식에 대한 로망을 갖다

1980년대 이전까지 증시나 주식 투자는 일반 국민들과는 괴리된, 소수의 투기꾼들만 참여하는 '그들만의 리그'였다. 포항제철 국민주

공모를 비롯한 증시 활성화 대책과 1980년대 중반의 '3저 호황'이 맞물리면서 1980년대 내내 종합주가지수가 무려 10배가 오르는 대한민국 증시 역사상 최고의 대활황장이 펼쳐졌다. 특히 서울에서 아시안게임(1986년)과 올림픽(1988년)이 열린 3년 동안 종합주가지수는 1986년 +66%, 1987년 +92%, 1988년 +72%의 엄청난 상승률을 매해 연속으로 기록했다. 그 결과, 1986년 1월 160p였던 종합주가지수는 1989년 3월 1,003p로 3년 만에 +527%나 오르는 기염을 토했다.

이윽고 많은 일반 국민들도 주식 투자에 뛰어들기 시작했고, '증시의 대중화' 시대가 열렸다. 당시 나의 부모님도 이 대열에 동참했다. 1980년대 당시 대한민국의 금융과 증시 수준은 선진적인 것과는 정말 거리가 있어서 가치 투자란 개념조차 없었다. 심지어 주식 투자의 기본 개념 중 하나인 'PER Price to Earning Ratio(주가수익비율)'의 존재를 아는 사람들도 거의 없었다. 그저 당시 주도주였던 '트로이카 주식', 즉 건설, 무역, 금융 업종 주식 중 아무것이나 사두면 매일 시세가 올라가는 상황이었다. '금성사(현재 LG전자) 주가가 2만 원으로 삼성전자 주가 3만 원보다 싸니까 금성사 사야지'라는 식의 '절대 주가' 논리가 먹히는 그런 증시였다.

1980년대는 아직 전산화가 활발히 이루어지지 않은 시대였기에 주식을 사고팔려면 증권사 지점을 직접 방문해야 했다. 증권사 지점의 '객장客場'에는 대형 전광판이 비치돼 주식의 현재가를 표시해 보여줬다. 고객들은 이 시세판을 보고 '삼성전자 주식 10주 3만 원에 사 주세요' 하는 전표를 작성하고, 30만 원 현금을 증권사 지점 창구 직원에게 직접 전달해 주식을 매수했다. 나는 중학교 3학년이던 1986년 처음으로 증권사 객장에 갔고, 이런 일련의 과정이 너무나 재미있고 흥미로웠다. 이내 마음속에 꿈이 생겨났다. '이다음에 크면 주식 관련 일을 해야지!"

요즘이야 HTS나 MTS로 주식 투자를 한다지만, 1980년대에는 신문의 '증권시세면'을 보고 주식 시세를 확인했다. 매일 아침 신문이 배달되면 우리 가족들도 이 증권시세면을 가장 먼저 펼쳐서 우리 가족이 갖고 있는 주식의 시세를 확인했다. 그때는 대부분의 주식이 오르는 날이 많았기 때문에 하루를 행복하게 시작할 수 있었던 참으로 낭만적인 시대였다. 이러한 낭만적인 요소가 나로 하여금 '주식에 대한 꿈'을 꾸게 만들었던 것 같다.

1990년대, 펀드매니저가 되고 싶어 대한투자신탁에 입사하다

주식과 관련된 일을 하고 싶다는 꿈은 이후로도 변함이 없었고, 나는 1990년 연세대학교 경영학과를 입학했다. 이후 9학기 만에 대학을 졸업하고, 증권사 여러 군데와 대한투자신탁에 입사 지원서를 냈고, 최종적으로 1995년 2월 대한투자신탁에 입사했다. 대한투자신탁은 1999년 IMF 후폭풍에 따른 '대우그룹 부도'의 여파로 공적자금을 수혈받았고, 이후 하나금융그룹에 인수돼 지금은 '하나증권'으로 사명을 바꿔 유지 중이다. '에코프로 매도 리포트'로 물의를 일으킨 하나증권 김현수 애널리스트가 나의 20년 직계 후배인 셈이고, 당시 입사 동기 다수는 여전히 여러 여의도 증권사, 자산운용사, 벤처 캐피털 등에서 사장이나 이사나 본부장 등 현역으로 왕성히 활동 중이다.

1992년 대한민국 증시는 큰 변곡점을 맞이한다. 바로 우리 증시를 '외국인 투자자에게 문호 개방'한 것이다.* 1992년 1월 3일, '전체 발행주식의 10%를 한도로' 외국인들이 대한민국 주식을 살 수 있게 됐다. 외국인은 빗장이 풀리자마자 태광산업, 한국이동통신(현재의 SK텔레콤), 신영, 대한화섬 등 PER이 낮은 주식을 쓸어 담았다. 당시 PER 2배에 불과했던 태광산업은 이후 3년 만에 14배나 오르면서 대한민국 증시에는 '저PER 혁명'이 도래했다. 1980년대만 해도 대한민국 투자자들은 PER이란 것이 있는지도 몰랐다. 그러다가 외국인 투자자들에 의해 PER 등 가치에 기반한 투자 방식, 즉 가치 투자란 개념이 국내에 들어왔다. 외국인 문호 개방 이전의 한국 증시는 그야말로 기술적 분석만 횡행하던 '투기판'이나 다름없었다.

그 무렵 투자자들 사이에 유행했던 책이 하나 있는데, 바로 월가의

---

* 이태호, '외국인 들어오자 '低PER株 투자' 러시… '우물 안' 개미들은 환호했다', 〈한국경제〉, 2018년 11월 23일자 기사.

전설적인 펀드매니저 피터 린치Peter Lynch의 《전설로 떠나는 월가의 영웅》이었다. 이 책은 지금도 널리 읽히는 '투자의 고전古典'이다. 나 또한 이 책을 읽자마자 매료됐고 '피터 린치 같은 펀드매니저가 되면 너무 멋지겠다' 하는 꿈을 꿨다. 내가 사회 초년생이던 시절, 펀드매니저는 증권업계 최고의 선망 직종이었다. 대한투자신탁에 입사한 신입사원들 중에서도 펀드매니저를 희망하는 사람들이 많았고, 당연히 경쟁이 치열했다. 1995년 대한투자신탁에 입사하고 처음 근무한 곳은 인천 주안 지점이었다. 나는 펀드매니저의 꿈을 이루고 싶어서 낮에는 지점에서 근무하고 퇴근 후와 휴일에는 인하대학교 도서관에서 열심히 공부했다. 1997년 연말 무렵에는 사내 '예비 애널리스트 양성 연수 과정'에 응모해 당당히 연수 과정에서 1등을 차지했다. 덕분에 이후 대한투자신탁에서 애널리스트이자 펀드매니저로서 활동할 수 있게 됐다. 마침내 꿈을 이룬 것이다.

  1980년대 한국 증시가 화려했던 것과는 달리, 1990년대 한국 증시는 파란만장했다. 1989년 사상 최초로 1,000p를 넘겼던 우리 증시는 이후 과속에 따른 후유증으로 1992년 460p까지 반 토막 나기도 했다. 그러나 1992년 외국인 투자자에게 문호를 개방한 이후 한국 증시는 활력을 되찾아 1994년 연말 무렵에는 다시금 1,000p를 넘어 1,145p를 기록하기도 했다. 그러나 그 기쁨도 잠시, 이후 재차 하락을 시작한 증시는 1997년 'IMF 사태'라는 사상 초유의 국가적 위기를 맞이하면서 300p마저 속절없이 무너지는 최악의 상황을 맞았다. 다행스럽게도 대한민국은 전 세계에서 유례가 없는 속도로 빠르게 IMF를 극복했다. 이는 증시에도 그대로 반영돼 IMF 구제금융을 신청한 지 약 1년 반 만인 1999년 7월에 1,000p를 회복하기도 했다. 이는 단 1년 반 만에 지수가 300% 가까이 상승한 것인데, 때마침 현대투자신탁 이익치 회장은 애국심을 자극하는 '바이 코리아 펀드Buy Korea Fund'를 출시해 선풍적인 인기를 누리기도 했다.

  1997년 IMF 위기가 닥쳤을 때는 상장 주식의 거의 1/3이 파산하는 등 주식 투자자에겐 재앙과도 같은 시기였다. 하지만 이후 1998년 가을 무렵부터 단 1년 만에 300% 가까운 상승이 나타났을 때는 반대로 '주식 벼락부자'가 대거 탄생하기도 했다. 언제나 '큰 위기 뒤에는 큰 기회'가 따라오는 것이 주식시장의 변하지 않는 철칙임을 보여주는 사례라 하겠다.

1999년, 애널리스트가 되고 난 후 '닷컴 버블'을 목격하다

  1997년 연말, 사내 애널리스트 양성 과정에서 1등을 차지한 후 실제 애널리스트로 발령을 받은 것은 1999년 봄이었다. 원래 신참 애널리스트에게는 상대적으로 중요도가 떨어지는, 시가총액이 작은 종목들로 구성된 업종을 맡긴다. 시가총액이 큰 삼성전자가 포함된 반도체 업종은 관록과 경험 있는 애널리스트가 담당하고, 시가총액이 작은 종목들로 구성된 반도체 장비 업종은 신참이 맡는 식이다. 그리고 반도체를 담당하는 선배 애널리스트가 신참의 사수가 되어 도제식으로 교육하는 구조다.

당시 나는 참 운이 좋았다. 나의 사수가 대한투자신탁 리서치센터의 애널리스트들 중에서도 에이스로 평가받는 분이었던 덕분에 처음부터 제대로 된 애널리스트 교육을 받을 수가 있었다. 나의 사수가 담당하던 업종이 삼성전자 등 반도체와 SK텔레콤 등 통신 서비스 업종이었기에 나도 자연스럽게 그와 연관되면서 시가총액이 작은 기업들이 모인 반도체 장비와 통신 장비 업종을 맡았다.

1999년과 이듬해 2000년 3월까지 대한민국 주식시장은 '닷컴 버블'로 뜨거웠다. 인터넷 보급이 가속화되면서 일상생활이 크게 바뀌기 시작했고, 미국 나스닥 시장이 연일 불을 뿜고, 김대중 정부에서 벤처 활성화 정책을 펼친 데 힘입어 코스닥 광풍이 불어닥쳤다. 코스닥 광풍의 선두 주자는 골드뱅크였다. 당시 골드뱅크는 '광고를 보면 돈을 준다'라는 아이디어로 단기간에 100만 가입자를 모으는 데 성공했다. 이를 기반으로 1998년 10월 코스닥에 500원에 상장한 주가는 1999년 5월 2.7만 원으로 55배나 상승하며 일대 선풍을 일으켰다. 골드뱅크는 마땅한 수익원 없이 '광고를 보는 가입자들에게 돈만 퍼주는' 적자 구조를 면치 못했지만, 크게 오른 주가를 기반으로 유상증자를 통해 700억 원이 넘는 돈을 조달했고, 이를 기반으로 '골드뱅크 클리커스'라는 프로농구팀을 운영하기도 했다.

1999년 코스닥 광풍의 상징적인 기업은 역시 새롬기술이다. 새롬기술은 다이얼 패드Dial Pad 서비스를 내놓았는데, 이는 전화 회선이 아닌 인터넷 회선을 활용해 국제전화를 무료로 제공하는 서비스였다. 당시는 국제전화가 분당 몇천 원씩 하던 시대였다. 이를 통화 중에 광고를 보는 조건으로 무료로 제공한다는 것은 무척 획기적인 제안이었다. 1999년 8월 코스닥에 상장한 새롬기술은 1,890원에서 이듬해 3월 28.2만 원까지 올랐는데, 단 6개월 만에 무려 150배나 상승한 수치였다. 이는 아직까지도 단기 최대 상승 기록으로 깨어지지 않고 있다. 새롬기술의 사례는 2022년 크게 흥행한 드라마 〈재벌집 막내아들〉에서 '뉴 데이터 테크놀로지'라는 이름으로 각색돼 등장하기도 했다.

이렇다 보니 시중의 돈이 코스닥 시장과 비상장 벤처 기업으로 미친 듯이 몰려들기 시작했고, 이는 역사적인 버블 장세를 만들었다. 원래 증시는 새로운 기술에 열광하는 경향이 있다. 당시 인터넷은 정말 획기적인 신기술이었다. 거기에다 1999년에는 새로운 천년, 즉 '뉴 밀레니엄New Millenium'을 목전에 두고 한껏 들뜬 사회 분위기까지 결합해 당시 인터넷 기업들은 전혀 이익을 내지 못하고 있었음에도 불구하고 엄청난 주가 상승을 경험했다.

이처럼 코스닥 광풍이 뜨거워지자 인터넷 관련 신생 기업들 다수가 코스닥에 신규 상장하는 '코스닥 상장 붐'이 크게 일어났다. 이는 리서치센터 입장에서 담당해야 할 새로운 기업, 새로운 업종이 크게 늘어낮음을 의미했다. 당시 대한투자신탁 리서치센터의 선배 애널리스트들은 전통적인 업종을 맡고 있었고, 1992년 외국인 투자자 문호 개방 이후 '저PER=저평가'가 표준이었던 시점이었기에 이런 코스닥 광풍은 낯설고 대응하기 어려운 것이었다. 'PER 30배만 넘어도 너무 비싸서 매수 의견을 낼 순 없어' 하는 게 당시 선배 애널리스트들의 공통적인 생각이었다. 인터넷 관련 코스닥 기업들은 PER 100배가 넘는 것이 수두룩했고, 심지어 적자 상태인데도 주가는 하늘 높이 올라가기만 했다. 1999년 하반기 들어서는 인터넷 관련주가 연일 상승하고, 선배 애널리스트들이 담당한 전통 산업의 이익이 잘 나는 우량한 기업들은 '굴뚝주'라 천시받으면서 반대로 떨어지기만 하는 극심한 '양극화 장세'가 펼쳐졌다. 당시 선배 애널리스트들은 그동안 배워왔고 확립해온 'PER' 위주의 기업 분석 방법이 전혀 먹혀들지 않자 낙담하곤 했는데 그 모습이 지금도 기억에 생생하다.

한국 증시 상황이 이렇다 보니 신참 애널리스트였지만 충분히 준비돼 있었고, 훌륭한 사수 밑에서 제대로 도제 교육을 받은 내게 많은 업종이 배정됐다. 반도체 장비와 통신 장비에 이어서 인터넷 소프트웨어 업종이 내게 추가로 배정됐다. 더불어 해당 업종의 신규 종목들이 1999~2000년 내내 빠르게 많이 상장되면서 담당 종목 수도 부쩍 늘어났다. 그 무렵 내가 담당했던 업종들의 종목은 코스닥 광풍의 직접적인 수혜 종목이었기 때문에 리포트를 쓰는 족족 상한가를 가는 등 크게 오르곤 했다. 덕분에 하루하루가 바빴지만 정말 즐거운 시절이었다.

  2000년에 들어서는 SM과 NC소프트가 새롭게 코스닥에 상장했다. 지금은 SM이 속한 엔터테인먼트 업종과 NC소프트가 속한 게임 업종이 시가총액 비중을 크게 차지하는 주요한 업종이라 엔터테인먼트 업종과 게임 업종을 전담하는 애널리스트들이 많다. 하지만 당시에는 둘 다 첫 상장 사례여서 기존에 이를 맡았던 애널리스트 자체가 없었다. 자연스럽게 '신참이지만 똘똘하고 젊은 사람이 엔터테인먼트나 게임에 더 친숙하지 않겠냐'라는 단순한 이유로 내가 이 두 개의 업종을 동시에 맡게 됐다. 상장하고 얼마 안 된 시점에 SM과 NC소프트를 각각 기업 방문해서 좋은 인상을 받았고, 실제 매수 보고서를 쓰기도 했다. 아마 그때 보고서만 쓰는 데서 그치지 않고 두 회사의 주식을 사서 지금까지 보유하고 있었다면, 각각 수십 배나 올랐을 텐데 하는 아쉬움을 지금도 갖고 있다.

세계 증시의 변곡점을 두루 목격하다
: 2000~2010년대 한국 증시 역사

애널리스트 시절 나는 많은 사랑을 받았다. 앞서 얘기한 여러 이유로 나는 다양한 업종의 시가총액이 상대적으로 적은 기업 다수를 담당했다. 애널리스트의 고객인 펀드매니저 입장에서 보면 중요도가 떨어지는 기업들이었지만, 그래도 리포트는 필요하기 때문에 당시에 나는 많은 수의 리포트를 써야만 했다. 다행스럽게도 나는 글을 빨리 쓰는 재주가 있어서 맡은 역할을 충실히 수행해냈다. 훌륭한 사수에게 제대로 배우기도 했고, 글쓰는 솜씨도 나쁘지 않았기에 윗분들도 나를 많이 귀여워해주셨다.

2001년, 꿈에 그리던 펀드매니저가 되다

2001년 봄 즈음, 당시 대한투자신탁의 고유재산 운용을 총괄하던 본부장님께서 리서치센터에 있던 나를 고유재산 운용팀으로 스카우트해가셨다. 그동안 나를 좋게 평가해주신 덕분이었다. 드디어 오랜 기간 꿈꿔왔던 펀드매니저 일을 맡게 된 것이다. 고유재산 운용본부로 발령받은 나는 벤처투자팀과 상장주식 운용팀에서 각각 근무했다. 닷컴 버블은 2000년 3월 들어 마치 신기루처럼 갑자기 꺼졌다. 1998년 10월 600p에서 1년 반 만인 2000년 3월 2,925p까지 무려 다섯 배가 올랐던 코스닥 지수는 2000년 연말에는 500p로 불과 10개월 만에 1/6 토막 나면서 뒤늦게 닷컴 버블에 올라탄 투자자들을 한숨 짓게 했다. 코스닥보다는 하락 폭이 적었지만 코스피 지수 또한 부진을 면치 못했다. 2000년 초 1,000p였던 코스피 지수는 그해 연말엔 500p로 반토막이 나면서 1999년 '바이 코리아 펀드 붐'에 편승했던 투자자들을 시름에 빠뜨렸다.

2000년의 큰 폭 하락에 이어 2001년 증시도 지지부진함을 면치 못했다. 2001년 들어 코스피 지수는 500p에서 630p의 박스권 안에 머물렀다. 그러던 중에 지금까지도 기억에 생생한 엄청난 일이 발생하고 만다. 바로 '9·11 테러 사건'이다. 2001년 9월 11일 오사마 빈 라덴이 수장으로 있는 알카에다 테러 조직은 미국 항공기를 납치해 뉴욕 맨 해튼의 랜드 마크, 월드 트레이드 센터와 워싱턴 D. C.의 국방부 건물 등을 자폭 테러했다. 당시 사망자 수만 3,000명에 육박하고, 6,000여 명의 부상자를 발생시킨 역사상 가장 큰 인명 피해를 일으킨 테러였다. 무엇보다 전 세계의 경제 수도인 뉴욕에서 일어난 대형 참사였기에 미국인뿐만 아니라 전 세계인에게 커다란 '충격과 공포'를 안겨준 사건이다.

쌍둥이 빌딩인 월드 트레이드 센터의 1타워가 테러 공격을 받았을 때, 뉴욕은 오전 8시 46분으로 한국 시간으로는 밤 9시 46분이었다. 당시 신혼이던 나는 평소처럼 퇴근하고 아내와 함께 TV를 보고 있었는데, 밤 10시경에 뉴스 속보로 1타워가 불타고 있는 모습이 전해졌다. '이게 무슨 일이지?' 하며 어리둥절하는 동안에 또다시 놀라운 일이 벌어졌다. 전 세계인이 뉴스 속보를 보고 있는 와중에 월드 트레이드 센터 2타워에 다시 비행기가 다가가더니 그대로 부딪혀서 폭발해 버리는 것이 아닌가? 전 세계인이 역사상 가장 참혹한 테러의 현장을 생중계로 보게 됐고, 나 또한 그중 한 명이었다. 뉴욕 시간 오전 9시 3분, 한국 시간으로는 밤 10시 3분의 일이었다.

사건 다음 날인 9월 12일, 증시는 그야말로 난리가 났다. 당시 540p 정도였던 코스피 지수는 개장하자마자 8% 이상 갭 하락해 500p가 붕괴된 채 시작했다. 장중에도 낙폭이 확대돼 하루 만에 무려 12.01% 하락하는 대폭락장이 연출됐다. 당시는 상하한가 폭이 15%였는데, 하한가를 기록한 종목만 해도 무려 621개로 웬만한 종목은 거의 다 하한가로 마감했다. 당시 대한투자신탁 고유재산 운용본부의 보유 주식 규모는 3,000억 원 수준이었는데 이날 하루 만에 400억 원 가까이가 사라졌다.

더 큰 문제는 따로 있었다. 고유재산 운용본부 내에는 파생상품팀이 있었는데, 당시 유행이었던 옵션 양매도를 통해 수익을 내는 전략을 주로 쓰는 곳이었다. 그런데 주가가 폭락하자 풋옵션이 하루 만에 수백~수천 배 급등하는 바람에 100억 원 이상의 손실을 입고 만다. 회사는 발칵 뒤집어졌다. 단 하루 만에 500억 원의 손실이 난 데다 그 끔찍한 광경을 모든 사람이 생방송으로 생생히 목격했고, 뉴욕 증시는 무기한 휴장에 들어가서 언제 재개장할지도 알 수 없는 총체적인 불확실성 상태였다. 내부에서는 지금이라도 손실을 줄이려면 고유재산 보유 주식을 모두 처분해야 한다는 주장이 빗발쳤다. 고유재산 운용본부 내에서 회의가 열렸다. 나는 '이미 주가가 오랜 기간 조정을 거친 이후여서 충분히 저평가 상태이고, 과거 사례를 봐도 이런 돌발 악재 후에는 오히려 큰 상승이 일어나곤 했다'라는 주장을 여러 근거를 들면서 설득력 있게 주장했다. 이윽고 내 의견이 받아들여져서 고유재산 보유 주식을 팔지 않고 버티기로 최종 결론이 났다.

이후 의외로 추가 하락은 크지도, 길지도 않았다. 그 엄청난 '충격과 공포'의 사건이 있었음에도 이후 추가 낙폭은 제한적이어서 채 5%도 더 떨어지지 않은 460p에서 주가는 바닥을 찍었다. 그리고 9월 말이 되기 전, 증시는 상승세로 전환했다. 상승세로 전환한 증시는 이내 연이은 상승 랠리를 펼치면서 2002년 4월에는 940p로 단 반 년 만에 종합주가지수가 다시 100% 가까이 상승했다. 한때 1,000억 원 이상 손실이었던 고유재산 운용팀 주식 포트폴리오는 그 손실액을 다 회복하고도 1,000억 원 이상의 이익으로 돌아섰다.

그러나 이 이야기는 해피엔딩으로 끝나지 않았다. 2002년 4월까지 빠르게 940p까지 회복한 증시는 이후 다시 하락으로 전환했다. 이유는 크게 두 가지였다. 하나는 2000년 닷컴 버블 붕괴의 여파가 여전했고, 다른 하나는 9·11 테러 사태 이후 전개된 국제정치적 불확실성이 악재로 작용했다. 특히 2022년 하반기 무렵에는 '이라크 전쟁' 얘기가 스멀스멀 부각되기 시작했다. 이 전쟁에서 미국이 승리하기는 어려울 것이며, 그렇게 되면 세계경제가 말로 표현할 수 없는 혼란에 빠질 것이라는 비관론이 크게 번졌다. 힘겹게 940p를 회복한 증시는 하락 일로에 빠져 2023년 3월 500p까지 급락했다. 그러면서 한때 1,000억 원을 훌쩍 넘던 평가익이 2003년 2월경에는 1,000억 원의 손실로 다시 바뀌었다. 회사는 비상 회의를 소집했고 긴 격론 끝에 회사 재산으로 거액의 주식 투자를 하는 것은 너무나 위험하니 다 팔고, 1,000억 원 선에서 손실을 확정하는 것으로 결론이 났다. 하늘이 무너지는 것 같았으나 회사의 결정이 그러하니 따를 수밖에 없었다.

그렇게 1,000억 원의 손실을 보고 주식을 다 판 다음, 한 달도 되지 않은 2003년 3월 20일에 이라크 전쟁이 발발했다. 많은 이들의 우려와 달리 미국은 압도적인 화력을 바탕으로 단기간에 이라크 전쟁을

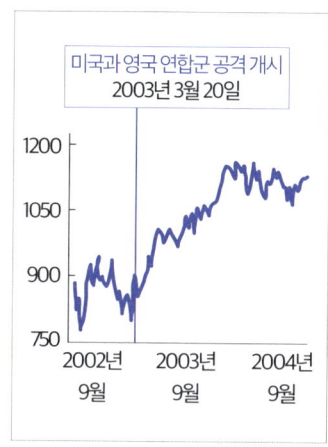

이라크 전쟁 전후 증시 변화와 1940년 이후 주요 사건 발생 시 미국 다우지수 평균 등락률(단위: %)

승리로 끝냈다. 증시는 거짓말처럼 빠르게 상승하기 시작했고, 그로부터 4년 뒤인 2007년에는 2,000p를 돌파하는 정말 멋진 장세가 펼쳐졌다. 아마 이때도 한 달만 더 견뎠으면 아마 수조 원의 이익을 거둘 수 있었을 것이다. 그랬으면 대한민국 증권업계의 판도가 달라졌을 것이라고 생각한다. '순간의 선택이 평생을 좌우한다'라는 말은 마치 이를 두고 한 말인 것만 같다.

위의 그래프와 표는 투자자라면 꼭 따로 출력해서 눈에 잘 보이는 어딘가에 붙여둘 필요가 있는 자료다. 이라크 전쟁 때만 그랬던 것이 아니라 역사적으로 사람들이 공포와 패닉에 빠졌을 때는 그로 인해 증시가 크게 하락한 후 대부분 상승장이 뒤따랐다. 그리고 그 상승장 중에는 인생을 바꿀 만큼의 엄청난 상승장도 포함돼 있다. "IMF 때 주식을 샀어야 했는데", "2008년 글로벌 금융 위기 때가 절호의 기회였는데", "2020년 코로나가 터졌을 때 몰빵했어야 했는데"라고 모두들 얘기한다. 그러나 막상 그런 시절이 본인에게 닥치면 과감하게 투자금을 늘리기보다 오히려 보유한 주식을 겁에 질려 팔고 떠나는 '패닉 셀Panic Sell' 행렬에 동참하는 경우가 더 많다. 왜 그럴까? '무서움이라는 감정'은 '냉정하고 계산적인 이성'보다 훨씬 더 강력하기 때문이다. 그러한 공포에 사로잡혔던 한 집단이 한때 대한민국 최고의 증권 관련 엘리트 집합체인 대한투자신탁이었다는 것이 개인 투자자인 여러분에게 위안과 용기를 줄 수 있을지도 모르겠다.

글로벌 금융 위기 시기, 지점 PB로 근무하다 투자자문사로 이직하다

2003년 2월 고유재산 운용본부의 주식 투자는 그만두기로 결정됐고, 보유 주식을 다 처분한 후에 본부는 해체됐다. 본부가 해체됨에 따라 부서원들은 부서를 옮겨야 했다. 고유재산 운용본부는 당연히 대한투자신탁에서도 핵심 에이스들을 모아놓은 조직이라 가고 싶은 부서는 얼마든지 갈 수 있었다. 당시 나는 나이도 어린 데다 늘 좋은 평가를 받고 있었기 때문에 본사 핵심 부서에서 데려가고 싶어 했다. 하지만 나는 지점 증권의 영업직, 요즘에는 PBPrivate Banker라고 불리는 업무에 지원했다. 당시 종합주가지수가 500p 바닥을 찍고 조금씩 올라가던 상황이었는데, 나는 앞으로 펼쳐질 대세 상승장에 확신을 갖고 있었기 때문이다. 그래서 많은 걱정과 충고에도 불구하고 이 대세 상승장에서 뭔가를 해보고 싶어서 PB직을 자청했다.

내가 PB직을 자원했다고 소문이 나자 강남 일대의 영업 기반이 좋은 지점 여러 군데에서 스카우트 제의가 쇄도했다. 그러나 나는 다소 선호도가 떨어지는 신림역 지점을 선택했다. 두 가지 이유 때문이었다. 첫째, 내가 입사 초년병 당시 같이 근무했던 직원의 부탁이 있었고, 둘째, '부자들을 더 부자로 만드는 것보다는 다소 서민적인 사람들을 부자로 만드는 게 더 보람 있지 않겠냐' 하는 치기 어린 생각 때문이었다. 사주를 보러 가면 나는 늘 '사람이 고지식하다'라는 말을 듣는다. 남들이 보기에 '그 고지식함 때문에 괜한 손해를 보는 것처럼 보이는' 행동들을 일생 동안 참 여러 번 했는데, 지금에 와서 생각해보면 강남 지점에 가지 않고 신림역 지점에 간 행동이 그중 하나였던 것 같다. 이제는 그때의 선택이 약간 후회되기도 하는데, 후회해서 어쩌겠는가. 사람은 타고난 대로 살아가기 마련이다.

2003년 5월경 나는 신림역 지점에 발령받아서 첫 출근을 했다. 그곳에서 내가 처음 맡은 고객의 자산은 고작 4억 원이었다. 그것으로는 입에 풀칠도 못할 지경이라서 자산을 늘리기 위해 열심히 노력했다.

당시 증시 분위기는 1997년 IMF, 2000년의 닷컴 버블 붕괴, 2001년의 9·11테러, 2003년의 이라크 전쟁 등으로 주식 투자자 모두가 엄청나게 의기소침해 있는 상태였다. '주변에 누가 주식 투자를 한다면 도시락을 싸 갖고 다니면서 말리겠다'라는 말이 유행하던 시절이었다. 이런 상황에서 나는 '수년 내로 1,000p는 쉽게 넘을 것이고, 3,000p까지도 갈 수 있다'라고 큰소리를 쳤다. 일정 부분은 여러 가지 계산상 실제로 가능한 수치라고 생각했고, 일정 부분은 마케팅용 과장도 혼재된 얘기였다.

당시 고객들에게 단 세 종목을 추천했다. 삼성전자(우), 현대모비스, 그리고 POSCO였다. 여러 자료를 분석해보니 수출 데이터가 중국의 고속 성장에 힘입어 아주 좋았고, 대한민국 수출 기업 중에서 세계적 경쟁력을 가진 기업이 그 셋이라고 생각했기 때문이다. 삼성전자 대신에 삼성전자(우)를 택했던 것은 보통주와 우선주 간의 괴리율이 컸기 때문이다. 현대차 대신에 현대모비스를 선택한 것은 당시 현대차 그룹의 오너였던 정몽구 회장이 현대모비스 지분만 많이 갖고 있어서 그룹사 차원에서 현대모비스를 더 키우려 하는 계획이 명확히 보였기 때문이다. 2003~2007년 사이 세 종목의 주가는 우상향했다. 삼성전자(우)는 대략 5배, 현대모비스는 7배, POSCO는 8배 정도 상승했다.

고객들이 주식 투자를 통해 돈을 많이 번다고 해서 증권사가 돈을 많이 버는 것은 아니다. 증권사의 수입원은 고객이 주식을 사고팔고 할 때의 매매 수수료다. 따라서 증권사 PB가 돈을 많이 벌려면 고객들이 돈을 많이 벌든 말든 상관없이 매매를 자주 하게 해서 '매매 회전율'을 높여야 한다. 고객의 이익과 나의 이익이 일치하지 않는 것은 증권사 PB가 늘 마주치는 딜레마다.

나 역시 이런 딜레마에 봉착했지만, 나는 단호히 고객의 이익을 우선하는 형태로 PB 업무를 수행했다. 나는 2003년 이후 상당히 긴 대세 상승장이 올 것이라고 전망했고, 내가 선택한 유동성이 풍부한 대표 대형주인 삼성전자(우), 현대모비스, POSCO, 이 세 종목을 고객들에게 장기 보유할 것을 권유했다. 이유는 두 가지였다. 첫째, 당연히 이렇게 하는 것이 고객들의 재산을 안전하고 크게 불릴 수 있는 방법이라 생각했기 때문이다. 둘째, 이렇게 하면 자기 잇속만 챙기는 다른 PB들과는 달리 신뢰할 수 있는 사람으로 인정받아 자연스럽게 위탁자산이 늘어나리라고 판단했기 때문이다. 이 판단은 그대로 적중해 처음 1,000만 원을 맡기던 분이 나중에는 1억 원을 맡기고, 자신의 일가친척을 소개해주는 식으로 고객이 늘어 2007년 무렵에는 400억 원으로 위탁자산이 크게 늘어났다.

내가 평생 철칙으로 삼는 말이 하나 있다. 펀드매니저를 꿈꾸던 사회 초년병 시절 워런 버핏의 책에서 본 문장이다. '신뢰를 쌓는 데는 평생이 걸리지만, 무너지는 데는 5분도 걸리지 않는다. 이 사실을 안다면 당신의 행동은 달라질 것이다.' 그 말을 지킨 결과, 증권사 PB로서 꽤 성공 가도를 달렸던 것 같다. 하지만 2007년 무렵에 나는 증권사 PB를 그만두고 다른 방법을 찾을 생각을 하게 됐다. 4년간 우량 대형주를 장기 보유한 결과 고객들의 자산은 크게 불어났지만, 최대한 매매를 자제한 결과 매매 수수료에 연동되는 나의 월급은 그렇게까지 크게 증가하지 못했기 때문이다. 게다가 지점장은 늘 내게 불만이었다. 큰 자산을 갖고 있으면서 매매를 활발히 하면 지점의 이익도 크게 늘어날 텐데 내가 고객의 이익만을 생각하며 타협하지 않았기 때문이다. 이런 이유로 윗선과 갈등이 생겼고, 나는 '고객의 이익이 증가하는 만큼 나의 이익도 증가하는 구조'를 만들어야겠다는 생각을 하게 됐다.

결국 오랫동안 근무해온 정든 직장을 떠나 투자자문사로 이직할 결심을 했다. 고객들이 나를 신뢰하는 만큼 투자자문사로 자리를 옮기더라도 대부분 따라오지 않을까 생각했다. 이런 순간, 내게 불운이 닥쳤다. 바로 2008년 9월 리먼 브라더스Lehman Brothers 파산으로 촉발된 글로벌 금융 위기 사태가 벌어진 것이다. 2008년 글로벌 금융 위기는 2007년 말부터 불거진 서브프라임 모기지 위기Subprime Mortgage Crisis의 직접적인 결과였다. 그 근원을 거슬러 올라가면, 2000년 닷컴 버블의 붕괴, 2001년 9·11테러, 2003년 이라크 전쟁으로 이어진 미국 경제의 위기 상황을 타개하기 위한 연방준비은행Federal Reserve Bank, FRB의 장기 저금리 유지를 포함한 통화정책 실패까지 이어진다.

2000~2003년 닷컴 버블 붕괴, 9·11테러, 이라크 전쟁 등으로 미국 경제가 급격한 침체에 빠지자 앨런 그린스펀Alan Greenspan FRB 의장은 빠르게 기준 금리를 인하해 1% 미만으로 유지했다. 이 저금리는 주택

가격 인상을 촉발했고, 미국인들 사이에서 낮은 금리로 대출을 받아 집을 사는 붐이 불면서 글로벌 부동산 시장의 거품을 초래했다. 당시 주택 대출은 신용도가 떨어지는 사람들에게도 마구잡이로 이루어졌는데, 이를 서브프라임 모기지라고 한다. 이 서브프라임 대출이 더 큰 문제가 된 것은 이를 금융기관들이 CDO(부채담보부증권)나 CLO(대출채권담보부증권) 등 파생증권화해서 마구 사들인 것이 화근이었다.

2005년 이후 FRB는 주택 시장의 과열을 막기 위해 금리를 다시 빠른 속도로 인상했다. 이는 시차를 두고 부동산 가격의 하락을 불러왔고, 서브프라임 대출은 빠르게 부실화됐다. 이것이 단지 부동산 시장의 문제에서 그친 것이 아니라 글로벌 금융시장 전체의 문제로 비화한 것은 당시 금융기관 사이에서 대유행한 CDO, CLO 등 서브프라임 모기지를 기초자산으로 한 파생증권 때문이다. 당시 서프프라임 모기지를 기초자산으로 한 각종 파생증권은 손쉽게 고금리 수익을 얻을 수 있는 방법으로 인식돼 모건스탠리Morgan Stanley, 골드만삭스Goldman Sachs, 도이치방크Deutsche Bank 등 전 세계 굴지의 투자은행들이 이를 경쟁적으로 엄청난 규모로 매수해 보유 중이었다. 그런데 이들이 삽시간에 휴지 조각이 되어버린 것이다. 그 결과, 2008년 봄에는 베어스턴스The Bear Stearns, 여름에는 페니 메이Fannie Mae와 프레디 맥Freddie Mac이 긴급 구제금융을 받게 됐고, 이 과정에서 글로벌 증시는 이미 상당 폭의 하락이 전개됐다.

2008년 가을 무렵에 이제 떨어질 만큼 떨어졌으니 증시가 이제는 좀 안정될까 하던 찰나에 리먼 브라더스 사태가 발생했다. 우리나라 추석 연휴인 2008년 9월 15일, 미국 4위 투자은행인 리먼 브라더스가 파산했다. 6,390억 달러의 자산과 6,130억 달러의 부채를 안고 파산한 리먼 브라더스는 미국 역사상 최대 규모의 파산 사례로 기록됐다. 리먼 브라더스 자체의 규모도 컸지만, 더 심각한 것은 글로벌 금융 시스템 전체에 연쇄 반응을 불러일으켰다는 것이다.

원래 금융기관과 금융기관 사이의 대출은 '신뢰'를 기반으로 이루어진다. A은행이 B은행에 돈을 빌려줄 때는 담보를 잡지 않고 '대형 은행이니까 안전하겠지' 하고 믿고 빌려주는 것이다. 그런데 하루아침에 미국 4대 투자은행인 리먼 브라더스가 파산하고, 리먼 브라더스에 빌려준 돈을 갑자기 떼이게 되자, 금융기관들이 서로를 못 믿게 되고 금융기관 간의 대출 거래가 순식간에 멈추면서 글로벌 금융시장은 심각한 유동성 위기에 직면하게 됐다. 리먼 브라더스 파산의 원인이 된 서브프라임 모기지를 기초자산으로 한 파생증권 투자에 연루되지 않은 금융기관이 아예 없었기 때문에 '신뢰에 기반해 구축된 글로벌 금융 체계'가 구조적으로 무너지는 일대 대혼란 사태가 발생했다. '글로벌 금융 위기 사태'가 발발한 것이다.

유동성 위기에 직면한 금융기관들은 살아남기 위해 앞다투어 돈이 될 만한 모든 것을 내다 팔기 시작했다. 이 여파는 한국 증시에도 고스란히 닥쳐서 리먼 브라더스 파산 직후 첫 거래일인 9월 16일 코스피 지수는 무려 90p 폭락해 9·11 테러 후 최대 낙폭을 기록했다. 같은 해 10월 16일 코스피 지수는 다시 126.50p 폭락했고 원 달러 환율은 11년 만에 최대인 133원 폭등했다. 종합주가지수는 9~10월 단 두 달 만에 1,500p에서 890p로 610p, 41% 대폭락하는 최악의 장세를 연출했다.

이런 대폭락 장세에서 나는 투자자문사로 이직하게 됐다. 당시 계획은 400억 원 정도 되는 고객 분들의 위탁자산을 투자자문사로 이관받아서 시작하려 했다. 그러나 고객 재산이 삽시간에 반 토막 이상 나게 되자 첫 출발부터 삐걱댈 수밖에 없었다. '계획은 사람이 하고 일은 하늘이 이룬다'라는 말이 있다. 하늘이 도와주지 않으면 내가 아무리 노력해도 안 될 때가 있다. 그때가 바로 그런 때였다.

박스피와 부동산의 시대가 열리다

1997년 IMF, 2001년 9·11 테러 사건 때와 마찬가지로 2008년 글로벌 금융 위기 또한 큰돈을 벌 수 있는 좋은 기회였다. 2008년 글로벌 금융 위기는 전 세계 실물경제에도 막대한 영향을 미쳤다. 2009년 글로벌 경제성장률은 -0.6%로 1946년 이후 처음으로 역성장을 기록했다. 위기의 진앙지인 미국은 -2.6% 성장으로 경기 침체의 정도가 더 극심했다. 당시 대한민국은 0.2% 성장해 마이너스 성장은 가까스로 면했다. 많은 주식 투자자가 오해하는 부분이 하나 있다. 바로 '경제성장률이 높으면 증시가 오른다'는 가정 아래에 거시경제를 예측하려고 노력하는 것이다. 그런 분들의 생각대로라면 2009년은 최악의 경제성장률을 기록한 한 해이니 증시도 나빴어야 한다. 그러나 실제는 그 반대였다.*

2009년 종합주가지수는 1,720p까지 빠르게 회복했다. 890p 바닥 대비 2배 가까이 오른 셈이며, 2007년 기록한 고점의 85% 수준까지 도달한 셈이다. 리먼 브라더스 사태 이후 대략 2년이 지난 2010년 연말에는 2,000p를 재탈환함으로써 글로벌 금융 위기의 여파에 따른 낙폭을 모두 회복했다. 주식시장은 늘 이런 식이었다. 엄청난 위기가 닥쳐서 증시가 대폭락하고 앞으로의 전망이 이루 말할 수 없을 정도로 암울한 시점, 바로 그때부터 주가는 오르기 시작한다. 사람들이 회복을 피부로 느끼기 시작할 무렵에는 이미 낙폭을 다 복구한 경우가 대부분이었다. 즉, '확인하고 사라'는 말을 많이 하지만, '확인하고 나서 사면' 대개는 너무 늦는다.

2008년 글로벌 금융 위기라는 최악의 상황에서 투자자문사 운용본부장으로 이직한 나는 '첫 단추를 잘못 꿴' 까닭에 이후 내내 고전을 면치 못했다. 물론 나의 실수와 부족함이 가장 큰 원인이라고 스스로도 인정한다. 다만, 투자자문사 운용본부장을 맡아 고군분투했던 2010년대의 10년 동안 '한국 증시의 투자 환경'이 너무나 비우호적이

---

* 김승호, '[리먼사태 1년] 증시 '한숨'서 '환호'로', 〈파이낸셜뉴스〉, 2009년 9월 16일자 기사.

었다는 평계를 한 번 대보고자 한다.

  2010년대의 10년은 '부동산의 시대'였다. 2010년 연말 2,000p를 빠르게 회복한 종합주가지수는 이내 발목이 잡혀 움직임이 더뎌졌다. 이에 비해 대한민국 부동산 시장은 2013년을 바닥으로 서서히 기지개를 펴기 시작하더니 이내 빠른 상승세로 전환해 서울 아파트 상위 10%의 평균 매매 가격이 10년 사이 두 배가 오르는 등 대세 상승장을 연출했다. 이렇다 보니 사람들이 물려 있던 주식이 본전 근처에 오면 팔고, 그 돈으로 빠르게 부동산 광풍에 동참하는 현상이 광범위하게 펼쳐졌다. 이는 증권업계와 자산운용업계 전반의 심각한 위축으로 이어졌다. 2005년 3월 2일, 자본시장연구원에서 발표한 '공모펀드 시장 침체의 원인과 대응 과제' 보고서에는 대한민국 자산운용업의 초라한

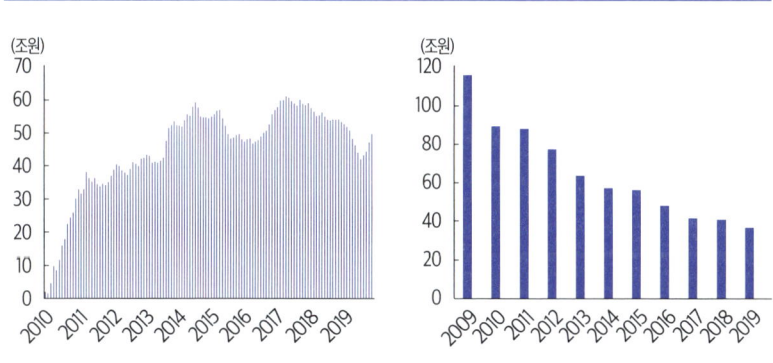

ETF를 제외한 공모펀드의 누적 순유출 자금 규모(왼쪽)와
개인 투자자 대상 주식형 공모펀드의 판매 잔고(오른쪽)
(출처: 자본시장연구원, '공모펀드 시장 침체의 원인과 대응 과제')

현실이 잘 나타나 있다. 이 자료를 요약하면 아래와 같다.

1. 공모펀드 순자산이 2009년 210조 원에서 2019년 242조 원으로 10년 동안 고작 15% 성장에 그침
2. ETF를 제외하면 공모펀드 순자산은 2009년 207조 원에서 2019년 191조 원으로 오히려 감소함
3. 주식형 공모펀드 개인 판매 잔고는 2009년 107조 원에서 2019년 29조 원으로 무려 73%나 감소함

정말 참담하고 처참한 성적표가 아닐 수 없다. 왜 그럴까? 우선 2010년대 내내 한국 증시가 2,000p 부근에서 크게 벗어나지 못하고 '박스피Boxpi' 장세가 펼쳐진 것이 가장 큰 이유일 것이다. 그 상황에서 대한민국 부동산 시장은 장기 랠리를 이어갔으니, 머리 아픈 증시를 탈출해 쉽게 돈을 벌 수 있는 부동산으로 시중 자금이 이전하는 큰 흐름을 이겨낼 수 없었을 것이다. 또 하나는 대한민국 증권업계의 신뢰 상실이다. 은행은 이자가 많진 않지만 손해 보는 일은 없다. 하지만 증권사에 돈을 맡기면 결국에는 고객 손실로 이어지는 일이 반복되다 보니 대한민국 국민들의 증시 이탈은 더욱 가속화할 수밖에 없었다. 참으로 안타까운 일이었다.

내가 1995년 사회생활을 시작한 이래, 대한민국 산업계는 그야말로 눈부신 발전을 거듭했다. 1990년대만 해도 일본의 1인당 GDP는 대한

민국의 4배가 넘었다. 일본 대표 기업들은 세계를 호령했고, 우리나라는 이를 따라잡아야 하는 입장이었다. 1990년대 세계 최고의 반도체 회사는 NEC, 도시바, 히타치 등 일본 회사였다. 30년이 지난 지금, 그 자리를 대한민국의 삼성전자가 차지했다. 조선에서는 현대중공업이 미쓰비시를 추월했고, 철강은 POSCO가 신일본제철을 제쳤다. 아직까지 글로벌 자동차 1위인 토요타의 입지가 굳건하지만, 현대차 그룹이 그 격차를 많이 좁혀서 글로벌 3~4위 자리에까지 올라서 있다.

　전통 제조업에서만 발전이 있었던 것은 아니다. 1999년 닷컴 버블 시기에 상장된 신생 벤처 기업들은 이후 다수가 망하거나 쇠락했지만, 일부 살아남은 기업은 이후 성장을 거듭해 대한민국 경제의 한 축을 담당하고 있다. K-게임의 선두 주자 NC소프트와 넥슨, 대한민국의 위상을 크게 드높인 K-팝의 선두 주자 SM, 구글과 경쟁해 자국 인터넷 시장을 지킨 네이버 등이 바로 그들이다. 최근에는 향후 세계경제에서 핵심 산업이 될 2차전지 산업에서 LG에너지솔루션, 에코프로비엠 등이 글로벌 최고의 기술 경쟁력으로 시장을 장악하는 중이다.

　우리 산업계의 많은 기업이 글로벌 선두의 위치에서 세계 유수의 기업들과 당당히 겨루고 있는 이때, 대한민국 증권업계의 위상은 어떠한가? 규모에서도 그렇거니와 지식 경쟁력 측면에서 보면 정말 낯 뜨거운 수준이 아닐 수 없다. 세계 수준은 고사하고 아시아권에서조차 한국 증권업계의 경쟁력과 위상은 어디에 함부로 비벼볼 수준도 안 되는, 정말 처참하기 그지없는 상태다. 솔직히 2000년대 초반 이후 지난 20년간 한국 증권업계는 퇴보만 했을 뿐, 개선된 부분을 찾기가 어려울 정도다.

왜 증권업계에서만 이런 참담한 일이 벌어졌을까? 나는 그 이유가 '여의도 이권 카르텔' 때문이라고 생각한다. 대한민국 산업계가 공정한 경쟁을 통해 크게 발전한 반면, 여의도는 거대한 이권 카르텔이 돼 공정한 경쟁은 사라지고, 음험한 술수와 더러운 정치만 판치는 '그들만의 리그'가 됐다. 이런 상황에서 우연히 대한민국 2차전지 산업을 대중에게 알리는 역할을 맡게 된 나는 필연적으로 '여의도 이권 카르텔'과 갈등 및 대립을 피할 길이 없는 운명을 맞을 수밖에 없었다.

'배터리 아저씨'로서의 명성과 고난이 함께 찾아오다

2022년, ㈜금양 IR을 맡다

2008년 10월 투자자문사 운용본부장으로 자리를 옮긴 이후 나의 부족함과 좋지 않은 증시 환경 등으로 고전을 면치 못했다. 고객들은 별로 재미없는 주식보다는 쉽고 빠르게 돈을 벌 수 있는 부동산 시장으로 돈을 속속 옮겼다. 이에 따라 내가 맡아 운용하는 위탁자산은 매년 조금씩 줄어들어서 나도 다른 살길을 찾을 수밖에 없었다. 그러던 중 고등학교 선배인 ㈜금양의 류광지 회장님과 인연이 닿았고, 이것이 이후 나의 인생을 크게 바꾸는 계기가 됐다.

2021년 연말 무렵, ㈜금양의 류광지 회장이 내게 한 가지 제안을 했다. "앞으로 ㈜금양이 2170 원통형 배터리 생산 등 2차전지 사업을 크게 할 계획인데, 그렇게 하려면 무엇보다도 '여의도와의 소통'이 중요할 것 같네. 자네가 증권과 관련해 다양한 경험이 있고, 또 여의도에서 근무하니 IRInvestor Relations을 한번 맡아보면 어떻겠나?" ㈜금양은 부산에 소재한 기업이라 아무래도 여의도와 소통하는 데 불편한 점이 많다 보니 내게 부탁한 것이었다. 당시 나는 2008년 10월부터 쭉 다니던 투자자문사를 나와서 또 다른 고등학교 선배님이 대표로 있는 ㈜넥스테라 투자일임사로 막 이직한 상태였다. 투자일임사에서의 업무는 그렇게 많지 않았기에 ㈜금양의 IR을 같이 해도 괜찮을 것 같았다. 그래서 2020년 1월부터 기존의 자그마한 운용 업무와 함께 ㈜금양의 IR을 시작하게 됐다.

2020년 내내 여의도의 다양한 자산운용사 펀드매니저와 증권사 애널리스트들을 만났다. IR과 함께 대對언론 홍보도 같이 맡았기에 증권사나 경제 채널 기자들과도 자주 만남을 갖고자 노력했다. 대개의 IR 담당자들은 투자자나 기자가 찾아오기를 기다리지만 나는 근무지가 여의도이다 보니 수시로 연락해 내가 직접 그들을 찾아가서 정성스럽게 설명했다. 덕분에 여의도 펀드매니저와 애널리스트 사이에서 ㈜금양과 내가 자연스럽게 알려졌다.

다양하게 많은 투자자를 만나다 보니 한 가지 문제점에 직면했다. 기관 투자자들조차 2차전지 산업에 대해 너무나 몰랐다. 2022년 초

여의도의 2차전지 산업에 대한 이해도는 그야말로 처참했다. 당시 2차전지 산업에 대한 여의도의 몰이해를 단적으로 보여주는 사례가 하나 있다. 박현주 미래에셋 회장이 직접 출연한 2001년 1월의 유튜브 영상이다. 당시 박현주 회장은 '1) CATL이 LG화학과의 경쟁에서 이길 것이다. 2) LFP 배터리가 대세가 될 것이다. 3) LFP 배터리가 삼원계 배터리 대비 에너지밀도가 떨어지는 것이 꼭 나쁘지 않을 수도 있다' 등의 주장을 했는데, 정말 한심한 수준의 이해도였다. 특히 방송 중에 "에너지밀도가 낮아서 차가 무거워져서 LFP가 안 좋다 하는데, 차가 무거우면 눈길에 미끄러지지도 않고 좋은 면도 있지 않아?" 하는 부분에서는 2차전지에 대한 무지함에 기가 막힐 노릇이었다.

2차전지에 대한 부족한 이해는 박현주 회장만의 문제는 아니었다. K-배터리가 앞으로 중국 배터리와의 경쟁에서 앞서 나갈 가장 강력한 무기는 '에너지밀도'를 높이는 것인데, 이를 위해서는 '하이니켈 양극재 기술'이 필수적이다. 그리고 이 하이니켈 양극재를 만드는 과정에서 화재 안정성을 확보하기 위한 소재 중 하나를 ㈜금양이 납품하고 있었다. 나는 이 사실을 알려야 하는 입장이었는데, 여의도의 2차전지에 대한 전반적인 이해 수준이 2022년 초만 해도 '에너지밀도가 뭐지?', '차가 왜 가벼워야 하지?', 'LFP 배터리가 불이 안 나니까 좋은 거 아냐?' 하는 정도였으니 어디서부터 이 문제를 해결해야 할지 너무나 막막했다.

나는 애널리스트로 일한 경험을 살려서 자산운용사 펀드매니저를 만나면 2차전지 산업을 이해하기 위한 근본적인 기술적 요소들을 쉽고 간단명료하게 먼저 설명했다. 그러고 나서 간략히 ㈜금양의 비전과 사업 계획을 브리핑하는 식으로 IR을 진행했다. 당시 펀드매니저들은 2차전지 애널리스트들에게도 들어보지 못한 중요한 내용을 내게 듣고 이해할 수 있었다며 입을 모아 감사함을 표현했다.

당시에 나는 하루 3~4명씩 여의도 일대 펀드매니저들과 약속을 잡고 2차전지 산업에 대해 이해시키기 위해 노력했다. 그러나 오프라인 대면 방식의 설명으로는 한계가 있었다. 하루에 3~4명씩 설명하면 한 달에 고작 60~80명에게만 설명할 수 있었으니까. '조금 더 효과적으로 대한민국 2차전지 산업의 진면목을 알릴 방법은 무엇일까?' 고민 끝에 나는 유튜브를 적극적으로 활용해야겠다고 생각했다. 2020년 코로나를 극복하는 과정에서 엄청난 유동성이 풀리자 풍부한 유동성이 전 세계 증시로 몰려들었다. 코로나로 경제가 위축된 상황에서도 유동성의 힘으로 전 세계 증시는 동반 상승했다. 대한민국도 예외가 아니어서 수많은 신규 투자자가 증시로 대거 유입됐고, 이들은 '동학개미'로 불렸다.

이런 개인 투자자들이 증시에 유입됨과 동시에 '투자 유튜브' 전성시대가 펼쳐졌다. '삼프로TV', '김작가TV', '달란트투자', '전인구경제연구소' 등 동학개미들에게 투자 관련 정보를 제공하는 유튜브 채널이 크게 인기를 끌면서 기존의 〈한국경제〉, 〈매일경제〉 등 경제신문이나 '한국경제TV', 'MTN 머니투데이방송' 같은 증권 전문 케이블방송의 자리를 빠르게 대체했다. 이런 흐름에 맞춰 나도 유튜브 채널을 적극 활용해 대한민국 2차전지의 진면목을 알려야겠다고 생각했다.

'투자 유튜브' 채널 출연 후 '배터리 아저씨'로 유명세를 타다

당장은 무명이었기에 바로 유명하고 큰 채널에 출연할 수는 없었다. 그래서 '서울경제TV'의 서정덕 증권부장이 개인적으로 운영하던, 당시 구독자가 3,000명에 불과한 채널이던 '서정덕TV'에 출연을 부탁했다. '매주 한 번씩 2차전지 관련 내용을 재미있고 충실하게 해나가다 보면 뭔가 어떻게든 되겠지' 하는 마음으로 시작한 일이었다. '서정덕TV' 유튜브 채널에 첫 출연한 날은 2022년 4월 26일이다. 이 방송에서 서정덕 기자는 구독자들에게 친근하게 다가가는 게 좋지 않겠냐며 내게 '배터리 아저씨'라는 별명을 붙여주었다. '시작은 미약했으나 그 끝은 창대하리라'는 성경 말씀처럼 정말 '뭐라도 해보자' 하는 마음으로 자그마하게 시작한 일이었는데 그 영향력이 마치 스노볼Snowball처럼 커지고 커졌다. 매주 정성을 다해 방송 대본을 만들고, 어떻게 하면 더 재밌고 쉽고 유익하게 전달할까 고민하고 노력한 덕분이었을까? 어느덧 내가 출연한 영상의 조회수가 수만으로 늘어났고, '서정덕TV' 구독자도 수만 명 이상으로 꾸준히 증가했다.

나와 ㈜금양이 본격적으로 유명해지게 된 결정적 계기는 당시 투자 유튜브 채널 중에서 가장 구독자 수도 많고 영향력도 컸던 '삼프로TV'에 출연한 것이다. 2022년 7월 24일에 방송된 영상은 1시간 남짓 분량이었는데, 이후 대한민국 증권 역사와 2차전지 산업, ㈜금양과 내 인생에 큰 영향을 미친 일대 분기점으로 작용했다. 이 방송에서 나는 2022년 1월 LG에너지솔루션 상장 당시 권영수 부회장의 기자 간담회 내용을 바탕으로 '대한민국 배터리 기술이 중국을 압도하고 있음'을 대중들에게 설득력 있게 전달하는 데 성공했다. 이 영상은 방송 직후부터 엄청난 반향을 불러일으켰고 지금도 조회수가 무려 117만 회에 이른다. 이 방송을 계기로 나는 하루아침에 유명 인사가 됐다. 그리고 바로 같은 이유 때문에 곧 고난의 길에 접어들게 됐다. 이에 대해서는 뒤에서 차차 설명하겠다.

나만 유명 인사가 된 것이 아니었다. 방송 이후 ㈜금양의 주가가 갑자기 오르기 시작했다. 방송 직전 5,520원이던 ㈜금양의 주가는 방송 직후 이틀 연속 상한가로 직행하면서 단숨에 9,320원까지 상승했고, 이후 2022년 내내 상승세를 거듭해 그해 11월 5일에는 4만 1,500원으로 크게 올랐다. 방송 직후 주가가 크게 오른 그때, 나는 한 통의 전화를 받았다. "아니, 이렇게 대놓고 작전으로 주가를 띄우는 경우가 어디 있습니까? 금융감독원에 주가 조작으로 신고하겠습니다." 그는 다짜고짜 자신이 기자라면서 내게 막 성질을 냈다. 나는 무척 당황스러웠다. '이게 무슨 자다가 봉창 두드리는 소리지?'

그동안 내가 한 일은 심플했다. ㈜금양의 IR을 맡아서 하루에 2~3곳씩 기관 투자자들을 직접 찾아가 IR 활동을 열심히 했다. 그렇게 ㈜금양에 대한 여의도의 관심도가 높아진 상태에서 '삼프로TV'에 출연해 2차전지 산업의 전망에 대해 이야기를 했다. 그 결과, 대중들의 관심을 받아 주가가 이에 반응했을 뿐이었다. 그런데 밑도 끝도 없이 내가 '주가 조작범'이라니 뭐 이런 경우가 다 있나 싶었다. 나는 하늘을 우러러 한 점 부끄러움도 없었기 때문에 단호하게 말했다. "신고하려면 신고하세요. 나는 하나도 부끄러운 짓 한 게 없으니까."

그런데 내게 다짜고짜 연락한 그 기자라는 사람이 그날 바로 신고를 했던 것 같다. 그해 가을에 금융감독원은 ㈜금양의 주가 조작 혐의에 대한 조사를 진행했다. 이윽고 그 기자는 자신이 소속된 신문사에서 ㈜금양을 헐뜯는 기사를 내보냈다. 기사에는 참을 수 없었던 내용도 있었다. '박순혁이라는 자는 보험이나 팔던 자'라며 내 신상을 운운하는 내용도 담겨 있었다. 문득 그 기자라는 자가 통화 마지막에 한 말이 떠올랐다. '중국의 LFP 배터리 기술이 대한민국 삼원계 배터리를 훨씬 압도하는데, 왜 유튜브에서 거짓말을 하냐'는 식의 얘기였다.

중국 '초한전'의 어두운 그림자를 느끼다

2022년 초 ㈜금양의 IR을 맡아서 대한민국 배터리 산업의 진면목을 알리려 할 때, 많은 사람이 "중국 배터리가 대한민국 배터리보다 우수하지"라고 얘기하는 것을 나는 그저 무지의 소치라고 생각했다. 하지만 그것은 나의 순진한 생각에 불과했다. 앞서 언급한 한 기자의 이상한 전화와 기사, 그리고 이후 금융감독원의 이해할 수 없는 행동 등을 몸소 겪으면서 나는 새로운 깨달음에 이르렀다. 그것은 2차전지에 대한 무지 때문이 아니라 '더러운 이해관계가 그 뒤에 숨어 있었던 것이구나' 하는 것을 말이다. 바로 중국의 '초한전超限戰'이 그것이다.

유튜브 채널 '삼프로TV' 출연이 대성공한 후, 여러 경제 채널과 투자 유튜브 채널에서 출연 제의가 쇄도했다. 이후 나는 'MTN 머니투데이방송', '매일경제TV', '선대인의 세상탐구', '815머니톡', '달란트투자', '김작가TV' 등 다양한 채널에 출연해 대한민국 배터리 산업의 우수성을 열심히 알렸다. 이들 채널의 시청자들이 가장 알고 싶어 하는 부분은 '그래서 뭐 사?'이다. 그래서 나는 애널리스트로 일했던 경험을 살려 다양한 2차전지 기업들 중 가장 중요한 포지션을 차지하고 있고, 장기 투자를 하는 것이 유망하며, 저평가됐다고 생각한 종목 여덟 개를 선정해서 '배터리 아저씨 8대 종목'으로 이름을 붙여 대중에 공개했다.

'배터리 아저씨 8대 종목'은 셀 제조사 'LG에너지솔루션과 SK이노베이션', 양극재 제조사 '에코프로비엠과 LG화학, 포스코퓨처엠', 광물 관련 회사 'POSCO홀딩스와 에코프로', 그리고 음극재 관련 회사 '나노신소재', 이렇게 여덟 개다. 2007년 6월 29일 애플의 스티브 잡스는 아이폰을 출시했다. 이로써 스마트폰 혁명이 일어났고, 관련 핵심 기업들은 이후 십수 년 동안 FAANG(페이스북, 애플, 아마존, 넷플릭스, 구글), MAGA(마이크로소프트, 애플, 구글, 아마존), 매그니피선트 7(엔비디아, 애플, 마이크로소프트, 메타, 아마존, 알파벳, 테슬라) 등 조금씩 이름이 바뀌면서 세계 증시를 주도했다. 나는 향후 10년 동안 전기차 혁명의 시대가 도래할 것으로 예상한다. 그러면 '배터리 아저씨 8대 종목'은 2차전지 산업의 주도 기업으로서 세계 증시를 주도하리라고 생각한다.

2022년 8월 미국은 IRA 법안을 통과시켰다. '인플레이션 감축 법안 Inflation Reduction Act'인 IRA 법은 사실 노골적으로 중국의 2차전지 산업의 성장을 억제하고, 미국과 동맹 관계인 한국과 일본, 그중에서도 특히 대한민국 배터리 산업을 파트너로 삼아 동반 성장하려는 것을 목적으로 하는 법안이다. 당연히 한국 증시와 언론은 이를 큰 호재로 생각하고 대환영해야 마땅하다. 하지만 중국의 '초한전'으로 오염된 여의도와 언론은 말도 안 되는 이야기를 쏟아내면서 IRA 법안을 트집 잡는 데 열을 올렸다.

IRA 법안이 발표된 2022년 8월에 대한민국 2차전지 주식들은 불을 뿜었어야 맞다. 그러나 중국에 장악된 여의도와 언론은 'IRA 규정이 너무 까다로워 대한민국 2차전지 업체들이 수혜받기 어렵다'라든지 '중국에 광물 의존도가 너무 높아서 IRA 혜택의 실효성이 없다' 등의 부정적인 리포트와 기사를 쏟아내 이 엄청난 호재가 주가에 제대로 반영되는 것을 방해했다. 나는 앞서 얘기한 여러 경제 방송과 유튜브 채널에 출연해 이런 얘기는 잘못된 것이며, 이런 호재가 주가에 제대로 반영돼야 한다는 얘기를 열심히 하고 다녔다. 그럼에도 여의도와 언론의 방해 공작으로, 즉 'IRA에도 불구하고 중국 배터리한테 대한민국 배터리는 안 돼' 하는 말들로 인해 2022년 연말까지 IRA 특급 호재가 주가에 반영되는 정도는 미미했다.

1차 상승 랠리를 맞이한 2차전지

　IRA는 대한민국 배터리에 엄청난 호재라는 나의 주장과 그 반대 진영의 주장은 2022년 연말까지 팽팽히 맞섰다. 하지만 워낙에 나의 얘기가 진실에 부합한지라 대한민국 2차전지 주식 매수세가 증시에 꾸준히 유입됐고, 2023년이 되자 본격적인 상승이 시작됐다. 2022년 8월에 반영됐어야 할 대형 호재가 5개월 지연돼 반영되기 시작한 것이다.

2023년 1월, 본격적인 상승장을 맞이한 2차전지 주식

해가 바뀌고 2023년이 되자 1월부터 2차전지 주식의 본격적인 상승이 시작됐다. 에코프로는 연초 10만 원(액면분할 전 가격, 액면분할 후 2만 원)에서 4월 초 82만 원까지, 에코프로비엠은 9만 원에서 31.5만 원까지 단 3개월 만에 각각 8배, 3.5배 상승했다. 이 두 종목 외에도 '배터리 아저씨 8대 종목'을 포함한 다양한 2차전지 종목들이 다 같이 불을 뿜는 화려한 상승장세가 펼쳐졌다. 나는 2023년 2월 20일 《K 배터리 레볼루션》을 출간했다. 이 책은 2차전지 상승장과 결합해 대한민국 배터리의 진면목을 많은 대중에게 효과적으로 알리는 데 성공했다. 그 결과, 더 많은 투자자들이 배터리 주식을 사게 됨으로써 '책도 잘 팔리고 2차전지 주가도 오르는' 선순환 구조를 만들었다.

이 시기에 여러 2차전지 주식들이 동반 상승 랠리를 펼쳤지만, 단연코 화제의 중심에 선 종목은 에코프로였다. 나는 2022년 6월 16일 '서정덕TV'에서 '에코프로 30배, 에코프로비엠 10배 간다'라는 제목으로 방송을 한 적이 있다. 방송 섬네일에 대부분의 다른 유튜브 방송 섬네일처럼 '어그로성' 과장이 섞여 있었으나 요지는 분명했다. 이 두 종목이 그만큼 상승 여력이 크다는 것이었다. 그 말을 한 목적은 사람들로 하여금 2차전지 산업에 더 관심을 갖게 유도하기 위함이었지, '이 주식을 사면 떼돈 벌어요' 하는 투자 권유 목적은 아니었다. 이는 《K배터리 레볼루션》에서 '배터리 아저씨 8대 종목'을 얘기한 이유와 동일하다. 대한민국의 주요 2차전지 기업 주식에 투자하면 이를 계기로 대한민국 2차전지 산업에 대한 이해가 깊어질 것이고, 이것이 2차전지 기업 ㈜금양의 IR을 맡은 내 직무와 연결되는 것이기 때문이었다. 그리고 이 방송 이후 2023년 7월 말까지 불과 1년여 만에 에코프로는 25배, 에코프로비엠은 7배 정도가 올랐다.

내가 에코프로가 크게 오르리라고 예상했던 이유는 '저PER+고성장'의 이상적 조합을 갖고 있었기 때문이다. 2022년 에코프로는 5.6조 원의 매출과 6.1천억 원의 영업이익을 기록했다. 당시 에코프로의 시가총액은 1.6조 원 수준으로 PER은 고작 3배에 불과했다. 그러면서도 향후 연평균 성장률이 50%는 족히 넘을 것으로 예상되는 고성장주였다. 피터 린치의 'PEG(=PER/EPS 성장률)'를 계산해보면 0.06에 불과한 엄청난 저평가 상태였고, 나스닥 평균 PEG 2를 적용하면(=2/0.06) 33배의 주가 상승이 가능한 상태였다. 그래서 '에코프로 30배 갈 수 있다'라고 말한 것이다. 과거에 내가 대한투자신탁 애널리스트일 때 내 사수가 담당했던 종목 중 SK텔레콤이 있었다. 앞서 1992년 외국인 투자자에게 대한민국 증시가 개방됐을 때, '저PER 혁명'이 일어났었다고 말했다. 이 '저PER 혁명'의 여러 주식 중에서도 단연코 압도적인 상승을 기록한 것이 바로 SK텔레콤이다. 1990년대 10년간 SK텔레콤은 400원에서 8만 7,000원으로 무려 218배가 올랐다. 1,000만 원을 투자했다면 10년 뒤에 21억 8,000만 원이 됐다는 것인데, SK텔레콤만이 이렇게 엄청난 상승을 기록한 이유가 바로 '저PER+고성장'의 환상적인 결합 때문이었다. 나는 에코프로가 바로 SK텔레콤과 같은 상황이라고 생각했다. 너무나 단순한 논리였다.

2023년 3월에 에코프로의 주가는 50만 원(액면분할 전 가격, 액면분할 후 10만 원)에 이르렀다. 이는 2022년 방송 이후에 8배, 2023년 초 대비 5.5배가 오른 것이었다. 5.5배가 오르는 데 고작 3개월도 안 되는 짧은 기간이 걸리다 보니, 증시에는 '에코프로 열풍'이 불었다. 심지어 '에코프로 밈'이 인터넷에 회자될 정도였다. 이를테면, 인기 드라마 〈카지노〉 속 최민식과 호구 잡힌 고객 간의 대사를 패러디해 "형님, 에코 좀 그만 사요", "그러다 80만 원 가면 어떻게 해"라는 밈도 돌았는데, 이 무렵 에코프로 주가는 40~50만 원 정도였다. 그러고선 한 달도 채 안 된 4월 11일에 실제로 80만 원을 넘겨버렸다. 실로 엄청난 속도의 상승이었다. 그러나 앞서 설명한 '저PER+고성장'의 환상적 조합에 따른 당연한 결과이기도 했다. 문제는 여의도의 '친중매국' 세력과 공매도 카르텔이 그들의 투자 실패를 인정하지 않으려 했다는 사실이다.

에코프로와 에코프로비엠 두 종목에 여의도 롱-쇼트 사모펀드의 공매도가 집중됐다. 원래 여의도 전역에는 '중국 배터리와 대한민국 배터리 간의 경쟁에서 승자는 중국이 될 것이다'라는 친중매국적 생각이 광범위하게 퍼져 있었다. 그러던 중 2023년 1월부터 2차전지 주가의 상승 랠리가 시작돼 2월 초 무렵에 에코프로와 에코프로비엠은 100% 가까이 상승해 20만 원과 16만 원을 넘어섰다. 그러자 여의도의 롱-쇼트 펀드는 상승 이유와 밸류에이션에 대한 진지한 고민 없이 단지 너무 많이 올랐다는 이유로 그들이 늘 하던 식으로 공매도 포지션을 구축했다. 그러나 이들의 예상과는 전혀 다르게 주가는 상승을 계속했고, 1분기 말인 3월 말에 에코프로와 에코프로비엠 주가는 각각 49만 8,500원과 22만 4,500원에 마감했다. 이렇게 되자 성급하게 이들 종목을 공매도한 롱-쇼트 펀드의 손실이 커졌다. 그중 하나인 타이거자산운용은 1분기 투자자문용 고객 레터를 통해 손실에 대한 '사과문'을 게재하기도 했다.**

당시 여의도 롱-쇼트 사모펀드를 위주로 한 자산운용사와 이들을 주요 고객으로 하는 증권사들의 가장 큰 잘못은 '자신들의 잘못과 실수를 인정하지 않으려 했다'는 점이다. 타이거자산운용의 사과문에는 '우리가 밸류에이션을 잘못했다'라든지 '대한민국 2차전지 산업의 기술력과 성장성을 미처 알아보지 못했다'라든지 같은 본인들의 오류와 실수에 대한 사과는 전혀 없다. 대신 '시장은 가장 매력 있지만, 가장 비싼 섹터에서, 가장 비싼 종목들을 가장 공격적으로 대응했다', '시장의 왜곡에는 동의하지 않지만', '시장의 쏠림과 왜곡이 있는 만큼' 등의 변명으로 일관했다.

---

* 김연주, '에코프로 장중 80만원 뚫었다… "예측 실패" 반성문까지 등장', 〈중앙일보〉, 2023년 4월 11일자 기사.

** 김지호, '[마켓Q] 타이거운용, 에코프로에 "시장 쏠림·왜곡"… 배터리 아저씨 "비겁한 변명"', 〈아시아타임즈〉, 2023년 4월 12일자 기사.

나는 이것이 '비겁한 변명'이며, '시장을 따라가며 반영해야 하는 롱-쇼트 펀드가 시장이 틀렸다고 하며 얘기하는 것은 자격 미달이며 있을 수 없는 얘기'라고 비판했다. 그러면서 나는 '금융 당국이 공매도를 느슨하게 관리했던 것도 부자들의 뒤를 봐주기 위한 것 아니냐는 의혹을 제기할 수밖에 없다'라고 금융감독원과 한국거래소 등 금융 당국의 편파성에 대한 문제도 제기했다. 이는 나중에 공매도 일시 금지와 공매도 제도 개선으로까지 이어졌다.

2차전지 산업 분야 국가전략회의 참석 무산과 주가 조작 혐의를 받게 된 억울한 사정

이러던 와중에 큰 사건이 생겼다. 당시 윤석열 대통령은 한미정상회담을 앞두고 직접 지시를 통해 대한민국 경제성장의 두 축인 반도체 산업과 2차전지 산업의 관련 전문가들을 초청해 '국가전략회의'를 개최했다. 이 자리에 내가 초청을 받았는데, 이것이 이후 내가 온갖 박해와 고초를 겪게 된 결정적 이유로 작용했다. 4월 19일에 개최된 '2차전지 산업 분야 국가전략회의'에 참석해달라는 연락을 내가 받은 것은 4월 13일이다. 산업통상자원부 담당 공무원으로부터 연락을 받았고, '2차전지 산업의 소부장(소재, 부품, 장비) 동반성장 전략에 대한 3분 연설'을 부탁받았다. 내가 산업통상자원부의 추천으로 이 자리에 참석과 연설을 부탁받게 된 이유는 크게 두 가지라고 생각된다. 첫째, 《K 배터리 레볼루션》의 저자이면서 대한민국 2차전지 산업의 진면목을 알리기 위해 노력한 점, 둘째, POSCO홀딩스의 옴브레 무에르토 염호 등과 같은 '2차전지 광물자원 확보'의 중요성과 이를 위한 산업통상자원부의 노력에 대한 국민 여론을 크게 개선한 점이다.

대통령이 주재하는 '2차전지 국가전략회의'에 내가 참석하게 되자 '친중매국 여의도 카르텔'은 난리가 났다. 내가 대통령 주재의 '2차전지 국가전략회의'에 참석한다는 것은 '대한민국 배터리가 중국을 압도한다. 따라서 에코프로, 에코프로비엠 등 2차전지 주가 상승은 정당하다'는 것을 국가 차원에서 인정하는 셈이었기에 이들 입장에서는 어떻게든 나의 회의 참석을 막아야 했다. 그리고 이들의 시도는 성공했다. '나와 ㈜금양이 주가 조작범이다'라는 투서가 금융감독원에 접수됐다는 것을 이유로 금융감독원이 극렬하게 나의 회의 참석을 반대한 결과, 회의를 이틀 앞둔 17일에 참석 취소가 결정됐다.

내가 대통령 주재 국가전략회의에 초청됐다가 초청이 취소된 일은 그저 하나의 해프닝으로 끝날 수도 있는 일이었다. 나도 '뭐, 그럴 수도 있지' 하고 쿨하게 넘어갈 생각이었다. 문제는 이 사실이 기사화된 것이다. 당시 기사가 산업부 기자를 통해 나갔던 것을 보면 아마도 산업통상자원부에서 금융감독원이 월권한 것에 대해 불쾌한 심경을 가졌고, 그래서 기사화했던 것이 아닌가 싶다. 문제는 그 불똥이 나에게 튀었다는 것이다. 당시 윤석열 대통령은 4월 19일 국가전략회의를 개최하고 이후 24일에 중요한 외교 일정인 미국과의 정상회담을 위해 출국했다. 금융감독원은 다소 무리를 해서 나의 회의 참석을 무산시켰기 때문에 대통령이 귀국하는 29일까지 나와 ㈜금양을 조사해 뭔가 잘못이 있는 것을 입증해야 하는 상황에 처했다. 아니면 대통령에게 거짓 보고를 한 셈이 되고, 산업통상자원부도 이미 불쾌함을 내비쳤기 때문이다.

결국 나는 아무런 잘못이 없었지만, KBS 9시 뉴스에 마치 범죄자처럼 출연하게 됐다. 내게 씌워진 범죄 혐의는 이랬다. 2023년 들어 ㈜금양의 주가는 엄청나게 빠른 속도로 올랐고, 주가의 과열이 우려될 정도였다. 주가를 올리는 데 혈안이 된 다른 IR 담당자와 달리 나는 ㈜금양의 주가가 너무 과열됐을 때 꼭지를 잡아 손해를 보는 주주들이 발생할 것을 우려해 '앞으로 설비투자를 위해 자사주를 처분할 수도 있으니 너무 흥분하지 마시고 조심하시라'라는 얘기를 한 달 전쯤 '선대인의 세상탐구'를 통해 말했다. 이것을 한국거래소는 '공시 위반'으로 보겠다는 것이었다. 누가 봐도 과도한 규정 해석이며 배후에는 2차전지 주가 상승으로 손해를 입은 공매도 기관들이 존재함은 세 살 먹은 아이라도 미루어 짐작할 수 있는 배경이었다. 게다가 공시 위반이라는 사소한 규칙 위반이 공중파 9시 뉴스에 주요하게 무려 2분 이상씩 다루어진 것도 전무후무한 일이라고 아니할 수 없다.

이 일로 끝이 아니었다. 칼을 뺀 김에 끝을 봐야겠다고 생각했는지 금융감독원 이복현 원장은 '2차전지의 과열을 단속하겠다'라고 선언했다. 나를 포함한 개인 투자자들은 일제히 경악할 수밖에 없었다. 4월 25일 이복현 금융감독원장이 '2차전지 주식은 이상 과열되어 있다'라고 말함으로써 2차전지 주가가 대폭락하는 사태가 벌어졌다. 이것으로도 만족하지 못했는지 나에 대한 금융 당국의 압박은 더욱 거세졌다. 결국 나는 한국거래소의 압력으로 ㈜금양의 IR 업무를 중단할 수밖에 없었다. 이를 제어할 아무런 방법이 없다는 것에 나는 절망했지만, 일단은 냉혹한 현실을 받아들일 수밖에 없었다. 결국 2023년 5월 15일 나는 ㈜금양을 떠났다. 그럼에도 그다음 날 한국거래소는 과다한 제재를 가했다.* 유튜브를 통해 회사와 관련된 내용을 말했다고 제재를 가한 첫 사례이자 지금까지도 마지막 사례다.

---

* 정시내, "'밧데리 아저씨' 사표에 급락한 금양… 거래소는 제재금 때렸다', 〈중앙일보〉, 2023년 5월 16일자 기사.

2차 상승 랠리를 맞이한 2차전지

　여의도 공매도 기관들이 2차전지 주가 상승으로 심각한 타격을 받자 그들은 한국거래소, 금융감독원 등에 SOS 신호를 보냈다. 이들은 '대한민국 2차전지 기업의 경쟁력이 우수하고, 미국의 IRA 법안 통과로 미래 성장 전망이 밝기 때문에 주가가 올랐다'라는 담백하고 명쾌한 진실을 인정할 수 없었다. 그 대신 '배터리 아저씨라는 일개 유튜버가 무지한 개인 투자자들을 부추겨서 2차전지 거품을 만들었다'라고 생각했고, 이를 금융감독원장의 입을 통해 발표하게 했다.

　한편, '메시지를 공격할 수 없으면 메신저를 공격하라'는 방식으로 나를 마치 범죄자처럼 몰아갔다. 더불어 리서치센터 애널리스트들은 그들이 가장 크게 피해를 보고 있던 에코프로와 에코프로비엠 두 종목에 대한 매도 리포트를 쏟아냈다. 그들의 입장을 대변하는 투자 유튜브 채널들은 2차전지 주식에 대해 부정적인 의견을 계속 내보냈다. 이들 공매도 기관들은 2차전지 주식에 대한 불법성 공매도를 함으로써 직접적으로 가격에 영향을 미쳤다. 이를 제지, 감독해야 할 금융감독원과 한국거래소는 이들과 같은 편이 돼 모른 척으로 일관했다.

결국 이러한 파상공격에 2차전지 주가는 4월 들어 하락세로 전환했다. 에코프로는 4월 11일 고점 82만 원(액면분할 전 가격, 액면분할 후 16.4만 원)에서 5월 15일 52만 원으로 37% 하락했고, 에코프로비엠은 4월 10일 31만 5,000원에서 5월 15일 22만 3,000원으로 29% 하락했다. 이 한 달 사이에 앞서 언급한 일련의 시련들이 연달아 벌어졌다.

2023년 7월, 쇼트 스퀴즈로 펼쳐진 2차 상승 랠리

그러나 언제까지고 시장을 특정 집단의 마음대로 계속해서 주무를 순 없었다. 이들이 나를 ㈜금양에서 몰아낸 시점을 기점으로 2차전지 주가는 서서히 바닥을 잡아나갔다. 과거 대한투자신탁에서 애널리스트와 펀드매니저로 일하던 시절, 나는 큰돈을 굴리는 기관에서 일하면서 '큰 기관의 매수, 매도가 일시적으로 시장 가격에 영향을 미치는 현상'을 경험해본 적이 있다. 그때 느꼈던 명확한 교훈은 '아무리 큰손이더라도 일시적으로 주가를 만들 수는 있으나, 일시적으로 만든 주가는 절대 오랜 기간 유지될 수 없고 반드시 그 대가를 치른다'는 것이었다. 내 눈에는 이제 대세가 된 롱-쇼트 사모펀드의 펀드매니저들이 이런 교훈을 갖고 있지 못한 듯 보였다.

그래서 나는 그런 펀드매니저 후배들에게 엄중히 경고했다. '대충 롱-쇼트 포지션을 취하고 자신들이 만든 포지션대로 주가를 얼마든지 만들 수 있다고 생각하는 것 같은데, 그것은 무모한 생각으로 마치 당랑거철과 같다'라고. 그러면서 에코프로, 에코프로비엠 같은 종목들에 이렇게 무리하게 공매도 물량을 쌓다 보면 나중에 쇼트 스퀴즈Short Squeeze(공매도 포지션이 반대 매매로 청산되면서 주가가 더욱 급등하는 현상)의 희생양이 될 수 있다고 진심 어린 충고를 건넸다. 그러나 그들 중 다수는 내 말을 듣지 않았고, 내가 경고하던 일이 결국 일어나고 말았다.

4월 이들의 연합 작전으로 30% 수준 주가를 떨어뜨리는 데는 성공했지만, 그들이 공매도한 물량을 다 회수할 만큼의 주가 하락도, 매물 출회도 이루어지지 못했다. 공매도 공격으로 주가만 일시적으로 하락하게 했을 뿐, 여전히 공매도 세력이 취약한 상태가 유지됐다. 1월부터 4월까지 2차전지가 '어어 하는 순간에' 급등했으므로 들어갈 타이밍을 놓친 투자자들에게 이런 교착 상태는 절호의 매수 기회로 다가왔다. 실제 이들 투자자들의 후속 매수세가 유입되면서 주가는 바닥을 찍고 '상승과 하락이 반복되는' 매수세와 매도세 간의 힘의 교착 상태가 5~6월 두 달간 이어졌다.

그러다가 7월 초가 되자 이 팽팽한 힘의 균형이 매수세로 급격히 기울어지면서 2차전지 2차 상승 랠리가 펼쳐졌다. 에코프로는 6월 28일 70만 원에서 7월 26일 154만 원으로 단 한 달 만에 +120%, 에코프로비엠은 24만 원에서 58만 원으로 +142%나 되는 엄청나게 가파른 각도의 상승세를 연출했다. 이는 바로 내가 우려하고 경고한 바 있는 공매도의 반대 매매에 따른 쇼트 스퀴즈가 만들어낸 현상이었다.

7월 들어 2차전지 공매도 세력이 코너에 몰리게 되자, 이들의 쇼트 스퀴즈를 노리는 하이에나성 매수까지 가세하면서 주가 상승세는 더욱 가팔라졌다.* 7월 20일이 넘어가면서부터는 이런 움직임이 더욱 가속화되면서 대표적인 2차전지 주식들이 하루에 두 자릿수 상승률이 며칠간 연속으로 이어지는 등 광란의 폭등장이 연출됐다. 이 시기에 여의도에는 '홍콩의 롱-쇼트 헤지펀드 세 개가 강제 청산됐다'라든지 '여의도의 롱-쇼트 사모펀드 매니저 수백 명이 해고됐다'라는 등의 소문이 돌았다.

실제로 여의도 롱-쇼트 사모펀드들은 엄청난 피해를 입었다. 7월 한 달에만 평균 10% 내외의 손실을 기록했고, 블래쉬BLASH의 한 펀드

---

* 고득관, '에코프로 주가급등에 공매도 '백기투항'… 하루 만에 5000억 청산', 〈매일경제〉, 2023년 7월 21일자 기사.

의 경우엔 -30%가 넘는 극도로 참담한 성적을 기록했다.* 이 무렵 신한투자증권 이선엽 이사는 자신의 페이스북에 '일부 외국계 증권사는 최근 개인의 집단화 움직임에 철수 방침을 내릴 수 있다는 얘기도 들린다. 정상적인 투자 환경을 넘어섰다고 보는 것 같다'라는 의미심장한 글을 남겼다.

2023년 7월의 2차전지 주가 급등 현상은 여의도 및 홍콩, 싱가포르 등 '해외 검은 머리 공매도 세력'의 잘못된 공매도 구축 때문에 발생한 것이다. 그들 기관과 외국인 공매도 세력은 서로 의견을 교환하면서 동일한 방향으로 포지션을 통일시키는 등 집단화돼 있었고, 금융감독원과 한국거래소 등 금융 당국이 그들의 뒷배를 봐주고 있었기 때문에 밸류에이션이나 기업 경쟁력, 성장성에 대한 심사숙고 없이 섣부른 단견으로 주요 2차전지 주식에 공매도 포지션을 취할 수 있었다. 이들은 늘 그렇듯이 주가가 오르면 오를수록 더 많은 물량의 공매도를 더 하는 식으로 '백전백승'을 기록했다. 그렇게 '그들 공매도 카르텔'은 손쉽게 평범한 개인 투자자들의 돈을 털어 부자들의 배를 더 불리는(사모펀드는 3억 원 이상 고액자산가만 가입이 가능함) 식으로 승승장구했다. 그런데 어느 날 갑자기 등장한 '배터리 아저씨'라는 사람 때문에 '개인의 집단화 움직임'이 나타났고, 그 결과 엄청난 피해를 입게 됐다

---

* 이인아, "한 달 수익률 -30%' 롱숏名家의 처참한 성적표… 이게 다 에코프로 때문', 〈조선비즈〉, 2023년 8월 2일자 기사.

고 그들은 판단하게 된 것이었다.

그러면서 '일부 외국계 증권사는 철수 방침을 내릴 수도 있으니' 금융감독원 등 금융 당국이 나서서 개인 투자자들의 집단화 움직임의 상징인 '배터리 아저씨를 처벌하라'라고 지령을 내리는 것처럼 나는 느껴졌다. 내가 개인 투자자들을 부추겨서 '정상적인 투자 환경을 벗어나게' 만들었으니 그들에게 나는 척결 대상이 된 셈이었다. 2021년 미국에서는 '게임스탑GameStop 사건'이 있었는데, 여의도와 홍콩, 싱가포르의 기관 투자자들과 금융 당국은 2023년의 2차전지 주가 상승을 마치 이와 같은 것으로 인식했던 것이다.

2021년 레딧Reddit을 중심으로 개인 투자자들이 뭉쳐서 게임스탑 주식을 대량으로 매수해 주가를 폭등시킴으로써 공매도 기관들 다수를 파산에 이르게 한 일이 있었다. 발행주식의 140%를 공매도 했다는 소식이 전해지자 '게임스탑 주식을 다 같이 사서 팔지 않고 버티면 공매도 기관들이 쇼트 스퀴즈 당하게 되면서 급등할 수 있다'라는 논리가 레딧의 주식 커뮤니티에서 개인 투자자들 사이에 빠르게 퍼졌고, 많은 개인 투자자들이 여기에 동의해 힘을 합치게 되자 이 논리는 실제 현실화됐다.

2021년 1월 4일 17.25달러였던 게임스탑 주가는 쇼트 스퀴즈로 인해 1월 27일 347.51달러로 한 달도 되지 않은 기간에 무려 20배가 올랐으며, 공매도 세력은 22조 원 가까운 손실을 입게 됐다. 이때 개인 투자자를 이끈 구심점이 됐던 사람이 키스 길Keith Gill이다. 키스 길은

엑스와 유튜브, 레딧 등 소셜 미디어에서 '포효하는 고양이Roaring Kitty'라는 닉네임으로 활동하던 30대 초반의 인플루언서로 CFA(증권분석사) 자격이 있긴 하나, 증권 관련 회사에 재직한 경력은 없는 사람이었다. 개인 투자자들이 주로 이용하던 주식 거래 앱 '로빈후드Robinhood'에서 게임스탑 매수를 금지시킨 사건이나 공매도 기관 중 하나였던 앨빈 캐피탈이 파산 일보 직전까지 간 일, 일론 머스크가 'Gamestop!'이라고 말하며 참전한 일, 미국 증권거래위원회Securities and Exchange Commission, SEC가 '상황을 적극적으로 모니터링하고 있다'라는 긴급 성명을 발표한 일 등 이와 관련한 다양한 일들이 펼쳐졌다. 이 일련의 과정은 2024년 〈덤 머니Dumb Money〉라는 제목의 영화로 제작되기도 했다.

아마 공매도 세력과 금융 당국의 눈에는 에코프로가 게임스탑으로, '배터리 아저씨'가 키스 길로 보였나 보다. 게임스탑 사건 때 뭉친 개인 투자자들 때문에 월가가 심각한 위기에 처했듯이 그들은 에코프로 등 2차전지로 뭉친 개인 투자자들 때문에 여의도가 막대한 피해를 입게 됐다고 생각했고, 나를 응징해야 할 존재로 생각했던 것이다. 그러나 대한민국 2차전지 주식의 상승과 게임스탑은 전혀 동급의 사건이 아니다. 왜냐하면 다음과 같은 분명한 차별점이 있기 때문이다.

① 산업의 규모와 성장성

미국의 게임스탑은 게임 패키지를 오프라인에서 유통하는 체인점 사업을 하는 작은 회사다. 대한민국의 2차전지 산업은 이미 시가총액으로도 반도체 산업에 이은 2위 업종이며, 대한민국 경제의 미래를 책임질 핵심 전략 산업이다.

② 이익의 성장에 기인

게임스탑은 온라인 상거래로 유통의 중심이 옮겨감에 따라 수년간 적자 기조가 이어졌다. 실적의 가시적 개선 없이 오로지 수급 요소로 20배가 오른 것이다. 이에 비해 대한민국 2차전지 기업들은 전기차 시대의 본격적인 개막으로 수년간 엄청난 성장세를 기록했다. 2023년 7월 25일 '김작가TV'에 출연한 나는 피터 린치의 말을 인용해 '주가가 기업의 이익 증가에 비례해 오르면 정당하다'라고 주장했다. 당시 이익 예상치 컨센서스 기준으로 에코프로는 2021년 영업이익 860억 원에서 2023년 9,483억 원으로 11배가 늘었으니 그때보다 10배 주가가

주요재무정보	최근 연간 실적				최근 분기 실적					
	2020.12	2021.12	2022.12	2023.12(E)	2021.12	2022.03	2022.06	2022.09	2022.12	2023.03(E)
	IFRS 연결	IFRS 연결	IFRS 연결	IFRS 연결	IFRS 연결	IFRS 연결	IFRS 연결	IFRS 연결	IFRS 연결	IFRS 연결
매출액(억원)	8,508	15,042	56,397	81,738	5,231	6,806	12,318	16,317	20,956	20,242
영업이익(억원)	636	860	6,132	9,483	-93	539	1,699	2,114	1,780	1,976
당기순이익(억원)	551	2,786	2,206	7,462	-3,390	428	1,024	1,747	-993	

에코프로의 최근 연간 및 분기 실적 (출처: 네이버페이 증권)

오른 것은 전혀 이상하지 않다고 말했다. 이런 성장에 기반한 주가 상승을 오로지 수급적 요소로만 오른 게임스탑과 같다고 여기는 것은 있을 수 없는 일이다.

③ 투자 전문가 여부

　게임스탑 사태를 촉발한 키스 길은 전문적인 투자 관련 업무 경험이 없는 인플루언서다. 나는 첫 직장을 대한투자신탁에서 시작해서 펀드 판매 4년, 애널리스트와 펀드매니저 5년, 증권사 PB 5년, 투자자문사 운용본부장 15년 등 증권 유관 기관 경력만 29년인 투자 전문가다. ㈜금양의 IR 업무를 하면서 대중들에게 알려지기 시작했고, 유튜브란 채널을 적극 활용하긴 했으나, 당시 나는 별도의 유튜브 채널조차 갖고 있지 않았다. 그런데 나를 30대 초반의 키스 길과 같은 부류의 비전문가, 일개 유튜버로 취급하는 것은 심각한 모욕과 다름없다. 게다가 키스 길은 게임스탑 투자로 수천억 원을 벌었지만, 나는 고지식하게도 ㈜금양 주식을 단 한 주도 산 적이 없고, 그저 '배터리 아저씨 8대 종목' 중 일부를 1~2억 원 정도에 사서 갖고 있을 뿐이었다. 그조차도 '서정덕TV'에서 '에코프로 30배, 에코프로비엠 10배 간다'라고 방송을 하고 나서의 일이다. 그때 이들 종목을 매수한 이유도 누군가가 댓글로 '그렇게 좋으면 너부터 사지 그래'라고 한 것을 보고 '그래, 그게 맞겠네' 싶어 산 것이다. 그리고 나는 2023년 2월 출간한 《K 배터리 레볼루션》에도 그 사실을 정확히 밝혔고, 2025년 12월 31일까지 단 한 주도 팔지 않겠다고 약속까지 했다.

미국에서는 게임스탑 사태 때문에 많은 소동이 있었다. 여러 공매도 기관들이 큰 손실을 입었고, 주식 거래 앱 '로빈후드'는 매수 금지 조치로 성난 개인 투자자들에 의해 고발당했으며, 키스 길은 의회 청문회에 불려 나갔다. SEC가 게임스탑 사태가 최절정이던 1월 27일 '상황을 적극적으로 모니터링하고 있다'는 경고성 메시지를 내기는 했으나, 그렇다고 해서 공매도 기관 편에 서서 어떠한 행동을 취하지는 않았다. 당연히 SEC는 증권 감독 기관으로서 투자자 모두에 공정한 심판이어야 하지 필드 위 선수로 뛰어서는 안 되기 때문이다. 이는 너무나 당연한 상식이고 원칙이다.

그러나 대한민국 여의도와 금융 당국의 행보는 이와 전혀 달랐다. 일례로 한 투자회사 이사는 여러 공매도 기관들의 손실을 보전하고, 그들의 원수를 대신 갚아주는 역할을 하라고 금융 당국에 촉구했고, 그 요구대로 금융감독원 등 금융 당국은 직접 행동에 나섰다. 그 행동이란 나를 키스 길처럼 개인 투자자들의 구심점이라고 판단해 주가 조작범으로 몰아 감옥에 보내려고 한 것이다.

기울어진 '공매도 운동장'을 평평하게 하는 데 일조하다

증시에서 어떤 주식을 매수하든 매도하든 그것은 투자자의 자유이고 명백히 합법이다. 공매도 또한 준법의 범위 내에서만 하면 자유이고 합법이다. 어떤 주식을 '싸다, 비싸다'라고 평가하는 것도 투자자의 자유이고 명백히 합법적인 행동이다. 그 누구도 의견과 자유로운 행위에 대해 왈가왈부할 수 없고, 해서도 안 된다. 그 '누구'에는 정부 기관인 금융감독원도 당연히 포함된다. 아니, 금융감독원은 그 '누구'보다도 더욱 '어떤 주식이 싸다, 비싸다'라는 평가나 '어떤 주식을 사라, 팔라' 등의 말을 해서는 안 된다. 금융감독원은 심판 역할이기 때문이다. 심판이 중립을 지켜야 한다는 것은 너무나 당연한 상식이고 원칙

이다. 나는 대한민국 증시가 고질적인 저평가를 받게 된 가장 결정적인 원인은 금융감독원이 중립을 지키지 않아서라고 생각한다.

2023년 3월 무렵, '에코프로와 배터리 아저씨'는 증권가의 강력한 태풍이었다. '에코프로 30배 간다'라고 말한 후이고 실제로 '1년 만에 25배가 올랐으니' 사람들의 관심이 집중될 만했다. 그 당시 내가 투자자문사 운용본부장으로 근무 중이라고 얘기를 했다면, 내게 투자금을 맡기려 몰려드는 투자자들로 그야말로 문전성시를 이루었을 것이다. 아마 1조 원 유치도 어렵지 않았을 것이고, 그 1조 원의 운용 수수료를 1%만 받아도 1년에 무려 100억 원의 수익이 생겼을 것이다. 운용 성과에 따른 성과 보수까지 감안하면 한 해에 수백억 원의 수익도 어렵지 않았을 것이다. 내 개인 유튜브 채널을 만들어주고 관리해주겠다는 MCN(멀티 채널 네트워크)의 제안도 있었다. 무엇을 하든 당시의 인기와 유명세로 나는 큰돈을 벌 수 있었다. 하지만 그런 제안을 나는 다 거부했다. '대중에게 대한민국 2차전지 산업을 알리는 일'과 '이를 돈벌이로 활용하는 일'은 이해 상충의 소지가 있다고 생각했다. '떳떳한 돈을 벌어야만 속이 편한 나의 고지식함' 때문이었다.

하지만 2023년 9월 11일, '친중매국 공매도 카르텔'은 나에 대한 공격을 시작했다. 이들은 정체불명의 찌라시를 유통시켰는데 '투자자문사 운용본부장으로 자본시장법상 겸직 금지와 이해 상충 방지 등 규정 위반 소지가 있다', '고객 계좌로 '배터리 아저씨 8대 종목'을 먼저 사고 방송에서 주식을 추천했을 경우 사기적 부정 거래에 해당한다' 등이 골자였다. 이윽고 9월 12일 언론은 이를 기사화했고, 금융감독원은 2023년 초부터 실시된 ㈜금양에 대한 감사 과정에서 '내가 근무 중이던 투자자문사와 ㈜금양이 IR 대행 계약을 체결한 상황'과 '이것이 합법적임을' 이미 인지하고 있었음에도 '사실관계를 확인 중'이라고 했다.*

이 기사가 보도된 이후에 내가 근무 중이던 투자자문사에 금융감독원이 감사를 나왔다. 금융감독원과 여의도 친중매국 카르텔에 의해 회사가 피해받는 것을 원하지 않아서 나는 사표를 제출했다. 금융감독원 감사는 일주일간 이어졌지만, 나에 대한 조사는 단 한 번도 이루어지지 않았다. 감사가 끝나갈 무렵, 금융감독원 검사역이 내게 전화해 '9월 27일 금융감독원으로 조사를 받으러 오라'라고 했다. 나는 가겠다고 약속했고, 약속된 일자와 시간에 금융감독원에 출두했다. 그러나 금융감독원 검사역은 나타나지 않았고, 내 전화도 받지 않았다. 영등포경찰서 소속 형사에게 '오늘 대면 감사를 못할 것 같으니 그냥 돌아가라고 전달해달라'라는 문자를 보냈고, 나는 허탕을 치고 돌아갈 수밖에 없었다. 그로부터 또 얼마가 지나 금융감독원으로부터 우편이 도착했다. '서면질의서'라고 되어 있었고, 나에 관한 여러 질문들이 적혀 있었다. 나는 그 금융감독원 검사역에게 이메일을 보냈다.

나는 금융감독원 검사역을 만나서 면전에서 구두로 그들의 질의에

---

* 강은성, "밧데리 아저씨" 박순혁, 투자일임사 겸직 논란… 금감원 "사실관계 확인중", 〈뉴스1〉, 2023년 9월 12일자 기사.

응답하겠다고 했다. 그들이 진실로 떳떳하다면 그렇게 대대적으로 언론 플레이까지 해놓은 마당에 '내가 직접 가서 두 눈을 똑바로 쳐다보고 말하겠다'라는 것을 거부할 이유가 단 하나도 없을 것이다. 그러나 금융감독원은 내가 출두해 말하겠다는 것을 끝끝내 거부했다. 따라서 나에 대한 금융감독원의 조사는 단 한 번도 이루어진 적이 없는 게 사실이다. 이야말로 애초부터 '범죄를 잡는 것'이 목적이 아니라는 명확한 증거가 아니고 무엇일까?

  사람들은, 특히 2차전지 투자자를 포함한 개인 투자자들은 이런 금융감독원의 행태에 격분했다. 여의도 일대에서 계속해서 투자자들의 시위가 벌어졌고, 금융 당국과 정치권에 개인 투자자들의 항의가 빗발쳤다. 이런 와중에 외국인의 불법 공매도 사례가 적발돼 언론에 대대적으로 보도되기도 했다. 9월 26일 국회에서는 민주당 소속 김경협 의원과 강훈식 의원 주최로 '공매도, 정말 이대로 괜찮은가?'라는 제목의 토론회도 개최됐다. 나는 김경협 의원님의 초대로 이날 토론회에 참석했다. 이 국회 토론에서 나는 현재의 금융감독원은 대한민국 헌법을 유린하고 있는 반反헌법적 특수 계급이며 '투표를 통한 주권 위임' 같은 아무런 민주적 정당성도 없는 기관이 무소불위의 권력을 자의적으로 남용하는 이런 행태는 반드시 바로잡혀야 한다고 주장했다. 더불어 '금융감독원의 민주적 통제 방법'을 정당한 투표 절차를 통해 우리 국민들의 대표로 선출된 국회에서 반드시 만들어주기를 강력히 요청했다.

2023년 '공매도 전면 금지'와 그 계기가 된 나의 시련과 고난

나는 공매도 제도 자체를 부정하지 않는다. 공매도 제도는 인류 최초의 주식회사인 17세기 네덜란드 동인도회사 때부터 있었던 것으로 서구 사회에서는 너무나 당연한 투자 방법으로 여겨진다. 그렇기 때문에 '글로벌 자본시장에 포함되어 있는' 대한민국 증시만 공매도 제도를 불허한다는 것은 사실상 불가능하다. 다만, 그 공매도가 개인 투자자나 기관 투자자 또는 외국인 투자자 누구에게나 동일한 룰로 적용돼야 공정할 텐데, 우리나라의 공매도는 기관과 외국인 투자자에게만 각종 특혜를 부여하고 있기 때문에 이를 고쳐야 한다는 것이 나의 주장이다.

금융감독원 등 금융 당국이 여의도 카르텔과 결탁했다는 것도 바로 이런 이유다. 개인 투자자들의 공매도는 실질적으로 불가능하게 해놓고, 기관과 외국인 투자자에게만 각종 특혜를 몰아준 까닭에 우리나라 공매도의 98%가 기관과 외국인의 몫이며 개인 공매도 비중은 2%밖에 안 된다. 이는 미국, 일본 등 여타 선진국의 개인 공매도 비중이 20~30% 비중에 이르는 것과 큰 차이다. 나는 기관과 외국인 투자자에게만 기울어진 '공매도 운동장'을 평평하게 해줄 것을 요구했고, 국회의원 등 정치권에서도 이런 나의 요구에 적극적으로 반응했다.

그해 10월 10일부터 27일까지 국회 국정감사가 열렸는데, 나의 이러한 노력 때문에 2023년 정무위 국정감사의 초점은 단연코 '공매도 제도 개선'에 맞춰졌다. 정무위 국정감사가 개시되기 직전에 개인 투자자들은 힘을 모아 '공매도 제도 개선에 관한 청원'이라는 제목으로 국회 국민청원 5만 명 달성에 성공해 국회의 관련 논의에 힘을 실어주었다. 국회에서는 2024년 4월 총선을 앞두고 개인 투자자들의 표심을 의식해 여야를 가리지 않고 적극 나섰다. 1,400만 개인 투자자 시대인 만큼 이들의 표심을 의식하지 않을 수 없었을 것이다.

원래 국회에서 먼저 공매도 문제에 관심을 가진 쪽은 당시 야당인 민주당이다. 9월 26일 국회 토론회를 개최한 것도 민주당 소속인 김경협 의원과 강훈식 의원이었다. 금융감독원과 금융위원회에 대한 기관 국정감사에서도 초기에 목소리를 높였던 쪽은 강훈식 의원, 김한규 의원 등 민주당 쪽이었다. 그러다가 당시 여당 쪽 정무위 소속의 윤주경 의원, 윤창현 의원 등이 가세하면서 '공매도 제도 개선'은 여야 간 의견 일치를 이루는 정책이 됐다. 이에 국정감사 초기 '공매도 제도 개선'에 소극적이던 금융위원회, 금융감독원 등 금융 당국도 입장을 바꿔 공매도 제도 개선에 나서겠다고 약속할 수밖에 없었다. 2023년 4월 이후 공매도 세력에게 손해를 입힌 결과로 내가 지독하게 박해받고 탄압받았던 것이 결국 '공매도 제도 개선 약속'을 이끌어내는 결과로 이어졌다.

10월 말에 끝난 공매도 관련 국정감사는 성공적이었다. 많은 투자자들이 관련 논의를 크게 관심을 갖고 지켜보았고, 국정감사 초기에 소극적이던 금융 당국은 거듭된 투자자들의 성난 눈초리, 이를 등에 업은 여야 의원들의 매서운 질타에 결국 손을 들 수밖에 없었다. 이는 내가 주도적으로 이끌어간 '여론전' 영향이 지대했다. 국정감사가 끝나고 11월 정기국회가 개최됐다. 11월 3일 '예산결산특별위원회 전체회의'에서 '저희가 이번에 김포 다음 공매도로'라는 메시지가 아마도 고의적으로 언론에 노출되는 일이 있었다.* 이후 단 이틀 만인 11월 5일 일요일에 정부는 기습적으로 '공매도 전면 금지' 조치를 발표했다. 김주현 금융위원회 위원장은 월요일인 11월 6일부터 내년 6월까지 공매도를 전면 금지하며, 그 기간 중에 공매도 제도를 전면 개선해 '기관과 외국인의 관행적인 불법 행위를 금지하도록 하겠다'라고 약속했다.** 나의 그간의 투쟁이 드디어 결실을 맺는 순간이었다.

11월 6일 공매도 금지가 전격 시행되자 증시는 사상 최대 상승으로 화답했다. 코스피 지수는 5.66%, 134p 상승했는데 이는 국내 증시 역사상 최대 폭이었다. 코스닥은 7.34% 급등했는데, 이는 2001년 1월 이후 22년 10개월 만에 최대치였다.*** 코스닥의 에코프로와 에코프로비엠 등이 상한가인 30% 상승을 기록했고, 코스피의 LG에너지솔루션

---

* 이영환, "저희가 이번에 김포 다음 공매도로", 〈뉴시스〉, 2023년 11월 3일자 기사.

** 서진욱·정혜윤, '전격 공매도 '전면 금지'… 김주현 "韓 자본시장의 중요 전환점"', 〈머니투데이〉, 2023년 11월 5일자 기사.

*** 최형석, '공매도 전면 금지 첫날, 코스피 사상 최대 상승', 〈조선일보〉, 2023년 11월 7일자 기사.

과 POSCO홀딩스도 20% 이상 상승했다. 이는 그간의 주가 하락, 특히 2차전지 주요 종목의 주가 하락이 공매도 세력에 의한 것이고, 또 이를 금융 당국이 모른 척했기 때문에 가능했다는 것을 명백히 반증했다.

그러나 이들은 곧 새로운 방법을 찾아냈다. 바로 MM(Market Maker)(시장조성자)과 LP(Liquidity Provider)(유동성 공급자)를 활용한 공매도였다. 11월 6일부터 공매도는 전면 금지됐으나, 예외가 두 가지 있었는데 바로 MM과 LP의 공매도다. 그리고 '공매도 특권 카르텔'은 금융감독원과 한국거래소 등 금융 당국의 묵인과 협조 아래에 이 두 가지 예외로 허용된 공매도를 통해 2차전지 등 그들이 크게 공매도 포지션을 가진 주식들을 압박했고, 그 결과 11월 6일 사상 최대 상승을 기록했던 증시는 11월 7일부터 빠르게 하락으로 급반전한다.

시장 조성자 제도란 거래가 원활히 이루어지지 않는 주로 중소형 종목에 증권사가 매수, 매도 호가를 제시해 투자자의 거래 상대방이 되어주는 제도다. 유동성 공급자 제도는 ETF나 ELW 등에 대한 매매가 원활히 이루어지도록 증권사가 매수나 매도에 참가해 이들 금융상품에 유동성을 공급하는 역할을 하는 제도다. 당연히 이들은 시장의 수동적인 참가자로서 가격에 영향을 미친다. 즉, 의도적으로 가격을 올리면서 산다든지, 가격을 내리면서 공매도 한다든지 하는 행위는 명백한 불법이다. 그러나 코너에 몰린 '친중매국 공매도 특권 카르텔 집단'은 담합해 고의로 가격을 아래로 내리면서 공매도를 하는 방법으로 2차전지 주가를 의도적으로 하락시켰고, 금융감독원과 한국거래소는 이를 묵인하고 방조하며 나아가서 협조했다. 다시금 개인 투자자들은 분노로 들끓었다. 이는 '공매도 전면 금지'라는 정부의 정책 발표를 무의미하게 하는 것이고, '불법적인 공매도 관행에서 개인 투자자를 보호하려는' 당초 정책 목표를 정면으로 거스르는 것이었다.

여기에서 밀리면 끝장이라고 생각한 '공매도 특권 카르텔'은 쉽게 물러서지 않았다. 그들은 4월과 9월에도 그러했듯이 상징적 존재인 나를 음해해야 자신들의 뜻을 이룰 수 있을 것이라 생각하고 또다시 음모를 꾸몄다. 11월 24일 유안타증권이 2021년 5월에서 11월 20일까지 공매도 잔액 비율 상위 10개 종목의 공매도 추정손익을 계산한 결과, 에코프로와 에코프로비엠 단 두 종목에서 공매도 세력이 무려 1.6조 원의 실현손실을 입었다고 발표했다.* 상위 10개 종목의 총 손실이 1,700억 원이니, 나머지 8개 종목에서는 1.43조 원의 이익을 올린 셈이었다.

개인 투자자들은 다시금 격노했다. 국정감사를 통해 공매도의 부당한 특권이 명백히 드러났고, 대통령과 여당, 금융 당국이 공매도 제도 개선을 약속했고, 제도가 개선될 때까지 공매도 전면 금지 정책을 발표했음에도 불구하고, 그 발표가 무색하게 MM, LP라는 예외 조항

---

* 김사무엘, "'우리 죽는다' 에코프로 개미들의 적… 공매도 실제로는 '1.6조 손실'", 〈머니투데이〉, 2023년 11월 24일자 기사.

을 악용한 공매도를 통해 보란 듯이 증시를 유린했기 때문이다. 이윽고 이복현 금융감독원장은 11월 23일 갑자기 '핀플루언서 선행 매매 2~3건을 포착해 곧 혐의를 공개'하겠다고 발표했다.* 여기서 '핀플루언서Finfluncer'란 '금융'을 뜻하는 'Finance'와 SNS나 유튜브 등을 통해 영향력 있는 사람을 뜻하는 '인플루언서Influncer'를 조합해 만든 용어로 '금융 투자 분야에서 영향력 있는 인물'을 뜻한다. 금융감독원장의 이 발언이 있고 난 후, 언론들은 일제히 '핀플루언서=범죄자'를 연상하게 만들려는 기사들을 마구 쏟아냈다. 그 타깃이 나라는 게 또한 너무나 자명했다. '여의도 특권 계급'에게 손해를 입히고, 이들이 휘두르는 전가의 보도인 '부당한 공매도'를 개혁하게끔 한 대가가 이토록 가혹했다.

'선진적으로 제도 개선된 상태'에서 공매도가 다시 허용되다

대한민국 헌법 제21조는 대한민국 국민 모두가 언론·출판의 자유와 집회·결사의 자유를 가진다고 규정하고 있다. 언론·출판에 대한 허

---

* 문수빈, '이복현 금감원장 "핀플루언서 선행 매매 2~3건 포착… 곧 혐의 공개"', 〈조선비즈〉, 2023년 11월 23일자 기사.

가나 검열과 집회·결사에 대한 허가는 인정되지 아니한다고 선언하고 있다. 금융감독원은 선거에 의해 유일 주권자인 국민의 주권을 위임받은 것도 아니고, 우리가 직접 손으로 뽑은 대통령의 지휘 감독을 받는 행정부 소속의 공무원도 아니다. 아무런 민주적 정당성도 없는 조직이 대한민국 주권자인 내게 '이런 말을 하라, 이런 말을 하지 말라'라고 요구하는 것은 대한민국 헌법을 정면으로 위반하는 것이다. 도대체 왜 아무런 주권 위임 절차도 받은 바 없는 금융감독원이라는 특수 기관이 이토록 무소불위의 권력을 자의적으로 행사하는가? 나는 도저히 납득할 수도, 순순히 굴복할 수도 없었다.

시련은 여기서 그치지 않았다. 12월 21일 오후 4시경, 금융감독원 특별사법경찰이 우리 집을 압수수색했다. 서울남부지법에서 발부된 압수수색영장에는 '내가 콩고 리튬광산 MOU 체결 정보를 선대인 소장에게 전달해 선대인 소장이 7.5억 원의 부당이득을 얻게 했다'라는 혐의가 적혀 있었다. 정말 어처구니가 없는 일이었다. 압수수색이 나온 다음 날인 12월 22일 〈이데일리〉 단독 기사가 나가고* 이후 하루 종일 온갖 언론사의 취재 요청이 쇄도했다. 기자들이 한결같이 하는 얘기가 '압수수색영장'을 사진으로 찍어 언론사에 제출한 케이스는 처음이라고 했다. 얼마나 내가 한 점 부끄러움이 없었으면, 얼마나 금

---

* 김보겸, '[단독]금감원, 박순혁 작가 압수수색⋯ 미공개정보 이용 혐의', 〈이데일리〉, 2023년 12월 22일자 기사.

융감독원 특별사법경찰의 압수수색영장이 허술했으면 그렇게 했겠는가?

금융감독원 특별사법경찰은 내가 쓰던 PC와 휴대폰 2대를 압수수색해 가져갔다. 2024년 3월경에 포렌식을 한다고 참관 여부를 물어봤는데, 나는 '마음대로 다 들여다보시라' 하며 참관조차 하지 않았다. 금융감독원 특별사법경찰은 출국 금지를 걸었고, 그 출국 금지는 1년 8개월 가까이 경과한 2025년 8월 현재도 여전히 걸려 있다. 무려 1년 8개월 가까이 출국 금지를 연장하고 있는 금융감독원 특별사법경찰은 그 1년 8개월 동안 내게 단 한 번도 조사를 받으러 오라고 요청하지 않았다. 이것이 '범죄를 잡기 위해서'가 아니라 '친중매국 공매도 특권 카르텔을 위해' 압수수색을 한 증거가 아니고 무엇이겠는가?

그리고 12월 27일 한국거래소에서 '공매도 제도 개선 2차 토론회'가 열렸다. 앞서 12월 4일에 '공매도 특권 카르텔'과 '삼프로TV'가 개최한 공매도 토론회가 여론의 질타를 받았었는데, 이 때문에 '공정한 패널 구성'에 신경을 쓰지 않을 도리가 없었다. 그 결과, 내가 한국주식투자자연합회의 정의정 대표와 함께 개인 투자자를 대표하는 자격으로 그 토론회에 참석했다. 이 자리에서 한국거래소, 한국예탁결제원, 금융투자협회, 코스콤 등 증권 유관 기관이 내놓을 논리는 뻔했다. '하기는 해야 하지만 천문학적 비용이 들고, 엄청난 인력과 시간이 소요되는 등 현실적 제약으로 어렵다.' 나는 여기에 대응할 논리로 한 유튜브 영상에서 본 일화를 미리 준비해갔다. 그 일화는 다음과 같다.

LG그룹의 고故 구본무 회장이 직원들과 같이 점심을 하게 됐는데, 문득 ○○여고 근처에서 먹은 맛있는 중국집이 생각났다. 구본무 회장은 "거기 중국집이 맛있던데 거기서 배달시켜라"라고 지시했다. 문제는 구 회장이 그 중국집 이름을 몰랐다는 데 있다. 지시를 받은 직원들은 단체로 혼란에 빠졌다. 그때 한 신입 사원이 그 중국집을 찾아냈다. ○○여고 경비실에 전화한 다음, 그 주위에서 유명하고 맛있는 중국집을 물어본 것이다. 덕분에 그 중국집을 찾아냈고 구본무 회장과 LG 직원들은 맛있는 점심을 먹을 수 있었다. 이 일로 그 신입 사원은 구본무 회장의 눈도장을 받게 됐고, 이후 LG 계열사 사장까지 오를 수 있게 됐다는 이야기였다.

나는 토론회장에서 이 얘기를 한 다음, 역시 예상했던 대로 온갖 안 된다는 변명만 늘어놓는 증권 유관 기관 관계자들에게 이렇게 따끔하게 지적했다. "여러분들이 그 자리에서 월급을 받는 것은 되게끔 하는 방법을 찾으라고 받는 것이지, 안 된다는 핑계를 대려고 월급을 받는 것이 아니지 않습니까?" 이 한마디로 토론회는 평정됐다. 천문학적 비용이 든다던 공매도 전산화는 불과 17억 원으로 가능했고, 관련 전산화가 완료돼 2025년 3월 31일 '선진적으로 제도가 개선된 상태'에서 공매도는 전면 재개됐다. 갖은 고난과 핍박을 받았지만 그 결과 모든 투자자들이 공정하게 대우받는 '금융 선진화'로 한 걸음 전진하게 됐으니 나로서는 감개무량하지 않을 수 없다.

2장

한국 증시와 산업의 미래, K-배터리 투자의 모든 것

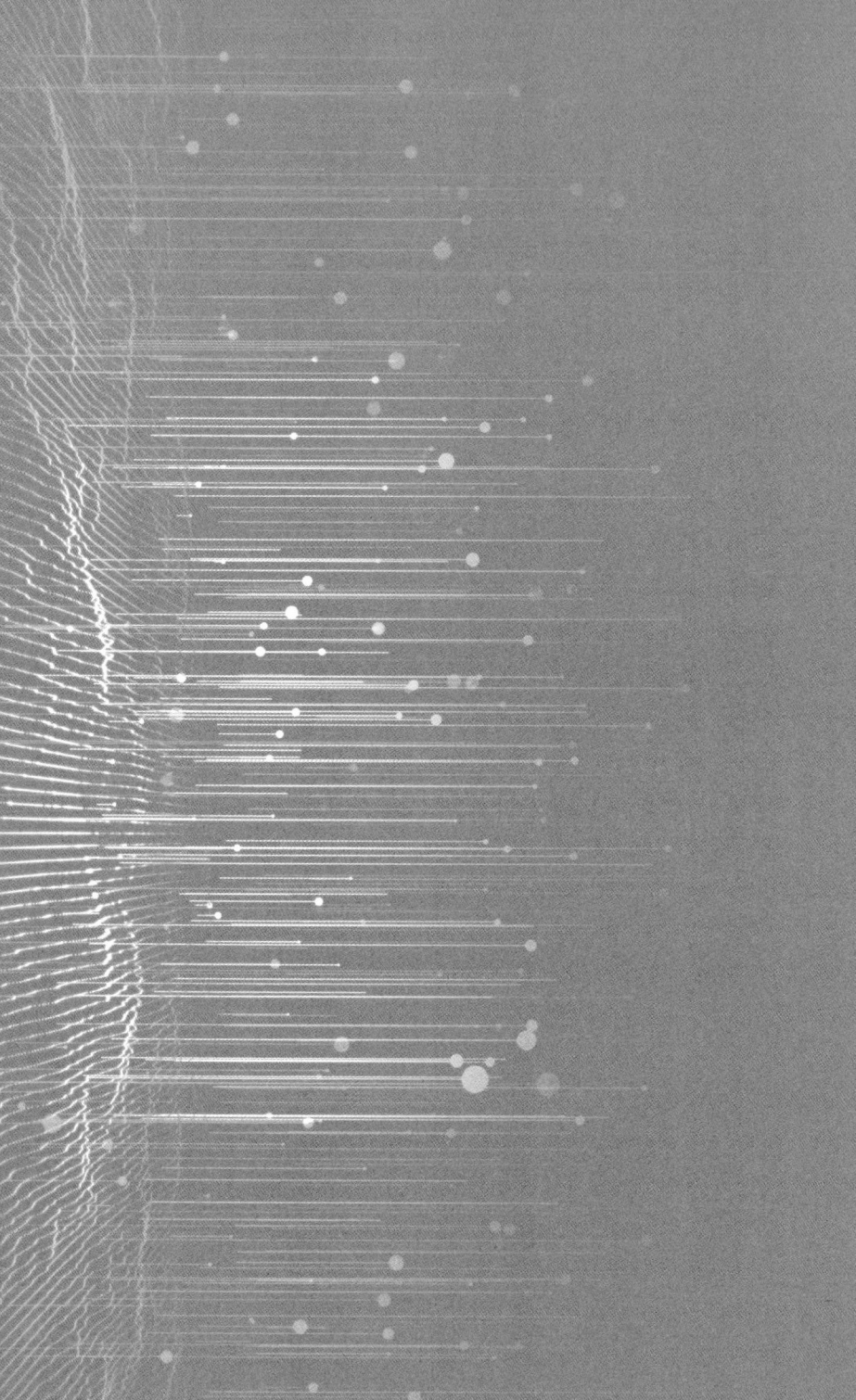

내가 9대 종목을
이야기한 이유

　2007년 6월 29일, 스티브 잡스의 애플은 아이폰이라는 혁명적 기기를 세상에 내놓았다. 휴대전화에 여러 컴퓨터 지원 기능을 추가한 지능형 단말기인 스마트폰이 출시됨에 따라 휴대전화는 인터넷에 접속이 가능한 컴퓨터 기능이 중심이 되고, 전화는 부가 서비스로 그 자리를 바꾸게 됐다. 컴퓨터에 여러 응용 프로그램이 깔려 작동되듯이 '손안의 컴퓨터'인 스마트폰에도 여러 다양한 응용 프로그램을 깔 수 있는데, 이것이 바로 애플리케이션Aplication('앱'으로 줄여 부름)이다.

　아이폰 이전의 휴대전화 중에서도 피처폰Feature phone이라 불리던 휴대전화는 인터넷 접속과 부가 서비스 사용이 가능하긴 했다. 피처폰은 특정 이동통신사에 특화돼 해당 이동통신사의 전용 운영체제 Operating System, OS를 사용했다. 피처폰도 인터넷 사용 및 현재의 앱과 유사한 응용 프로그램 사용이 가능했다. 그러나 피처폰은 SK텔레콤, KT 등 이동통신사가 독점적으로 관리하는 폐쇄형 네트워크였고, 무엇보다 데이터 통신료라는 명목으로 비싼 요금을 부과했기에 이를 잘 모르고 사용한 고객들은 많은 사용료가 부과되곤 했다.

스마트폰은 피처폰과 달리 범용 OS를 사용하는 개방형 네트워크이고, 요금 부담 없이 무선 인터넷을 마음껏 사용할 수 있는 와이파이 Wireless Fidelity, Wi-Fi 기술 덕분에 자유롭게 인터넷에 접속할 수 있다. 이런 변화된 환경을 기반으로 새로운 서비스가 수많이 제공됐고, 그중에서도 초기 시장을 선점하고 대중화와 네크워크 장악에 성공한 기업

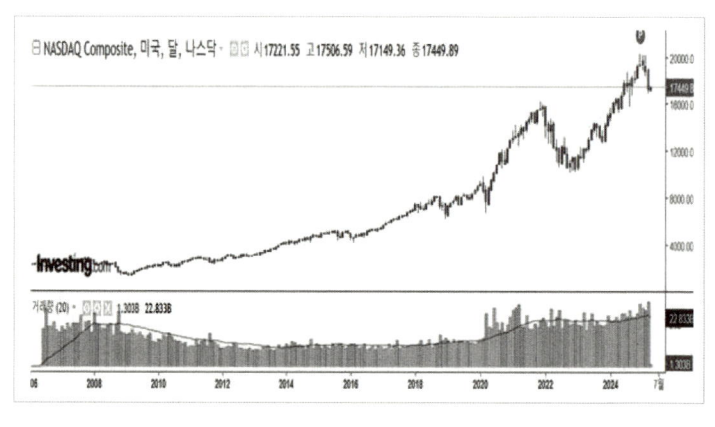

2010년대 이후 15년간 나스닥 지수 변동 추이

들은 엄청난 성장과 성공을 거두었다. 그리고 이들은 이후 십수 년간 세계 증시를 주도하는 종목들이 됐다. 이것이 바로 모바일 혁명이다.

모바일 혁명을 주도한 것은 미국의 빅 테크 기업이다. 이들이 집중적으로 포진한 나스닥 증시가 2010년대 이후 15년간 세계 증시를 주도한 이유다. 모바일 혁명의 총아였던 나스닥 지수는 2008년 글로벌 금융 위기 국면에서 1,300p를 저점으로 2024년 2만p까지 16년간 15배가 오르는 대기록을 달성했다.

나스닥이 15배 오르는 동안 특히 모바일 혁명의 최선봉에 서 있던 주식들은 수십 배에서 수백 배에 이르는 상승을 기록하며 전 세계 증시의 주도주 역할을 했다. 이들 기업은 한때 'FAANG_{Facebook, Apple, Amazon, Netflix, Google}'이라 불리기도 했고, 또 한때는 'MAGA_{Microsoft,}

종목명	최저 주가(달러)	최고 주가(달러)	상승률(배)
애플	3	260	87
마이크로소프트	16	468	29
알파벳	24	208	9
아마존	2	242	121
엔비디아	0.2	153	765
테슬라	1	488	488
메타	17	740	44

모바일 혁명 이후 '매그니피선트 7'의 주가 상승률

* 알파벳은 2014년 변경 상장한 이후의 수치임.
** 메타는 2012년에 상장함.

Apple, Google, Amazon'로도 불렸다. 최근에는 '매그니피선트 7Magnificent 7, Apple, Microsoft, Alpabet, Amazon, Nvidia, Tesla, Meta'이라 불린다.

2010년대 이후 미국 증시가 전 세계 증시 중 유독 강했던 것은 전 세계 모바일 혁명을 주도한 이들 기업의 주가가 수십에서 수백 배 올랐기 때문이다. 그래서 그 주식들이 모여 있는 나스닥 지수가 15배가 오른 것이다. 즉, 나스닥 지수가 15배가 올라서 FAANG, MAGA, 매그니피선트 7 등의 주식이 수십, 수백 배 오른 것이 아니다. MBK 등 사모펀드들의 이익을 위해 '삼프로TV'와 '슈카월드' 등 유튜브 채널, 한국기업거버넌스포럼과 금융감독원, 한국거래소 등 금융 당국이 만들어낸 '주주 환원률이 높아서 미국 증시가 올랐다'는 말이 얼마나 말이 안 되는지 명확히 알 수 있다.

'주주 환원률이 높은 나라의 증시는 상승하고, 주주 환원률이 낮은 나라의 증시는 침체한다'는 논리는 MBK 등 사모펀드들이 자신들의 이익을 위해서 만들어낸 거짓 논리다. MBK는 2015년 홈플러스를 인수한 후에 알짜 점포 및 보유 점포를 매각하고 다시 임대를 하는 등의 방법으로 돈을 빼내어 펀드 투자자들에게 배분했다. 그들 말에 따르면, '주주 환원률이 매우 높은' 모범적인 거버넌스를 실행한 셈이다. 그렇게 알짜 자산을 다 빼내어 주주들에게 환원한 후 2025년 기습적으로 '법정 관리'를 신청했다. 자발적으로 부도를 낸 셈이다. 당연히 주식 가치는 제로에 수렴한다. '코리아 밸류업 프로그램'은 이런 MBK의 홈플러스 경영 방식을 따라야 한다고 주장하는 셈이니 이 얼마나 언어도단인가?

 FAANG, MAGA, 매그니피선트 7이 불을 뿜으면서 미국 증시가 크게 상승할 동안 미국보다 주주 환원률이 오히려 더 높은 유럽 증시는 2010년대 내내 부진함을 면치 못했다. 유럽에는 모바일 혁명 시대를 맞이해 성장한 IT 관련 기업이 거의 전무하다시피 했기 때문이다. 미국이 빠르게 빅 테크 위주로 산업을 재편하는 동안 유럽은 자동차 등 전통 산업에만 의존했다. 그 결과, 모바일 혁명의 수혜를 전혀 입지 못했고, 유럽 증시는 내내 부진했다. 미국의 애플과 구글, 메타, 넷플릭스는 유럽 시장을 장악했고, 유럽은 이들 미국 빅 테크 기업과 겨룰 만한 기업을 만들어내지 못한 결과가 유럽 증시 부진의 원인이었다. 주주 환원률이 낮아서가 아니다.

 2010년대 들어 대한민국 증시 또한 부진을 면치 못했다. MBK 등 사모펀드들은 그 이유로 '주주 환원이 부족해서'라고 거짓말한다. 그래야 거버넌스를 개선한다는 명분을 들며 홈플러스에 이어 고려아연 등 알짜 기업을 집어삼킬 수 있을 테니 말이다. 주주 환원률이 낮은 것은 대한민국 증시의 오래된 특징이다. 2010년대에만 국한된 현상이 전혀 아니다. 지금보다 훨씬 더 주주 환원이 적었고, 아예 그런 개념조차 없었던 1980년대에 코스피 지수는 100p에서 1,000p로 무려 10배가 올랐다. 이런 현상은 무엇으로 설명할 것인가? 1980년대에 한국 경제는 '3저 호황'이라 불리는, 단군 이래 경기가 가장 좋았다는 시기를 겪었다. 현재 대한민국을 이끄는 삼성전자, 현대차, POSCO 등이 자리를 잡고 크게 성장하던 시기다. 매해 경제성장률이 10%에 육박하는 고속 성장을 구가하던 시기였는데, 그것이 10배 증시 상승으로 나타난 것이다. 즉, 증시 상승의 원동력은 산업의 성장이지 주주 환원과는 아무런 관계도 없다.

증시 격언에 '영원히 자라는 나무는 없다'라는 말이 있다. 2007년 6월 아이폰의 등장으로 시작된 모바일 혁명 시대는 매그니피선트 7까지 15년을 이어왔다. 스마트폰을 이제 전 세계의 웬만한 사람들은 다 가지고 있다. 미국 조사업체 IDC에 따르면, 2023년 스마트폰 판매 대수는 전년 대비 3.2% 감소한 11억 7,000만 대였으며, 2024년에는 12억 4,000만 대가 팔려서 6.2% 증가세로 바뀌었다. 2023년에서 2028년까지 연평균 성장률은 2.6%로 낮은 수준에 머물 전망이다. 성장할 만큼 충분히 성장해 더 이상은 성장할 여지가 크게 줄어든 상황이다.

애플의 CEO 팀 쿡Tim Cook은 스마트폰 시장이 성장의 한계에 부딪히자 '가상현실'을 신 성장 엔진으로 생각했다. 그러나 팀 쿡이 야심차게 내놓은 가상현실용 기기 '비전 프로'는 500만 원에 달하는 비싼 가격과 콘텐츠 부족으로 싸늘한 시장 반응에 직면해 있다. 결국 애플은 첫해 판매 목표를 당초 70~80만 대에서 40~45만 대로 낮출 수밖에 없었다. 2016~2018년 평균 35달러에 애플 주식 9억 500만 주를 매입했던 버핏은 2024년 한 해 동안 6억 주를 팔아서 3억 주만 남겼다. 애플 투자를 통해 버핏은 대략 7년 만에 6배를 번 셈이다.

아이폰만 그런 것은 아니다. 모바일 생태계를 구성했던 유튜브, 페이스북, 인스타그램, 엑스(트위터), 넷플릭스 등 대다수 서비스들도 성장 정체기에 접어들었다. 2023년 11월 생성형 AI인 챗GPT가 출시된 이후 2024년 내내 AI가 빅 테크의 새로운 구세주가 될 것으로 기대가 집중됐다. 이런 기대감은 주가에도 반영돼 2024년 내내 나스닥 증시가 급등했다. 이때 버핏은 보유 주식을 대거 내다 팔아서 버크셔 해서웨이 역사상 최대 현금 보유 비중을 기록 중이다.* 나는 AI 혁명에 회의적이고, 버핏 또한 그러한 듯하다. 그리고 늘 그랬듯이 이번에도 버핏이 옳을 것이다.

2010년대 전 세계 경제 성장을 이끈 것이 모바일 혁명을 기초로 한 빅 테크 기업이었다면, 2020년대 향후 10년 동안 전 세계 경제 성장을 이끌 새로운 산업은 무엇일까? 나는 그것이 '전기차 혁명'을 기초로 한 '2차전지 산업'이라고 생각한다. 지금도 단일 소비재로 가장 큰 규모의 시장을 형성한 산업은 자동차 산업이다. 국제 교역 규모가 가장 큰 산업 또한 자동차 산업이다. 그런데 이런 자동차가 향후 10~15년 뒤인 2035~2040년 무렵이 되면, 기존 내연기관차에서 모두 전기차로 바뀌게 될 예정이다.

2024년 11월, 도널드 트럼프가 미국의 제47대 대통령으로 당선됐

---

* 송경재, "'오마하의 현인' 버핏, 애플 지분 25% 추가 감축… 보유 현금은 사상 최대", 〈파이낸셜뉴스〉, 2024년 11월 3일자 기사.

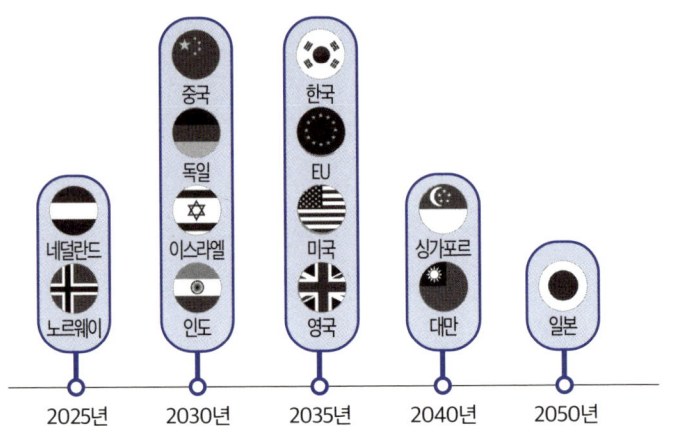

국가별 내연기관 신차 판매 중단 시점(예정, 출처: IEA, BNEF, 전경련 등, 2022)

다. 2025년 1월 트럼프는 'First day, EV mandate is gone'이라는 대선 공약대로 전기차 강제 전환 정책을 폐지하는 행정명령에 서명했다. 이로써 주요국 중 특정 연도를 목표로 100% 전기차 전환을 강제하는 흐름에서 미국이 이탈했다. 그러나 캘리포니아주와 뉴욕주, 네바다주 등 민주당 세가 강한 17개 주는 트럼프의 이러한 연방 정책에도 불구하고 2035년까지 100% 전기차 전환을 강제하는 주법을 그대로 유지할 계획이다. 트럼프의 임기가 2028년까지인 만큼 이후 다른 주요국들처럼 미국 역시 전기차 100% 전환 흐름에 동참할 가능성이 클 것이라고 나는 판단한다.

그렇게 생각하는 이유는 다수의 자동차 제조업체들이 이미 루비콘 강을 건넜기 때문이다. 자동차 산업은 대표적인 대규모 장치 산업이고, 신차 개발에는 통상 3~4년이라는 긴 시간이 걸린다. 게다가 내연기관차와 전기차는 그 구조가 아예 달라서 공정과 공장이 아예 달라진다. 전기차를 제대로 만들려면 전기차 제작을 위한 전용 공장을 만들어야만 경쟁력이 있다. 현재 주요 자동차 제조 기업들은 2035~2040년경이면 내연기관차 생산을 아예 중단하고, 100% 전기차 생산으로 바꿀 계획을 이미 갖고 있다. 즉, 트럼프의 정책에도 불구하

현대	• 2035년부터 유럽에서 전기차만 판매 • 2040년까지 미국·한국 등 주요 시장에서 순차적으로 모든 판매 차량 전동화 완료, 전기차 판매 비중 80% 목표
제네시스	• 2025년부터 모든 신차 수소·배터리 전기차로 출시 • 2030년 친환경차 40만 대 판매 목표
GM	• 2025년까지 전기차 30종 출시, 향후 5년간 R&D 270억 달러 투입 • 2030년 캐딜락 전체 생산 모델 전기차 전환 • 2035년 이후 휘발유·디젤 엔진차 생산 판매 중단
벤츠	• 2030년부터 전 차종 전기차 출시 • 배터리 전기차 부문에 400억 유로 투자
볼보	• 2024년까지 글로벌 판매 50% 전기차, 50% 하이브리드차로 구성 • 2030년까지 전체 생산 모델 전기차 전환
폭스바겐	• 2029년까지 전기차 75종 출시 • 2030년까지 신차의 절반 전기차로 판매 • 2035년까지 유럽에서 내연기관차 판매 중단
BMW	• 2030년까지 순수 전기차 1,000만 대 공급
포드	• 2030년부터 유럽에서 전기차만 판매
혼다	• 2030년까지 전기·연료전지차 20%, 하이브리드차 80% • 2040년까지 전기차·연료전지차만 판매

주요 자동차 제조사의 전기차 전환 계획(출처: 연합뉴스)

고 2035~2040년경이면 거의 100% 전기차로 전환되는 전 세계적 흐름이 달라지지 않으리라고 나는 예상한다. 95쪽의 표는 주요 자동차 제조사의 전기차 전환 계획이다. 이 계획은 2021년의 것이고, 이후 캐즘 등의 영향으로 다소 변경이 있긴 하겠으나 큰 흐름에서 이 계획이 완전히 무효화되지는 않을 것이라고 보는 편이 합리적이다.

'재주는 곰이 부리고 돈은 되놈이 번다'는 말이 있다. 이 속담의 뜻과는 다르긴 하지만, '전기차는 자동차 회사가 만들고 돈은 2차전지 회사가 번다'라고 바꿔볼 수 있을 것 같다. 왜 전기차 혁명의 시대에 실제 돈을 버는 기업은 전기차를 만드는 자동차 회사가 아니라 전기차에 들어가는 2차전지를 만드는 회사일까? 전기차 자체는 상대적으로 만들기 쉽기 때문에 경쟁자가 많지만, 2차전지는 만들기가 어렵고 소수의 기업만 살아남을 것이기 때문이다. B2B 비즈니스에서 이익률은 협상력에 따라 결정된다. 소수의 기업만이 만들 수 있는 배터리를 다수의 전기차 제조 기업들이 필요로 한다면, 결국 협상의 주도권은 2차전지 기업이 갖게 된다. 이것이 전기차 혁명의 시대에 2차전지 주요 기업에 장기 투자를 해야 하는 이유다. 현재 전 세계에는 수십 개의 2차전지 제조 기업들이 있다. 하지만 2030년 정도가 되면 다섯 개 정도의 상위 업체들만 살아남을 것이라고 2차전지 업계는 전망한다. 이는 과거 메모리 반도체 업계에서 벌어진 일과 유사하다.

반도체 산업의 태동기 무렵이라 할 수 있는 1990년, 전 세계 반도체 상위 순위는 일본 메모리 반도체 기업들의 차지였다. NEC, 도시바, 히

1990년대 반도체 업체 순위			2020년대 반도체 업체 순위		
순위	기업명	국적	순위	기업명	국적
1	NEC	일본	1	인텔	미국
2	도시바	일본	2	삼성전자	한국
3	히타치	일본	3	TSMC	대만
4	인텔	미국	4	SK하이닉스	한국
5	모토로라	미국	5	마이크론	미국
6	후지쓰	일본	6	퀄컴	미국
7	미쓰비시	일본	7	브로드컴	미국
8	TI	미국	8	NVIDIA	미국
9	필립스	네덜란드	9	TI	미국
10	파나소닉	일본	10	인피니언	유럽

1990년대와 2020년대 반도체 업체 순위 비교

타치, 후지쓰, 미쓰비시, 파나소닉 등 여섯 개 메모리 제조업체가 상위 10위 안에 들어 있었고, 삼성전자는 순위 안에도 없었다. 이후 30년이 지난 2020년, 상위 10위 안에 대한민국의 삼성전자와 SK하이닉스, 미국의 마이크론만 메모리 반도체 제조업체로 자리 잡고 있을 뿐, 일본 기업들은 다 쇠락하고 철수해 사라졌다. 왜 이런 일이 벌어졌을까? 메모리 반도체 제조업은 전형적인 장치 산업으로 고정비 부담이 큰 사업이기에 규모가 곧 경쟁력으로 직결되기 때문이다. 동일한 구조가 2차전지 산업에도 그대로 적용된다. 따라서 과거 메모리 반도체가 그랬듯이 2차전지 또한 상위 다섯 개 업체 정도로 자연스레 재편

되리라고 예상된다.

자동차 한 대를 만들 때 고정 비용 4,000만 원과 변동 비용 1,000만 원이 든다고 가정해보자. 이 기업이 자동차 한 대를 만들 때 드는 총 비용은 5,000만 원이다. 이제 이 기업이 자동차 10대를 만들게 되면 총 비용은 얼마가 될까? 고정 비용은 그대로 4,000만 원일 것이고, 변동 비용은 '1,000만 원×10대=1억 원'으로, 이를 합한 총 비용은 1억 4,000만 원이다. 이제 각 경우에 대당 생산원가를 계산해보자. 자동차를 한 대 생산할 경우의 대당 생산원가는 5,000만 원이다. 10대로 생산 대수가 늘면, '1억 4,000만 원÷10대=1,400만 원'으로 생산원가는 크게 떨어진다. 이것이 바로 규모의 경제다. 메모리 반도체 산업과 마찬가지로 2차전지 산업도 규모의 경제가 크게 작용하는 장치 산업이다 보니 결국 소수의 기업들만 살아남는다. 그리고 살아남은 소수의 기업은 과거 삼성전자나 SK하이닉스가 그랬던 것처럼 장기 보유할 때 큰 수익으로 보답받을 수 있다. 이것이 내가 '배터리 아저씨 9대 종목'을 말하는 근본적인 이유다.

배터리 제조사	LG에너지솔루션, SK이노베이션, 삼성SDI
양극재 제조사	에코프로비엠, LG화학, 포스코퓨처엠
자원 회사	POSCO홀딩스, 에코프로
음극재 회사	나노신소재

배터리 아저씨의 9대 종목

다음 장부터는 '9대 종목'의 핵심 기술력과 투자 포인트를 하나하나 살펴보도록 하겠다.

세계 최고의 배터리 제조사 LG에너지솔루션과 LG화학

세계 최고의 배터리 회사는 어디일까? 단연코 LG에너지솔루션이다. 많은 대한민국 언론과 증권사, 자산운용사 등이 CATL이 세계 최고의 배터리 회사라고 강변하지만 결코 그렇지 않다. CATL은 중국 공산당이 국운을 걸고 밀어서 키워준 결과로 현재 외형만 클 뿐, 기술력이나 국제정치 역학상 LG에너지솔루션에는 상대가 전혀 안 되는 '안방 호랑이'에 불과하다.

2022년 1월 10일, LG에너지솔루션의 상장을 앞두고 열린 기자 간담회에서 LG에너지솔루션 대표이사 권영수 부회장은 "LG에너지솔루션이 중국 CATL보다 수주 잔고가 더 많은 것으로 안다"라며 "향후 시장점유율 측면에서 CATL을 추월할 것"이라고 말했다. 또한, "LG에너지솔루션은 지식재산권 측면에서 경쟁사를 압도하고, 그 결과 CATL과 달리 다양한 글로벌 고객군을 보유하고 있다"라면서 "생산기지도 유럽과 미국, 중국 등 글로벌하게 갖춰진 것도 강점"이라고 설명했다.*

배터리 제조업은 정밀화학 산업이다. 정밀화학은 대표적인 아날로그 기술 산업으로 수많은 시행착오를 거치면서 기술력이 하나씩 하나씩 누적되는 전형적인 '경험 산업'이다. 이는 업력이 무엇보다 중요한 경쟁 우위가 된다는 뜻이다. 배터리 제조 업력에서 LG에너지솔루션은 그 어떤 경쟁사보다 오래된 기업으로 여러 위기에도 불구하고 투자와 R&D를 멈추지 않은 결과, 세계 최고의 경쟁력을 가진 배터리 제조사가 됐다.

'로마는 하루아침에 이루어지지 않았다'라는 말처럼 LG에너지솔루션의 압도적인 경쟁력 또한 하루아침에 만들어진 것이 아니다. LG에너지솔루션이 배터리 사업에 첫발을 내디딘 것은 1992년의 일이다. 2022년 LG에너지솔루션이 상장하기까지 30년이 걸린 셈이다. 그동안 LG그룹의 배터리 사업은 '애물단지'이자 '돈 먹는 하마'였다. 매년 엄청난 연구개발비를 쏟아부었음에도 불구하고 '배터리 화재 사고에 따른 손실 보상', '해외 공장의 수율이 확보되지 않음에 따른 누적 손실'

---

* 김철선, 'LG엔솔 권영수 "중국 시장 적극 공략하고 1위 CATL 추월할 것"', 〈연합뉴스〉, 2022년 1월 10일자 기사.

등 각종 사건 사고가 끊이지 않았다. 이에 따라 수십 년간 LG그룹의 배터리 사업은 적자 구조를 벗어나지 못했다. 그럼에도 불구하고 LG 고故 구본무 회장은 '2차전지 산업은 대한민국과 LG그룹의 미래가 걸린 사업인 만큼 지금의 손실을 수업료라 생각하고 투자와 연구개발을 더 과감히 해라. 책임은 내가 지겠다'라고 말하며 오히려 기술진을 더욱 격려했다. 그 뚝심과 끈기의 리더십의 결과물이 바로 지금의 세계 넘버원 배터리 기업 LG에너지솔루션의 위상이다.

많은 사람이 CATL이 전 세계 최고의 배터리 기업이라고 착각한다. 이는 두 가지 이유 때문인데, 하나는 중국이 한 해 전기차 판매의 2/3 정도를 차지해서이고, 다른 하나는 중국의 '초한전'에 장악당한 한국 언론, 유튜브 채널, 여의도가 단체로 중국 공산당의 프로파간다를 국민들에게 세뇌시켰기 때문이다.

2024년 전 세계 전기차(BEV+PHEV) 판매 대수는 전년 대비 25% 증가한 1,710만 대를 기록했다. 주요 시장 중 중국의 성장세가 두드러졌는데, 40% 증가한 1,100만대를 기록했다. 2024년에 팔린 전기차 중 64%가 중국에서 팔렸다. 중국 공산당이 의도적으로 CATL 등 중국 배터리만 중국 전기차에 탑재 가능하도록 유도하고 있으니 중국 시장을 장악한 CATL이 현재 압도적 선두에 서 있는 것은 당연하다. 이에 비해 유럽은 3% 감소한 300만 대, 북미는 9% 증가한 180만 대에 불과했다. 이런 상황이다 보니 북미와 유럽을 주요 무대로 하는 LG에너지솔루션의 현재 판매량이 CATL에 뒤처지는 것은 어쩔 수 없다. 그러나 미래에도 이 구도가 그대로 유지될까? 전혀 아니라고 본다. 중국의 전기차 보급율은 이제 60%에 육박하나, 유럽은 20%, 미국은 10% 정도다. 중국의 성장 여력은 제한적이지만 유럽과 미국은 아직도 성장 잠재력이 크다. 그 시장에서 압도적 우위에 있는 기업이 LG에너지솔루션이며, 이런 압도적 우위는 더욱 커질 수밖에 없다. 결국 LG에너지솔루션이 CATL을 뛰어넘는 것은 '정해진 미래'다.

중국은 지금 '중진국 함정 Middle Income Trap'에 빠져 있다. 중국의 1인당 GDP가 1만 3,000달러 수준에 도달한 이래 성장이 정체됨에 따라 각종 경제 문제가 불거지고 있다. 그 영향으로 시진핑의 권력이 심각히 약화되는 상황이다. 이를 타개하기 위한 유일한 방법이 '전기차와 2차전지 산업을 육성'하는 것이다 보니 중국 공산당은 여기에 사활을 걸고 있다. 그 일환으로 중국 전기차·2차전지 산업의 직접적 경쟁자인 대한민국의 전기차·2차전지 산업의 성장을 방해하고자 온갖 수단과 방법을 가리지 않는 공작을 펼치는 중이다.

압도적 기술력을 지닌 LG에너지솔루션

LG에너지솔루션이 2차전지 사업을 시작한 것은 1992년이다. 이에 비해 CATL은 2011년에 쩡위친曾毓群이 설립한 회사로 업력이 고작 14년밖에 안 된다. CATL의 전신인 ATL은 일본의 TDK(동경전기화학)

기술을 기반으로 1999년 홍콩에서 설립됐다. 이를 기준으로 해도 LG에너지솔루션 대비 7년이나 출발이 늦었다. 업력이 중요한 정밀화학 사업에서 이렇듯 한참이나 출발이 늦은 회사, 그것도 기술력과 정밀성에서 대한민국을 도저히 따라잡지 못하는 중국 기반 기업이 LG에너지솔루션의 기술력을 앞선다는 것은 말이 안 된다. 이는 배터리 특허 개수만 봐도 명확하다. 2022년 기준, LG에너지솔루션의 특허는 2만 2,800여 건으로 CATL의 특허 수인 2,200여 건의 무려 10배가 넘는다.* 다음은 LG에너지솔루션의 기술력이 CATL을 압도하고 있는 주요 분야다.

① 하이니켈 기술력

우리가 흔히 삼원계라고 부르는 NCM(니켈, 코발트, 망간), NCA(니켈, 코발트, 알루미늄) 배터리는 니켈 함량을 얼마나 높일 수 있는지가 가장 중요하다. 이를 하이니켈 기술력이라고 하는데, 니켈 비중이 높으면 높을수록 에너지밀도가 높아져서 더 성능이 우수하면서도 가격도 더 저렴한 배터리를 만들 수 있기 때문이다. 문제는 니켈 비중을 높일수록 화재 위험성도 그만큼 커지기 때문에 이를 제대로 제어하는 기술력이 중요한 경쟁 요소다. CATL은 니켈 80% 수준에서도 화재 안정성

---

* 안옥희, 'LG엔솔, 배터리 특허만 2만 2800건… CATL의 10배', 〈한경비즈니스〉, 2022년 2월 8일자 기사.

을 확보하지 못해 세계 곳곳에서 문제가 발생하고 있다. 반면에 LG에너지솔루션은 니켈 90% 제품을 공급하고 있으며, 95% 수준까지 높여 나가는 차세대 기술도 개발 중이다.

② 다양한 폼팩터

배터리는 형태에 따라 세 가지로 구분되는데, 원통형, 각형, 파우치형이 그것이다. 이를 폼팩터Form-Factor라고 한다. 이들은 각각의 특징들을 갖고 있고, 완성차 제조사들은 각자의 필요에 따라 이 세 가지 폼팩터 중 하나를 선택해 전기차를 만든다. 이때 배터리 제조사가 이 세 가지 폼팩터를 다 공급할 수 있다면, 당연히 다양한 고객사의 요구를 충족해 매출을 늘리기에 유리하다. LG에너지솔루션은 원통형, 각형, 파우치형 이 세 가지 폼팩터를 모두 생산하는 유일한 회사다. 이에 비해 업력과 기술력이 부족한 CATL은 각형 배터리만 만들 수 있을 뿐이다.

특히 전기차용으로 가장 이상적인 파우치형 배터리는 LG에너지솔루션의 독자 기술로 개발한 제품으로 핵심 제조 공정의 거의 대부분이 특허로 강하게 보호받고 있다. 이 특허를 침해해 수조 원의 배상금을 지불하고 생산이 가능해진 SK이노베이션 외에는 그 어떤 업체도 생산이 불가능한 폼팩터다. 또한, 원통형 폼팩터의 경우 기존 2170 대비 사이즈가 커진 46파이 배터리가 게임 체인저Game Changer로 부각되고 있는데, 이 46파이 배터리 개발 경쟁에서 가장 앞선 업체가 LG에너

외관	파우치형	각형	원통형
에너지밀도 (팩 단위)	100%	100% 이하	88% 이하
장점	• 높은 에너지밀도 • 높은 디자인 유연성 • 배터리 압력 유지에 유리	• 각종 안전장치 탑재 가능 • 외부 충격에 강함 • 한 셀에 문제가 발생해도 옆 셀로 전이 차단 가능	• 표준화된 크기 • 대량생산에 따른 원가 절감 • 외부 충격에 강함 • 한 셀에 문제가 발생해도 옆 셀로 전이 차단 가능
단점	• 높은 생산 원가 • 비교적 낮은 안전성	• 낮은 공간 효율성 • 배터리 무게 증가	• 낮은 공간 효율성 • 배터리 무게 증가 • 에너지밀도(팩 단위) 하락

전기차 배터리의 형태 및 장단점(출처: LG에너지솔루션, 삼성SDI, SK온)

지솔루션이다. CATL은 한때 개발 계획을 발표했지만 변변한 시제품조차 선보이지 못하고 있다.

③ 판을 아예 바꿀 리튬황 배터리

차세대 배터리로 가장 많이 알려진 것은 전고체 배터리다. 자동차용 전고체 배터리 경쟁에서도 LG에너지솔루션이 CATL보다 앞서 있지만, LG에너지솔루션이 차세대 배터리로 보다 주력하고 있는 제품은 리튬황 배터리다. 전고체 배터리는 높은 에너지밀도와 화재 안정성 등 장점도 있지만, 전고체 배터리에 들어가는 재료인 황화리튬이 너무 고가이다 보니 가격이 크게 비싸진다는 단점이 있다. 반면에 리튬황은 높은 에너지밀도를 지녔다는 장점에다 황이 워낙 풍부하고 저렴한 물질이다 보니 현재의 리튬이온 배터리 대비 가격이 크게 저렴해진다는 장점이 있다. 전고체 배터리와 리튬황 배터리 둘 다 더 높은 에너지밀도라는 품질의 우수성을 공유한다. 하지만 전고체 배터리는 가격이 비싼 반면, 리튬황 배터리는 가격이 저렴하기 때문에 만약 둘 다 상용화가 된다면 게임 체인저로서 보다 가능성이 높은 것은 리튬황 배터리다. 이 리튬황 배터리 개발에서 독보적인 기업이 바로 LG에너지솔루션이다. LG에너지솔루션은 리튬황 배터리의 양산 시점을 2030년경으로 잡고 있는데, 만약 성공한다면 업계의 판도를 송두리째 바꿀 일대 혁신이 될 것이다.

④ 파우치형 셀투팩 LFP 배터리

중국의 배터리 기술은 대한민국에 한참 못 미친다. 그럼에도 '초한전'에 장악된 대한민국 언론과 여의도가 어떻게든 중국의 기술력 우위를 주장하려고 억지로 만들어낸 논리가 'LFP 배터리 기술은 그래도 중국이 앞선다. 가격이 저렴한 LFP 배터리 기술을 배우지 않으면 중국에 밀린다. LFP 배터리의 에너지밀도 약점을 중국은 셀투팩 기술로 극복했다' 등이다.

대한민국 배터리 업계가 LFP 배터리 개발을 안 했던 것은 아니다.

구조가 단순하고 높은 수준의 기술이 필요 없는 LFP 배터리 개발은 이미 예전에 다 했었다. 이후 에너지밀도가 더 높아서 기술적으로나 경제적으로 더 우수한 NCM, NCA 배터리 등으로 한 단계 더 기술 발전을 이룬 것이다. 비유를 하자면, LFP 배터리는 사칙연산과 같고, 삼원계 배터리는 미적분과 같다. 사칙연산을 다 떼고 이제 미적분을 공부하는 대한민국 배터리 업계에 "왜 너는 사칙연산을 할 줄 모르냐?"라고 따지는 셈이니 이 얼마나 우스운 일인가?

이는 중국 최고의 배터리 기업이라는 CATL이 LFP 배터리가 주력이 아니라 삼원계 배터리가 주력인 것만 봐도 명확하다. 대략적으로 CATL 배터리 중 2/3 정도가 삼원계 배터리인 것으로 알려져 있다. 유럽에 팔리는 중국산 배터리 중 삼원계 배터리가 차지하는 비중 또한 90% 이상이다. LFP 배터리가 그렇게 훌륭하다면 왜 중국 1위 업체 CATL의 LFP 배터리 비중이 1/3밖에 안 되며, 왜 유럽에 수출하는 배터리 중 LFP 배터리가 차지하는 비율이 10%가 안 되겠는가? 삼원계 배터리가 LFP 배터리보다 자동차에서 기술적으로나 경제적으로 우월하다는 사실은 이를 보더라도 명백하다. 그저 CATL 외의 중국 업체들의 기술력이 삼원계 배터리를 만들 정도가 되지 못해서 LFP 배터리 같은 저급 기술 제품을 만드는 것뿐이다. 이는 파라시스 등 중국의 후발 업체들도 삼원계 배터리 시장에 뛰어들려고 노력 중이지만, 화재 안정성 확보에 실패해 전 세계 곳곳에서 화재 사건이 일어나는 것만 봐도 명확하다. 2024년 8월 대한민국을 떠들썩하게 한, '인천 아파트 지하

주차장 벤츠 전기차 화재 사건'을 기억하실 것이다. 이 차량에 탑재된 배터리가 바로 파라시스의 NCM811급 배터리다.* 중국 배터리 업체의 기술 수준을 명백히 보여준 사례라 할 수 있다.

전기차용으로는 삼원계 배터리가 LFP 배터리보다 우월한 것이 명백하다. 그럼에도 불구하고 가격에 더 중점을 두는 완성차 업체의 LFP 배터리 요구가 있다면, 그것을 거부할 이유는 없다. 애초에 대한민국 배터리 업계에서 LFP 배터리는 못 만드는 제품이 아니라 안 만드는 제품이기 때문이다. '소비자는 왕이다'라는 말처럼 완성차 업체가 굳이 LFP 배터리를 원한다면 만들어주면 될 일이다. 그리고 이왕이면 중국산 LFP 배터리보다 더 우수하게 만들면 더욱 좋을 것이다. LG에너지솔루션이 만들어낸, 중국산 LFP 배터리보다 더 뛰어난 LFP 배터리 제품이 바로 파우치형 셀투팩 LFP 배터리다.

중국이 만드는 각형 배터리는 셀(=배터리 하나)이 단단한 알루미늄 캔으로 보호받고 있어서 안정성 보강을 위한 모듈을 생략하고 바로 팩으로 가는 셀투팩Cell To PacK 형태로 만들기가 쉽다. 반면에 LG에너지솔루션의 파우치형 배터리는 셀을 얇은 포장재 형태로 감싸고 있기 때문에 셀투팩 구조를 만들기가 훨씬 어렵다. 그런데 LG에너지솔루션은 이를 가능하게 하는 기술을 개발해 이를 LFP 배터리 제작에 활

---

* 권유정, '벤츠 화재 전기차 배터리 中 파라시스… 과거 리콜 사유 보니', 〈조선비즈〉, 2024년 8월 8일자 기사.

용했다. 그 결과, 중국의 LFP 배터리 대비 가격과 품질이 더욱 우수한 LFP 배터리를 만들어내는 데 성공했고, 이를 프랑스 자동차 회사 르노에 대규모로 공급하는 계약을 체결함으로써 품질의 우수함을 입증했다.* 미적분까지 하는 사람이 사칙연산을 하더라도 더 잘할 수밖에 없는 것은 상식이다. 실제로 LG에너지솔루션은 2025년 7월 6조 원에 달하는 LFP 배터리 계약을 수주했다. 안 만든 것이지 못 만든 게 아니라는 얘기다.

여의도 증권가의 잘못된 판단으로 저평가된 LG화학

LG에너지솔루션은 2020년 12월 LG화학에서 물적분할돼 설립된 회사다. 여의도 증권가에서는 이를 두고 '알짜 배터리 사업은 LG에너지솔루션으로 다 넘어가고 LG화학은 껍데기만 남았다'라고 말했다. 이후 LG화학의 주가는 100만 원에서 20만 원까지 1/5 토막으로 떨어졌다. 여의도의 애널리스트나 펀드매니저 등 전문가 집단은 증시에서 기업 가치가 제대로 평가받도록 '가격 발견 기능'이 제대로 작동하게

---

* 박소연, 'LG엔솔, 中 텃밭 LFP 배터리 뚫었다… 최소 5조 잭팟', 〈파이낸셜뉴스〉, 2024년 7월 2일자 기사.

할 책임이 있다. 그런데 우리나라의 증시 전문가 집단은 '카르텔을 형성해 집단적으로 잘못된 판단을 함으로써' 한국 증시의 가격 발견 기능을 현저히 떨어뜨린다. 그 대표적 사례가 바로 LG화학에 대한 이와 같은 폄하다.

물적분할해 상장시켰다고 해서 LG에너지솔루션에 대한 LG화학의 가치가 제로가 되는 것은 아니다. 여전히 LG화학은 LG에너지솔루션이 지분 81.82%를 보유하고 있다. 즉, LG에너지솔루션이 벌어들인 이익의 81.82%는 여전히 LG화학 몫이다. 10년 후, 2035년이 되어 LG에너지솔루션이 세계 최고의 배터리 회사로 확고히 자리를 굳히고, 이로 인해 외형과 이익이 지금의 10배로 늘어났다고 하자. 이때쯤이면 투자도 일단락돼 10배로 늘어난 매출액을 주주들에게 배당금 등으로 돌려주게 될 것이다. 그 배당금 중 가장 많은 몫, 무려 81.82%의 몫은 당연히 LG화학과 LG화학 주주들의 몫이다. 그런데도 작금의 여의도 증권가는 LG에너지솔루션이 물적분할돼 상장됐으므로 LG화학 주주들은 아무런 이득을 얻지 못한다는 말을 하고 있다. 안타까운 것은 이런 진단이 널리 받아들여져 현재의 엄청난 저평가 국면을 만들고 있다는 점이다.

2025년 4월 9일 기준, LG에너지솔루션의 시가총액은 75조 원이다. LG화학은 LG에너지솔루션의 지분 81.82%를 보유하고 있으므로, 그 가치는 '75조 원×81.82%=61조 원'이다. 대한민국에만 있는 '이중상장 할인Double Counting Discount' 50%를 적용하면, '61조 원×50%=30.5조

LG에너지솔루션과 LG화학의 주가 및 시가총액(2025년 4월 9일 기준)

원이다. 그런데 LG화학의 시가총액은 14.6조 원으로 이의 48%밖에 안 된다. 이건 정말 말이 안 되는 상황임에도 불구하고 여의도 증권가의 잘못된 진단으로 이렇게 극심한 '가격 발견 기능의 저하'가 발생하는 것이다.

다른 것은 다 제외하고, LG화학이 이중상장 할인 50%를 적용한 LG에너지솔루션 지분 보유 가치인 30.5조원까지만 가더라도 주가의 상승률은 '30.5조 원÷14.6조 원×100% = 109%'다. LG화학이 LG에너지솔루션의 지분만 보유한 것도 아니다. 세계 최고 수준의 양극재 제조업체이자 양극재의 중간 단계 제품인 전구체 생산에서 일본 최고 수준인 업체인 도레이와 합작으로 분리막과 2차전지 소재 중 하나인 탄소나노튜브Carbon Nano Tube, CNT 생산 등 다양한 2차전지 소재 사업 분야의 기업으로서도 가치가 상당하다. 여기에다 첨단 바이오 의약품 등 생명과학 사업, 전통적으로 세계 최고의 기술력을 자랑하는 정밀화학 사업 부문도 여전히 건재하다. 이런 부문의 기업 가치는 제로로 평가받고 있는 셈이니 정말 어마어마한 저평가 상태가 아닐 수 없다. 이를 역으로 생각한다면, LG에너지솔루션은 '10루타' 종목으로서 가능성을 충분히 가졌다고 할 수 있겠다.

'10루타' 종목으로서 비전이 충분한 LG화학

LG화학 CEO인 신학철 부회장은 2030년에 양극재 등 2차전지 소재 사업 부문의 매출액을 60조 원까지 늘리겠다는 목표를 발표했다.[*] 이는 2022년 3조 원 대비 20배가 증가한 수치다. 만약 이것이 실현된다면, LG화학의 기업 가치 또한 크게 증가할 것임은 불문가지다. 그런데 이런 야심 찬 목표가 과연 가능할까? 나는 충분히 가능하리라고 평가한다. 그렇게 생각하는 이유는 두 가지다.

첫째, LG화학은 그럴 만한 기술력을 갖고 있어서다. 내가 ㈜금양 IR을 맡고 있을 때, ㈜금양의 연구소장님께 "대한민국 양극재 업체 중 어디가 가장 뛰어납니까?"라고 물어본 적이 있다. 그분 말씀이 "에코프로비엠하고 LG화학이라고 생각한다"였다. 1992년 LG그룹이 故 구본무 회장의 뜻으로 배터리 사업에 뛰어들었을 때, 국내에는 배터리 벨

---

[*] 조성준, 'LG화학, 이차전지 소재 2030년 매출 60조 간다', 〈미디어펜〉, 2023년 5월 7일자 기사.

류 체인 자체가 아예 없었다. 그래서 LG화학이 주도적으로 양극재, 음극재, 분리막, 전해액 등 관련 소재부터 최종 제품인 배터리까지 모든 것의 기술 개발에 다 관여할 수밖에 없었다. 그 기간이 무려 33년이다. 그동안 진행되어온 모든 기술 개발의 역사와 성과들이 고스란히 LG화학 안에 남아 있다. 배터리 완제품 제조 부문을 LG에너지솔루션으로 넘겨주고 난 후, 이 33년간의 기술 개발 유산을 기반으로 사업화에 나서는 만큼 성공 가능성은 당연히 높다고 전망한다.

둘째, LG화학은 LG에너지솔루션의 최대 주주라는 사실이다. 전 세계 최고의 배터리 기업은 LG에너지솔루션이고, 이를 캡티브 마켓 Captive Market(특정 기업이 제품이나 서비스를 독점적으로 제공하고 있는 시장)으로 갖고 있는 회사가 바로 LG화학이다. '팔은 안으로 굽는다'라는 말이 있다. LG에너지솔루션이 배터리를 만들 때, 당연히 2차전지 소재가 많이 필요할 것이고, 이때 가장 우선적으로 협상권을 가질 회사는 LG화학이라는 사실은 두말할 필요가 없다. LG에너지솔루션이 잘되면 잘될수록 LG화학의 2차전지 소재 사업 또한 잘될 수밖에 없는 셈이다.

세계 최고의 양극재 제조사 에코프로비엠과 에코프로

　전기차의 심장은 배터리다. 그럼 배터리의 심장은 무엇일까? 바로 양극재다. 이 양극재 업체 중 세계 최고의 회사는 어디일까? 바로 에코프로비엠이다. 여의도 증권가에서는 2차전지 4대 소재로 '양극재, 음극재, 전해질, 분리막'을 제시하고, 이 네 가지가 동일하게 중요하다고 말한다. 그러나 전혀 그렇지 않다. 2차전지 소재 중 배터리 성능을 결정짓는 핵심 소재는 양극재다. 양극재는 배터리 제조 원가에서 50% 가까이 차지하는, 압도적으로 중요한 소재다. 게다가 우수한 양극재를 만드는 데는 고려청자의 비색을 내는 것에 비견할 수 있는 엄청난 기술력과 진입 장벽이 존재한다. 따라서 여타 소재와 양극재를 동일선

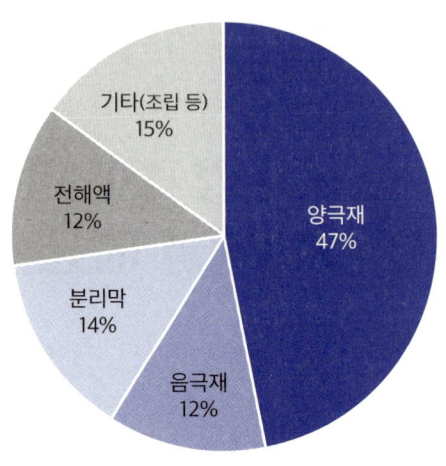

2차전지 4대 소재 원가 비중

상에서 비교하는 것은 잘못됐다. 2차전지 4대 소재가 아니라 '양극재와 기타 소재들'이라고 보는 것이 옳다.

'로마는 하루아침에 이루어지지 않았다'란 말은 에코프로비엠에도 적용된다. LG에너지솔루션이 2022년에 상장돼서 얼마 안 된 신생 기업처럼 느껴지지만, 실제 그 역사가 1992년에 시작돼 30년이 넘은 것처럼 에코프로비엠 또한 최근에야 대중들에게 알려졌지만, 그 역사는 2003년 노무현 정부 시절에 시작됐다.

항상 새로운 것에 관심이 많았던 노무현 정부는 앞으로 전기차 세상이 열릴지도 모르니 미리 준비를 해놓으면 어떨까 하는 생각으로 '중대형 2차전지용 양극재 개발 사업'을 국책 연구 과제로 선정했다.

당시 삼성그룹의 제일모직은 전통적인 섬유·의복 사업에서 벗어나 정밀화학 사업으로 사업 재편을 추진 중이었다. 계열사인 삼성SDI에서 배터리 제조를 하고 있었으므로 자연스럽게 삼성SDI가 이 국책 연구 과제를 맡게 됐다. 당시 노무현 정부는 이 국책 사업에 대기업만 참여하기보다 중소기업이 공동 개발하는 것이 좋겠다는 방침을 세웠는데, 제일모직이 주도한 이 국책 사업에 부수적으로 같이 참여한 중소기업이 바로 에코프로비엠(당시에는 에코프로)이다.

앞서 양극재 제조에는 엄청난 기술력이 필요하다고 언급했다. 이는 삼성그룹의 제일모직도 예외가 아니어서 '중대형 2차전지용 양극재 개발' 국책 연구 과제에 뛰어들어 3년간 노력했음에도 전혀 성과가 도출되지 않았다. 이후 제일모직은 성과가 없었던 자동차용 양극재 사업에서 철수하고 삼성전자를 위한 반도체용 화학 사업에 사업 역량을 집중하기로 결정했다. 이때 국책 연구 과제의 파트너였던 에코프로의 이동채 회장이 제일모직에 어차피 철수할 계획이라면 양극재 사업을 이전해줄 것을 요청했다. 더불어 그때까지 개발에 소요된 자금의 1/10 금액을 지불하되 당장은 에코프로에 돈이 없으니 10년간 분할해서 지급하겠다는 조건을 제시했다. 제일모직은 자동차용 양극재 사업을 100% 손실 처리할 계획이었기에 이 제안을 승낙했고, 이때부터 에코프로 그룹의 양극재 사업이 시작됐다. 이것이 2006년의 일이다.

에코프로비엠, 하이니켈 양극재 개발에 성공하다

에코프로 그룹은 제일모직의 양극재 개발 사업을 양도받아 야심차게 시작했으나, 이 사업에서 성공을 거두기란 정말 쉽지 않았다. 2006년 이후 12년 3개월간 연구와 실패를 거듭한 결과, 에코프로 그룹은 드디어 세계 최고 수준의 '하이니켈 양극재 개발'에 성공한다. 이로써 일거에 세계 최고의 양극재 회사로 올라섰다. 제일모직과 함께

삼성SDI 벤더별 EV향 양극재 채용 현황

	1Q20	2Q20	3Q20	4Q20	1Q21	2Q21
SDI(내재화)	43%	42%	39%	40%	40%	36%
엘앤에프	21%	20%	15%	15%	10%	9%
바스프-토다	14%	17%	29%	30%	39%	45%
유미코어	21%	20%	16%	16%	11%	10%
기타	1%	0%	0%	0%	0%	0%

SK이노베이션 벤더별 EV향 양극재 채용 현황

	1Q20	2Q20	3Q20	4Q20	1Q21	2Q21
에코프로비엠	22%	22%	19%	13%	16%	30%
엘앤에프	22%	22%	19%	13%	16%	16%
유미코어	55%	55%	61%	73%	68%	53%
이스프링	1%	1%	1%	0%	1%	1%

삼성SDI와 SK이노베이션의 전기차용 양극재 업체별 채용 현황(출처: IBK 투자증권)

연구 개발을 하던 2003년부터 따지면, 무려 15년이 지나서야 성과를 낸 셈이다. 에코프로 그룹은 삼성전자의 반도체 제작에 필요한 특수 가스 공급 사업(지금의 에코프로에이치엔)을 통해 돈을 벌었는데, 그렇게 번 돈을 모두 양극재 개발 사업에 투입했음에도 '밑 빠진 독에 물 붓기' 하는 시간을 겪은 다음에야 마침내 성공의 열매를 맺은 것이다.

118쪽의 표를 보면, 2021년 상반기까지만 해도 삼성SDI의 양극재는 바스프-토다BASF-Toda와 유미코어Umicore 등 유럽 업체가 주를 차지하고 있었고, SK이노베이션 또한 유럽 양극재 업체 유미코어에 의존하고 있었다. 이 구도를 단박에 바꾸어서 대한민국 양극재 업체가 세계 최고의 자리에 서게 만든 것이 바로 하이니켈 양극재 기술이다. 2021년 무렵 에코프로비엠을 필두로 십수 년간 기술 개발에 매진해온 하이니켈 양극재 기술이 완성, 납품되기 시작하면서 판이 바뀌게 된 것이다.

120쪽의 그래프는 이를 잘 보여준다. 하이니켈 양극재의 적용이 본격화된 2021년, 글로벌 삼원계 양극재 업체 순위는 에코프로비엠이 1위, LG화학이 2위를 차지했다. 이외에도 8, 9, 10위에 삼성SDI, 포스코케미칼, 엘앤에프가 나란히 자리해 상위 10개 중 5개를 대한민국이 차지하게 됐다.

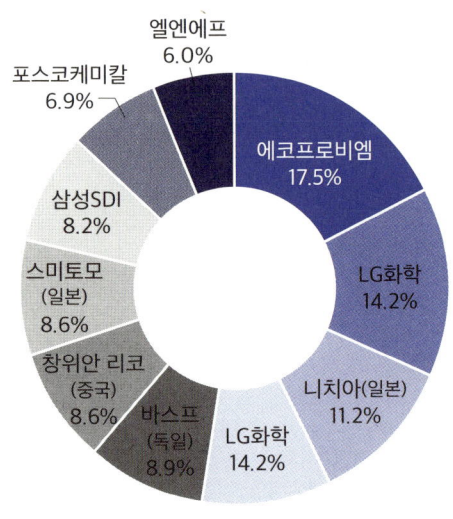

글로벌 삼원계 양극재 업체 톱10

에너지밀도는 2차전지 기술력의 핵심

하이니켈 기술이란 도대체 무엇이기에 이렇게 글로벌 양극재 업계의 판도를 일거에 바꾼 것일까? 이를 이해하려면 '에너지밀도'라는 개념을 이해해야 한다. 친중매국 언론 및 애널리스트들은 흔히 이렇게 말한다. '대한민국 주력 제품인 삼원계 배터리는 에너지밀도가 높긴 하지만, 가격이 저렴한 중국의 LFP 배터리가 더 유망하다.' 2차전지 업계 연구진들이 들으면 기가 찰 노릇이다. 왜냐하면 2차전지 업계에 종사하는 연구진들이 평생 하는 일이 '더 높은 에너지밀도를 구현하는 기술'을 만들어내는 것이기 때문이다. 그만큼 에너지밀도는 2차전지 기술력의 거의 모든 것이라 할 수 있다.

전지電池란 무엇인가? '전기 전電', '못 지池', 문자 그대로 해석하면 전기를 담는 연못 내지 그릇이라는 뜻이다. 전지는 화학반응에 의해 전기에너지를 발생시키는 장치로 한 번 쓰고 버리면 1차전지, 충전과 방전을 통해 여러 번 사용할 수 있으면 2차전지다. 전지를 전기를 담는 그릇이라고 한다면, 에너지밀도는 전지라는 그릇에 전기를 얼마나 촘촘히 담을 수 있는지를 나타낸다.

그러면 왜 굳이 전기에너지를 제한된 공간과 무게에 촘촘히 담아야 할까? 2차전지가 주로 쓰이는 물체가 자동차, 드론, 로봇, 선박 등 움직이는 것들이라서 그렇다. 움직이는 모든 물체는 뉴턴의 운동물리학 제2법칙($F=ma$, 힘은 질량과 가속도의 곱이다)의 지배를 받는다. 뉴턴의 운동물리학 제2법칙 $F=ma$를 조금 변형해 우변의 m을 좌변으로 이항하면, $F/m=a$가 된다. 이때 좌변의 F/m이 바로 에너지밀도다. 자동차 등 움직이는 물체가 빠른 가속도를 얻으려면 에너지밀도가 높아야 한다. 즉, 에너지밀도가 높은 배터리는 가속력을 향상시켜 자동차 성능을 높여준다. 에너지밀도가 높은 배터리가 성능이 좋은 배터리인 이유다.

에너지밀도(F/m)가 높다는 것은 무게가 가볍다는 것과 맥락이 통한다. 자동차 회사들이 차량 경량화를 위한 연구 개발에 엄청난 노력을 기울이고 있는 것은 익히 알려진 사실이다. 차량이 가벼워지면 여러 측면에서 자동차 성능이 향상된다. 연비가 향상되고 제동 거리가

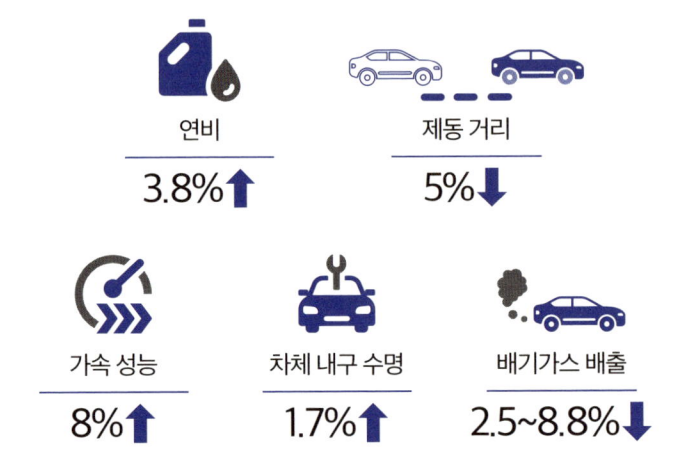

1,500kg 차량을 10% 경량화할 때 얻는 장점(출처: 현대차 공식 홈페이지)

줄어들며 가속 성능이 향상되고 차체 내구 수명이 증가하며 배기가스 배출까지 줄어드는 것이다.

그럼 전기차 무게를 줄이려면 어떻게 해야 할까? 가벼운 배터리를 써야 한다. 이는 배터리의 에너지밀도가 높아져야 함을 의미한다. 즉, 에너지밀도가 높은 배터리는 전기차 성능을 결정적으로 향상시킨다.

대한민국 전기차용 배터리의 최신 버전인 LG에너지솔루션의 NCMA(니켈, 코발트, 망간, 알루미늄) 배터리의 에너지밀도는 305wh/kg으로 중국의 LFP 배터리의 에너지밀도인 165wh/kg 대비 85%나 더 높은 에너지밀도를 자랑한다. 이는 동일 무게일 경우에 85% 더 많은 전기에너지를 저장할 수 있다는 의미다. 또한, 동일 에너지를 저장할 경

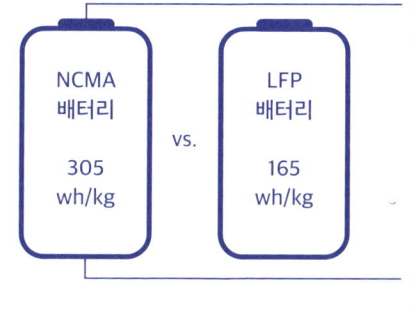

우에 46% 더 무게가 가벼운 전기차를 만들 수 있다는 뜻이다. 전기차용 배터리의 무게는 대략 500kg을 넘어가기 때문에 46% 가볍다는 것은 차량 무게를 200kg 이상 줄일 수 있다는 의미다.

앞서 1,500kg의 차량을 10%, 즉 150kg 경량화했을 때 얻을 수 있는 여러 장점을 확인했다. 중국의 LFP 배터리 대신 대한민국의 NCMA 배터리를 사용하면 2~2.5톤에 달하는 전기차 무게를 200kg 이상 줄일 수 있다. 이에 따라 차량 성능이 향상되리라는 것은 쉽게 예상할 수 있다. 이러한 이유로 LFP 배터리는 전기차용으로 적합하지 않다.

에너지밀도는 주행 거리에만 영향을 미치는 것이 아니다. 에너지밀도가 85% 더 높으면 동일 무게의 배터리에 85% 더 많은 전기에너지를 담을 수 있다. 85% 더 많은 에너지는 단지 주행 거리를 늘리는 데만 기여하지 않는다. 전기차가 더 빠른 가속력을 가지게 할 수도, 더 많은 짐을 싣게 할 수도, 차량 실내 공간을 더 넓게 만들 수도 있다. 또는 이런 이점들을 섞을 수도 있다. 가령, 45% 더 긴 주행 거리와 40% 더 빠른 가속력을 갖게 만들 수 있다. 결국 더 많은 전기에너지를 배터리에 담을 수 있으면, 이를 바탕으로 전기차의 성능을 다양하게 향상시킬 수 있다.

글로벌 시장을 장악한 중국의 LFP 배터리?

얼마 전 K-배터리가 유럽에서 1위를 빼앗겼다는 내용의 기사가 보도된 적이 있다.* 2024년 중국 배터리의 유럽 시장점유율이 대한민국 배터리를 넘어선 것은 사실로 보인다. 그러나 기사에 적시된, '중국이 저렴한 LFP 배터리를 앞세워 유럽 시장을 공략해왔다'는 내용은 명백한 허위다. 이는 하나증권 김현수 연구원의 리포트에서 발췌한 'LFP 배터리 침투율' 그래프를 보면 명백하다. 유럽 내 LFP 배터리 침투율은 4%에 불과하다. 그런데 어떻게 중국이 LFP 배터리를 앞세워 유럽 시장 공략에 성공했다는 것인가?

위의 자료에 나오듯 전 세계 LFP 배터리 침투율은 조금씩 증가해

---

* 최선율, "넥스트 반도체' K배터리, 유럽서도 中에 1위 뺏겼다", 〈중앙일보〉, 2025년 3월 19일자 기사.

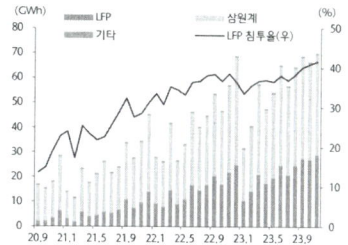
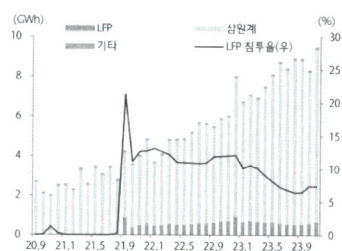
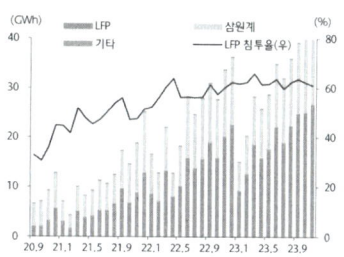
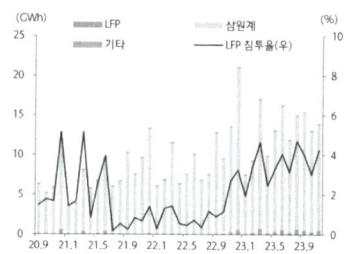

글로벌 LFP 배터리 침투율 그래프(출처: 하나증권 김현수 연구원, '이차전지 Weekly 20240129')

2023년 말 기준, 40%에 육박한다. 이를 보면 앞에서 언급한 기사가 언뜻 옳은 듯 느껴지기도 한다. 그러나 세부 시장별로 들여다보면 이는 전혀 옳은 해석이 아니다. 앞서 말했듯 유럽의 LFP 배터리 침투율은 4%에 불과하고, 미국 또한 7% 수준밖에 되지 않는다. 이조차도 하락 추세가 완연하다. 다만, 중국의 경우에만 LFP 배터리 침투율이 60%에 육박한다. 현재 한 해에 팔리는 글로벌 전기차의 60%가 중국에서 팔린다. 즉, 전 세계 LFP 배터리 침투율 40% 중 90%에 해당하는

36%(60%×60%)가 중국에서 팔리는 것이고, 나머지 4%만 중국 외 시장에서 팔리고 있는 셈이다.

이유는 자명하다. LFP 배터리가 전기차에 적합하지 않기 때문이다. LFP 배터리가 우월하다면 왜 중국은 미국과 유럽 등지보다 더 경쟁적이고 중요한 시장에 중국이 자랑하는 LFP 배터리를 팔지 않을까? 전기차용으로 LFP 배터리가 삼원계 배터리에 비해 경쟁력이 떨어지기 때문에 대한민국과 경쟁해야 하는 유럽과 미국 등지에서는 중국 또한 삼원계 배터리로 경쟁할 수밖에 없다. 실제 유럽에서 팔리는 중국산 배터리 중 94~95%가 삼원계 배터리이고, 그중 90% 이상이 CATL의 제품이다. 중국이 자랑하는 CATL은 LFP 배터리가 아니라 삼원계 배터리가 주력인 회사다. 그리고 그 기술이 대한민국에 비해 훨씬 뒤처진다는 것은 2차전지 업계 모두가 다 인정하는 사실이다.

양극재 업체의 경쟁력 ① 하이니켈 기술력

삼원계 배터리 기술력에서 K-배터리가 중국의 CATL 등에 비해 훨씬 앞선다는 것의 핵심은 '하이니켈 기술력'이다. 앞서 배터리의 경쟁력은 에너지밀도에서 나오고, 에너지밀도를 높이는 데 가장 중요한 소재가 양극재라고 설명했다. 삼원계 배터리 양극재에서 에너지밀도를 높이는 것은 삼원계 배터리를 구성하는 세 가지 금속, 즉 NCM(니켈, 코발트, 망간) 또는 NCA(니켈, 코발트, 알루미늄) 중 니켈 비중을 얼마나 높이는지에 달렸다. 니켈 비중이 60%에서 70%, 80%, 90%로 조금씩 더 높아질수록 에너지밀도는 높아지고, 그만큼 배터리 성능은 향상된다.

여기서 중요한 점이 한 가지가 더 있다. 보통 품질이 좋아지면 가격이 비싸지는 것이 일반적이다. 에르메스나 샤넬 등 품질이 우수한 명품은 그만큼 가격이 비싸다. 고급 식재료와 셰프의 정성이 더 들어가는 오마카세나 파인 다이닝은 한 끼에 수십만 원을 호가한다. 그러나 하이니켈 양극재는 오히려 그 반대다. 니켈 비중이 높아져서 품질이 더 좋아지면 가격은 오히려 더 저렴해진다. 만일 명품 업계나 외식 업계에 이런 일이 일어나면 어떻게 될까? 당연히 에르메스나 샤넬에만 사람이 몰리고, 오마카세나 파인 다이닝이 외식 업계를 독식할 것이다. 지금 이런 일이 전 세계 양극재 업계에서 실제 일어나는 중이다. K-양극재 기업들이 글로벌 삼원계 양극재 시장을 독식하고 있는 것이다.

NCM 삼원계 배터리를 기준으로 할 때, 양극재 원가는 그 구성 금속의 시세가 결정한다고 봐도 무방하다. 니켈, 코발트, 망간 중 망간이 가장 저렴하고, 니켈이 그다음이며, 코발트가 가장 비싸다. 여기에서는 쉬운 이해를 위해 망간 가격을 1, 니켈 가격을 2, 코발트 가격을 4라고 하겠다. 4~5년 전에 주로 사용했던 NCM622(니켈 60%, 코발트 20%, 망간 20%)의 원가를 계산하면 다음과 같다.

$$(N6\times2)+(C2\times4)+(M2\times1)=22$$

지금 대한민국의 주력 제조 배터리는 니켈 함량이 90%에 달하는 NCM구반반(니켈 90%, 코발트 5%, 망간 5%) 등이다. 이것의 원가를 같은 방식으로 계산하면 다음과 같다.

$$(N9\times2)+(C0.5\times4)+(M0.5\times1)=20.5$$

이처럼 NCM구반반은 NCM622보다 품질은 더 우수하면서도 가격은 약간 더 저렴하다. 이게 전부가 아니다. 위의 계산은 동일 무게당 원가다. 우리가 알고자 하는 것은 양극재 무게가 아니라 배터리에 저장할 전기에너지의 양이다. NCM구반반은 NCM622에 비해 에너지밀도가 30% 정도 높다. 이는 동일 무게일 때 NCM구반반이 NCM622보다 30% 더 많은 전기에너지를 저장할 수 있다는 뜻이다. 이 부분을 반영해야 최종적인 원가 비교가 가능하다. 즉, 에너지당 원가는 NCM622이 22일 때, NCM구반반은 20.5가 아니라 '20.5÷1.3=15.8'이다. 즉, NCM구반반은 NCM622보다 무려 28%(22-15.8)÷22)나 저렴하다.

앞에서 설명한 것과 같은 이유로 kwh당 배터리 원가는 NCM622일 때 141달러에서 니켈 비중이 높아질 때마다 조금씩 더 낮아진다. NCM712는 138달러, NCM811은 132달러, 그리고 니켈 비중이 90%에 달하는 NCM구반반(위 그림에는 NCMA로 표기됐는데, 동일한 맥락임)은

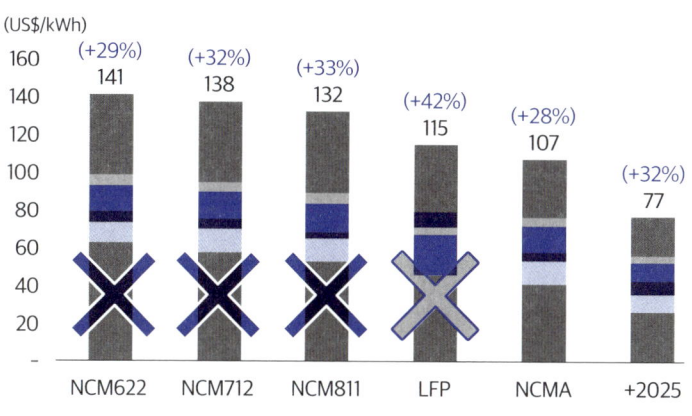

NCM구반반은 NCM622보다 저렴하다.

107달러로 NCM622 대비 24% 값이 떨어지면서 115달러인 LFP 배터리에 비해서도 오히려 더 저렴하다.

글로벌 삼원계 배터리 양극재 제조업체 중 어떤 곳은 NCM622밖에 못 만들고, 어떤 곳은 NCM구반반을 만들 수 있다면, 그 결과는 어떨까? 당연히 더 좋은 품질에 가격은 24%나 더 저렴한 NCM구반반 제품만 팔릴 것이다. 반면에 NCM622밖에 만들지 못하는 회사는 문을 닫고 말 것이다. 실제 이런 일이 오늘날 배터리 업계에서 일어나고 있다. NCM구반반을 만들어서 시장을 석권 중인 업체들은 에코프로비엠을 필두로 한 대한민국의 소수 양극재 기업들이다. 반면에 NCM622 제조 수준에 머물러서 빠르게 쇠퇴 중인 업체들은 스미토모 메탈 마이닝, 유미코어 등 일본과 유럽의 기존 양극재 강호들이다.

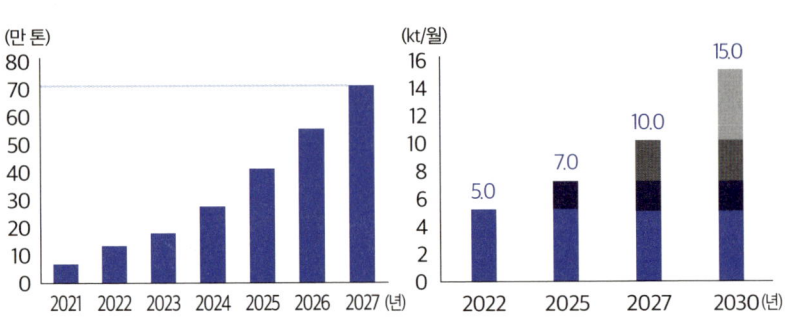

에코프로비엠의 CAPA 증설 계획(왼쪽)과 스미토모 메탈 마이닝 CAPA 증설 계획(오른쪽)

이는 위의 두 그래프만 봐도 명백하다. 왼쪽은 니켈 90급 양극재 개발에 성공한 에코프로비엠의 CAPA 증설 계획이고, 오른쪽은 2018년만 해도 글로벌 1위 양극재 기업이었으나 니켈 90급 양극재 개발에 실패한 일본 스미토모 메탈 마이닝의 CAPA 증설 계획이다. 2022년을 기점으로 스미토모를 뛰어넘은 에코프로비엠은 니켈 90급 양극재에 대한 쏟아지는 주문을 기반으로 2027년에는 71만 톤까지 생산능력을 확대할 계획이지만, 스미토모 메탈 마이닝은 2027년에 고작 10만 톤에 그칠 전망이다. 전통 강자 스미토모 메탈 마이닝이 하이니켈 기술 개발 경쟁에서 뒤처진 결과, 2027년이면 에코프로비엠의 1/7 규모밖에 안 되는 회사가 되게 생긴 것이다.

2018년 전 세계 양극재 2위 업체였던 벨기에의 유미코어도 상황은 같다. 하이니켈 개발 기술 경쟁에서 에코프로비엠 등 대한민국의 양극재 업체들에 뒤처진 결과, 빠르게 고객 기반을 잃었고, 이는 대규모 적자로 나타나고 있다. 유미코어는 배터리 소재 분야에서 2024년 상반기에만 무려 2.4조 원의 손실을 기록했으며, 유럽과 캐나다에 공장을 건설할 계획도 연기했다.* 2024년 캐즘의 영향으로 에코프로비엠의 실적도 악화됐으나, 109억 원의 영업이익을 기록했다. 불황 속에서 2.4조 원의 손실을 기록하는 것과 그래도 손익분기 수준을 유지하는 것은 전혀 다른 얘기다. 불황에 대규모 손실을 기록한 기업은 불황 속에서 설비투자를 축소할 수밖에 없다. 반면에 손익분기 정도를 기록하면 계획한 투자를 계속할 수 있고, 이는 이후에 호황기로 전환됐을 때 다시금 초격차를 만들어내는 원동력으로 작용한다.

다시 한번 강조하지만, 양극재 업체의 중요한 경쟁력 중 하나는 '하이니켈 기술력'이다. 에코프로비엠 등 대한민국 양극재 업체만 갖고 있는 니켈 90급 이상의 양극재 제조 기술은 '더 품질 좋고 더 저렴한' 제품을 제공함으로써 막강한 경쟁력 우위를 제공한다. 그러한 이유로 대한민국 정부는 이를 '국가 핵심 기술'로 지정해 기술 유출을 원천 봉쇄 중이다. 노무현 정부 때 시작된 국책 연구 과제가 에코프로 그룹의 15년간 피눈물 나는 노력의 결과로 완성돼 대한민국의 미래를 지키는 국가의 핵심 전략 자원이 된 셈이다.

---

* 김윤희, '유미코어, "배터리 소재 2026년까지 적자 전망", 〈지디넷코리아〉, 2024년 7월 28일자 기사.

양극재 업체의 경쟁력
② 다양한 양극재 물질 개발 능력

　양극재 업체의 중요한 경쟁력 중 또 다른 하나는 '다양한 양극재 물질 개발 능력'이다. 같은 삼원계 배터리 계열에서는 니켈 비중을 높게 가져가야 '품질도 좋아지고 가격도 저렴'해지므로 NCM9급이 대세가 된 시장에서 NCM6급은 도저히 경쟁 상대가 되지 않는다. 그러나 LFP 배터리라면 얘기가 좀 달라진다. NCM 배터리와 LFP 배터리는 양극재를 구성하는 금속이 아예 달라서 이들 금속의 국제 시세에 따라 경쟁력 우위가 달라질 수 있다. 만약 삼원계 배터리를 구성하는 니켈과 코발트 가격이 급등하고 리튬인산철 가격이 급락하면, LFP 배터리가 '품질은 떨어지지만 가격적으로 매력이 있는' 대안으로 선택될 수도 있다.

　그렇다면 하이니켈 삼원계 양극재 기술에서 우위에 있는 에코프로비엠이 LFP 양극재 기술까지 갖출 수 있다면, 시장 상황의 변화에 상관없이 여전히 경쟁력 우위를 확보할 수 있지 않을까? LFP 배터리 외에도 다양한 물질을 다루면서 각자의 특성을 활용한 다양한 제품을 내놓을 수 있다면, 고객사의 다양한 요구에 모두 대응이 가능해지므로 보다 더 많은 시장점유율을 유지할 수 있지 않을까? 이런 대비를 가장 잘해둔 양극재 업체가 바로 에코프로비엠이다. 업계에서 에코프로비엠이 세계 최고의 양극재 기술력을 가졌다고 평가하는 이유가 바

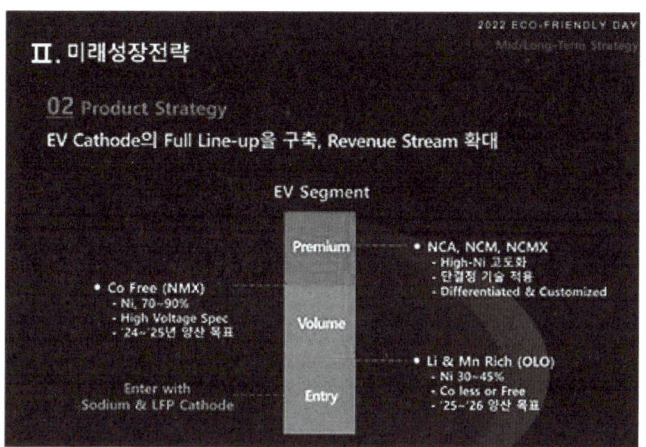

2022년에 발표한 에코프로 그룹의 미래 성장 전략(출처: 에코프로 그룹)

로 여기에 있다.

위의 그림은 2022년 3월 에코프로 그룹이 '2022 ECO Friendly Day'에서 발표한 미래 성장 전략이다. 에코프로비엠을 세계 1위로 올라가게 한 하이니켈 삼원계 배터리부터 시작해서 코발트 프리NMx, 망간 리치OLO, LFP 배터리와 나트륨 배터리 등 다양한 양극재를 개발해 여러 고객의 니즈에 맞는 맞춤 상품을 내놓음으로써 업계 최고 자리를 수성하려는 에코프로 그룹의 계획이 담겨 있다. 이때로부터 3년이 지난 지금, 이들 계획의 상당수가 개발 완료 및 상용화돼 고객에게 인도되고 있거나 곧 인도될 예정이다. 이들 양극재 신제품과 관련한 내용은 다음 장에서 다시 설명하겠다.

에코프로비엠의 양극재 기술력이 아무리 세계 최고라고 해도 리튬과 니켈, 코발트, 망간 등 각종 금속 원재료들이 제대로 공급되지 않으면 아무런 의미가 없다. 실제 중국이 자국의 2차전지 산업을 육성하고자 이러한 금속 자원을 독점하려는 야욕을 대놓고 드러내고 있기도 하다. 시진핑이 야심 차게 추진 중인 '일대일로一對一路' 프로젝트가 바로 그것이다. 미국은 이런 중국의 자원 독점 계획에 대항하고자 '핵심광물안보파트너십Minerals Security Partnership, MSP'을 만들었고, 대한민국은 2024년 7월부터 MSP 의장국으로 활동 중이다.

에코프로 이동채 회장은 광물에서 시작해 전구체와 양극재로 이어지고, 사용 후 폐배터리 재활용에 이르기까지 일련의 순환 과정을 모두 컨트롤할 수 있는 것이 중요함을 일찍이 깨달았다. 그리고 이에 대한 막대한 연구 개발과 투자를 십수 년 전부터 진행해왔다. '클로즈드

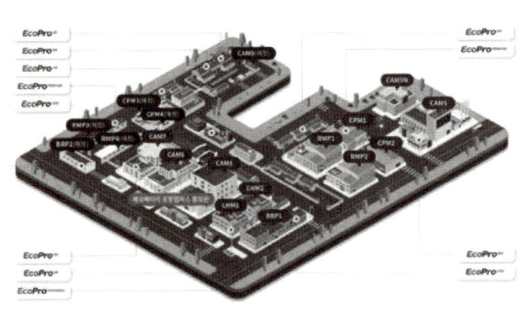

에코프로 그룹의 '클로즈드 루프 에코 시스템'.
이는 국내 유일의 배터리 양극재 밸류 체인이다. (출처: 에코프로 그룹)

루프 에코 시스템Closed-loop Eco-system'은 그 노력의 결과다. 134쪽 그림은 에코프로 그룹 공식 홈페이지에 게재된 '클로즈드 루프 에코 시스템'에 대한 설명이다.

수직 계열화는 원가 우위를 확보하는 대표적인 전략이다. 특히 자원 의존도가 높은 배터리 산업에서 이는 아주 중요한 경쟁 우위 요소다. 에코프로 그룹은 대한민국 배터리 산업의 여러 기업 중에서 이에 대한 준비와 대비를 가장 오래전부터 차근차근 준비해온 곳이다. 에코프로 그룹의 지주사 에코프로는 이 수직 계열화 시스템의 정점에 위치한 회사다. 에코프로는 에코프로 그룹의 여러 계열사 지분을 보

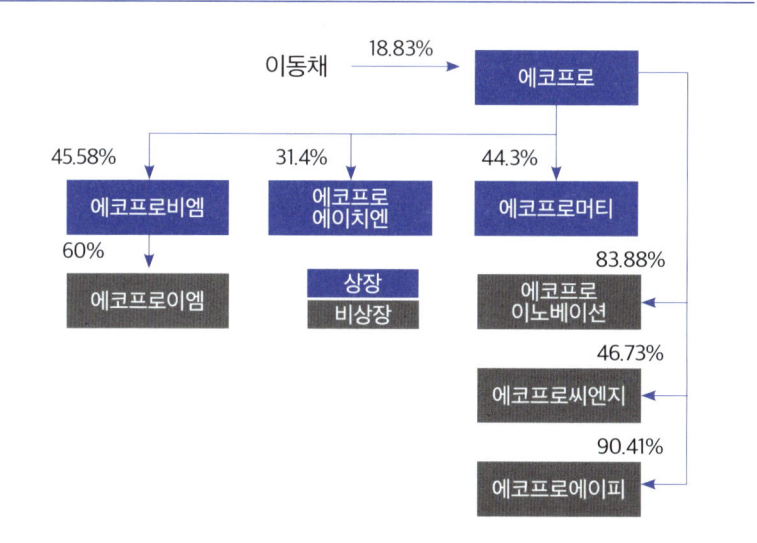

에코프로 그룹의 지배 구조(출처: 에코프로 사업보고서)

유 중인데 135쪽의 표는 그것을 정리한 것이다.

　에코프로가 지분을 가진 상장사로는 양극재 글로벌 1등 기업 에코프로비엠, 에코프로 그룹의 모태가 된 에코프로에이치엔, 국내 최고의 전구체 제조회사 에코프로머티가 있다. 비상장사로는 수산화리튬을 에코프로비엠에 공급하는 에코프로이노베이션, 폐배터리 재활용 사업을 하는 에코프로씨앤지, 양극재 제조에 필요한 고순도 산소와 질소를 제공하는 에코프로에이피 등이 있다.

세계 최고의 리튬 개발 회사 POSCO홀딩스와 포스코퓨처엠

배터리 산업은 자원 의존적이다. 아무리 훌륭한 기술이 있어도 배터리를 만드는 데 들어가는 각종 광물자원인 리튬, 니켈, 코발트, 망간, 흑연 등을 확보하지 못하면 제품을 만들 수 없다. 그러면 훌륭한 기술도 아무런 쓸모가 없어진다. 이를 너무나 잘 알고 있는 중국은 덩샤오핑 집권 시절부터 선진국이 환경오염 문제로 광물 채굴과 제련을 꺼릴 때 이를 역이용해 세계 광물자원을 독점하려 해왔다.

2020년 출간된, 프랑스 다큐멘터리 PD 기욤 피트롱Guillaume Pitron의 《프로메테우스의 금속》은 중국의 금속 자원을 통한 세계 지배 야욕을 경고하며 이에 대한 자유 진영 국가들의 대책 수립을 촉구했다.

2022년 8월 발효된 미국 바이든 정부의 인플레이션 감축 법안Inflation Reduction Act, IRA은 바로 이런 목적으로 만들어졌다. IRA는 중국의 광물자원 장악을 기반으로 한 공급망 장악에서 벗어나서 미국과 동맹국으로 구성된 공급망으로 재편을 강제한다. 이렇게 되자 중국의 영향권에서 벗어나 대한민국 독자적으로 광물자원을 확보해야 할 필요성이 대두됐다. 이러한 상황의 선두에 선 기업이 바로 POSCO홀딩스다.

2차전지 제조에는 많은 광물자원의 채굴과 제련이 필요하다. 배터리 산업에서 대한민국은 중국보다 훨씬 우수한 양극재 제조 기술, 배터리 제조 기술을 확보했다. 그러나 광물자원의 채굴과 제련에서는 많이 뒤처진 것이 사실이다. 그렇기 때문에 이에 대한 확보가 대한민국 배터리 산업에서 무엇보다 중요한데, POSCO홀딩스는 이 분야에서 독보적 입지를 구축한 기업이다. 2차전지 제조에서 가장 중요한 리튬 개발 사업부터 니켈의 채굴 및 제련, 음극재 재료인 흑연, 양극재 제조를 위한 전구체, 폐배터리 리사이클링과 차세대 소재인 고체 전해질과 실리콘 음극재까지 이 많은 원재료 사업을 모두 POSCO홀딩스가 담당한다. IRA 규정에 따라 대한민국 국적의 2차전지 원재료가 더욱 많이 필요해졌는데, 이 중 아주 많은 부분을 POSCO 홀딩스에 의존할 수밖에 없는 구조다. 이는 POSCO홀딩스가 대한민국 배터리 업계에서 '갑 중의 갑' 위치에 서 있다는 뜻이기도 하다.

POSCO홀딩스는 포스코 그룹의 모태가 된 철강기업 포스코를 시작으로 양극재 제조 기업 포스코케미칼, 심해 가스전 개발 등 자원 개발 분야 대한민국 최고 기업인 포스코인터내셔널, 포스코 그룹 내 IT 서비스를 담당하고 있는 포스코ICT 등의 상장회사와 그 외에 리튬, 니켈, 리사이클링 등 2차전지 자원 사업을 담당하는 비상장회사, 건설, 발전 등 그 외에 다양한 비상장회사의 지분들도 보유 중이다. 여기에서는 POSCO홀딩스의 여러 사업 중에서도 배터리 사업에서 가장 중요하고 가장 가치가 있는 리튬 개발 사업에 초점을 맞춰 설명하겠다.

배터리 제조에서 가장 중요한 광물자원, 리튬

리튬 채굴원은 두 가지다. 염수형Brine과 경암형Hard Rock이 그것이다. 염수형은 염호鹽湖, 즉 소금 호수에서 채취하는 것이다. 마치 서해 바닷물에 녹아 있는 소금물을 태양에 말려서 채취하는 천일염 염전과 유사한 방식을 사용한다. 경암형은 지하 광산에 묻힌 페그마타이트 등의 암석을 채굴해 이를 스포듀민 정광으로 제련하여 이후 가공 과정을 거쳐서 탄산리튬이나 수산화리튬으로 만드는 것이다. 다음의 그림은 이 과정을 간략히 나타낸 것이다. 최종 제품인 탄산리튬과 수산화리튬은 사용처가 조금 다른데, 중국의 주력 제품인 LFP 배터리와 NCM622 이하 급은 탄산리튬을 사용하고, 대한민국의 주력 제품인 NCM622 이상의 하이니켈 배터리는 수산화리튬을 사용한다.

앞서 리튬은 소금 호수, 즉 염호에서 나온다고 했는데, 왜 소금 호수

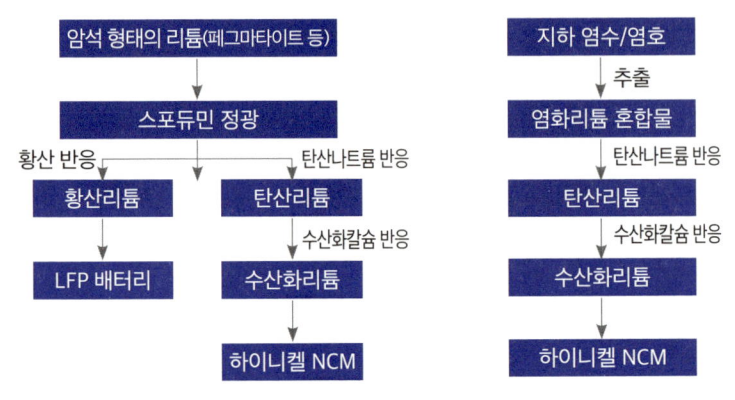

경암형 방식의 리튬 채굴 과정(왼쪽)과 염수형 방식의 리튬 채굴 과정(출처: 메리츠증권 리서치센터)

에서 소금이 아니라 리튬이 나오는지 의문이 들 것이다. 정확히 말하자면, 소금 호수이므로 당연히 소금이 나오고, 거기에 리튬도 같이 나오는 것이다. 현재 리튬이 활발하게 생산되고 있는 칠레 아타카마 염호도 원래는 고품질의 소금을 생산하던 곳이다. 그런데 리튬이온 배터리가 개발되고 전기차 혁명 시대가 도래하자 과거에는 쓸모없던 리튬이 값비싼 자원으로 탈바꿈해 그 중요도가 높아졌다.

이제 중고등학교 화학 시간에 배운 주기율표를 떠올려보자. 주기율표에서 맨 왼쪽에 위치한 원소들 중 1번 수소를 제외한 원소기호 3번 리튬Li, 원소기호 11번 나트륨Na 혹은 소듐, 그리고 19번 칼륨K 등을 1족 금속, 또는 알칼리 금속이라고 한다. 이들은 1가 양이온을 갖고 있어서 다른 원소들과 쉽게 반응하며 가볍다. 그러한 이유로 무엇보다 경량화가 중요한 배터리를 만드는 데에 가장 가벼운 금속인 리튬을 사용한다.

리튬, 나트륨, 칼륨 등 알칼리 금속들은 반응성이 뛰어나서 물에 잘 녹기 때문에 자연에서 이들 세 물질은 같이 섞여서 존재한다. 바닷물이 짠 이유는 나트륨이 녹아 있기 때문인데 이 바닷물에는 리튬 또한 같이 녹아 있다. 지구 면적의 70%는 해양이므로 언뜻 리튬을 구하기가 쉬울 것 같다고 생각할지도 모른다. 옳은 생각이지만, 문제는 농도다. 약 400ppm(1ppm=1/백만) 정도의 농도는 돼야 상업성이 있다고 여겨진다. 하지만 일반적인 해수의 리튬 농도는 0.17ppm에 불과하다. 그러나 모종의 이유로 이러한 바닷물이 오랜 시간에 걸쳐 증발해 리

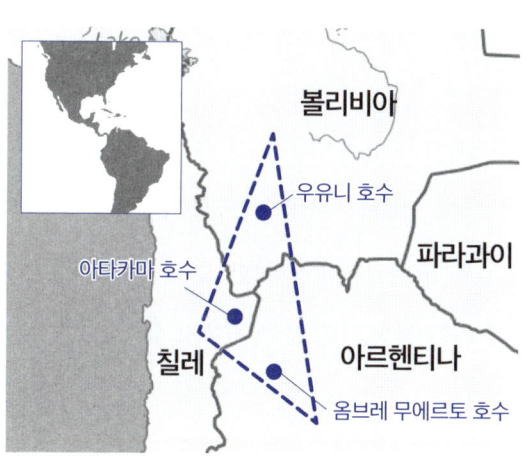

중남미 리튬 삼각지대

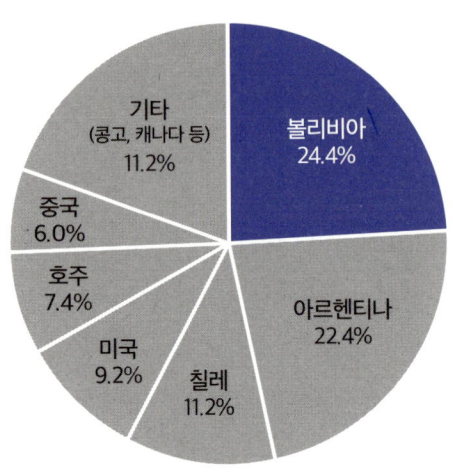

국가별 리튬 매장량(출처: 미국 지질조사국, 2021년 1월)

튬 농도가 진해진 지역이 존재한다. 우리가 흔히 '리튬 삼각지대Litume Triangle'라고 부르는, 볼리비아-칠레-아르헨티나 3개국에 걸쳐 있는 고산지대의 염호 지역이 그곳이다.

141쪽의 그림에서 보듯 중남미 리튬 삼각지대는 볼리비아, 칠레, 아르헨티나로 갈라져 있지만, 지형적으로는 하나로 연결된 해발 3,000미터가 훌쩍 넘는 고산지대에 위치한 소금 호수들이다. 이곳들은 원래 바다였는데 화산 활동으로 인해 지대가 높이 솟은 후 오랜 기간에 걸쳐 바닷물이 마른 결과, 소금 농도가 자연적으로 짙어져서 고품질의 소금 공급처로 유명해졌다. 여기에서 나는 소금에는 짙은 농도의 리튬도 함께 섞여 있음은 물론이다. 미국 지질조사국 자료에 따르면,

전 세계 리튬의 거의 60%가 이 좁은 세 지역에 몰려 있다.

POSCO홀딩스의 아르헨티나 옴브레 무에르토 염호 확보와 독자적 리튬 추출 기술인 PosLX 공법 개발

POSCO홀딩스가 남미의 리튬 삼각지대에서 리튬 개발 사업에 발을 들인 것은 무려 15년 전인 2010년의 일이다. 당시 이명박 대통령은 '자원 외교'를 주창하며 전 세계의 여러 자원 확보에 공을 들였는데, 그때 펼친 정책 중 하나가 바로 포스코 그룹의 남미 리튬 개발 사업이다. 볼리비아 우유니 염호가 우선 접촉 대상이었고, 이후 칠레와 아르헨티나 쪽과도 접촉이 있었다.

그러나 야심 차게 시작한 리튬 개발 사업은 곧 난관에 부딪쳤다. 염호 리튬 개발은 경제성이 있는 수준으로 리튬 농도를 높이는 것이 핵심인데, 당시 포스코 그룹은 이와 관련된 기술을 확보하지 않은 채 사업에 뛰어들었던 것이다. 결국 별다른 성과 없이 시간만 흘러갔고, 이후 이명박 정부의 '자원 외교'가 적폐로 몰리면서 포스코 그룹의 리튬 개발 사업도 그 가치가 폄하됐다. 그 과정에서 의지를 갖고 사업을 추진하던 권오준 회장이 불명예 퇴진을 당하는 일도 있었다.

10여 년에 걸친 와신상담 끝에 아르헨티나 옴브레 무에르토에서 대박이 터졌다. 이 염호는 원래 호주의 갤럭시 리소시스Galaxy Resources가 개발권을 갖고 있었다. 그런데 전기차 사업이 데스 밸리Death Valley(초기 창업 기업이 연구 개발에 성공한 후에도 자금 부족 등으로 인해 사업화에 실패하는 기간)에 접어들자 리튬 가격이 폭락했던 2018년, 3,100억 원이라는 아주 저렴한 가격에 포스코 그룹에 이 염호를 매각한다. 이후 포스코 그룹이 인수받은 이 염호를 정밀 분석한 결과, 초기 추산량의 6배인 1,350만 톤의 매장량을 확인했고, 이후 본격적으로 전기차 시대가 도래하면서 리튬 가격이 수십 배 오르자 그야말로 초대박을 치게 됐다. 2022년 3월, POSCO홀딩스는 아르헨티나 옴브레 무에르토 리튬 공장 착공을 시작했다. 2010년 리튬 개발 사업에 뛰어든 이후 12년 만에 이루어낸 성과다. 이 공장은 2025년 올해 완공돼 매년 5만 톤의 수산화리튬을 공급할 수 있게 될 전망이다.

POSCO홀딩스가 아르헨티나 옴브레 무에르토 염호를 개발 가능하게 된 것은 염호에서 리튬을 추출하는 기술을 10년의 연구 개발 끝에 완성해낸 덕분이다. POSCO홀딩스의 독자적 리튬 추출 기술인 PosLX 공법은 리튬 생산 기간을 기존 12개월 이상에서 1개월 이내로 대폭 단축하는 획기적인 신기술이다. 염호에서 리튬을 추출하는 것은 고도의 기술력을 필요로 한다. 이는 포스코 그룹 외에 미국 리벤트Livent 등 전 세계 3~4개 업체만 가능한 것으로 알려졌다.

2차전지 '소재보국素材報國' 시대를 여는 POSCO홀딩스

이는 POSCO홀딩스의 리튬 개발 사업이 아르헨티나에만 국한되지 않을 것임을 시사한다. 지구상에는 농도가 낮아서 개발을 못하고 있는 염호가 여럿 존재한다. 이들 염호를 가진 국가들은 POSCO홀딩스의 독자적인 리튬 추출 기술에 의존해야만 리튬 개발 사업을 진행할 수밖에 없다. 이는 POSCO홀딩스에 추가적인 사업 확장 기회로 작용할 것이다. 실제로 2023년 11월, POSCO홀딩스는 캐나다 앨버타주 투자청과 '유전염수 리튬 사업 협력 MOU'를 체결했다.[*] 2025년에는 칠레 정부가 주도하는 대규모 민관 협력 리튬 프로젝트인 '살라레스 알토안디노스 염호 개발 사업'에 LG에너지솔루션과 공동으로 참여 의향서를 제출했으며, 최종 결정을 기다리는 상태다.[**] 좋은 소식이 들어오길 기대해본다.

---

[*] 정재영, '포스코홀딩스, 캐나다 앨버타주 투자청과 '유전염수 리튬 사업 협력 MOU' 체결', 〈세계일보〉, 2023년 11월 8일자 기사.

[**] 정예린, "칠레 최대' 리튬 프로젝트 파트너 5월 선정… 포스코는 사업개발·LG엔솔은 자금조달', 〈더그루〉, 2025년 4월 9일자 기사.

새롭게 떠오르는 K-배터리 양극재 업체, 포스코퓨처엠

포스코퓨처엠은 에코프로비엠이나 LG화학에 비해 양극재 사업 업력이 뒤처지기 때문에 다소의 기술력 격차가 있는 것은 분명하다. 그러나 POSCO홀딩스라는 막강한 지원군이 있기 때문에 다소의 기술력 격차를 빠르게 따라잡으면서 K-배터리 선두 양극재 업체로 새로이 자리매김하고 있다. 특히 LG그룹은 양극재와 배터리 소재, 배터리 셀 생산 기술력이 탁월하나 자원 확보 부분에서는 포스코 그룹에 많이 의존할 수밖에 없는 처지다. 그러다 보니 POSCO홀딩스의 리튬, 니켈 등 자원 확보와 패키지로 묶어서 포스코퓨처엠의 양극재, 대한민국 유일 흑연 음극재까지 공급받는 사업 구조가 자연스럽게 만들어지고 있다.

포스코퓨처엠은 현재 미국 GM과 양극재 합작사 얼티엄 캠Ultium CAM을 건설 중이다. 총 1조 3,000억 원의 사업비를 들여 양극재 연산 6만 3,000톤, 전구체 연산 4만 5,000톤 규모로 추진 중이다. 2025년 5월 완공 예정인 이 공장은 미국 IRA 규정에 따라 북미 현지 생산 비중을 높여야 하는 것에 대한 대응책으로 마련됐다. POSCO홀딩스의 아르헨티나 옴브레 무에르토에서 채굴 가공된 리튬과 아프리카 암바토니 광산에서 채굴 가공된 니켈이 이곳에서 전구체와 양극재로 만들어져서 GM 전기차에 사용될 것이다. 이렇게 포스코 그룹은 고故 박태준 회장의 '제철보국製鐵報國' 정신을 이어받아 2차전지 '소재보국素材報國' 시대를 열고 있다.

특급 기술로
글로벌 경쟁력을 갖추다
: SK이노베이션과 삼성SDI

　지금까지 살펴본 바에 따르면, 거의 모든 면에서 최고의 기술력과 경쟁력을 가진 배터리 회사는 단연코 LG에너지솔루션이다. LG에너지솔루션에 비해 다소 경쟁력이 열세이긴 하지만 그래도 세계 수준에서 충분히 경쟁할 수 있는 배터리 기업이 우리나라에는 두 개나 더 있다. 바로 SK이노베이션과 삼성SDI다.

　배터리 업계에서는 한결같이 2030년경이면 글로벌 배터리 기업 중 다섯 개 정도만 살아남을 것이라고 예상한다. 그중 LG에너지솔루션은 당연하고, SK이노베이션과 삼성SDI까지 적어도 대한민국 기업이 세 자리는 따놓은 당상이다. 글로벌 1등 기업 LG에너지솔루션 외에 SK이노베이션과 삼성SDI도 9대 종목에 포함한 이유다.

업계에서 배터리 셀 제조사가 2030년경이면 다섯 개 정도만 남으리라고 전망하는 이유는 메모리 반도체 역사를 보면 이해가 쉽다. 1976년 스티브 잡스가 세계 최초의 개인용 컴퓨터Personal Computer, PC 애플 1을 출시했다. 이후 컴퓨터 보급 속도가 빨라지면서 일하는 방식을 바꾸고 생산성이 획기적으로 향상됐다. 이후 1990년대 말 인터넷이 보급되자 PC들이 웹에 의해 전 세계적으로 연결됐다. 그리고 2007년 스티브 잡스가 아이폰을 내놓으면서 손에 든 전화기가 인터넷에 연결된 전화기로 바뀌었고, 또다시 세계가 크게 변했다. 이런 일련의 과정을 정보 기술Information Technology, IT 혁명이라 부르며, 그 토대가 된 것이 'IT 산업의 쌀'인 반도체 산업의 성장이다.

IT 혁명으로 매년 메모리 반도체 수요가 크게 늘어났다. 성장이 유망한 산업에는 당연히 많은 기업이 그 기회를 노리고 뛰어든다. 그 결과, 1990~2000년대 초반에 미국, 일본, 대만, 대한민국 등에 30여 개의 메모리 반도체 제조 기업들이 우후죽순 생겨났다. 이는 곧 메모리 반도체의 공급 과잉을 불러왔다. 이윽고 메모리 반도체 가격의 끝없는 추락이 뒤따랐고, 반도체 불황기에 경쟁력이 약한 업체들은 파산하게 됐다. 상당수 기업들이 파산하면 공급 과잉은 사라지고 다시 공급 부족 상태가 된다. 이제 반대로 메모리 반도체 가격이 끝도 없이 올라가는 호황이 도래한다. 이를 반도체 경기 사이클이라고 하는데, 통상 4년 주기로 반복됐기에 이를 업계에서는 '올림픽 사이클' 혹은 '월드컵

사이클'이라고 부른다. 이런 4년 주기 사이클이 반복되자 불황이 올 때마다 수 개의 업체가 파산을 거듭했다. 그 결과, 지금은 다섯 개의 메모리 반도체 업체만 남게 되었고, 이들 사이에 안정적인 과점 경쟁 구조가 굳혀졌다. 이 과정에서 1980년대 초반에는 미국이, 1980~1990년대에는 일본이, 2000년대 이후에는 대한민국이 메모리 반도체 시장을 주도하며 글로벌 메모리 반도체 산업의 역사는 진행됐다.

메모리 반도체 산업이 자연스럽게 다섯 개 기업 수준의 과점 형태로 최종 안정화된 데는 두 가지 이유가 있다. 메모리 반도체 산업이 1) 규모의 경제를 가진, 2) B2B 사업이라서다. 메모리 반도체 산업은 고정비 비중이 큰 대표적인 장치 산업이다. 이런 산업에서는 매출 규모를 키울수록 단위당 원가가 떨어진다. 즉, 업계 선두 업체는 낮은 원가를 기반으로 시장점유율을 계속해서 높일 수 있다. 이쯤에서 의문 하나가 생긴다. '그러면 삼성전자가 가장 큰 기업이니 삼성전자 독점 체제가 될 수도 있지 않을까?' 메모리 반도체 산업에서 한 업체가 독점하지 못하는 이유는 이 산업이 B2B 산업이라서다. 삼성전자의 메모리 반도체를 대량으로 소비하는 애플이나 구글 같은 빅 테크 기업들은 삼성전자가 시장 독점 후 자신들에게 갑질을 하는 상황을 경계한다. 그리하여 SK하이닉스나 마이크론 같은 경쟁사에도 일정 부분 주문을 나눠주는 것이 공급망 안정화에 중요하고, 실제로 그렇게 한다. 그래서 한 기업이 시장을 독점하지 못하고 다섯 개 정도의 업체가 과점하는 형태의 시장이 자연스럽게 형성됐다.

배터리 산업은 이런 메모리 반도체 산업과 아주 유사한 특성을 갖고 있어서 업계에서는 2030년경이면 다섯 개 업체 정도만 살아남을 것이라고 전망한다. 우선 대규모 설비투자가 필요해 규모의 경제가 중요하다는 점에서 동일하다. 또한, 배터리 구매자가 소비자가 아니라 완성차 제조업체라는 측면에서 메모리 반도체 산업처럼 B2B 사업이다.

그렇다면 2030년경 생존할 다섯 개 배터리 회사는 어디가 될까? 그 답은 SNE 리서치에서 발표한 2024년 글로벌 전기차용 배터리 사용량 순위에 있다. 중국은 자유 경쟁이 아예 존재하지 않는 시장이므로 중국을 제외한 2024년 글로벌 전기차용 배터리 순위를 살펴보면 1위는 중국의 CATL이고, 2, 3, 5위가 대한민국의 LG에너지솔루션, SK온, 삼성SDI다. 4위는 일본의 파나소닉이다. 이 다섯 개 업체 중에서 1, 2위가 각각 25% 정도의 시장점유율로 양강 구도를 형성 중이고, 3~5위는 8~11% 정도로 3중을 형성하고 있다. 6위부터는 4% 이하로 시장점유율이 미미하며 기술적으로도 크게 떨어지는 기업들이므로 현재의 이 5강 구도가 계속 이어질 것으로 보인다.

파우치형 배터리로
K-배터리 업계 2위를 차지한 SK이노베이션

배터리에서 가장 중요한 것은 작은 부피와 적은 무게에 얼마나 많은 전기에너지를 저장할 수 있느냐 하는 에너지밀도다. 에너지밀도가 높아야 배터리가 장착된 이동 물체, 즉 자동차, 드론, 선박, 로봇, 군사무기의 성능이 좋아지고 가격이 저렴해지기 때문이다. 즉, '배터리의 기술적 진보=에너지밀도 향상'이라고 봐도 거의 무방하다. 그러면 세 가지 배터리 폼팩터(원통형, 각형, 파우치형) 중 가장 에너지밀도가 높은 폼팩터는 무엇일까? 바로 파우치형이다. 그래서 LG에너지솔루션 외에 파우치형 배터리를 만들 수 있는 또 다른 회사인 SK이노베이션이 경쟁력을 갖게 된다.

파우치형 배터리는 LG에너지솔루션이 오랜 연구 개발을 통해 만들어낸, LG에너지솔루션만이 제조 가능한 독자적인 폼팩터다. 현재도 파우치형 배터리 제조와 관련된 다양한 공정 기술이 모두 촘촘하게 특허로 보호되고 있다. 따라서 다른 배터리 업체들은 이를 개발할 엄두조차 못 낸다. SK이노베이션이 이 파우치형 배터리를 개발할 때 바로 이런 문제로 여러 논란이 일었다. SK이노베이션의 파우치형 배터리가 LG에너지솔루션의 기술을 훔쳤는지 여부를 두고 논쟁이 생겼던 것이다. 이와 관련해 오랜 기간 두 업체 사이에 법적 투쟁이 있었는데, 결국 2021년 4월 SK이노베이션이 LG에너지솔루션에 2조 원을 지급하는 것으로 합의를 이룸으로써 논란의 종지부를 찍었다.

앞서 얘기한 B2B 사업의 특성상 파우치형 배터리가 가장 우월한 폼팩터라고 할 때, 이를 공급할 수 있는 기업은 LG에너지솔루션과 SK이노베이션, 둘뿐이다. 이는 파우치형 배터리 시장에서 LG에너지솔루션

	LG에너지솔루션		SK온
GM 합작 공장	❶ 오하이오 연 45GWh (가동 중)	포드 합작 공장	❶ 테네시 연 43GWh (2025년 가동)
	❷ 테네시 연 50GWh (2023년 하반기 가동)		❷ 켄터키 연 43GWh (2025년 가동)
	❸ 미시간 연 45GWh (2025년 가동)		❸ 켄터키 연 43GWh (2026년 가동)
스텔란티스 합작 공장	❹ 캐나다 연 45GWh (2024년 가동)	독자 공장	❹ 조지아 1공장 연 9.8GWh (2023년 하반기 가동)
독자 공장	❺ 미시간 연 40GWh		❺ 조지아 2공장 연 11.7GWh (2023년 하반기 가동)
	❻ 애리조나 연 43GWh (가동 중)	현대차그룹 합작 공장	❻ 조지아 연 35GWh (2025년 하반기 가동)
혼다 합작 공장	❼ 오하이오 연 40GWh (2025년 가동)		
현대차그룹 합작 공장	❽ 조지아 연 30GWh (2025년 말 가동)		

	삼성SDI
스텔란티스 합작 공장	❶ 인디애나 연 33GWh (2025년 가동)
	❷ 인디애나 연 34GWh (2027년 가동)
GM 합작 공장	❸ 인디애나 연 30GWh (2026년 가동)

K-배터리 3사의 북미 생산 공장 현황

이 가장 큰 매출을 기록하겠지만, SK이노베이션의 수주 물량도 상당히 클 수밖에 없음을 의미한다. 실제 미국 전기차용 배터리 시장에서 SK이노베이션은 주로 포드와 현대차 그룹과 연합해 빠르게 생산 규모를 확대 중이다.

현재 글로벌 전기차용 배터리 시장 규모가 가장 큰 나라는 중국이고, 그다음으로 유럽과 미국 순이다. 그러나 전기차 전환이 거의 100% 가까이에 달할 2035년에는 미국의 시장 규모가 가장 클 것으로 전망된다. 미국 시장 규모는 유럽과 중국 두 개의 시장을 합한 것보다 더 클 것으로 예측된다. 이는 각 지역별 자동차 시장의 특성 때문이다. 1인당 GDP가 낮은 중국은 차량 크기가 가장 작고, 유럽 또한 도로 사정상 해치백 스타일의 소형 차량이 주로 팔린다. 반면에 미국은 땅이 넓고 짐도 많이 싣고 다니기 때문에 픽업트럭이나 중대형 SUV가 많이 팔린다. 이들 픽업트럭이나 중대형 SUV는 덩치가 큰 만큼 대당 배터리 용량도 훨씬 더 크다. 전기차용 배터리 시장 규모에서 미국이 가장 크고 중요한 시장으로 부상 중인 이유다.

이런 광활한 미국 시장에 IRA 법과 미국이 선포한 '중국과의 패권 경쟁' 영향으로 중국산 배터리는 발도 들여놓지 못하는 실정이다. 트럼프 2기 행정부 들어 중국과의 일대 결전을 불사하고 있는 만큼 미국 배터리 시장은 중국을 제외한 한국과 일본의 승부처가 될 전망이다. 특히 대한민국 배터리는 미국 시장에서 압도적 성과를 내는 중이다. IRA 법 규정상 미국에서 배터리를 팔려면 공장이 반드시 북미 내에 있어야 한다. 그런데 일본 파나소닉의 미국 내 공장 건설은 지지부진한 반면, K-배터리 3사는 빠르게 생산 규모를 키우고 있다. 현재까지 발표된 CAPA 증설 계획을 종합하면, 미국 내 배터리 생산 규모는 LG에너지솔루션이 343GWh(기가와트시), SK이노베이션이 185.5GWh, 삼성SDI가 97Gwh에 달한다.

LG에너지솔루션의 343GWh CAPA는 한 해에 60KWh급 전기차 570만 대 분량의 배터리를 공급할 수 있는 규모다. SK이노베이션은 310만 대 분량, 삼성SDI는 160만 대 분량이다. 대당 배터리 가격을 1,500만 원으로 가정하면, LG에너지솔루션의 예상 매출액은 85.5조 원, SK이노베이션과 삼성SDI는 각각 46.5조 원, 24조 원의 매출을 매년 미국 시장에서 확보할 수 있다. 미국 시장이 K-배터리 업계에 얼마나 큰 기회로 다가오고 있는지 바로 체감할 수 있는 숫자다.

P6 각형 배터리와 46파이 원통형 배터리 개발로 K-배터리 업체로서 위상이 높아진 삼성SDI

그동안 K-배터리 3사 중 LG에너지솔루션이 선두였고, 파우치형 배터리로 많은 수주를 확보한 SK이노베이션이 두 번째였다. 삼성 SDI는 이에 비해 수주 확보전에서 다소 뒤처졌던 것이 사실이다. 2023년 2월 출간한 저서 《K 배터리 레볼루션》에서 내가 '배터리 아저씨 8대 종목'을 제시할 때, SK이노베이션은 포함했지만 삼성SDI는 제외했던 이유가 바로 이것이다. 그러나 이후 삼성SDI는 훌륭한 신제품 개발에 성공해 빠르게 대규모 수주를 속속 확보하고 있는 중이다. 그래서 이번 책에서는 '배터리 아저씨 9대 종목'으로 포함시켰다. 삼성SDI의 업계 위상을 크게 높이고 있는 신제품 두 가지는 바로 P6 각형 배터리와 46파이 원통형 배터리다.

2024년 1월 30일 삼성 SDI는 2023년 실적 컨퍼런스콜 자리에서 6세대 각형 배터리 신제품 P6 양산을 발표했다.* P6는 기존 P5 제품 대비 에너지밀도를 10% 이상 개선한 제품이다. 이는 에코프로비엠의 니켈 비중 91% 수준 NCA 하이니켈 양극재를 채택하고, 음극재에 독자적인 실리콘 소재를 적용함으로써 가능했다. 에너지밀도가 10% 개선됐다는 것은 10% 원가 절감에 성공했다는 말과 대체적으로 동일한 뜻으로 제품 경쟁력이 그만큼 향상된 셈이다.

삼성SDI는 신제품 P6로 여러 완성차 제조업체들을 접촉한 결과, 중요한 수주 성과를 속속 발표했다. 우선 2023년 10월 24일, 현대차 그룹에 전기차 50만 대 규모의 배터리 납품에 성공했다. 이 계약은 삼성SDI가 현대차 그룹과 맺은 첫 거래라는 점에서도 의미가 크다. 현대차 그룹은 기존에 SK이노베이션과 LG에너지솔루션의 파우치형 배터

---

* 김정희, '삼성SDI, 6세대 각형 배터리 'P6' 양산 시작… 초격차 기술력 확보 잰걸음', 〈글로벌이코노미〉, 2024년 1월 30일자 기사.

리만 사용했다. 그런데 삼성SDI가 경쟁력 있는 신제품 P6 각형 배터리를 개발해 수주에 성공한 것이다. 2024년 8월에는 기존 LG에너지솔루션과 동맹 관계였던 GM과 미국 현지에 배터리 합작 공장을 짓는 계약에 성공하기도 했다. 인디애나주 뉴 칼라일New Carlisle에 위치할 이 공장은 2027년 완공 예정으로 최종 연산 36Gwh, 60만 대 전기차 분량, 금액으로는 9조 원 규모의 추가 매출이 기대된다. 삼성SDI는 P6의 성공에 안주하지 않고 2025년에는 더욱 개선된 프리미엄 각형 배터리인 P7 출시로 시장점유율 확대에 주력할 계획이다.

최근 업계에서는 46파이 원통형 배터리가 새로운 게임 체인저로 떠오르는 중이다. 기존 원통형 2170 배터리는 표준화된 제품이라 다양한 애플리케이션에 폭넓게 사용할 수 있고, 생산 공정이 단순해 빠른 생산이 가능한 장점이 있다. 하지만 전기차용으로 사용할 때는 너무 작은 크기여서 한 대당 들어가는 배터리 개수가 너무 많아진다는 단점이 있다. 원통형 2170 배터리를 사용하는 대표적인 전기차인 테슬라 모델3의 경우 배터리가 4,400개 가까이 사용된다고 알려졌다. 개수가 많아지면 관리도 그만큼 어려워지고 생산원가도 올라가기 때문에 대안이 필요하다. 그래서 크기를 키우기가 용이한 각형 배터리가 개발돼 전기차용으로 많이 사용됐다.

그러나 46파이 원통형 배터리가 개발되면서 배터리 업계의 판도가 크게 뒤바뀔 조짐이 나타나고 있다. 46파이 원통형 배터리는 기존 2170 원통형 배터리보다 크기가 훨씬 커져서 전기차 한 대당 들어가는 배터리 개수가 크게 줄어들게 됐다(대략 700개 정도). 이는 각형 배터리의 강점을 그대로 갖고 있으면서 생산 공정이 단순해 빠른 생산이 가능한 원통형 배터리의 강점 또한 지닌 배터리다. 그 결과, 46파이 원통형 배터리는 생산원가에서 탁월한 경쟁력을 갖게 됐다. 캐즘 극복을 위해 전기차의 가성비가 중요해진 현 상황에서 46파이 배터리가 게임 체인저로 부상한 이유다. 실제로 테슬라, 벤츠, BMW, 리비안, GM, 스텔란티스 등 많은 완성차 업체들이 46파이 원통형 배터리에 적극적으로 관심을 보이고 있다.

그렇다 보니 이제 글로벌 배터리 업체들이 너나없이 46파이 원통형 배터리 개발 경쟁에 뛰어들고 있다. 대한민국의 LG, 삼성, 금양, SK 등 배터리 4사는 말할 것도 없고, 일본의 파나소닉, 중국의 CATL, EVE에너지 등이 46파이 원통형 배터리 개발 계획을 밝혔다. 그러나 46파이 원통형 배터리는 기술적 장벽이 아주 높은 제품이라 대부분의 배터리 기업들이 개발 완료에 애를 먹고 있기도 하다. 결국 누가 가장 빨리 46파이 원통형 배터리 개발을 완료하고 양산 착수에 들어가는지가 관건이다. 그리고 이 경쟁에서 선두권에 서 있는 기업이 바로 삼성SDI와 LG에너지솔루션이다. P6 각형 배터리 성공에 이어 차세대 P7 각형 배터리와 46파이 원통형 배터리 제조까지 성공한다면, 삼성SDI의 업계 내 위상은 크게 상승할 것이라고 기대해봄직하다.

차세대 배터리 기술의 방향인 나노 기술의 강자
: 나노신소재

　정밀화학 산업인 배터리 산업을 포괄적으로 관통하는 학문을 분체공학Particle Technology이라고 한다. 우리가 일상생활에서 자주 접하는 밀가루, 설탕, 조미료, 점토 등은 모두 분체공학의 산물이다. 화학공업에서는 원료나 중간 제품으로 가루와 입자를 많이 취급한다. 이러한 가루와 입자를 합쳐서 분체 또는 분립체라 부르고, 이들 분체들을 다루는 기술이 바로 분체공학이다. 현재 배터리 산업에서 사용되는 입자의 크기는 1~10μm(마이크로미터)정도다. 1μm는 1/1,000mm 크기로 10μm는 우리 머리카락 지름의 1/10밖에 안 되는 아주 작은 크기다. 다음은 일상생활에서 흔히 접하는 각종 입자들의 크기다.

입자	크기(단위: μm)
가는 모래	20~200
머리카락 지름	100
구름/안개	30
적혈구	8
점토	< 2
담배 연기	< 1
박테리아	0.2~40
바이러스	< 0.5

다양한 입자의 크기

반도체 산업에서 자주 쓰이는 단위는 'nm(나노미터)'다. '삼성전자가 3나노 공정에 성공했다' 등의 뉴스를 들어본 기억이 있을 것이다. 나노는 배터리 산업에서 주로 사용하는 단위인 마이크로 대비 1/1,000 더 축소된 세계다. 즉, 1nm는 1/1,000μm다. 배터리 산업의 차세대 기술의 방향은 마이크로미터 단위를 넘어서 나노미터 단위로 정밀도를 더 높여가는 것이다. 이와 같은 배터리 산업에서의 나노 기술 영역에서 가장 선두에 서 있는 기업이 바로 나노신소재다.

현재 배터리 산업에서 마이크로미터 단위를 넘어서 나노미터 단위의 기술을 적용할 필요성이 대두되는 분야는 실리콘 음극재, 전고체 배터리, 리튬황 배터리 등 차세대 배터리 분야다. 전고체 배터리나 리튬황 배터리 등은 아직 양산 단계까지 이르지는 못한 상태이나 실리콘 음극재 부분은 현재 일부 적용이 시작된 상태인 데다 적용 확대가 빠르게 예정돼 있다. 현재 나노신소재 매출의 핵심도 여기에서 발생한다.

현재 나노신소재의 핵심 매출원은 CNT_{Carbon Nano Tube}(탄소나노튜브) 도전재와 관련된 제품들이다. 배터리에서 도전재는 양극활물질과 집전체(전극을 지지하는 얇은 금속판), 음극활물질과 집전체 사이에서 전자를 빠르게 이동시키는 역할을 하는 물질을 말한다. 이 물질이 바로 CNT로 이루어져 있는데, 이 핵심 기술을 보유한 기업이 나노신소재다.

양극활물질과 집전체 사이의 도전재는 멀티 월Multi Wall(다중 벽) CNT를 사용하고, 음극활물질과 집전체 사이의 도전재는 싱글 월Single Wall(단일 벽) CNT를 사용한다. 나노신소재는 이 중 전 세계에서 유일하게 음극재용 CNT 도전재 분산제를 생산하는 기업이다.

최근 나노신소재의 음극재용 CNT 도전재 분산제가 각광을 받고 있는 것은 음극재 물질을 기존 흑연에서 실리콘으로 바꾸려는 움직임과 관련이 깊다. 음극재 물질을 실리콘으로 바꾸면 에너지밀도가 크게 향상되고 충전 시간이 크게 단축된다. 그러나 실리콘이 금속이다 보니 열이 가해지면 팽창해 양극과 음극이 맞닿는 현상, 즉 쇼트가 발생해서 화재 발생 위험이 생긴다. 나노신소재의 음극재용 CNT 도전재 분산제는 이러한 실리콘의 팽창을 막는 역할을 하므로 음극재 물질이 실리콘으로 많이 바뀔수록 나노신소재의 매출도 따라서 커지는 구조다.

SNE 리서치는 실리콘 음극재 시장이 연평균 35%의 성장률을 기록해 2035년경이면 8조 8,000억 원 규모로 커질 것이라고 전망한다. 기존에는 실리콘 음극재가 포르쉐 타이칸과 같은 고가의 전기차에만 사용됐다. 하지만 2024년 출시된 기아의 보급형 전기차 EV3에도 실리콘 음극재 적용 배터리가 탑재되는 등 최근 성장 속도가 빨라지는 추세다. 또한, 실리콘 음극재보다 성능이 더 우수한 리튬메탈 음극재 기술 개발에도 박차가 가해지고 있다. 이렇게 되면 나노신소재는 그 수혜를 톡톡히 보게 되리라고 전망되기에 여러모로 미래가 기대되는 기업이 아닐 수 없다.

전기차 캐즘, 어떻게 극복할까?

2023년 2월 《K 배터리 레볼루션》을 출간한 후, 그해 7월까지 2차전지 주식의 뜨거운 상승 랠리가 펼쳐졌다. 이후 열기가 식자 주가는 내내 지지부진했고, 다수의 2차전지 기업들의 실적이 악화됐다. 심지어 적자로 돌아선 기업도 있었다. 그로부터 2년이 지난 지금, 달라진 것과 그대로인 것은 무엇이며, 투자자들은 앞으로 어떻게 해야 할지를 이야기해보려 한다.

지난 2년 사이 가장 큰 이슈는 캐즘 현상과 트럼프 당선이 아닐까 한다. 캐즘은 전기차와 배터리 산업 안의 이슈이며, 트럼프 당선은 전 세계의 외교, 안보, 정치, 경제, 문화 각 분야에 광범위한 영향을 미치는 이슈다. 이 두 가지 요소가 2023년 7월 이후 친중매국 세력이 대한민국의 2차전지 주가를 억지로 찍어 누르는 데 좋은 핑계가 됐던 것은 분명하다. 이어지는 글들에서는 캐즘과 트럼프 당선이 대한민국 2차전지 산업에 미치는 영향을 제대로 정확히 알아보고, 지난 2년간 바뀐 것과 변하지 않은 것을 차근차근 객관적으로 따져보고자 한다.

캐즘이란 무엇인가?

캐즘Chasm 현상이란 새롭게 개발된 제품이나 서비스가 대중에게 받아들여지기 전까지 겪는 침체기를 말한다. 캐즘을 극복하면 이후 대중 속으로 파고들어 대세가 된다. 하지만 이를 극복하지 못할 경우 역사의 뒤안길로 사라지는 경우도 많다. 캐즘은 본래 지질학 용어로 지층에 균열이 생기면서 단절되는 현상을 뜻한다. 실리콘밸리에서 활동하던 경영 컨설턴트 제프리 무어Geoffrey Moore가 1991년 스타트업의 성장 과정을 캐즘에 비유해 설명하면서 이후 경제·경영 분야의 투자 용어로 자리를 잡았다.

캐즘 현상은 주로 정보통신, IT 등 첨단 산업에서 발생한다. 이들 산업은 새로운 제품과 기술을 자주 선보이는데, 소비자가 이에 적응해 가치를 인정하고 지갑을 여는 데까지 시간이 걸리기 때문이다. MP3는 캐즘을 극복한 대표적인 사례로 흔히 거론된다. 1990년대 말 처음

MP3가 나왔을 때는 카세트테이프나 CD 등에 밀려 크게 주목받지 못했다. 그러다가 2000년대 초반에 인터넷이 보급되고 '소리바다' 등의 음원 다운로드 사이트가 인기를 끌면서 CD 등을 밀어내고 급격히 보급 속도가 빨라졌고, 그 무렵 젊은이들 사이에서 MP3는 필수품이 되었다. 이후 2007년 아이폰이 등장하며 MP3 기능을 휴대폰에 내재화하자 MP3은 서서히 역사의 뒤안길로 사라졌다. 현 상황에서 캐즘 현상을 겪고 있는 대표적인 제품으로 애플이 강력히 밀고 있는 가상현실Virtual Reality, VR 기기를 들 수 있다.

애플이 차세대 성장 동력으로 VR 기기에 많은 공을 기울였다는 사실은 익히 잘 알려졌다. 2024년 2월 애플은 비전 프로Vision-pro를 야심차게 출시한다. 그러나 500만 원에 달하는 가격, 오래 쓰고 있으면 목 등에 무리가 가는 600g에 달하는 무게, 애플리케이션과 콘텐츠 등 VR 생태계 구축이 미미한 점 등의 영향으로 소수의 얼리 어댑터들 외에는 대중적 관심을 끌진 못했다.*

2020년 코로나 팬데믹 상승장 시절에 '메타버스 테마주'가 증시를 뜨겁게 달궜다. 당시 각종 VR, ARArgumented Reality(증강현실), MRMixed Reality 관련주들이 미래를 바꿀 것이라는 기대감에 주가가 크게 상승했다. 2016년에 크게 유행한 증강현실 게임 '포켓몬 GO' 열풍, 2018년

---

* 윤현성, '비전 프로 흥행 참패한 애플… 더 싸고 가벼운 후속작 만든다', 〈뉴시스〉, 2025년 4월 14일자 기사.

크게 흥행한 스티븐 스필버그의 영화 〈레디 플레이어 원〉, 2022년 제임스 카메론의 영화 〈아바타 2〉 등이 사람들의 호기심과 상상력을 자극한 것도 증시에서 메타버스 테마주 열풍이 분 이유였다. 그러나 그때 크게 올랐던 주식들은 지금 주가가 거의 다 제자리로 돌아오고 말았다. 캐즘 현상을 극복하는 데 실패했기 때문이다. 이는 2차전지 관련주들도 마찬가지다. 현재 하락한 2차전지 관련주들의 주가 또한 캐즘 현상을 극복하는지 여부에 따라 주가 재상승 여부가 결정될 것이다.

이쯤에서 제프리 무어의 캐즘 이론을 조금 더 구체적으로 살펴보자. 그에 따르면, 초기 시장Early Market은 '이노베이터Innovator(혁신 계층)'과 '얼리 어댑터Early Adoptor(초기 수용자)'로 나뉘는데, 이 사이의 구간이 '데스 밸리', 즉 '죽음의 계곡' 구간이다. 전기차 시장는 대략 2010년 초에 이노베이터 시장을 형성했고, 이후 대략 2013~2018년 사이에 데스 밸리 구간을을 지났다고 평가된다. 이 죽음의 계곡 구간 중 테슬라는 계속 적자였으며, 2010년 초 전기차 시장에 뛰어들었던 GM과 현대차그룹, 닛산Nissan 등은 사업을 축소하거나 철수했다.

그러다가 2019년 무렵부터 본격적인 얼리 어댑터 시장이 열렸다. 테슬라는 모델3와 모델Y의 연이은 성공으로 흑자로 돌아섰고, 이익 규모가 빠르게 확대됐다. 메타버스 열풍 때 관련주가 수직으로 치솟았듯이 이 무렵 테슬라 주가도 하늘 높이 치솟았다. 여기에 고무된 기존 완성차 업체들도 하나둘씩 전기차 전환 계획을 발표하면서 전기차에 대한 대중들의 수용도는 빠르게 높아져 이윽고 하나의 현상이 됐

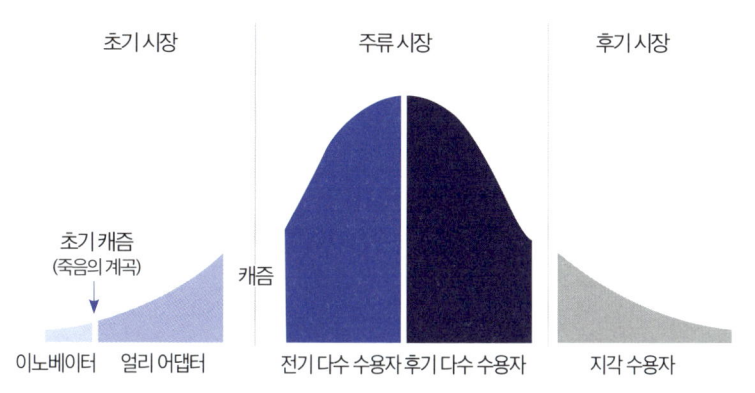

제프리 무어의 캐즘 이론을 도식화한 그래프

으며 이후 2023년까지 빠른 성장세를 구가했다. 그러다가 2024년에 접어들면서 전기차 시장은 캐즘에 봉착한다. 그로 인해 성장세가 급격히 둔화됐으며, 그 영향으로 2차전지 기업들 또한 실적 악화와 주가 하락을 겪게 됐다.

얼리 어댑터는 통상 전체 소비자의 15% 정도라고 한다. 2024년 중국 신차 중 전기차 채택률은 55%, 유럽은 20%, 미국은 10% 정도를 기록했다. 중국의 경우, 이미 주류 시장에서 전기차 사용자들이 전기 다수 수용자Early Majority를 지나서 후기 다수 수용자Late Majority로 접어든 단계이지만, 유럽과 미국은 얼리 어댑터에서 전기 다수 수용자로 넘어가기 직전의 단계인 캐즘 구간에 들어갔다.

얼리 어댑터는 새로운 제품과 기술의 잠재력을 인식하고 일찍 지갑을 열 의향을 가진 선구자들이다. 이들은 유행을 리드한다는 자부심으로 다소 비싸더라도 기꺼이 새로운 물건이나 서비스를 구매한다. 다음 단계인 전기 다수 수용자는 도입을 결정할 때 보다 신중하게 고려하고, 도입하기 전에 검증된 혜택을 원하는 실용주의자들이다. 이들은 신제품과 신기술 도입에 우호적이지만 지갑을 열기에 합당한 가치가 있는지 꼼꼼히 따진다. 즉, 기존 내연기관차나 하이브리드 차량에 비해 전기차를 사는 데 따른 가성비와 장단점을 면밀히 비교하고 나서야 지갑을 연다. 이 말은 곧 캐즘을 극복하려면 전기차의 가성비, 충전 편의성 등이 추가적으로 보강돼야 함을 뜻한다.

캐즘 극복을 위한 배터리 제조사들과 각국 정부의 노력

2024년은 캐즘을 극복하기 위해 완성차 업체와 배터리 제조업체들의 많은 노력이 있었던 한 해다. 가령, 기아차는 2024년부터 가성비와 상품성을 대폭 향상한 전기차 라인업을 속속 내놓고 있는데, 이는 캐즘 극복을 위한 훌륭한 시도라고 할 수 있다. 2024년 6월 기아차는 가성비를 앞세운 보급형 전기차 EV3를 출시했다. 국내 출시 가격은 4,200만 원으로 보조금 수령 시 3,000만 원대 중반에 구입할 수 있다. 기아는 2025년 EV3를 글로벌 시장에서 20만 대 규모로 판매할 계획이다. 2025년 2월 기아차는 스페인에서 '2025년 기아 EV 데이' 행사를 개최했다. 이 행사에서 보급형 가성비 전기차 EV2와 EV4를 선보였는데, 유럽 판매량 목표치를 각각 8만 대와 10만 대로 제시했다. 이 수치는 2024년 대비 크게 늘어난 수치로 보급형 가성비 전기차를 내세워서 캐즘을 극복하려는 기아차의 노력이 잘 나타나 있다. GM, 폭스바겐 등 다른 자동차 회사들 역시 캐즘 극복을 위해 이와 같이 노력 중이다.

각국 정부들도 캐즘을 극복하기 위해 노력 중이다. 2019~2020년 전기차 붐이 분 것은 테슬라 등 개별 업체들의 노력 때문이기도 하지만, 각국 정부의 역할도 컸다. 글로벌 기후변화 위기에 대응하고자 세계 주요 정부들의 합의로 내연기관차의 퇴출과 전기차로의 전환이 결정됐는데, 이것이 데스 밸리를 넘어 얼리 어댑터 시장을 열게 한 결정적 계기로 작용했다. 즉, 전기차 혁명은 출발부터 각국 정부가 관여된 정치경제적 문제였다는 점을 기억해야 한다.

2024년 유럽 전기차 시장은 전년 대비 -1.0% 역성장했다. 이는 유럽 각국에서 전기차 보조금이 축소되거나 끊긴 영향이 컸다. 특히 유럽에서 가장 큰 시장인 독일의 경우, 2023년 52만 4,000대였던 판매량이 2024년 들어 27.4% 급감해 38만 대를 기록했다. 2023년 12월, 독일 정부가 코로나 대응 예산을 전용해 전기차 보조금을 지급한 것을 두고 독일 헌법재판소가 위헌 판결을 내림에 따라 독일 전기차에 대한 보조금이 2024년 갑자기 끊기면서 직격탄을 맞은 결과다. 이는 독일 자동차 기업들, 특히 전기차 전환에서 가장 선두를 달리던 폭스바겐 그룹의 경영 악화를 가져왔다. 이에 독일 정부는 부랴부랴 전기차 보조금 재개를 약속했다. 그 결과, 2025년 1사분기 독일의 전기차 판매 대수는 전년 동기 대비 38.9% 증가한 11만 3,000대를 기록했다. 이러한 움직임은 비단 독일에 국한된 것만은 아니다.

EU는 2025년 3월 '유럽 자동차 부문 산업 액션 플랜'을 발표했다.* EU 차원의 전기차 보조금 지급 강화와 유럽 내 배터리 산업 지원에 초점을 맞춘 계획이다. 아울러 중국의 전기차와 배터리가 유럽 시장의 경쟁 질서를 해치는 것을 막기 위한 규제 방안도 마련했다. 우리나라에서는 '한국판 IRA 법' 도입 검토와 관련된 얘기가 계속해서 나오는 중이다.** 각국 정부는 2023년까지 빠르게 전기차 보급이 진행되자 이만하면 보조금을 폐지하거나 축소해도 되겠다고 생각하고 실천했다. 그러나 그 결과로 2024년 캐즘이 유발되자 다시금 전기차와 배터리 부문에 대한 지원을 강화하는 정책이 속속 쏟아지는 중이다. 이와 같은 정부 정책들이 캐즘 극복을 돕는 든든한 우군이 될 전망이다.

흔히 사람들은 전기차 보급을 확대하려는 정부 정책으로 전기차 구매 시 보조금 지급이나 전기차에 대한 각종 세금 혜택 등 전기차에 대

---

* 이승형, 'EU, 車산업 부흥 '액션플랜' 추진⋯ 무역방어도 확대', 〈아시아경제〉, 2025년 3월 6일자 기사.

** 김소연, '캐즘에 트럼프 관세폭탄까지⋯ 한국판 IRA법 힘 받는다', 〈이데일리〉, 2025년 4월 2일자 기사.

한 지원책만 생각하는 경향이 있다. 그러나 전기차 보급 확대를 위해 정부가 추진하는 다른 방식의 정책도 있다. 바로 내연기관차 구매자에 대해 각종 페널티를 부과하는 정책이다. 정부는 전기차와 내연기관차와의 가격 격차를 줄이고자 전기차에 대한 보조금을 지급할 수도 있지만, 반대로 내연기관차에 대한 세금 중과나 각종 부담금 부과 등 징벌적 방법도 충분히 사용할 수 있다.

실제로 유독 전기차 보급률이 높은 나라인 노르웨이와 중국은 보조금 외에도 내연기관차 구매 시 각종 페널티를 주는 방식을 병행하고 있다. 전기차 보급률이 90%가 넘는 노르웨이는 내연기관차 구매자들에게만 차량 가격의 20%에 달하는 부가세를 부과한다. 전기차 보급률이 60%에 육박하는 중국은 내연기관차 구매자에게만 1,000만 원 이상에 달하는 번호판 구매 비용을 추가로 부담시킨다. 향후에는 내연기관차에 대한 페널티 정책을 적용할 나라들이 늘어날 것으로 예상되고, 이는 전기차 캐즘 극복을 앞당기는 촉매제가 될 것으로 전망된다.

캐즘 극복은 시간문제일 뿐이다

전기차 캐즘은 시간문제이지 결국은 극복될 수밖에 없는 성질의 문제임을 이해해야 한다. 이유는 자명하다. 자동차 제조업체들이 이미 돌아올 수 없는 강을 건너버렸기 때문이다. 내연기관차와 전기차는 제조 공정이 전혀 다르다. 전기차는 내연기관 대비 40%의 제조 공정이 사라지는 것으로 알려졌다. 즉, 내연기관차와는 전혀 다른, 전기차 전용 공장과 생산 라인에서 전기차를 만들어야만 경쟁력을 갖출 수 있다는 뜻이다. 오늘날 자동차 제조사들은 내연기관차와 전기차 중 하나만을 선택해야 하는 상황에 처했다.

2020년과 2021년, 전기차 업체 테슬라의 주가가 천정부지로 치솟으면서 테슬라의 시가총액이 전 세계 모든 자동차 회사의 시가총액을 다 합친 것을 뛰어넘는 믿을 수 없는 일이 벌어졌다. 그러자 내연기관차와 전기차 사이에서 최종 선택을 못하고 망설이던 기존 완성차 제조업체들도 전기차로의 전면적인 전환을 선택할 수밖에 없게 됐다. 그리고 전기차로 넘어가기로 결정을 내린 지금, 내연기관차로의 회귀는 영원히 불가능한 상황이 됐다.

이렇게 완성차 제조업체들이 '루비콘 강을 건넜다는 사실'을 명백히 보여주는 사례가 하나 있다. 현대차 그룹이 엔진개발실을 아예 폐쇄해버리는 결정을 내린 것이다. 2021년 12월 7일 현대차 그룹은 사상 최대 규모의 연구 개발 본부 개편을 단행했다. 남양연구소 내 엔진개발센터를 완전히 폐쇄하고 모든 파워트레인 관련 연구 조직을 전동화 관련 시설로 전환했다. 아울러 배터리 개발 센터를 설립해 배터리 기술 확보에도 공을 들이고 있다. 현대차 그룹은 이제 내연기관차의 심장인 엔진 개발을 아예 포기한 것이다. 다시는 내연기관차 생산으로 돌아갈 수 없는 상황인 것이다.

이는 비단 현대차만의 일이 아니다. 2021년 11월 GM은 전기차 전용 공장인 '팩토리 제로Factory Zero' 가동을 시작했다. 이에 앞서 GM의 메리 바라 회장은 기존 내연기관 공장 폐쇄에 전념했고, 향후 이를 모두 전기차 전용 공장으로 바꿀 계획이다. 포드 또한 이런 행렬에 동참했다. 2021년 포드는 자사 내연기관차 공장 세 곳의 폐쇄를 발표했다. 아울러 이 구조조정을 통해 확보한 자금을 모두 전기차 개발에 쏟겠다고 약속했다. 곧이어 폭스바겐, 벤츠, BMW 등 유럽 완성차 업체들도 내연기관차 개발 중단과 100% 전기차 전환 일정을 발표했다. 토요타와 혼다 등 일본 자동차 기업들 또한 늦었지만 대세를 따를 수밖에 없었다.

이제 한 해에 출시되는 신차 모델 중 전기차가 차지하는 비중이 50%를 넘어선다. 해가 갈수록 이 비율은 더욱 높아질 것이고, 마침내 신차는 전기차만 출시되는 시기가 도래할 것이다. 이 시기를 2035~2040년 정도로 전망하는데, 이때가 되면 소비자들은 내연기관차를 구매하고 싶어도 살 수 없게 될 것이다. 요컨대 전기차 캐즘 극복은 정해진 수순이며, 단지 시간문제에 불과한 것이다.

트럼프 2기가
K-배터리에 미칠 영향

 2024년 11월 5일, 미국 제47대 대통령으로 도널드 트럼프가 재선됐다. 미국 내 유력 언론들, 다수의 유명 인사들, 월가의 거물들, 할리우드 배우들, 빅 테크 기업들 등 소위 미국 내 경제적 상류층들은 거의 대부분 민주당 카멀라 해리스 후보를 지지했다. 반면에 트럼프를 지지한 계층은 중산층과 중하류층 백인들이 절대 다수였다. 이는 대선 과정에서 모인 양 진영의 정치자금 모금액에서도 확연한 차이가 남을 통해 확인할 수 있다. 해리스가 바이든을 대신해 후보가 된 후 단 80일 만에 10억 달러를 모금한 반면, 트럼프는 2024년 내내 8억 5,000만 달러를 모았을 뿐이다. 특히, '매그니피선트 7'이라고 불리는 미국 빅 테크 기업들은 테슬라를 제외하고 해리스에 선거 자금을 올인하다시피 했다.

미국 상류층들이 대대적으로 지지했음에도 불구하고 트럼프는 대선에서 기록적인 압승을 거뒀다. 그뿐만 아니라 공화당이 상하 양원을 석권해 대통령으로서 권한을 마음껏 사용할 수 있는 판이 만들어졌다. 이것이 의미하는 바는 무엇일까? 트럼프 2기 행정부는 어마어마한 변화와 개혁의 바람을 불러일으킬 것임을 의미한다. 이러한 큰 그림 아래에서 트럼프 2기 정책이 K-배터리에 미칠 영향을 살펴봐야 제대로 된 예측이 가능할 것이다.

'투키디데스의 함정'과 미중 경제 전쟁

트럼프 2기 정부의 첫 번째 핵심 어젠다는 무엇일까? 그것은 중국 공산당의 몰락이다. 그 배경을 이해하기 위해서는 '투키디데스의 함정Thucydides Trap'이란 개념을 먼저 알아야 한다. 투키디데스Thucydides(기원전 465년~기원전 400년경)는 그리스 아테네의 역사가로 스파르타 동맹과 아테네 동맹 간의 전쟁사를 다룬 《펠로폰네소스 전쟁사》의 저자다. '투키디데스의 함정'이란 용어는 미국 하버드대학교 케네디 스쿨의 정치학 교수 그레이엄 앨리슨Graham Allison이 2017년에 쓴 책 《예정된 전쟁》에 등장하는 용어다. 고대 그리스에서 신흥 강국 그리스의 국력이 강해지면서 기존 강국 스파르타의 자리를 위협할 수준에까지 이르렀고, 이에 대한 두려움으로 펠로폰네소스 전쟁이 발생했는데, 앨리슨은 역사에서 이런 패턴이 여러 번 반복됨을 발견하고 '투키디데스의 함정'이라고 명명했다. 앨리슨은 지난 500년간 이런 사례가 총 16번이 있었는데, 이 중 12번이 실제 전쟁으로 이어졌다고 지적한다. 이를 오늘날의 현실로 가져오면, 기존의 세계 유일 강대국 미국과 미국의 패권에 도전 중인 신흥 강국 중국 간의 전쟁이 불가피할 가능성이 높다고 볼 수 있다. 그리고 트럼프 2기 정부는 바로 이 '미중 전쟁'을 수행하려 하고 있는 것이다.

2025년 들어 세계 증시는 트럼프가 던진 '관세 폭탄' 때문에 온통 뒤숭숭하다. 트럼프는 대통령으로 취임한 직후인 2월 1일 마약 펜타닐에 대한 책임을 물어 캐나다와 멕시코에 25%, 중국에 10% 추가 관세를 물리는 행정명령에 서명했다. 이후 캐나다와 멕시코에 대한 25% 관세는 연기했지만, 중국에 대한 10% 관세는 그대로 유지했고, 한 달 후인 3월 4일 추가로 10%를 더해 중국에 대한 관세를 20% 올렸다. 트럼프는 관세 공격을 여기에서 멈추지 않았다.

4월 2일 트럼프는 전 세계를 대상으로 '상호관세 부과'를 발표했다. 트럼프는 이를 '해방의 날을 위한 친절한 상호주의 관세'라고 명명했다. 트럼프가 들고 온 상호관세 부과 표에서 맨 처음은 중국이 차지했다(34%). 그 뒤는 EU(20%), 베트남(46%), 대만(32%), 일본(24%), 인도(26%)의 순서로 이어졌다. 대한민국은 일곱 번째로 25% 상호관세를 부과당했다. 이후 태국(36%), 스위스(31%), 인도네시아(32%), 말레이시아(24%), 캄보디아(49%), 영국(10%) 순으로 이어졌다. 상호관세 발표 당일과 그다음 날까지 이틀간 나스닥 지수가 12% 폭락하는 등 전 세계 증시는 크게 하락했다. 1930년대 홀리-스무트 관세법이 이후 세계 경제 대공황의 원인이었다는 얘기가 부각되는 등 전 세계가 트럼프 관세발發 불확실성 국면에 심각하게 빠져들 것이라는 공포가 세계 증시를 휩쓸게 됐다.

그로부터 일주일이 지난 4월 10일, 트럼프는 다시 상호관세를 90일간 일괄적으로 유예하겠다고 발표했다. 이에 시장은 화답해 당일 나스닥 지수는 무려 12%가 오르는 기염을 토했다. 트럼프는 다른 모든 국가에 대해서는 상호관세를 90일간 유예했지만, 오직 중국만은 예외로 했다. 한 술 더 떠서 기존에 부과한 상호관세율을 34%에서 무려 125%로 대폭 올리는 조치를 취함으로써 미국의 목표가 중국 공산당의 몰락임을 분명히 밝혔다. 중국에 대한 125%의 관세율은 4월 15일 245%로 더욱 높아졌고, 이로써 상호관세 조치가 중국에 대한 '경제 전쟁'임을 더욱 명확히 했다. 더불어 중국이 그간 관세를 피해 동남아 4개국(캄보디아, 태국, 말레이시아, 베트남)을 통해 우회 수출해온 태양광 제품에 무려 3,521%의 보복 관세를 물림으로써 '중국산 택갈이 수출'에 대한 강력한 제재 의지도 내비쳤다.

트럼프와 트럼프 정부 핵심 브레인들의 메시지는 명확하다. 관세라는 무기를 통해 중국을 글로벌 자유무역 시장에서 배제할 것이며, 중국 편을 드는 국가 또한 미국의 경제 보복을 피할 수 없음을 분명히 하고 있다. 트럼프 2기 행정부는 '우리는 중국 공산당과 경제 전쟁 중이니, 어느 쪽에 설지 양자택일하라'라며 국제사회에 엄중한 경고를 하고 있는 것이다. 2008년 미국이 리먼 브라더스 파산 등으로 금융 위기에 처했을 때, 이를 미국 몰락의 신호로 보는 시각들이 많았다. 그 무렵 중국은 한 해에 10% 가까운 고속 성장을 지속 중이었던 반면, 미국은 2~3% 성장도 힘겨운 시기였다. 이런 추세가 계속 이어지면 2038년경에는 중국의 경제력이 미국을 앞서서 글로벌 최강대국이 미국에서 중국으로 바뀔 것이라는 견해가 힘을 얻기도 했다. 앞서 얘기한 '투키디데스의 함정'이 발동될 만한 조건이 형성된 셈이다. 초강대국 미국은 더 이상 중국 경제의 부상을 두고 볼 수만은 없었다. 2018년 트럼프 1기 시절에 중국에 20% 관세를 부과함으로써 '미중 경제 전쟁'의 서막이 열린 셈이며, 바이든 정부에서도 이 기조는 이어졌다. 그리고 트럼프 2기 정부 들어 관세를 무기로 중국 경제의 성장을 막고, 중국을 국제무역 네트워크에서 축출함으로써 '미중 경제 전쟁'의 종지부를 찍으려 하는 것이다.

이와 비슷한 사례는 1980년대에도 있었다. 당시 미국의 세계 최강대국 지위를 위협한 나라는 일본이었다. 당시에도 일본과 독일은 대미 무역에서 대규모 흑자를 기록했다. 이를 기반으로 일본 경제는 빠르게 성장해 1980년대 한때는 미국 경제의 40% 수준에 달하기도 했다. 1985년 미국과 영국, 독일, 프랑스, 일본 5개국 재무장관은 미국

플라자 호텔에서 회의를 갖고, 미국의 무역 적자 문제를 해결하고자 달러화 대비 독일과 일본의 환율을 크게 평가절상 하기로 하는 합의에 도달한다. 이것이 바로 '플라자 합의'다. 플라자 합의가 있은 지 2년 후 일본 엔화와 독일 마르크화는 미국 달러 대비 각각 65.7%와 57% 절상됐다. 이로 인해 일본은 수출 경쟁력을 급격하게 상실하고, 1980년대 말과 1990년대 초에 '버블경제 붕괴'까지 이어지면서 이후 '잃어버린 30년'을 겪고 만다. 그 결과, 한때 미국의 세계 최강대국 지위를 위협하던 일본은 미국의 경쟁자 자리에서 밀려났다. 2025년 현재, 공화당 트럼프 2기 정부는 중국을 상대로 1980년대 공화당 레이건 정부가 일본에 했던 방식을 그대로 재연하려 한다. 다만, 그 수단이 환율에서 관세로 바뀌었을 뿐이다. 거기에다 사회주의라는 적대적 정치체제를 가진 중국을 같은 자유 민주 동맹인 일본보다 더 매몰차게 대하리라고 예상된다.

트럼프가 말한 'EV mandate'의 진짜 의미

트럼프 2기 정부가 K-배터리에 미칠 영향은 이처럼 '미중 경제 전쟁'이라는 보다 크고 높은 차원에서 살펴봐야 제대로 된 그림을 볼 수 있다. K-배터리 산업과 관련해 우리가 제대로 이해해야 하는 트럼프의 발언이 있다. 바로 트럼프가 미시간주 유세에서 말한 "The first day I promise you, I will sign where the electric vehicle mandate is gone"이라는 발언이다. 2024년 4월 3일, 대한민국 전 언론에는 '트럼프 임기 첫 날, 전기차 보조금 폐지 공언' 보도가 도배되다시피 했다.* 하지만 이는 명백한 허위 기사다. 트럼프 대통령은 미시간주 유세에서 "임기 첫날, IRA 전기차 보조금을 폐지하겠다"라는 말을 아예 한 적이 없다.

KBS 경제 전문기자 출신이자 경제학 박사이기도 한 박종훈 박사는 자신이 운영하는 유튜브 채널 '박종훈의 지식한방'에서 대한민국 언론의 이 잘못된 보도를 조목조목 비판했다. 트럼프가 미시간주 유세에서 한 정확한 워딩인 "The first day I promise you, I will sign where the electric vehicle mandate is gone"을 직역하자면, "임기 첫날, 나는 전기차 강제 조항 폐지에 서명할 것을 약속합니다"이다. 이 문장 그 어디에도 'IRA', '보조금'을 뜻하는 영단어 'subsidy'는 없다. 트럼프가 말한 'EV mandate 폐지'와 친중매국 언론들이 말한 'IRA 전기차 보조금 폐지'는 그 성격이 전혀 다르다.

그렇다면 트럼프가 말한 'EV mandate'란 무엇일까? 'mandate'는 공적 기관에 의한 지시나 명령, 강제 의무를 의미한다. 즉, 트럼프는 자신의 취임 첫날에 '전기차로 강제 전환하게 하는 규정을 폐지'하겠다는 것이었고, 이는 이어지는 문장 "Every other form of car and engine

---

* 임선영, '트럼프 "임기 첫날 전기차 보조금 폐지" 공언', 〈중앙일보〉, 2024년 4월 3일자 기사.

and motor that you want, and you're going to have it"을 보더라도 명백하다. 그러니까 미시간주 유세에서 트럼프가 말한 문장 전체는 다음과 같이 해석해야 옳다.

> "나는 취임 첫날, 전기차 강제 전환 규정을 폐지하는 것에 서명할 것을 약속한다. 우리 국민들은 어떠한 형태의 엔진이나 모터나 자신이 원하는 차, 가지려고 하는 차를 자유롭게 선택할 수 있게 할 것이다."

미국 공화당은 무엇보다도 '자유'를 최우선 이념으로 하는 보수 정당이다. 즉, 공화당 대통령 후보가 '환경보호'라는 가치보다 '선택할 자유'라는 가치에 더 우선에 두고 한 말은 지극히 공화당 이념에 부합한다. 트럼프의 미시간주 유세 발언은 자신을 지지하는 공화당원들이 중시하는 가치에 충실한 발언이자 공약이지 이상하거나 비상식적인 발언이 아니다.

그럼에도 친중매국 대한민국 언론은 트럼프를 악마화하고, 마치 트럼프가 한미동맹을 균열시키고, 대한민국 2차전지 산업의 성장을 방해하고자 바이든 정부 시절 결정된 약속, 즉 '미국에 공장을 건설하면 보조금을 지급하겠다'는 약속을 일방적으로 깨는 듯 말한 것처럼 왜곡해 보도한 것이다. 이는 심각한 문제라고 본다. 이에 뜻있는 분들이 힘을 모아서 KBS와 YTN 등을 상대로 정정 보도를 요청했고, 요청이 받아들여져서 '전기차 보조금 폐지'를 '전기차 강제 전환 규정 폐지'로 정정합니다'라는 정정 보도가 실제로 이루어지기도 했다. 하지만 늘 그렇듯이 가짜 뉴스는 크게 보도돼 사람들의 기억에 남지만, 정정 보도는 조용히 지나가기 십상이다. 그래서 여전히 많은 사람이 최초의 가짜 뉴스가 마치 진짜인 양 생각하고, 이것이 주가에도 여전히 반영돼 있는 실정이다.

트럼프 대통령이 당선된 직후인 2024년 11월 15일 친중매국 언론은 로이터 외신을 인용 보도하면서 다시금 '트럼프 전기차 보조금 철폐' 프로파간다에 불을 붙였다. 하지만 로이터 보도는 '에너지 정책팀이 IRA 보조금 폐지를 논의하고 있다'는 트럼프 인수위에서 심각하게 고려된 것도, 트럼프 측 고위 관료가 공식 발표한 것도 아닌, 추측성 보도에 불과한 것이었다. 이를 친중매국 언론이 일제히 확대 재생산하여 시장의 동요가 극에 달하자 대한민국 산업통상자원부는 이를 바로잡는 보도자료를 일제히 배포하기도 했다.

친중매국 언론들이
'IRA 전기차 보조금 폐지'에 집착하는 이유

2025년 1월 20일, 트럼프 대통령이 정식으로 제47대 미국 대통령 임기를 시작하는 취임식 행사가 열렸다. 트럼프는 공언한 대로 취임식 날 무려 200여 개에 달하는 행정명령에 서명했다. 이 중에는 미시건 유세에서 언급한 '전기차 강제 전환 규정 폐지 행정명령'도 있었다. 친중매국 언론은 거듭된 정정 보도 요구의 영향으로 이제는 '전기차 의무화 철회'라고 제대로 된 보도를 했다. 하지만 '후폭풍 우려, 한국차 배터리 혼란, IRA 폐지되나' 등의 헤드라인을 통해 여전히 트럼프를 악마화하고 '결국엔 IRA 전기차 보조금이 폐지될 것'이라는 분위기를 몰고 갔다. 특히 〈연합뉴스〉의 기사*는 마치 전기차 시장을 걱정하는 척하면서 친중매국의 목적을 여실히 보여주는 '여론몰이용 작업'이라 하지 않을 수 없다.

친중매국 언론들은, 그리고 그 배후에 있는 중국 공산당은 왜 이렇게 'IRA 전기차 보조금 폐지'에 집착하는 것일까? 이는 'IRA 전기차 보조금'이 중국 전기차와 배터리 산업의 성장에 결정적인 장애가 되기 때문인데, 미국 바이든 정부가 처음 IRA 법안을 입안할 당시부터 중국의 미국에 대한 패권 도전을 막는 수단으로 'IRA 보조금'을 설계해서다. 향후 100% 전기차 시대로 전환됐을 경우, 전기차용 배터리 시장이 가장 큰 곳은 미국이다. 한 해에 팔리는 자동차는 중국 시장이 2,500만 대, 북미 시장이 2,000만 대, 유럽 시장이 1,500만 대 정도 규모이지만, 북미 시장에서 주로 팔리는 자동차는 픽업트럭이나 대형

---

* 김보경 외, '[트럼프 취임] 전기차 의무화 철회에 車·배터리 혼란… IRA 폐지되나(종합)', 〈연합뉴스〉, 2025년 1월 21일자 기사.

SUV 등으로 크기가 큰 차이기 때문에 대당 탑재되는 배터리 크기가 중국의 2배에 달한다. 즉, 북미 시장을 반드시 장악해야만 배터리 산업의 패권을 잡을 수 있다. 그런데 'IRA 전기차 보조금 규정'이 중국의 북미 배터리 시장 진출을 원천 봉쇄하고 있는 중이고, 이런 배경에서 중국 공산당과 친중매국 언론들은 '트럼프가 IRA 전기차 보조금을 꼭 폐지할 것이다'라는 억지스러운 희망을 쏟아내는 것이다.

그러나 트럼프의 의지는 확고하다. 중국 경제가 더 성장해 미국의 패권에 도전하는 것을 막고자 245% 관세 폭탄을 던지고 있는 것이 바로 트럼프 정부다. 따라서 트럼프 정부 출범이 대한민국 2차전지 산업에 미치는 영향은 다음과 같이 최종적으로 요약, 정리할 수 있겠다.

1. 단기적으로는 전기차 강제 전환 규정 폐지로 배터리 산업의 성장률 둔화 가능성이 존재함.
2. 장기적으로는 중국의 북미 시장 진출을 원천 봉쇄함으로써 대한민국 배터리 산업이 미국 시장에서 독점적 지위를 유지하게 해주는 영향이 있음.

2차전지에 대한 관점, 무엇이 그대로이고 무엇이 바뀌었나?

　《K 배터리 레볼루션》이 출간된 이후 2년이 지났다. 그동안 달라진 것은 무엇이고, 그대로인 것은 또 무엇일까? 결론부터 말하자면, 달라진 것은 2차전지 기업들의 단기적인 실적 악화와 2차전지 주가가 하락한 것이요, 그대로인 것은 대한민국 2차전지 기업들의 압도적인 기술 경쟁력과 앞으로 펼쳐질 빛나는 미래 전망이다.

대한민국 2차전지 기업들의
실적 악화 원인은?

우선 대한민국 2차전지 기업들의 주가 하락의 핑계로 거론되고 있는 실적 악화에 대해 살펴보자. 실적 악화의 가장 중요한 원인은 무엇

주요재무정보	최근 연간 실적				최근 분기 실적					
	2022.12	2023.12	2024.12	2025.12(E)	2023.12	2024.03	2024.06	2024.09	2024.12	2025.03(E)
	IFRS 연결	IFRS 연결	IFRS 연결	IFRS 연결	IFRS 연결	IFRS 연결	IFRS 연결	IFRS 연결	IFRS 연결	IFRS 연결
매출액(억원)	4,178	5,454	10,351		2,287	2,045	2,405	2,009	3,892	
영업이익(억원)	778	769	1,632		374	381	261	310	680	
당기순이익(억원)	597	685	1,422		278	337	215	181	690	

주요재무정보	최근 연간 실적				최근 분기 실적					
	2022.12	2023.12	2024.12	2025.12(E)	2023.12	2024.03	2024.06	2024.09	2024.12	2025.03(E)
	IFRS 연결	IFRS 연결	IFRS 연결	IFRS 연결	IFRS 연결	IFRS 연결	IFRS 연결	IFRS 연결	IFRS 연결	IFRS 연결
매출액(억원)	255,986	337,455	256,196	275,371	80,013	61,287	61,619	68,778	64,512	60,189
영업이익(억원)	12,137	21,632	5,754	17,009	3,382	1,573	1,953	4,483	-2,255	672
당기순이익(억원)	7,798	16,380	3,386	13,312	1,903	2,121	-237	5,613	-4,110	464

주요재무정보	최근 연간 실적				최근 분기 실적					
	2022.12	2023.12	2024.12	2025.12(E)	2023.12	2024.03	2024.06	2024.09	2024.12	2025.03(E)
	IFRS 연결	IFRS 연결	IFRS 연결	IFRS 연결	IFRS 연결	IFRS 연결	IFRS 연결	IFRS 연결	IFRS 연결	IFRS 연결
매출액(억원)	53,576	69,009	27,668	32,790	11,804	9,705	8,095	5,219	4,649	5,735
영업이익(억원)	3,807	1,560	-341	788	-1,119	67	39	-412	-35	-2
당기순이익(억원)	2,727	547	-585	174	-1,294	-49	69	-495	-110	-153

주요재무정보	최근 연간 실적				최근 분기 실적					
	2022.12	2023.12	2024.12	2025.12(E)	2023.12	2024.03	2024.06	2024.09	2024.12	2025.03(E)
	IFRS 연결	IFRS 연결	IFRS 연결	IFRS 연결	IFRS 연결	IFRS 연결	IFRS 연결	IFRS 연결	IFRS 연결	IFRS 연결
매출액(억원)	56,397	72,602	31,279		12,748	10,206	8,641	5,943	6,489	
영업이익(억원)	6,132	2,982	-2,930		-1,194	-298	-546	-1,088	-998	
당기순이익(억원)	2,206	1,353	-2,954		-934	-425	-477	-1,194	-857	

위에서부터 피앤티, LG에너지솔루션, 에코프로비엠, 에코프로의 최근 실적(출처: 네이버페이 증권)

보다도 캐즘 현상 때문이다. 캐즘 현상이 발생하는 이유와 앞으로 어떻게 극복될 것인지 대해서는 앞서 충분히 설명한 만큼 여기서는 캐즘 현상이 어떠한 방식으로 2차전지 기업의 실적 악화에 영향을 미쳤는지를 중심으로 설명하고자 한다.

186쪽의 표는 대한민국 2차전지 산업 내에서 각 분야의 대표 격인 네 개 회사의 최근 실적이다. 2차전지 장비 분야의 피앤티, 셀 제조사인 LG에너지솔루션, 양극재 제조사 에코프로비엠, 광물자원 회사 에코프로 순으로 나열했다. 캐즘이 닥친 2024년 실적을 보면, 장비 기업인 피앤티는 매출과 영업이익이 각각 90%, 112% 크게 증가했다. 셀 제조사인 LG에너지솔루션은 매출과 영업이익이 각각 -24%, -73% 감소했다. 양극재 제조사인 에코프로비엠의 매출은 -60%로 큰 폭 감소했으며, -341억 원의 영업적자를 기록했다. 광물자원 기업 에코프로는 매출이 -57% 감소했으며, -2,930억 원이라는 큰 폭의 영업적자를 기록했다.

정리하자면 이렇다. 2024년 전기차 캐즘 현상이 발생해 대한민국 2차전지 기업들이 아주 어려운 상황에 처했지만, 실제 실적을 자세히 들여다보면 2차전지 생태계 내에서도 영위하는 업종에 따라서 각각의 사정은 달랐다는 것이다. 즉, 장비는 2024년에도 꾸준하게 성장했고, 셀은 매출은 줄었으나 흑자 기조는 유지했으며, 양극재는 매출이 크게 줄어든 와중에 소폭의 적자를 기록했고, 광물자원은 매출이 크게 감소하면서 적자 폭도 크게 기록했다. 왜 동일한 2차전지 산업 생태

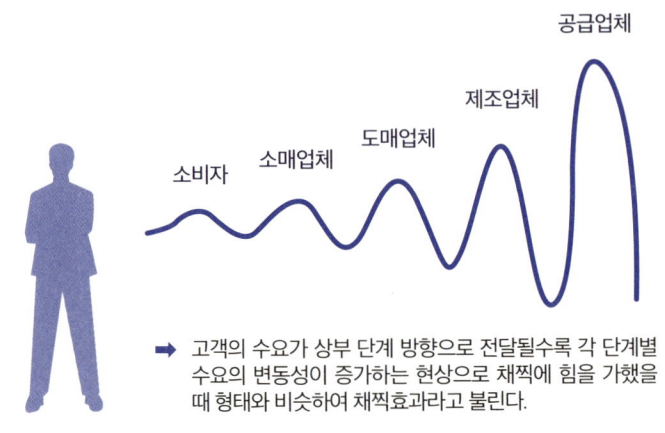

→ 고객의 수요가 상부 단계 방향으로 전달될수록 각 단계별 수요의 변동성이 증가하는 현상으로 채찍에 힘을 가했을 때 형태와 비슷하여 채찍효과라고 불린다.

채찍효과를 표현한 그림

계 안에서 분야마다 실적에 차이가 날까? 그 이유는 '채찍효과Bullwhip effect'로 설명할 수 있다.

채찍효과란 채찍에 힘을 가했을 때 채찍 앞부분의 작은 움직임이 뒷부분으로 갈수록 점점 더 커지는 것과 같은 형태가 고객 수요의 변화가 전체 공급 네트워크에 미치는 영향에서 나타나는 것을 가리킨다. 소비 수요의 변화가 발생할 때, 최종 소비자와 가까운 공급 네트워크의 변동성은 작지만 최종 소비자와 멀리 떨어질수록 공급 네트워크의 변동성은 점점 더 커진다. 즉, 2차전지 산업에서도 최종 소비재인 셀 산업의 변동성은 작지만, 셀을 만들기 위한 소재인 양극재 산업의 변동성은 크고, 양극재를 만들기 위한 광물자원 산업의 변동성은 아주 큰 것이다.

2024년이 전기차 캐즘의 한 해였다고는 하지만, 전기차 판매 대수가 줄어든 것도, 2차전지 셀의 판매량이 줄어든 것도 아니다. 2024년 글로벌 전기차 판매 대수는 1,760만 대로 2023년의 1,300만 대에 비해 26%나 증가했다. 이는 글로벌 GDP 성장률이 3% 정도이고 글로벌 자동차 시장의 성장률 또한 2~3% 수준에 그치는 것과 비교하면, 여전히 아주 빠른 성장 속도다. 그럼에도 장비 분야를 제외한 셀, 양극재, 광물자원 분야의 2차전지 기업들의 실적이 일제히 나빠진 것은 왜일까? 이는 완성차 업체들이 미래를 예상해 주문한 물량을 제대로 소화하지 못한 데 따른 일시적 재고 소화 과정이 2차전지 업계 전반에

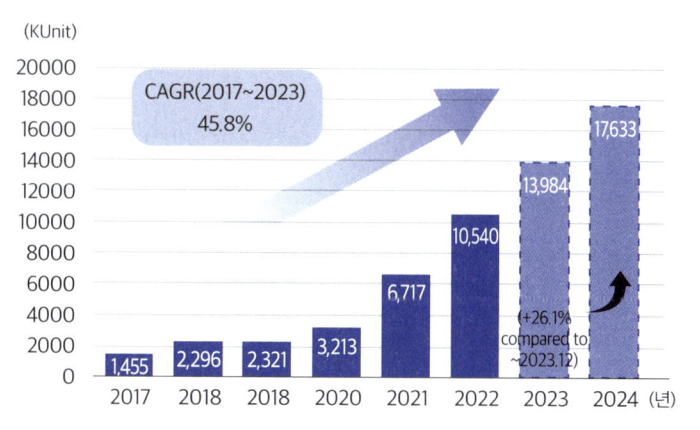

글로벌 전기차 판매량 추이
(출처: 2025년 1월 Global Monthly EV and Battery Monthly Tracker, SNE 리서치)

발생했기 때문이다.

2017~2023년까지 전기차 판매 대수는 연 평균 45.8%의 초고성장세를 기록했다. 2021년은 무려 109%라는 경이로운 성장률을 기록했고, 2022년에도 성장률은 57%에 달했다. 이렇게 빠른 성장세가 거듭되다 보니 자동차 회사들은 이런 속도가 계속 이어지리라고 예상한 만큼 셀 제조사들에 발주를 내렸다.

통상 신차가 나오는 데는 3년 이상의 시간이 걸린다. 그래서 새로운 전기차에 들어갈 배터리에 대한 계약도 3년 전에 미리 결정되고, 3년 뒤의 예상 판매 수량을 생각해서 그에 맞춰 주문한다. 셀 제조사들은 완성차의 주문대로 생산 시설을 만들고, 이에 필요한 양극재 수량만큼을 양극재 제조사들에 미리 주문한다. 양극재 제조사들은 이에 필요한 광물자원 수량만큼을 광물자원 회사에 주문한다.

이때 채찍효과의 발현이 극대화돼 전기차 판매 예상 수치와 실제 수치의 작은 차이가 공급 네트워크의 가장 후단인 광물자원 분야에서 극대화돼 나타나는 이유는 두 가지 때문이다. 하나는 신차 개발에 3년이 소요된다는 점이고, 다른 하나는 리튬 등 2차전지용 광물자원이 희소금속이라는 점이다. 앞서 말했듯 통상 신차 개발에는 3년 이상의 긴 시간이 소요되고, 이는 전기차 또한 예외가 아니다. 전기차 개발 초기에 완성차 제조사들은 자신들이 3년 뒤에 이 전기차 모델을 시장에 출시할 때의 판매 예상 수량을 결정하고, 여기에 맞춰 배터리 셀 제조사에 납품 물량을 준비해줄 것을 부탁한다. 그런데 막상 3년이 지나 신차가 나올 시점에 캐즘 현상이나 기타 여러 가지 기술적 문제로 인해 예상 매출 수치를 달성하지 못할 경우 이는 전기차 재고로 쌓이게 된다. 이에 따라 배터리 셀도 재고가 쌓이고, 이 여파가 양극재, 광물자원 업체로 순차적으로 파급된다.

2021년 10월 6일 GM의 메리바라 CEO는 'Investor Day' 행사를 열어 GM의 전기차 전환 청사진을 발표했다. LG에너지솔루션과 합작으로 '얼티엄 셀즈'라는 이름의 50:50 배터리 JV를 만들어서 여기에서 나오는 배터리를 기반으로 2025년에 100만 대의 전기차를 판매하겠다는 야심 찬 목표치를 제시했다. 실제 이 일정에 맞춰 얼티엄 1~3공장의 개발 계획을 발표했고, LG에너지솔루션은 이에 맞춰 배터리 설비 투자 계획을 세웠고, 관련 양극재 회사에 발주를 했으며, 양극재 회사들은 양극재에 들어갈 광물자원을 미리 확보하는 작업을 했다. 35GWh 규모의 얼티엄 1공장은 오하이오주에 위치하며 2022년 하반기에 가동이 시작됐다. 역시 35GWh의 테네시 2공장은 1년 정도 늦어진 2024년 4월에 본격 가동했다. 2025년 상반기 완공 예정이었던 미시간주 랜싱의 50GWh 공장은 2024년 12월에 LG에너지솔루션이 GM의 지분 50%를 인수하여 LG에너지솔루션 100% 지분 보유 공장으로 바뀌었는데, 일본 토요타에 배터리를 공급하게 될 것으로 보이며, 애초 완공 시점 대비 1~2년 정도 늦어질 것으로 예상된다.

이렇게 미리 북미에 건설을 시작한 배터리 공장이 완성된 상태에서

	위치	가동시기	생산규모
LG·GM	1공장 (오하이오)	2022년 하반기	35GWh
	2공장 (테네시)	2023년 상반기	35GWh
	3공장 (미시간)	2025년 상반기	50GWh
LG·스텔란티스	미정	2024년 1분기	40GWh
LG 단독	미시간 등	2012년	40GWh

LG에너지솔루션 북미 생산공장 현황

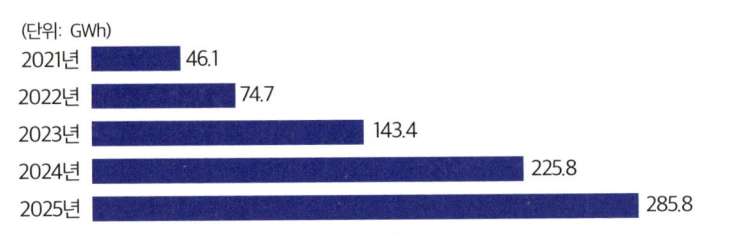

북미 전기차 배터리 시장 전망

GM 등 완성차 업체들이 그 물량을 다 소화하지 못하게 되자,* 배터리 공장의 가동률이 떨어졌다. 그리고 이것이 LG에너지솔루션 등 배터리

---

* 신기림, 'GM, 내년 100만대 전기차 판매목표 사실상 철회… "수요에 달렸다"', 〈뉴스1〉, 2024년 7월 16일자 기사.

기업명	2023년	2024년
LG에너지솔루션	69.3%	57.8%
삼성SDI	76%	58%
SK온	87.7%	43.8%

배터리 3사 공장 가동률 추이(출처: 각 사)
(*삼성SDI는 소형 전지 생산 시설 가동률임)

셀 제조사의 실적 악화로 이어졌다. LG에너지솔루션의 2024년 설비 가동률은 57.8%로 2023년의 69.3% 대비 10% 이상 떨어졌다. SK온은 거의 반 토막 난 43.8%의 가동률을 기록했고, 삼성 SDI 또한 마찬가지였다.

리튬 가격 변동, 광물자원 회사들의 극심한 적자 이유

배터리 셀 업체들의 가동률이 떨어지면서 재고가 쌓이자, 양극재 제조사들에도 피해가 파급될 수밖에 없었다. 셀 제조사인 LG에너지솔루션은 흑자가 축소되는 데에 그쳤지만, 양극재 회사인 에코프로비엠은 적자로 전환되고, 광물자원 회사인 에코프로는 크게 적자를 본 이유는 리튬이온 배터리에 들어가는 각종 광물자원들, 특히 그중에서도 가장 핵심인 리튬 가격 변동성이 엄청나게 극심한 것이 결정적이다.

2020년 9월, 탄산리튬 1kg 가격은 34위안(=6,600원) 정도였다. 그러다가 2021년 전기차 판매 대수가 109%라는 경이로운 성장세를 기록하고, 2022년에도 57%라는 업계의 예상치를 뛰어넘는 판매가 이루어지자 이는 배터리 가격의 상승, 양극재 가격의 급등, 리튬 가격의 폭등으로 이어졌다. 이윽고 1kg에 불과 34위안 하던 탄산리튬 가격은 2021년과 2022년 내내 급등세를 시현해 2022년 11월에는 578위안(=11만 2,000원)까지 올랐는데, 이는 단 2년 만에 무려 17배나 오른 값이다. 이렇게 되자 리튬 개발 사업이 크게 돈이 되는 사업으로 부각됐고, 전 세계적으로 리튬 개발 광풍이 불었다. 특히 중국의 대표적인 리튬 산지인 장쑤성 이춘시 등지에는 대규모 난개발이 이루어졌다. 이렇게 난개발로 생산된 리튬이 시장에 쏟아지자 전기차용 탄산리튬은 공급 부족에서 공급 초과로 바뀌게 됐다.

이런 상황에서 2023년 전기차 판매 성장률이 57%에서 33%로, 2024년에 다시 26%로 둔화하자 리튬의 공급 과잉은 더욱 심각해져서 가격 하락 속도가 더욱 가팔라지게 됐고, 이는 최근까지도 계속 이어지고 있다. 전기차용 탄산리튬 가격은 2022년 11월 578위안을 고점으로 2025년 5월 66위안(=1만 3,000원)까지 떨어져서 고점 대비 -89%의 하락율을 기록 중이다. 거의 1/9 토막이 난 셈이다. 이렇게 탄산리튬 가격이 급락하면 광물자원 회사와 양극재 회사에는 두 가지 나쁜 영향을 미친다.

첫째, 매출액 규모의 급감이다. 광물자원 회사와 양극재 회사가 셀 제조사와 장기 공급 계약을 맺을 때, 양극재와 전기차용 리튬의 공급 가격은 국제 광물 시세에 일정 비율의 마진을 붙이는 식으로 계약을 맺는다. 탄산리튬의 국제 시세가 상승하면 이에 비례해 매출액도 늘어나지만, 반대로 하락하면 매출액도 비례해 하락하는 구조다. 둘째, 재고자산 평가손실이다. 양극재 제조사나 광물자원 회사는 미리 탄산리튬 재고를 쌓아놓은 다음, 납품할 때는 최근 3개월 국제 시세 평균 가격을 기준으로 납품단가를 매긴다. 최근에 일어난 현상처럼 국제 탄산리튬 시세가 빠르게 급락하면, 과거에 비싸게 사놓은 것을 싸게 납품하는 형태가 되기 때문에 재고자산 평가손실이 크게 반영된다. 반대로 향후에 국제 리튬 가격이 빠르게 상승한다면, 싸게 사서 비싸게 납품하는 형태가 되기 때문에 이익 규모가 크게 늘어나는 현상이 발생한다.

결국 광물자원 회사나 양극재 제조사들의 향후 미래 실적은 국제 리튬 가격이 어떻게 움직이느냐에 따라 많은 부분이 결정된다는 결론에 도달할 수 있다. 그렇다면 향후 리튬 등 배터리용 광물자원의 가격이 어떻게 될지를 예상해봐야 한다. 이를 이해하려면, 희소금속稀少金屬과 희토류稀土類에 대해서 먼저 알아야 한다. 아마 희소금속보다는 희토류라는 단어를 더 많이 들어봤을 것이다. '중국이 희토류 수출을 금지해 ○○산업에 비상이 걸렸다' 류의 기사를 통해서 말이다.

희소금속이란 전 세계적으로 매장량이 적거나, 수량은 많지만 고품위高品位의 광석이 적은 금속, 또는 채굴과 정제 과정이 복잡해 경제적으로 생산이 어려운 금속을 말한다. 대표적으로 리튬, 코발트, 티타

뮴, 카드뮴, 우라늄, 베릴륨 등이 있고, 이 중 2차전지 산업에서 핵심인 리튬은 전 세계적으로 매장량은 풍부하나 고품위의 광석이 적고, 채굴과 정제 과정이 복잡해 경제적으로 생산이 어려운 경우에 해당된다. 이에 비해 희토류는 주기율표에서 란타넘La부터 루테튬Lu까지 15개 원소와 이트륨Y, 스칸듐Sc을 포함한 17개 원소를 말한다. 이 중 특히 강력한 자석 제조에 꼭 필요한 네오디뮴Nd과 군사 및 우주 산업에서 꼭 필요한 디스프로슘Dy, 광학렌즈, 촉매 등에 반드시 필요한 란타넘 등이 경제적으로나 안보적으로 중요한 물질로 부각되고 있다. 즉, 지구상에서 희귀한 금속을 통칭하여 희소금속이라 부르고, 이 중에서도 특히 17개 원소군을 희토류라 부르는 것이다. 모든 희토류가 희소금속에 속하는 것은 아니지만, 희소금속의 일부는 희토류에 포함된다.

　이러한 희소금속은 전 세계적으로 생산량이 적고, 그 용도가 특정된 경우가 많다. 리튬이 대표적이다. 철강의 한 해 글로벌 생산량은 5억 5,000만 톤이다. 2차전지에도 중요하게 사용되는 니켈의 한 해 글로벌 생산량은 270만 톤에 달하고 이 중 60%가 스테인레스강을 만들 때 철과의 합금용으로 사용된다. 양극재에 사용되는 비중은 10%가 안 된다. 이에 비해 리튬의 한 해 글로벌 생산량은 20만 톤 정도에 불과하고 이 중 90% 이상이 리튬이온 배터리를 만드는 데 사용된다. 이렇다 보니 수요와 공급 사이에 생기는 약간의 미스 매치에도 불구하고 리튬의 국제 시세는 크게 널뛰기할 수밖에 없다. 이것이 광물자원 기업과 양극재 제조사의 실적에 바로 영향을 미친다.

2023년 이후 2년여간 리튬 가격 하락세가 이어지자 대규모 리튬 개발 프로젝트가 속속 연기되거나 취소되는 일이 벌어졌다. 이미 생산원가가 높은 리튬 광산은 생산해도 손실을 보는 경우도 많아져서 생산을 중단하는 광산들도 속속 생겨나는 중이다. 광물업체 앨버말 Albemarle은 2023년 3월 미국 사우스캐롤라이나주 체스티 카운티에 13억 달러(약 1조 8,000억 원)를 투자해 리튬 제련 공장을 짓겠다고 발표했다. 그러나 이후 리튬 가격이 계속 떨어지면서 채산성을 맞추지 못할 것을 우려해서 2024년 3월에 착공할 예정이었던 것이 계속 지연돼 아직도 첫 삽을 뜨지 못하고 있다. 2025년 4월 POSCO홀딩스는 아르헨티나 리튬 2단계 프로젝트 일정을 약 6개월 정도 미루겠다고 발표했다. 2024년 8월 중국 최대 리튬 기업 간펑 리튬 Ganfeng Lithium은 진행 중인 리튬 프로젝트를 무기한 연기하겠다고 선언했다.

이렇게 신규 공급이 계속해서 줄어드는 중에도 당초 예상보다는 늦지만 전기차 시장은 꾸준히 성장하고 있다. 캐즘은 결국 극복될 것이고, 전기차 시장의 성장 속도는 다시 빨라지게 될 것이다. 이렇게 되면 그간 축소된 공급 때문에 리튬이 다시 공급 부족 상태로 변화할 것이고, 이는 리튬 가격의 급등, 양극재 가격과 배터리 가격의 상승으로 이어져서 대한민국 2차전지 기업의 실적 또한 빠르게 개선되리라고 기대된다. 그 시점은 길어도 2~3년을 넘지 않을 것이다.

2차전지 산업,
기술력과 미래 전망은 변하지 않았다

달라진 것에 대한 이야기를 했으니 이젠 그대로인 것에 대한 이야기를 할 차례다. 나는 《K 배터리 레볼루션》에서 글로벌 배터리 산업의 최종 승자는 K-배터리가 될 것이며, 그 이유로 압도적인 기술 우위와 글로벌 정치 역학(특히 미국의 IRA 법안)을 들었다. 글로벌 정치 역학의 경우 앞서 충분히 설명했으니, 여기에서는 K-배터리의 압도적 기술 우위가 어떻게 그대로 유지 중인지에 대해서만 설명하고자 한다.

최근 배터리 셀 업체에서 가장 큰 화두는 46파이 원통형 배터리다. 최근 전기차 산업은 캐즘에 직면했고, 이러한 국면을 돌파하기 위해서 무엇보다 중요한 것은 전기차의 '가성비'다. 그리고 배터리 셀 폼팩터에서 가성비를 크게 개선한 것이 바로 46파이 원통형 배터리다. 46파이 원통형 배터리는 현재 배터리 업계의 새로운 게임 체인저로 각광받고 있으며, 글로벌 배터리 업체들이 너나없이 46파이 원통형 배터리 개발 경쟁에 뛰어들었다.

2022년 7월 대한민국의 친중매국 언론은 'BMW가 2025년부터 적용하는 새로운 전기차 전용 플랫폼인 '노이에 클라쎄Neue Klasse(영어로 'New Class'란 뜻)'에 차세대 원통형 배터리를 탑재할 것이며, 그 공급자로 중국의 CATL과 EVE에너지가 선정됐다. 그러니 중국의 배터리 기술을 찬양해야 하며, 한국 배터리는 큰일 났다'라는 식의 기사를 일제히 대서특필했다.*

 그러나 당시 실제 상황은 이랬다. BMW가 '노이에 클라쎄'라는 차세대 전기차 전용 플랫폼을 개발하면서 여기에 46파이 원통형 배터리 탑재를 결정했으며, 그 시점에 46파이 원통형 배터리를 개발 완료한 배터리 제조사가 없기 때문에 공급 후보자로 세 개의 배터리 제조사를 선정했다. 당연히 1번 후보는 오랜 거래로 관계가 돈독한 삼성SDI였으며, 2번과 3번 후보는 중국 공산당과의 관계를 의식해 예비 후보자 자격으로 중국의 CATL과 EVE에너지를 선정했던 것이 실상이다. 당시 국내 업계에서는 'CATL은 각형 배터리만 만들던 회사인데 갑자기 46파이 원통형 배터리 개발이 가능할까' 하는 생각이 지배적이었다. 또한 'EVE에너지는 중국에서 2170 원통형 배터리를 만들고 있기는 하지만 품질 불량 이슈가 끊이지 않는 기술력이 부족한 회사'라고 평가받고 있었다.

 그렇다면 3년이 지난 지금, 어떤 일이 벌어졌을까? 이후의 일은 국내 업계에서 예상한 그대로 전개됐다. 삼성SDI는 46파이 원통형 배터리 개발에 성공해 양산 직전인 반면, CATL과 EVE에너지는 시제품조차 내놓지 못하고 있는 상태다. CATL의 기술력이 K-배터리 업체에 훨씬 못 미친다는 것, 최소 2~3년의 기술 격차가 있다는 것은 배터리 업

---

* 오현길 외, '더 거세진 中 전기차·배터리 공세… 'K배터리' 위기감', 〈아시아경제〉, 2022년 7월 1일자 기사.

계의 상식이다. EVE에너지 같은 영세한 중국 기업들이 K-배터리와 안드로메다급의 기술 격차를 나타내고 있는 것도 엄연한 사실이다.

2024년 11월 15일 로이터 통신은 CATL 창립자 로빈 젱Robin Zeng의 발언을 보도했다.* 요지는 테슬라의 4680 배터리 개발은 실패할 것이란 얘기였다. 애초에 테슬라는 화학 기업이 아니어서 화학기술의 총아인 배터리 제조는 어불성설이라는 것이다. 그러면서 'CATL은 원통형이 아닌 각형으로도 훌륭한 성능을 구현할 수 있다'라고 말했다. 이는 CATL이 BMW의 노이에 클라쎄에 46파이 원통형 배터리를 개발, 공급하려던 계획이 수포로 끝났음을 의미한다. CATL의 언론 플레이는 늘 이런 식이다. CATL이 획기적인 신제품을 만들었다고 대대적으로 보도해놓고는 실제 완성이 돼야 할 2~3년이 지나면 은근슬쩍 아무 말도 없이 백지화한다. 2022년 6월, CATL은 1회 충전으로 1,000km를 달릴 수 있는 차세대 신형 '기린Qilin' 배터리 개발에 성공해 2023년부터 양산에 들어간다고 발표했다. 그런데 지금 1,000km를 간다는 CATL의 기린 배터리는 어디에 있는가? 벌써 2023년으로부터 2년이나 지난 2025년이다. 이것이 바로 '대륙의 허풍'이다.

46파이 원통형 배터리가 처음 대중에게 알려진 것은 2020년 9월 테슬라의 '배터리 데이Battery Day' 행사에서였다. 당시 일론 머스크는

---

* 진광성, '세계 최대 배터리 업체 CATL 창립자 "머스크의 원통형 배터리, 실패할 것"', 〈AI포스트〉, 2024년 11월 17일자 기사.

4680 배터리라는 새로운 폼팩터를 대중에게 공개했으며, 테슬라가 이를 직접 만들어서 전 세계 배터리 업계의 선두에 설 것처럼 대대적으로 홍보했다. 실제 이후에 테슬라는 4680 배터리 개발 내재화에 돌입했으며, 머스크의 엑스나 유튜브 등을 통해 개발 과정을 대중들에게 홍보하기도 했다. 그러나 지금에 와서 테슬라의 4680 배터리 자체 개발은 실패로 끝난 것이 거의 확실시되고 있다. 역시 문제는 수율 확보다. 2024년 7월 15일, 미국 IT 매체 〈더 인포메이션〉은 '일론 머스크가 올해 안에 4680 배터리의 성능과 비용 면에서 획기적인 개선이 없다면 사업을 포기하겠다고 밝혔다'라는 내부 관계자의 말을 인용, 보도했다.

K-배터리의 미래를 견인할 초격차 배터리, 46파이 원통형 배터리

결국 46파이 원통형 배터리 개발 경쟁에서 K-배터리가 최종 승리를 거두고 있으며, 이것은 곧 향후 미래 배터리 산업을 대한민국이 주도하게 될 중요한 계기라고 볼 수 있다. 2025년 3월 5일, 코엑스에서 '인터배터리 2025 Interbattery 2025' 행사가 성황리에 개최됐다. 매년 열리는 이 행사는 대한민국 배터리 업계의 최대 행사로 매년 그 규모가 커지는 중이다. 이번 '인터배터리 2025' 행사에는 전 세계 13개국,

688개 배터리 업체, 2,230부스가 참석해 역대 최고 규모였으며, 사흘 간 7만 7,000여 명이 방문해 이 또한 역대 최고 기록을 경신했다. 배터리 업계의 최신 기술과 신제품이 대거 전시되는 '인터배터리 2025' 행사에서 역시 가장 큰 관심을 받은 것은 46파이 원통형 배터리였다.*

LG에너지솔루션은 46파이 원통형 배터리 경쟁에서 가장 앞서 있는 기업으로 평가받는다. 이미 충북 오창 에너지 플랜트에서 4680 배터리 양산을 시작해 테슬라에 공급하고 있고, 지난해 10월 독일 메르세데스-벤츠와 수조 원의 공급 계약을 발표한 바 있는데, 이것이 업계에서는 46파이 원통형 배터리일 것으로 추정한다.

삼성SDI는 지름 46mm에 높이가 조금씩 다른 4680(높이 80mm), 4695(높이 95mm), 46110(높이 110mm), 46120(높이 120mm)의 네 가지 46파이 원통형 배터리를 선보였다. 1865나 2170과는 달리 46 시리즈는 높이가 최종 확정되지 않고 있는데, 애초 테슬라가 제시한 4680 규격보다는 지름 46mm에 더 최적화된 높이를 찾기 위해 다양한 높이의 규격이 제시되고 있는 상태다. 아마 수년 내에는 46 지름 사이즈에 적합한 최적 높이에 대한 합의가 이루어져서 1865나 2170처럼 표준규격이 정해질 것으로 보인다. 이날 최주선 삼성 SDI 대표는 "고객사를 말할 수는 없으나 이미 46파이 샘플을 제출했고 양산도 곧 시작할 계획"임을 밝혔다. 삼성 SDI는 마이크로모빌리티용 46파이 원통형

---

* 김현호, '배터리 3사, 일제히 "46파이 선점하자"', 〈뉴스웨이〉, 2025년 3월 5일자 기사.

배터리를 먼저 양산한 이후, 전기차용으로도 상용화에 나설 예정이다. 2024년 3월, GM과 삼성 SDI는 인디애나주에 합작 배터리 회사를 만들기로 합의했는데, 이 공장에서 기존 각형 배터리와 함께 46파이 원통형 배터리도 함께 생산할 계획임을 밝힌 바 있다.

파우치형 배터리만 양산하던 SK온도 이번에 최초로 4680, 4695, 46120, 3개의 46파이 원통형 배터리 시제품을 실물로 전시했다. SK온은 아직 개발 단계로 양산까지는 나아가지 못한 상태다. 46파이 원통형 배터리 경쟁에서 K-배터리는 확실히 앞서나가고 있다. 이는 일시적으로 격차가 벌어진 시장점유율을 빠르게 회복할 수 있는 게임 체인저가 될 것이다. 테슬라, 메르세데스-벤츠, BMW, 볼보, GM, 리비안 등 주요 완성차 업체들이 속속 46파이 원통형 배터리 채택 행렬에 동참하고 있다. 시장조사기관 SNE 리서치에 따르면, 46파이 원통형 배터리 시장은 올해 155GWh에서 2030년 650GWh까지 빠르게 성장할 것으로 전망된다. 이를 바탕으로 K-배터리의 반격이 기대된다.

K-배터리의 미래를 견인할 초격차 신제품, 고전압 미드니켈 양극재

2025년 인터배터리 행사에서 양극재 부문의 신제품으로 가장 주목할 만한 것은 고전압 미드니켈High-Voltage MidNickel 양극재다. 대표적인 삼원계 배터리 양극재인 NCM은 니켈, 코발트, 망간, 세 가지 금속원소로 이루어졌다. 이 세 가지 원소 중 니켈 비중이 40~60% 정도인 것을 미드니켈Mid Nickel이라고 한다. 앞서 우수한 양극재란 에너지밀도가 높은 양극재를 말하고, 니켈 비중이 높아질수록 에너지밀도가 높아지기 때문에 하이니켈 기술력이 중요한데, 여기에서 K-배터리가 선두에 서 있다고 말한 바 있다.

실제로 양극재 기술의 진행 방향은 NCM523에서 NCM622로, 다시 NCM811에서 NCM구반반(9, 0.5, 0.5)으로 발전해왔다. 그런데 니켈 비중 90% 선을 넘어서 95%를 향해가는 이 시점에 니켈 비중이 40~60%인 미드니켈로 간다고 하니 과거로 회귀하는 것이 아닌가 하는 생각을 할 수도 있다. 여기서 중요한 것은 바로 고전압High Voltage 기술을 적용한 미드니켈이라는 점이고, 이 부분에서 대한민국 양극재 제조사들의 앞선 기술력이 작용한다.

에너지밀도가 낮아지는 미드니켈의 약점을 고전압 미드니켈은 4.4V의 더 높은 전압을 인가함으로써 극복한다. 에너지밀도는 '전하량×전압'으로 결정되는데, 니켈 함량을 높이는 것은 전하량을 늘리는 방법이고 고전압을 인가하는 것은 전압을 높이는 방법이다. 고전압 미드니켈인 4.4V×NCM613은 792Wh/kg의 에너지밀도를 가짐으로써 3.7V×NCM811 대비 더 높은 에너지밀도와 더 낮은 원가가 가능해진다. 하이니켈의 가장 최신 버전인 NCM구반반에 비해서도 크게 뒤처지지 않는 에너지밀도 구현이 가능해짐으로써 가성비가 중요한 보급

(NCM)	리튬 ($/kWh)	망간 ($/kWh)	니켈 ($/kWh)	코발트 ($/kWh)	재료비 합 ($/kWh)	V (전압)	Ah/kg	Wh/kg (에너지 밀도)	kg/kWh
NCM532	14.4	0.4	9.5	6.6	30.9	3.7	164.9	610	1.64
NCM532	14.4	0.4	9.5	6.6	26.0	4.4	164.9	725	1.38
NCM514	14.4	0.9	9.5	2.2	22.7	4.4	164.9	725	1.38
NCM622	13.2	0.3	10.3	5.9	29.7	3.7	180.0	666	1.50
NCM622	13.2	0.3	10.3	5.9	24.9	4.4	180.0	792	1.26
NCM613	13.2	0.4	10.3	3.0	22.6	4.4	180.0	792	1.26
NCM811	16.1	0.1	12.2	2.6	31.0	3.7	204.9	758	1.32
NCM9.5.5	14.5	0.1	12.4	1.3	28.2	3.7	225.1	833	1.20

고전압 미드니켈 배터리 원가 및 에너지밀도 시뮬레이션(출처: 현대차증권)

형 전기차에 널리 쓰이게 될 전망이다.

고전압을 인가하면 에너지밀도가 높아진다. 그런데 고전압을 인가하는 데는 추가적으로 해결해야 할 기술적 과제가 존재한다. 높은 전압이 인가되면 소재에 균열이 발생해 배터리 수명이 단축된다. 이를 해결하기 위해 나온 기술적 대안이 바로 '단결정 양극재'다. 기존의 NCM은 니켈, 코발트, 망간이 그저 섞여져 있는 다결정 소재다. 여기에 고전압을 인가하면 입자들 사이에 균열이 발생한다. 이를 압착해 단결정으로 만들면 높은 전압에도 이들 입자들이 균열 없이 유지될 수 있어서 고전압 미드니켈 양극재 제조가 가능해진다. 이 기술은 대한민국과 일부 유럽 회사만 갖고 있고, 중국은 보유하지 못한 것이다. K-배터리는 고성능 전기차에는 하이니켈로, 가격이 보다 중요한 보급형 전기차에는 고전압 미드니켈로 시장점유율을 늘려갈 것으로 예상된다.

고전압 미드니켈 기술에서 또 하나 중요한 것은 망간의 비중을 높이는 것이다. 기존의 미드니켈 NCM622은 니켈 6:코발트 2:망간 2의 비율인 데 반해, 고전압 미드니켈은 NCM613으로 코발트 비중이 20%에서 10%로 줄어들고 대신 망간의 비중이 20%에서 30%로 늘어나는 식이다. 여기에는 두 가지 이유가 있는데, 하나는 망간이 세 가지 금속 원소 중 1/10 정도로 압도적으로 저렴하다는 것이고, 다른 하나는 망간이 수명을 연장하는 효과가 있어서 고전압을 인가할 때 발생하는 수명 단축의 부작용을 완화할 수 있어서다. 즉, 고전압 미드니켈을 만들려면 '단결정 양극재 기술+망간 비중 증대 기술'이 동시에 적용돼야 하므로 기술적인 난도가 높은데, 기술력이 높은 K-배터리가 이를 해냄으로써 시장에서 더욱 돋보이는 중이다.

고전압 미드니켈 양극재 경쟁에서 가장 앞서 있는 기업은 LG화학과 에코프로비엠이다. LG화학 관계자는 "우리가 개발할 고전압 미드니켈 NCM 배터리는 기존 하이니켈 배터리 대비 가격이 약 10% 싸다. 에너지밀도는 하이니켈 배터리에 크게 뒤지지 않는 L당 700Wh까지 끌어올리는 데 성공했다. 2026년 양산을 시작하면 유럽 완성차 업체에 우선 공급할 것으로 예상된다"라고 밝혔다. 에코프로비엠은 2024년 1분기 컨퍼런스콜에서 고전압 미드니켈로 신규 고객사 확보를 추진하겠다고 밝혔으며, 2025년부터는 양산에 돌입해 고객사 납품이 시작될 예정이다.

양극재는 배터리의 성능을 좌우하는 핵심 소재다. 게다가 양극재에 문제가 생기면 배터리 화재로 이어질 수도 있는데, 배터리 화재가 발생할 경우에 완전 연소가 되어 그 원인 규명이 어렵다. 그래서 업계에서는 배터리 화재 발생 시에 그 책임을 소재 업체에 묻는 경우가 없고, 오롯이 배터리 제조사와 완성차 업체 간에 분할 분담을 하게 된다. 그렇다 보니 배터리 제조사가 양극재 신제품을 선택하는 데에 수많은 검토 과정을 거쳐야 하기 때문에 오랜 시간이 소요되는 결과를 가져온다. 대체로 업계에서는 신규 양극재가 납품되려면 3~4년의 테스트 기간이 필요한 것으로 알려져 있다. 그만큼 신규 진입 장벽이 높은 것이 양극재 사업이기도 하다.

2025년 하반기나 2026년에 양산, 공급이 예정된 고전압 미드니켈 양극재의 경우도 마찬가지다. 에코프로비엠이 고전압 미드니켈의 개발 계획을 투자자에게 밝힌 것은 3년 전인 2022년의 일이다. 2022년 3월 30일, 주주총회에서 에코프로비엠 이동채 회장은 '하이망간 양극재로 중국의 LFP 배터리를 이길 수' 있으며, 이를 '배터리 제조사에 열심히 홍보하고 있다'라며 최초로 개발 계획을 대중에게 공개했다.*

2022년 12월 에코프로비엠은 '2022 ECO-Friendly Day CEO IR 행

---

* 김도현, '에코프로비엠, "'하이망간' 양극재, 中 이길 수 있다"', 〈디지털데일리〉, 2022년 3월 31일자 기사.

사'를 통해 향후 에코프로비엠의 미래 성장 전략을 발표했다. 프리미엄Premium과 볼륨Volume, 엔트리Entry의 세 가지 전기차 세그먼트에서 각각의 니즈에 알맞은 양극재를 내놓을 계획임을 밝혔다. 프리미엄급에는 기존의 하이니켈 기술을 더욱 고도화해 니켈 비중 90%를 넘어서 95%까지 더 높이는 쪽으로 기술 개발을 하고 있으며, 이 과정에서 안정성 확보와 수명 연장을 위한 단결정 기술을 개발, 적용하고 있다고 발표했다. 그리고 삼원계 배터리의 세 가지 원소 중에서 가장 가격이 비싸고 수급이 불안정한 코발트를 아예 배제한 코발트 프리 배터리로 하이니켈 전기차 세그먼트에 대응할 계획도 공표했다.

가성비가 중요한 볼륨과 엔트리급은 중국의 LFP 배터리와 경쟁하는 영역이다. 이때 말한 망간 리치가 지금은 고전압 미드니켈로 명칭이 바뀌어 양산과 적용이 임박한 상황임은 앞서 설명한 바와 같다. 그리고 엔트리급을 위해서 중국이 추진 중인 LFP 배터리 시장과 소듐(=나트륨) 배터리 개발에도 뛰어들어서 제품화에 이미 성공해 실제 공급이 이루어지고 있다. 특히 동일한 LFP 배터리와 소듐 배터리의 경우에도 중국보다는 훨씬 더 우수한 제품을 만들어내고 있다.

친중매국 언론과 여의도 증권가는 2024년 중국 배터리 업계의 시장 점유율 확대를 대대적으로 선전하면서 마치 이 구도가 영원할 것처럼 국민들을 속이고 있다. 그러나 트럼프 2기 정부가 중국 경제를 몰락시킬 계획을 실행하고 있으며, 그것의 핵심은 중국의 전기차와 2차전지 산업이다. 이런 국제정치적 이점이 우리 배터리 업계의 강력한 우군

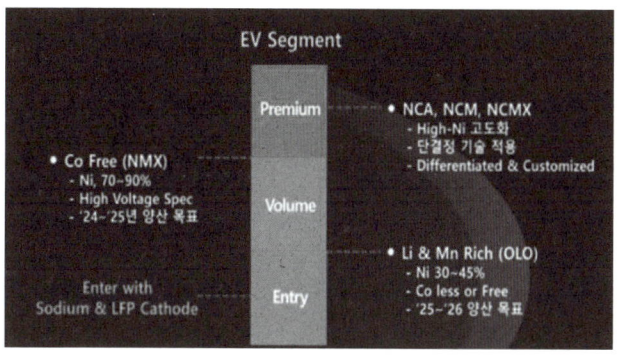

에코프로비엠의 2022 ECO-Friendly Day CEO IR 발표 자료
(출처: 에코프로비엠 공식 홈페이지 IR 자료실)

으로 자리 잡고 있는 데다 K-배터리의 기술력은 더욱 발전해 중국 배터리 업체와 기술 격차를 더욱 크게 벌리고 있다. 2024년 중국 배터리의 약진은 중국 공산당의 밀어주기 정책과 거기에 일부 부역한 유럽, 특히 독일의 정치적 이해관계 때문이지 기술력이나 가격 경쟁력 같은 것들과는 하등의 관계가 없다.

중국의 전기차 보급률은 2024년 55%를 넘어서 60%대를 향해 나아가고 있다. 이 얘기는 중국 내수 시장 독식을 통한 중국 배터리의 성장세는 그 끝이 멀지 않았다는 뜻이다. 앞으로 가장 큰 시장이 될 미국에 중국 배터리가 들어갈 가능성은 제로다. 그래서 중국 배터리가 유럽으로 시선을 돌리고는 있으나 트럼프의 견제, 기술력과 경쟁력의 부족으로 K-배터리와의 승부에서 중국의 패배는 기정사실이나 마찬가지다. 그렇다면 앞으로 도래할 것은 K-배터리의 세계 시장 석권과 이를 통한 K-배터리의 화려한 미래다.

2000년대 초부터 현재까지 삼성전자를 축으로 하는 반도체 산업이 대한민국을 먹여 살렸다면, 지금부터 2040년까지 대한민국을 먹여 살릴 미래 산업은 K-배터리 산업이라는 사실에는 의심의 여지가 없다. 지금 여러분들이 '배터리 아저씨 9대 종목'을 위주로 포트폴리오를 구성해 대한민국 산업의 성장과 장기간 동행한다면 이는 첫째, 애국에 동참하는 것이며, 둘째, 당신의 미래를 크게 바꿀 현명한 결정이 될 것이라고 나는 믿어 의심치 않는다.

배터리 아저씨만의
10루타 주식 발견 노하우

2부

K-주식 투자의 정석

3장

K-주식 최적화 포트폴리오

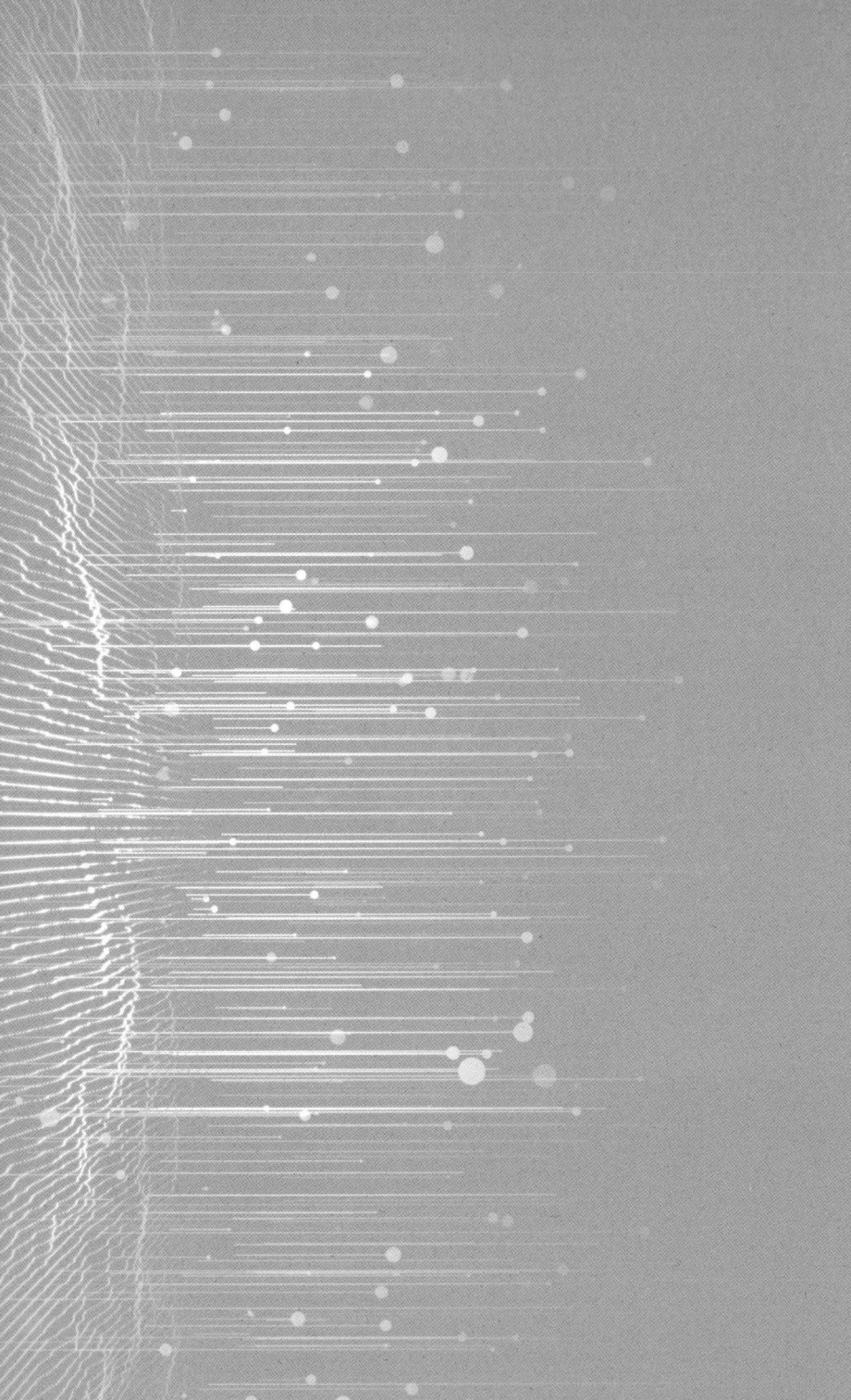

시장에서 살아남는 포트폴리오가 필요한 이유

"8대 종목 중 5개 이상을 포트폴리오로 사고, 최소 3년 이상 보유하십시오."

'배터리 아저씨'로 이름이 알려진 후인 2023년 봄과 여름, 8대 종목 중 한두 종목, 특히 에코프로를 사서 많은 돈을 벌고 있던 분들과 지금이라도 사야 하나 고민하는 분들에게 나는 언제나 똑같은 말씀을 드렸다. 문제는 내 얘기를 들은 사람들이 자기들 마음대로 왜곡해서 잘못 들어놓고는 딴소리를 자꾸 하는 것이었다. 영국 철학자 프랜시스 베이컨이 '동굴의 우상'이라고 지적한 딱 그 모습이다. 동굴의 우상이란 베이컨이 주장한 네 가지 우상 중 하나로 자신의 선호나 경험을 객관적인 진리인 양 착각하는 것을 가리킨다. 쉽게 말하자면 '우물 안 개구리'의 모습인 셈이다.

2020년 코로나 버블 당시, 우리나라 주식 투자 인구가 급속히 늘었다. 당시 아무 종목이나 사도 쉽게 돈을 버는 그런 장이어서 주식 투자에 대한 기초나 철학, 개념 이해도 없이 마구잡이로 주식 투자에 뛰어드는 사람들이 많았다. 이를테면 '유튜브에서 누가 추천하더라' 하면서 우르르 몰려가 사놓고서는 값이 떨어지면 욕하고 돌아서는 근본 없는 투자자들이 너무나도 많았다. 그래서야 대한민국 증시의 선진화는 요원하다. 투자자가 깨어 있지 않고서 한국 증시의 선진화가 이루어질 수는 없기 때문이다.

오늘날 소위 '주린이'라고 불리는, 투자 경험이 일천한 투자자들의 가장 큰 문제 중 하나는, 주식 투자를 포트폴리오 관점에서 접근해야 한다는 사실을 전혀 모른다는 것이다. 개별 주식 단위로 접근하면 운이 좋아 한두 번은 수익을 낼 수도 있다. 하지만 그 성공이 결코 반복적으로 유지될 수는 없다. 다시 한번 강조하지만, 주식 투자는 반드시 포트폴리오 개념으로 접근해야 한다. 이 점을 꼭 명심하길 바란다.

포트폴리오 투자란 무엇일까?

포트폴리오Portfolio란 무엇일까? 포트폴리오는 본래 '서류 가방'을 가리키는 단어다. 여러 장의 서류나 그림을 운반하는 평평한 가방 말이다. 직장인들이 들고 다니는, 네모나고 납작한 가방을 포트폴리오라고 불렀다. 이런 서류 가방에 여러 장의 서류가 들어 있는 것과 마찬가지로 투자를 할 때 개별 주식 하나가 아니라 여러 개의 주식, 혹은 여러 개의 금융자산을 한 꾸러미에 담는 것을 포트폴리오 혹은 포트폴리오 투자라고 부른다.

그렇다면 왜 개별 주식 혹은 개별 금융자산 단위가 아니라 이를 하나의 꾸러미에 모은 포트폴리오 단위로 투자해야 하는 것일까? 가장 중요한 이유는 '변동성'을 줄여야 해서다. 당신의 전 재산을 주식 한 종목에 '몰빵'했다고 가정하자. 과연 어떻게 될까? 당신의 전 재산은 단 하루 만에 상한가를 맞이해 30%가 증가할 수도 있지만, 반대로 단 하루 만에 하한가를 맞이해 30%의 재산이 날아갈 수도 있다. 단 하루 만에 전 재산의 30%가 증가하면 하늘을 날아갈 듯 흥분되겠지만, 반대로 단 하루 만에 전 재산의 30%가 날아간다면 분노와 슬픔, 좌절에 빠져 쉽게 잠을 이루지 못할 것이다.

즉, 과도한 변동성은 사람의 심리를 극단으로 요동치게 함으로써 합리적 판단을 어렵게 만든다. 하지만 투자를 하면서 변동성을 피할 수는 없다. 따라서 투자를 하는 동안 마음을 안정적으로 유지해 합리적 판단을 지속하려면 변동성을 관리할 필요가 있다. 이러한 이유로 포트폴리오를 구성해 포트폴리오를 단위로 하는 투자 방식이 필요한 것이다.

주식 포트폴리오 구성에 앞서 먼저 결정해야 할 것은 '포트폴리오 자산 배분'이다. 포트폴리오 자산 배분이란 금융자산 중에서 위험자산(주식)과 안전자산(예금, 채권 등)의 비중을 몇 대 몇으로 구성하느냐 하는 것이다. 당신의 재산이 100% 주식뿐이라면, 장기 기대 수익률은 높겠으나 단기 변동성이 커지고 갑자기 돈이 필요한 일이 생기면 낭패스러울 것이다. 반대로 100% 예금뿐이라면, 안전하고 갑자기 돈이 필요하더라도 즉각 대응할 수 있을 테지만 재산이 크게 불어날 가능성은 제로일 것이다.

즉, 위험자산인 주식 등의 비율이 높을수록 기대 수익률은 높아지지만 변동성 또한 커지고, 안전자산인 예금이나 채권 등의 비율이 높을수록 변동성은 줄어들지만 기대 수익률은 낮아지는 '상충 관계Trade-off'가 발생하게 된다. 포트폴리오 자산 배분이란 수익과 위험 사이의 상충 관계 속에서 투자자의 성향이나 투자자가 처한 상황에 따라 투자 방식을 적절히 선택하는 일이다.

미국 펜실베이니아대학교 와튼스쿨 명예교수 제레미 시겔Jeremy Siegel의 《주식에 장기투자하라》에는 포트폴리오 자산 배분에 필요한 훌륭한 조언이 담겨 있다. 그의 핵심 조언은 다음과 같다.

1. 장기적으로 투자하라.
2. 장기로 갈수록 주식의 수익률은 높아지고 위험은 감소한다.
3. 확고한 규칙을 설정해 감정에 휘둘리지 않는 투자를 하라.

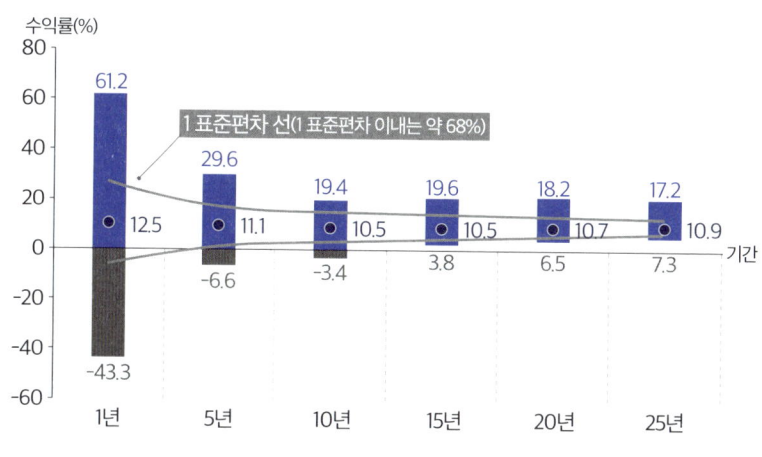

장기로 투자하면 손실 가능성이 줄면서도 수익률의 변동성은 낮아진다.

과도한 변동성은 사람의 감정을 격정에 휩싸이게 한다. 감정에 휘둘리면 합리적으로 투자 판단을 할 수 없다. 이런 이유로 개별 주식이 아니라 주식 포트폴리오를 구성해야 하고, 그 전에 포트폴리오 자산배분부터 결정해야 하는 것이다.

장기 투자를 할수록 주식의 매력은 증가한다. S&P 기준 투자 기간이 1년일 때는 최고 61.2%, 최저 -43.3%로 수익의 변동성이 크지만, 투자 기간을 15년으로 늘리면 최고 19.6%, 최저 3.8%로 손실 가능성이 제거된다. 단기적인 주식 투자는 아주 위험하지만 장기적인 주식 투자는 위험하지 않고 수익성 측면에서 예금이나 채권을 압도하는 좋은 투자처다.

투자 기간이 길면 길수록 주식 투자의 위험성이 줄어든다는 점에 착안해 나온 포트폴리오 자산 배분 전략이 바로 '100-나이 전략'이다. 나이가 젊을수록 투자 기간을 당연히 길게 가져갈 수 있으므로 주식 비중을 크게 가져가고, 나이가 들수록 투자 기간을 길게 가져가기 어렵기 때문에 주식 비중을 줄이고 예금과 채권 등 안전자산의 비중을 늘려야 한다는 것이 핵심이다. 즉, 30세라면 100-30=70%를 주식 비중으로 가져가고, 70세라면 100-70=30%로 주식 비중을 줄여야 한다는 것이다. 포트폴리오 자산 배분이 어렵다면 이 전략으로 기준으로 정한 다음, 자신의 위험 선호도나 자금 집행 계획에 맞춰 비중을 조절하는 방식으로 접근해보자.

하루라도 젊을 때 주식 투자를 시작하라

포트폴리오 자산 배분을 한 다음에는 주기적으로 '포트폴리오 리밸런싱'을 해줘야 한다. 포트폴리오 리밸런싱의 대표적인 방법이자 쉽고 유용한 방법은 '정적 자산 배분의 포트폴리오 리밸런싱 전략'이다. 구체적인 방법은 다음의 순서를 따르면 된다.

1. '주식:채권'의 비율을 정한다. (ex. 70%)
2. 리밸런싱 주기를 정한다. (ex. 분기, 반기)

3. 주가가 오르면 주식을 팔아 채권을 사고, 주가가 내리면 채권을 팔아 주식을 사는 식으로 70% 비율을 맞춘다.

주가가 떨어지면 값이 싸졌으니 주식을 더 매입해야 된다. 주가가 오르면 값이 비싸졌으니까 일부를 매도해야 한다. 이것이 가치 투자에 입각한 투자 방법이다. 하지만 오히려 다수의 투자자들은 그 반대로 행동한다. 소액으로 주식 투자를 시작해서 주가가 올라 돈을 벌게 되면, '아, 처음부터 좀 크게 할걸'이라고 후회하면서 투자 금액을 늘린다. 반대로 주가가 떨어져서 손실액이 커지면, 두려움에 사로잡혀 주식을 팔아버리는 식으로 감정에 휘둘리곤 한다. '정적 자산 배분의 포트폴리오 리밸런싱 전략'을 사용하면 이렇듯 감정에 휘둘리는 투자에서 벗어나 '쌀 때 더 사고 비쌀 때는 일부 파는' 원칙에 따른 합리적 투자 의사결정을 강제적으로 할 수 있게 된다. 그러다 보면 어느새 주가의 등락에 덜 민감해지고 나의 자산이 시나브로 늘어나는 기적을 경험하게 될 것이다. 부디 감정을 잘 통제한 이성적이고 계획적인 투자를 통해 경제적 자유를 달성하시길 기도한다.

감정의 지배를 받지 않고 애초에 계획적인 접근을 통해 '쌀 때 더 사고 비쌀 때 덜 사는' 또 다른 좋은 방법은 바로 '적립식 투자를 활용'하는 것이다. 매달 일정한 금액을 정해서 그 금액으로 주가가 오르든 내리든 상관하지 않고 꾸준히 사 모으면, 가격이 낮을 때는 더 많이 사고 높을 때는 덜 사게 되므로 자연스럽게 평균 매입 가격은 하락하게 된다. 이것이 장기적 관점에서 투자 수익률을 획기적으로 향상시키는 요인으로 작용한다. 적립식 투자법 또한 투자 기간이 장기일수록 그 효용성이 더 커진다. 이를 앞서 설명한 '100-나이 전략'과 접목하면, 주식 투자를 통해 성과를 거두기 위한 가장 확실한 방법은 '하루라도 빨리 주식 투자를 시작해 적립식으로 투자하라'라는 한마디로 정의할 수 있다.

포트폴리오를 구성하기 전 생각할 문제

'포트폴리오 자산 배분' 과정을 거쳐 위험자산인 주식의 투자 비율을 정한 다음에 할 일은 '주식 포트폴리오'를 어떻게 구성할지 정하는 것이다. 이와 관련해 해리 마코위츠Harry Markorwitz가 정립한 현대 포트폴리오 이론을 살짝 들여다보자.

해리 마코위츠의 포트폴리오 이론

해리 마코위츠는 미국 경제학자로 현대 포트폴리오 이론의 선구적

	우산 회사 100% 포트폴리오	우산 회사 50% + 양산 회사 50% 포트폴리오
비	10%	5%
맑음	0%	5%
기대 수익률	5%	5%

상관관계가 적은 자산군으로 포트폴리오를 구성하면 위험을 줄일 수 있다.

업적을 달성한 공로로 1990년 노벨경제학상을 수상했다. 마코위츠 이론의 핵심은 '상관관계가 적은 자산군으로 포트폴리오를 구성하면 위험을 줄일 수 있다'는 것이다. 가령, 우산 장수인 첫째와 양산 장수인 둘째를 둔 어머니가 있다고 치자. 이 어머니는 날이 맑으면 첫째 아들이 장사를 공칠까 봐 울고, 비가 오면 둘째 아들이 장사를 망칠까 봐 울었다. 그 모습을 본 한 현명한 노인이 이 어머니에게 말했다. "맑은 날엔 둘째가 돈 잘 벌어서 좋고, 비 오는 날엔 첫째가 잘되어서 좋으니 매일 좋은 날만 있는 게 아니오?" 마코위츠의 포트폴리오 이론의 핵심이 바로 이것이다.

증시에 우산 회사와 양산 회사가 각각 상장되어 있다고 치자(각각의 수익률은 10%로 동일함). 내가 전 재산을 100% 우산 회사에 투자했다면, 비 오는 날에는 10%의 이익을 얻지만, 맑은 날에는 아무 이익도 얻지 못할 것이다. 반대로 양산 회사에 전 재산을 100% 투자했다면, 맑은 날에는 10%의 수익을, 비 오는 날에는 0%의 수익을 거둘 것이다. 한편, 전 재산을 반으로 나눠 우산 회사와 양산 회사에 각각 50%씩 투자했다면, 날씨를 가리지 않고 늘 5%의 수익을 얻을 수 있다. 이 세 가지 경우에서 기대 수익률은 5%로 모두 동일하다. 하지만 하나의 회사에 올인한 경우에는 날씨에 따라 0~10%의 수익률 편차가 있는 반면, 50%씩 분산해서 투자한 경우에는 날씨에 상관없이 늘 안정적으로 5%의 수익을 얻을 수 있다.

최근 투자자들 사이에서 유행하는 레이 달리오Ray Dalio의 '올 웨더 포트폴리오All weather portfolio'는 바로 이 예시를 보다 구체화, 현실화한 것이라고 하겠다. 앞의 예시에서 우산 회사와 양산 회사는 정확히 정반대의 상관관계다. 즉, 포트폴리오를 구성할 때 종목 간 상관관계가 반대이거나 상관관계가 적을수록 변동성은 줄어든다. 수학적으로 상관관계는 -1에서 +1 사이의 값을 갖는데, 투자자산 사이에 이 값이 적을수록 변동성이 더욱 줄어든 포트폴리오를 갖게 된다.

마코위츠의 포트폴리오 이론은 효율적 시장 이론을 그 바탕에 두고 있다. 현재 증시에서 거래되고 있는 주식은 모두 제값을 받고 있다는 가정이다. 그에 따르면, 투자 종목의 숫자를 늘리면 늘릴수록 기대 수익률은 그대로이지만 변동성은 낮아지게 된다. 즉, 머리를 쓸 것 없이 코스피 지수 ETF나 S&P 지수 ETF 등에 투자하는 것이 최고의 선택이라는 결론에 도달하게 된다.

그러나 실제로 과연 그러할까? 증시에 상장된 주식은 모두 적정한 가치를 반영하고 있는 것일까? 무조건 지수 추종 투자를 하는 것이 최고일까? 그렇지 않다는 것이 워런 버핏, 피터 린치 등 이른바 '가치 투자자'들의 주장이고, 나 또한 거기에 100% 동의한다. 증시에서 형성된 주식 가격이 늘 합리적이고 적정하다면 워런 버핏, 피터 린치 등 주식 투자로 장기간 큰 부를 이룬 사람들은 존재하지 않을 것이다. 여러분들 역시 힘겹게 머리를 써가며 주식 공부를 할 필요도 없을 것이다. 현실의 주식시장은 상장된 주식에 늘 잘못된 가격을 매기며, 우리는 그 잘못 매겨진 가격을 잘 활용해 초과 수익, 즉 장기적으로 '경제적 자유'를 누릴 수 있는 기회를 가질 수 있다.

그러므로 마코위츠로부터 비롯된 '현대 포트폴리오 이론'은 핵심 의미인 '상관관계가 적은 자산일수록 포트폴리오 변동성을 줄인다'만 기억해도 충분하다. 이제 다음의 버크셔 해서웨이의 포트폴리오를 살펴보자.

2023년 1분기 말 기준, 워런 버핏이 운용하는 '주식 포트폴리오'라 할 수 있는 버크셔 해서웨이의 포트폴리오 구성은 상당히 단출하다. 버핏은 무려 500조 원이 넘는 자산을 운용하고 있음에도 불구하고, 포트폴리오 보유 비중 상위 9개 종목의 합이 92%에 육박한다. 쉽게 말해 버핏은 500조 원을 투자함에도 보유 종목은 딱 10개밖에 안 된다는 것이다. 워런 버핏 포트폴리오의 특징을 정리하면 다음과 같다.

1. 애플Apple 한 종목이 46%를 차지함.
2. 애플, 뱅크 오브 아메리카BOA, 아메리칸 익스프레스American Express, 코카콜라Coca-Cola, 쉐브론Chevron 등 상위 5개 종목의 비중이 78%를 차지함.

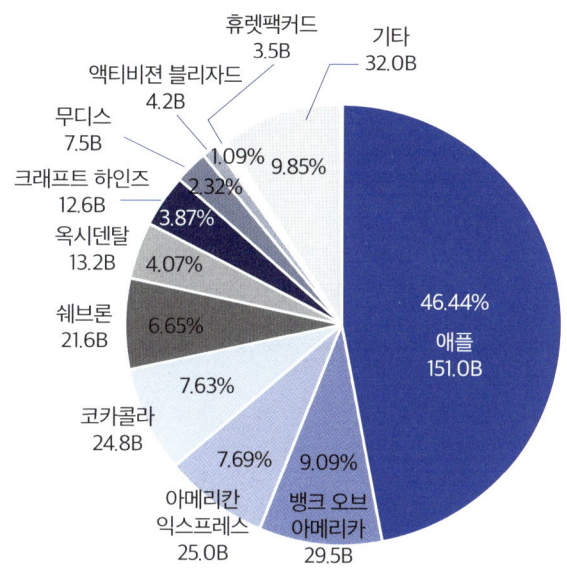

버크셔 해서웨이의 포트폴리오(2023년 3월 기준)

3. 옥시덴탈Occidental Petroleum, 크래프트 하인즈Kraft Heinz, 무디스Moody's, 액티비젼 블리자드Activision Blizzard까지 상위 9개 종목의 비중이 92%를 차지함.
4. 소비재(애플, 코카콜라 등), 금융(뱅크 오브 아메리카, 아메리칸 익스프레스 등), 석유(쉐브론, 옥시덴탈) 등 소수 업종에 집중돼 있으며, 글로벌 분산 투자도 하지 않음.

우리는 소위 '가치 투자'를 지향하는 그룹인 만큼 포트폴리오 구성 또한 워런 버핏의 방법을 추구해야 마땅할 것이다. 현재 여의도의 네임드 투자자들은 대체로 마코위츠로부터 시작된 '현대 포트폴리오 이론'을 배운 이들이고, 이 이론이 법률 등 각종 제도에도 적용되고 있기에 다들 현대 포트폴리오 관점에서 주식 투자를 해야 한다고 이야기를 하는 경향이 있다. 그리고 개인 소액 투자자들도 이를 따라야 하는 것처럼 말한다. 그러나 싹 다 무시하시라. 무려 500조 원이 넘는 돈을 투자하는 버핏도 보유 종목이 고작 10개밖에 안 되는데, 5,000만 원, 5억 원을 투자하는 사람들이 무슨 글로벌 분산 투자를 하고, 업종별 분산 투자를 한단 말인가? 내가 마코위츠의 현대 포트폴리오 이론 중 그 핵심 내용만 기억하고 다른 것들은 싹 다 잊어도 된다고 한 이유가 이것이다.

포트폴리오에 넣을 주식은 '가치에 비해 저렴해서 많이 오를 주식'이다

현대 포트폴리오 이론은 '효율적 시장 가설'을 근간으로 하다 보니 상승의 가능성이 크면 그만큼 하락의 가능성도 크다고 판단한다. 100% 상승할 확률이 있는 주식이면 반대로 100% 하락할 확률도 동일하게 존재한다고 보는 것이다. 이를 유식하게 표현한 말이 '랜덤워크 이론Random walk theory'이다. 내일의 주가는 술 취한 사람의 발걸음처럼 알 수 없다는 뜻이다. 그러나 과연 그럴까?

(가치) 투자란 3,000원짜리 가치가 있는 물건을 1,000원 아래의 값으로 사는 것이다. 단기적으로는 그렇지 않지만, 장기적으로는 주식시장에서 매기는 가격이 가치에 수렴하는 쪽으로 이동하므로 투자자는 가치에 비해 많이 할인된 가격에 사서 인내심을 갖고 기다리면 된다는 것이 워런 버핏, 피터 린치, 존 템플턴 등 소위 가치 투자자들의 공통된 믿음이다. 그렇다면 3,000원의 가치가 있는 것을 1,000원에 샀는데, 그것이 500원으로 더 싸졌다고 하자. 이때 '현대 포트폴리오 이론' 신봉자들은 500원에서 0원이 될 확률과 500원에서 1,000원이 될 확률이 동일하다고 평가한다. 반면에 워런 버핏 등 가치 투자자들은 '결국 언젠가는 6배 가까이 올라갈 것'이라고 생각한다.

누구의 말이 그럴듯하게 들리는가? 어떤 말을 더 그럴듯하다고 여기는지에 따라 포트폴리오 구성 방법도 달라진다. '현대 포트폴리오 이론' 신봉자들은 주가가 떨어져서 시가총액이 떨어진 만큼 투자 비중을 줄일 것이다. 버핏식 가치 투자자들은 아주 큰돈을 벌 기회가 생겼다며 기뻐하면서 해당 주식의 투자 비중을 크게 늘릴 것이다. 이런 생각의 차이가 포트폴리오 구성의 차이를 가져오고, 그 결과는 여러분들이 익히 알고 있는 바와 같다. 후자를 선택한 워런 버핏은 전 세계에서 열 손가락 안에 드는 큰 부자가 됐다.

포트폴리오에 포함할 주식은 당연히 많이 오를 주식이어야 한다. 그리고 많이 오를 주식이란 (가치) 투자의 관점에서 봤을 때 가치에 비해 아주 많이 저렴한 가격에 거래되고 있는 주식이다. 우리가 포트폴리오에 주식을 담을 때는 단 하나의 이유만 고려해야 한다. '가치에 비해서 저렴해서 많이 오를 수 있는가?' 즉, 향후 상승 여력이 큰 주식을 포트폴리오에 담아야 하는 것이지, 단지 '내 포트폴리오 안에 반도체 업종이 하나도 없으니까' 혹은 '미국 주식이나 중국 주식도 좀 담아야 하니까' 하는 식으로 포트폴리오를 구성해서는 곤란하다.

K-주식 최적화 포트폴리오에 담을 주식들

그런데 이제 새로운 문제가 등장한다. '가치에 비해 많이 저렴한' 주식을 어떻게 찾아야 할까? 이를 두고 전문용어로 밸류에이션 Valuation(가치 평가)이라고 한다. 밸류에이션은 주식 투자에서 가장 중요한 과정이다. 나의 저서 《밸류에이션을 알면 10배 주식이 보인다》는 이를 설명하기 위해 쓴 책이니 자세한 내용은 이 책을 참조하길 바란다. 여기에서는 밸류에이션에 대한 핵심 사항만 짚고 넘어가려고 한다.

밸류에이션의 첫걸음은
내 '능력 범위'를 아는 것

어떤 기업의 가치를 판단하려면 5년 후, 10년 후 그 기업의 미래를 그릴 수 있어야 한다. 이를테면 '내가 투자하는 이 회사가 지금은 한 해에 1,000억 원을 버는 회사이지만, 5년 후에는 한 해에 1조 원, 10년 후에는 한 해에 5조 원 정도를 벌어들일 수 있을 것 같다'라고 예상할 수 있어야 한다. 이렇게 말하면, "아니, 한 치 앞도 알기 어려운 게 인생인데, 어떻게 기업의 5년 후, 10년 후의 모습을 알 수 있나요?"라고 반문하는 분이 계실지도 모른다. 이런 질문에 버핏은 어떻게 대답할까? 아마 이렇게 답할 것 같다. "그걸 모르겠다면 그 주식은 단 10분도 갖고 있지 않아야 합니다."

어떤 기업이 향후 5년이나 10년 뒤에 얼마만큼 돈을 벌어들일지를 예측하기란 물론 쉽지 않다. 그러므로 가치 투자로 돈을 벌기가 생각보다 어려우며, 이 투자 방법을 고수하는 사람이 적은 것 아니겠는가? 특정 기업의 향후 5년, 10년 후의 모습을 그릴 수 있으려면, 먼저 그 기업이 속한 산업을 거의 완벽히 이해해야 한다. 또한, 그 기업에 대해서도 소위 '그 집 숟가락이 몇 개인지 알 정도로' 완전히 꿰차고 있어야 한다.

이러한 이유로 투자의 대가 워런 버핏조차 투자 대상을 극도로 줄였던 것이다. 투자에서는 이처럼 자신의 '능력 범위Circle of competence'

를 잘 아는 게 중요하다. 능력 범위란 특정 산업에 속한 기업이 5년, 10년 뒤에 얼마나 벌어들일 수 있는지를 내가 합리적으로 예상 가능한 영역을 가리킨다. 나의 투자 포트폴리오는 나의 능력 범위에 속하는 기업들에 한해서 구성돼야 한다. 그 기업의 미래를 제대로 그릴 수도 없으면서 단지 변동성 축소를 목표로 해당 주식을 사들이는 것은 미련한 행동이다. 아무리 AI, 바이오, 메타버스 주식이 유망하다고 해도 내가 이 산업을 이해하지 못한다면 내 포트폴리오에 편입할 이유는 절대 없다.

물론 '상관성이 적은 종목들로 포트폴리오를 구성하면 변동성이 줄어든다'라는 현대 포트폴리오 이론을 고려하면, 능력 범위가 한 산업에 국한되기보다는 상관성이 떨어지는 몇 개 산업을 능력 범위로 갖고 있는 편이 월등히 유리하다. 그래서 찰리 멍거는 '자신이 어디에서 우위를 점하고 있는지를 파악해야 한다', '나보다 상대방이 능력이 더 좋은 게임을 한다면 지기 마련이다'라고 말하며, 자신의 능력 범위를 지킬 것을 역설했다. 또한, '열심히 노력하면서 능력 범위를 넓혀나가야 한다'라고 능력 범위를 넓혀가는 것의 중요성 또한 강조했다.

예를 들어, 내가 2차전지 산업을 잘 안다고 치자. 그러면 2차전지 산업을 나의 주요 능력 범위로 삼아 포트폴리오의 많은 부분을 2차전지 주식으로 채운 다음, 능력 범위를 라면 산업, 게임 산업으로 확대해 삼양식품이나 시프트업 등도 포트폴리오에 편입한다면, 기대 수익률은 그대로이면서 변동성은 줄여갈 수 있게 된다.

얼마만큼 저렴한 종목을 매수해야 하는가?
답은 '안전마진'과 '기다림'이다

이쯤에서 다시 또 새로운 질문이 대두된다. 바로 '얼마만큼 저렴한 종목을 매수 대상으로 삼아야 하나?'라는 질문이다. 이에 대해 워런 버핏은 '안전마진Margin of safety' 개념을 제시했다. 인간은 그 누구도 100% 미래를 정확히 예측할 수 없다. 자신의 능력 범위 안에 있는 기업이라도 수년 뒤의 이익 규모를 100% 정확히 예상할 순 없다. 다만 어느 정도 근사치에 근접할 수 있을 뿐이다. 따라서 실제 가치가 1만 1,000원짜리를 1만 원에 사서는 안 된다. 그보다는 예측이 틀리더라도 안전이 확보될 수 있도록 실제 가치와 가격의 괴리가 충분한 수준에 있는 것을 사야 한다.

버핏은 '1톤 차량이 지나는 다리를 만들 때, 기술자들은 3톤이 지나가도 괜찮은 수준으로 건설한다'라고 말한 바 있다. 즉, 안전마진은 최소 3배는 돼야 한다는 얘기다. 투자 기간을 3년이라고 가정할 때, 3년 동안 최소 200%, 연복리 수익률 50% 이상의 상승 여력이 있는 종목만이 충분한 안전마진을 확보했다고 할 수 있다. 그러니까 내 능력 범위 안에 있는 종목들 중 3년 뒤에 최소 3배, 총 수익률로는 200%, 연복리 수익률로는 50% 상승 여력이 있는 종목들만 나의 투자 포트폴리오에 편입해야 한다.

그런데 내 능력 범위 안에 있는 종목들 중에서 '3년에 3배'라는 안전마진이 확보된 종목이 하나도 없을 수도 있다. 이럴 땐 어떻게 해야 할까? 이때는 현금을 확보한 상태로 투자 대상이 나타날 때까지 인내심을 갖고 기다려야 한다. 이와 관련해 워런 버핏은 메이저리그 최후의 4할 타자 테드 윌리엄스Ted Williams의 교훈을 설명한 바 있다.

테드 윌리엄스는 그의 저서 《타격의 과학》에서 자신이 4할 타율을 기록한 비결을 인내심으로 꼽았다. 그는 77개의 스트라이크 존 각각에서 자신이 기록한 타율을 분석한 후 4할 이상 기록한 코스에 들어오는 공만 치는 방법으로 4할 타율이라는 대업적을 달성했다. 테드 윌리엄스는 스트라이크 존에 들어온 공이라도 세 번째 스트라이크에 해당하지 않는 한, 타율이 떨어지는 존에 들어오는 공은 치지 않았다. 대신 자신이 높은 타율을 기록할 수 있는 코스로 공이 들어올 때까지 참을성 있게 기다린 것이 바로 4할 타율의 비결이었다.

버핏은 주식 투자가 야구보다 더 좋은 이유로 '아무리 오래 기다려도 삼진 아웃을 당하지 않는다는 것'을 꼽았다. 야구에서는 세 번째 스트라이크에 해당되는 공은 불리한 코스라도 반드시 쳐야 한다. 그렇지 않으면 삼진 아웃을 당하기 때문이다. 하지만 주식 투자에는 삼진 아웃이 없다. 따라서 좋은 공이 올 때까지 얼마든지 기다릴 수 있다. 그리고 드디어 기다렸던 공이 왔을 때 힘껏 휘둘러 홈런을 날리면 된다. 버핏은 실제로 이 교훈을 계속 되새기려고 테드 윌리엄스의 스트라이크 존 사진을 액자로 만들어서 현관 앞에 두고는 아침에 집을 나설 때마다 '인내심을 가져야지' 하고 다짐했다고 한다. 누가 좋다고 하면 귀가 팔랑거려서 당장 사지 않고는 못 배기는 투자자들, 주식 계좌에 현금이 있으면 뭐라도 꼭 사야만 직성이 풀리는 '인내심 부족한' 우리 대한민국 투자자들이 꼭 명심해야 할 내용이 아닌가 한다.

포트폴리오 구성 시, 적정 종목 수는 5~10개

앞에서 설명한 내용에 따라 편입할 종목군을 선정했다면, 이제는 주식 포트폴리오를 디테일하게 구성할 차례다. 이쯤에서 이런 의문이 고개를 들 것이다. '내가 고른 주식 중 상승 여력이 가장 큰 종목에 100% 투자하는 편이 더 큰 수익을 가져다주지 않을까?' 물론 그럴 가능성이 있다는 사실을 배제할 수는 없다. 그러나 세상일은 어떻게 흘러갈지 모르는 것이고, 내가 100% 확신을 가졌다고 해서 꼭 그 확신이 성공으로 이어진다는 보장도 없다. 내가 실수했을 가능성도 있고, 상황이 급변해 내가 100% 올인한 기업이 갑작스레 위기에 처할 가능성도 분명히 있기 때문이다.

그래서 수익성을 다소 포기하더라도 변동성을 줄이고 감정의 동요를 막기 위해 단 하나의 종목에 올인하는 것이 아니라 적정한 숫자의 주식을 선정해 포트폴리오를 구성할 필요가 있다. 내 경험상 포트폴리오를 구성할 때 종목 수는 5~10개 정도가 적정하다고 생각한다. 그 이유에 대한 답은 다음의 그림에 있다.

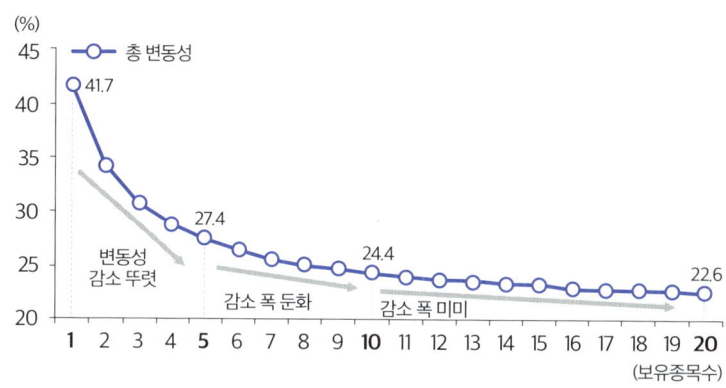

보유 종목 수 변화에 따른 포트폴리오 총 변동성 시뮬레이션 결과. 2005년 이후 매년 초 시가총액 상위 200개 종목 중에서 무작위로 보유 종목 수별로 포트폴리오를 구성해 각각 1,000회씩 시뮬레이션을 실시한 결과다. (출처: 한화투자증권 리서치센터)

투자를 할 때, 포트폴리오를 구성하는 첫 번째 목적이 변동성 완화에 있다는 사실을 우선 기억하자. 포트폴리오에서 종목 수를 늘릴 때마다 변동성은 점점 줄어드는데, 그 정도는 종목 수가 늘어날수록 둔화된다. 위의 그림에서처럼 처음 1~5개 구간에서는 변동성 감소 효과가 뚜렷하지만, 이후 6~10개 구간에서는 그 감소 폭이 둔화되고, 이후 보유 종목 수가 10개를 넘어서면서부터는 그 감소 폭이 미미해진다. 즉, 5~10개 정도로만 종목을 분산해도 변동성 감소 효과는 충분히 누릴 수 있다는 뜻이다.

반면에 사람의 인지 능력은 한계가 있을 수밖에 없기 때문에 보유 종목이 늘어날수록 종목당 이해 정도는 떨어지기 마련이다. 즉, 능력 범위 안에서 선별된 종목에만 투자해야 하는 만큼 한 개인이 계속 관찰하면서 그 기업의 변화를 감지할 수 있을 정도가 되려면 보유 종목 수가 너무 많아서는 곤란하다. 주위에 흔히 '종목 백화점' 식으로 포트폴리오를 구성해 수십 개 종목에 투자하는 분들이 있을 텐데, 이런 경우 나중에는 자신이 무슨 종목을 보유하고 있는지도 모르는 '웃픈' 상황을 맞이하기도 한다. 그래서야 제대로 된 투자라고 할 수 없다.

각 종목당 비중을 할당하는 방법

포트폴리오에 편입할 종목 수를 정했다면 이제는 각 종목당 비중은 어떻게 할당해야 할까? 버핏의 방법을 차용하고, 여기에 더해 나의 경험칙을 활용해 조언하자면 다음과 같다.

1. 포트폴리오에 들어갈 종목을 상승 여력 순으로 줄을 세운다.
2. 가장 상승 여력이 큰 종목의 비중은 매수 시점 기준으로 40%를 넘지 않게 한다.
3. 핵심 3~5개 종목의 비중 합을 80% 정도가 되게 한다.
4. 안전마진은 확보됐지만 상승 여력이 상대적으로 낮은 종목군을 20% 보유한다.
5. 상승 여력이 상대적으로 낮더라도 안전마진이 확보되고 핵심 종목군과 상

관성이 떨어지는 종목은 편입해 변동성을 줄인다. 예를 들어, 2차전지 위주로 핵심 종목군이 구성됐다면 다소 상승 여력이 떨어지더라도 삼양식품(라면)이나 시프트업(게임) 등 전혀 움직임이 다른 종목을 넣는 식이다. 또는 2차전지 소재가 핵심 포트폴리오라면 LG에너지솔루션(셀)이나 피앤티(장비)를 같이 넣어서 변동성을 완화하는 것도 좋은 방법이다. 해외 주식 한두 개를 편입해두는 것도 변동성을 줄이는 방법이 될 수 있겠다.

시작이 반이라는 말이 있다. 이렇게 여러 차례 심사숙고하는 과정을 거쳐 포트폴리오를 짜놓으면, 이것으로 훌륭한 투자의 절반은 달성한 셈이다. 나머지 반은 시장 상황과 개별 기업의 상황 변화에 따라 포트폴리오 종목을 교체하고 비중을 변경하는 '포트폴리오 운용'에 달려 있다.

포트폴리오, 어떻게 조정해나갈 것인가?

'포트폴리오 운용', 즉 잘 구성해놓은 포트폴리오의 구성을 어떻게 변경하고 조정해나가야 하는지에 대해 알아보려면, 워런 버핏이 말한 '매도의 이유 세 가지'를 먼저 살펴봐야 한다. 버핏은 종목을 매도하는 이유로 다음의 세 가지를 꼽았다.

1. 더 나은 선택지를 발견했을 때
2. 기업의 펀더멘털이 달라졌을 때
3. 돈이 필요할 때

매도의 이유 ① 더 나은 선택지를 발견했을 때

포트폴리오를 구성하고 난 이후에도 개별 주가는 계속해서 변동한다. 만일 포트폴리오 구성 종목 중 한 종목이 크게 오르면, 이는 내가 계산해둔 적정 가치와 주가의 괴리가 줄어드는 것이기 때문에 상대적으로 상승 여력은 다른 종목 대비 떨어질 수 있다. 이런 경우, 주가가 많이 오른 종목의 비중을 줄이고, 그렇게 줄인 만큼 상대적 매력이 높아진 다른 종목의 비중을 늘리면 된다. 이것이 바로 포트폴리오 비중을 조정하는 과정이다.

내 경우를 예로 들어 설명하겠다. 2022년 말, 내 주식 포트폴리오에서 가장 높은 비중을 차지한 종목은 에코프로였다. 당시 에코프로의 상승 여력이 가장 크다고 생각했기 때문이다. 반면에 LG화학의 비중은 낮았는데, LG화학의 상승 여력이 크지 않다고 판단했기 때문이다. 2022년 말, 에코프로 주가는 2만 600원, LG화학은 60만 원이었다. 이후 2023년 7월 26일 기준, 에코프로 주가는 30만 7,800원으로 15배 정도 오른 반면, LG화학은 78만 원으로 고작 30%만 올랐을 뿐이다. 그리고 이날의 고점 상태를 기점으로 LG화학의 투자 매력이 에코프로를 넘어섰기에 이에 따라 나는 에코프로 주식을 일부 팔아서 LG화학에 투자하는 비중을 늘리는 식으로 포트폴리오 조정을 할 수 있었을 것이다.

2023년 6월, 나는 태국 방콕으로 여행을 갔다. 방콕의 편의점과 대형 마트에는 삼양식품의 불닭볶음면이 다양한 종류로 많은 양이 진열돼 있었다. 심지어는 불닭소스를 활용한 과자까지 성황리에 팔리는 것을 목격했다. 현지에 사는 한국 분에게 물어보니 태국의 여자 중고생들 사이에서는 시험이 끝나고 나서 단체로 불닭볶음면을 먹는 것이 유행이라고 했다. 마치 우리나라 여자 중고생들이 매운 '엽떡'이나 마라탕을 즐기는 모습과 비슷해 보였다. 해외에서 불닭볶음면 열풍을 눈으로 확인하고 나니 산업적으로 제반 사항을 점검해야 할 필요가 느껴졌다.

이윽고 정보를 찾아보니 삼양식품의 불닭볶음면 열풍이 태국, 베트남, 인도네시아 등 동남아를 넘어서 중동, 미국, 유럽까지 빠르게 퍼지고 있는 현상을 확인할 수 있었다. 이는 K-팝, K-드라마 등 K-컬처의 전 세계적인 파급력과 궤를 같이 하고 있는 것으로 여겨졌다. 특히 불닭볶음면 먹방 도전 영상은 유튜브와 틱톡의 숏폼 콘텐츠로 업로드돼 전 세계적인 유행으로 번지고 있었다. 이런 상황들을 감안해 2023년 7월경 밸류에이션을 해보니 삼양식품 주식을 충분히 안전마진을 확보한 상태로 살 수 있었다.

하지만 나는《K 배터리 레볼루션》에서 독자들과 한 약속 때문에 삼양식품을 내 포트폴리오에 담을 수는 없었다. 만약 그 약속이 없었다면, 삼양식품 주식은 포트폴리오 운용 과정에서 '더 나은 선택지를 발견한 경우'에 해당한다. 만일 삼양식품이라는 더 나은 종목을 포트폴리오에 새로 넣으려 한다면, 기존 포트폴리오 중에서 가장 투자 매력이 떨어지는 한 종목은 빼야 한다. 이렇게 한 종목을 빼고 새로 발견한 더 나은 종목을 편입하는 과정이 바로 '포트폴리오 종목 교체'다. 참고로 2023년 7월경 12만 원 정도였던 삼양식품 주가는 2025년 한때 150만 원이 넘어 10배 가까이 오르기도 했다.

매도의 이유 ② 기업의 펀더멘털이 달라졌을 때

대개의 투자자들은 주식을 사고 나면 매일 매시간 자신이 보유한 주식의 주가를 뚫어져라 확인한다. 하지만 HTS 창을 쳐다본다고 주가가 오르고, 값이 오르길 바란다고 해서 주가가 오르면 주식 투자로 돈을 잃을 사람이 누가 있겠는가? 수천조 원이나 되는 엄청난 규모의 돈을 굴리는 워런 버핏의 사무실에는 그 흔한 주가 단말기가 없다는 사실을 알고 있는가? 매일매일 움직이는 주가는 아무런 의미가 없는 노이즈에 불과하다는 것을 버핏이 너무나 잘 이해하고 있다는 반증이 아니고 무엇이겠는가?

투자자로서 우리가 지속적으로 관찰해야 하는 것은 내가 투자한 주식의 주가가 아니라 해당 기업의 펀더멘털이다. 여기에서 펀더멘털이란 '트럼프가 당선되면 IRA 폐지 가능성'과 같은 시끄럽지만 사소한 노이즈성 기사나 언제든 오르락내리락할 수 있는 분기 실적과 같은 일시적 요소를 말하는 것이 아니다. 그보다 더 근본적인 것, 즉 우리가 위대한 기업인지 아닌지를 판단할 때 중요하게 생각했던 '넓고 깊은 해자의 유지 여부'가 바로 우리가 지속적으로 살펴야 하는 것이다.

《K 배터리 레볼루션》에서 나는 한국의 2차전지 산업이 글로벌 경쟁력에서 압도적 우위에 있다고 언급했다. 그중에서도 LG에너지솔루션 등 배터리 제조사의 수율 확보 능력과 에코프로비엠 등 양극재 업체들의 울트라 하이니켈 양극재 제조 기술이 '넓고 깊은 해자'에 해당한다고 말했다. 2023년 하반기 이후부터 2024년 내내 2차전지 산업은 전기차 캐즘 현상과 리튬 등 원자재 가격의 하락으로 실적이 크게 나빠졌다. 하지만 그런 와중에도 2차전지 산업의 '넓고 깊은 해자'는 메워지지 않고 더욱 공고해졌다.

배터리 생산품 중에 양품의 비율을 의미하는 수율收率, Yield을 확보하는 것은 배터리 제조사의 해자다. 그런데 한 보도에 따르면, 유럽의 신생 기업 노스볼트 사는 유럽 각국의 전폭적인 지원에도 불구하고 수율이 40% 미만에 그침에 따라 파산의 길로 접어들었다.* 한때 호기롭게 4680 배터리 생산에 뛰어들었던 천하의 테슬라 또한 이 수율 문제를 극복하지 못한 채 배터리 사업을 접을 수밖에 없는 상황으로 몰리고 있는 것 또한 K-배터리 제조사들의 해자가 넓고 깊음을 보여주는 증거라 할 수 있다.

---

* 성상훈, "유럽 배터리 희망' 노스볼트 파산… 저숙련·고임금에 발목 잡혔다', 〈한국경제〉, 2024년 11월 22일자 기사.

LG화학이 토요타자동차와 파나소닉의 합작법인인 '프라임 플래닛 에너지&솔루션PPES'에 양극재를 공급하기로 한 것*도 K-배터리 양극재 업체들의 '넓고 깊은 해자'를 보여주는 것이라 할 수 있다. 파나소닉은 원래 스미토모 금속광산이라는 일본 양극재 업체와 오랜 기간 거래를 이어왔다. 한때 스미토모는 글로벌 양극재 업체 1위이기도 했던 유서 깊은 양극재 회사다. 그런데 울트라 하이니켈 경쟁에서 LG화학, 에코프로비엠 등 K-양극재 업체와의 경쟁에서 뒤처진 결과, PPES라는 큰 고객을 K-배터리 업체에 뺏기게 된 것이다.

　주가는 늘 오르내린다. 업황은 호황과 불황을 오간다. 우리는 언제 호황이 오고 불황이 끝날지 예측할 수 없다. 따라서 주가의 단기적인 오르내림을 맞출 수 없는 것이다. 우리가 투자자로서 할 수 있는 일은 '넓고 깊은 해자를 보유해' 불황일 때도 살아남고 호황이 오면 그 파이를 더욱 키워 장기적으로 동업자에게 더 크게 돌려줄 수 있는, 즉 장기적으로 주가가 오를 수밖에 없는 위대한 기업을 선별하는 일뿐이다. 만일 지속적인 관찰 결과, 해당 기업의 위대함이 사라졌다면 당연히 포트폴리오에서 제외해야 한다. 이것이 포트폴리오 종목 교체의 두 번째 이유다.

---

* 이동수, 'LG화학, 일본 PPES에 2026년 양극재 공급', 〈세계일보〉, 2024년 9월 23일자 기사.

매도의 이유 ③ 돈이 필요할 때

살다 보면 급전이 필요할 때가 생긴다. 급히 큰돈을 써야 할 일이 생겼는데, 마침 모든 재산을 주식에 투자 중이라면 별다른 도리가 없다. 눈물을 머금고 주식을 팔 수밖에. 그런데 꼭 이렇게 눈물을 머금고 주식을 팔 때 주가는 늘 많이 떨어져 있어서 손해가 막심한 경우도 많다. 이런 억울한 경우를 당하지 않으려면 어떻게 해야 할까?

주식은 장기적으로는 높은 투자 수익을 가져다주지만, 중단기적으로는 변동성에 노출돼 있다. 이 변동성이 나에게 좋은 방향으로만 작동한다는 보장은 절대 없다. '자산 배분 전략'과 '현금 보유 습관'이 반드시 필요한 이유다. 나이가 들수록 더 많은 안전자산을 보유해야 하는 이유 중 하나는 연로해짐에 따라 급전이 필요한 일이 더 많이 생기기 때문이다. 그러므로 앞서 설명한 대로, '100-나이' 원칙에 따라 예금 등 비중을 항상 일정히 유지하고, 일정 기간을 정해 '정적 자산 배분 전략'을 실행하고, '주식 계좌에 항상 10~30% 현금을 보유하는 습관'을 길러두자. 그러면 급전을 마련하려고 애먼 주식을 파는 일은 막을 수 있다.

이로써 포트폴리오의 개념과 기초 이론, 포트폴리오를 구성하고 운용하는 구체적인 방법까지 포트폴리오와 관련해서 투자자들이 알아야 할 내용을 모두 설명했다. 현명한 투자자, 전문적인 투자자는 주식 투자를 포트폴리오 관점에서 접근하고, 그렇지 못한 투자자는 개별 주식 단위로 접근한다. 양자 간의 가장 큰 차이는 무엇일까?

바로 '감정에 휘둘리지 않는다'는 것이다. 포트폴리오를 구성하고 운영하고 정적 자산 배분을 하는 투자 과정은 철저히 '계산'을 기초로 움직인다. 덕분에 주가의 등락에 감정적으로 덜 동요하게 되고, 감정적으로 치우침 없이 합리적인 판단을 할 수 있게 된다. 그리고 이것이야말로 결국 장기적인 투자 성과를 보장하는 첩경이다. 제러미 시걸은 '최고의 투자자는 감정에 대해 매우 잘 훈련된 사람을 뜻한다'라고 말했다. 포트폴리오적 접근은 바로 투자가 감정에 좌우되지 않게 하는 훈련의 과정이다.

4장

K-주식은 재무제표부터 알아야 한다

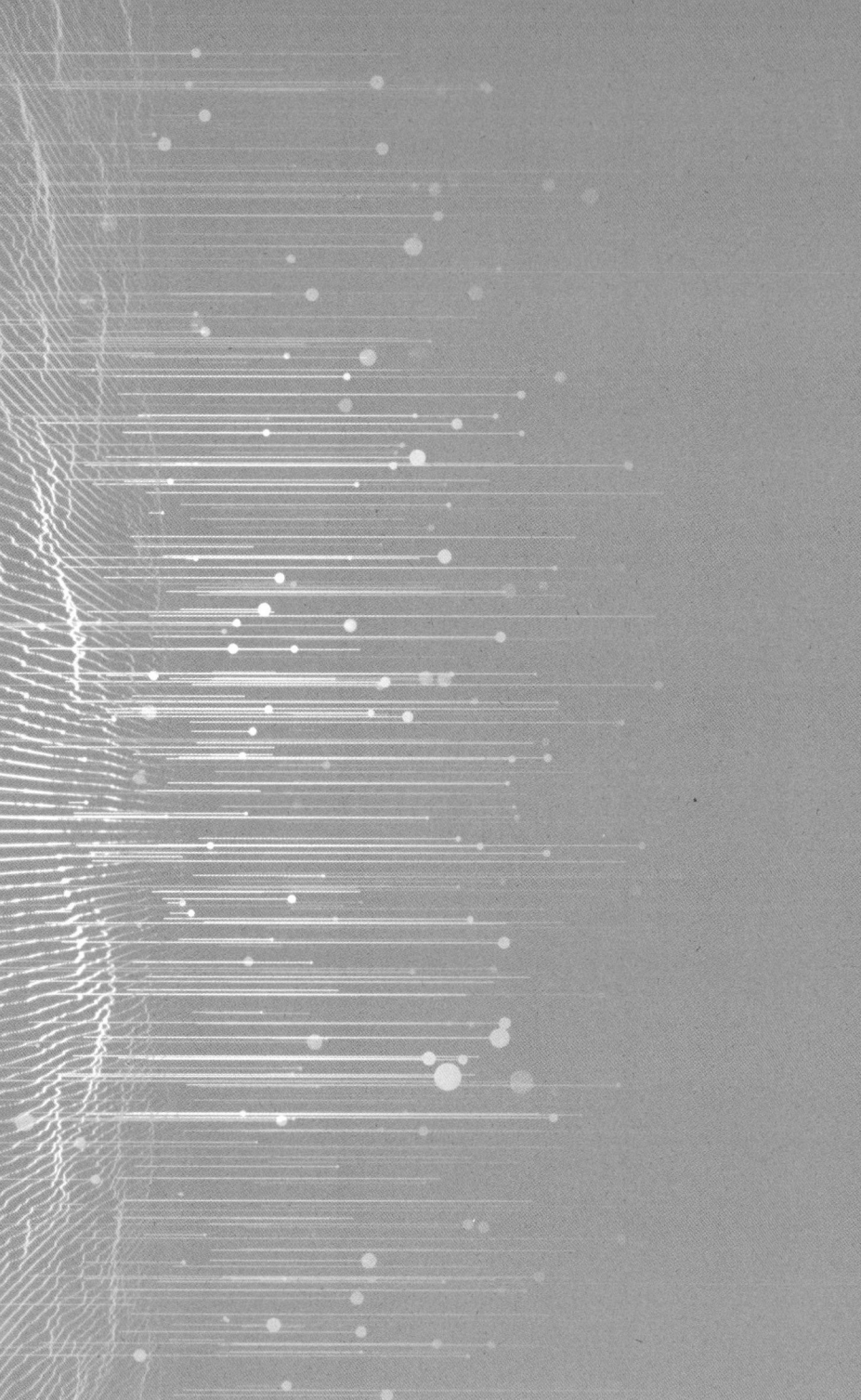

주식 초보자도
이해할 수 있는 재무제표 원리

　투기가 아닌 투자를 하려면 재무제표를 꼭 확인해야 한다는 얘기를 많이 들어봤을 것이다. 재무제표는 주식 투자의 기본 중의 기본이라는 얘기 또한 널리 퍼져 있다. 그래서 투자에 꼭 필요하다는 재무제표를 공부해야겠다고 막상 결심하고 나면 너무나 막막하다. 이런 투자자들을 위해 시중에는 주식 투자에 필요한 재무제표 공부법 책도 많이 나와 있고, 유료 인터넷 강좌들이 수십만 원에 팔리기도 한다. 그런데 과연 이런 자세하고 깊이 있는 재무제표에 대한 공부가 주식 투자에 꼭 필수적일까?

재무제표,
너무 깊이 파고들며 공부하지 않아도 된다

나는 그렇지 않다고 생각한다. 나는 대학생일 때, 그리고 직장인일 때 두 번에 걸쳐 공인회계사CPA 시험에 응시한 적이 있다. 두 번 다 1차까지는 합격했지만, 안타깝게도 연거푸 2차에서 낙방해 자격증 취득에는 실패했다. 하지만 당시 열심히 공부한 회계학 지식이 대한투자신탁(현 하나증권)에서 애널리스트와 펀드매니저로 활동할 때 큰 도움이 됐다. '가치 투자자는 재무제표를 통해 투자를 결정하는 사람'이라는 이미지가 있다. 내가 애널리스트이자 펀드매니저로 활동하던 2000년대 초에 가장 인기 있던 투자자들이 피터 린치나 워런 버핏 같은 소위 가치 투자자들이었던 만큼, 나도 재무제표, 사업보고서 등을 가장 중요한 자료라고 생각하고 밑줄 그어가며 꼼꼼히 살펴봤다. 그런데 시간이 지나고 보니 그런 방식은 핵심을 벗어난 방법임을 깨닫게 됐다.

워런 버핏은 버크셔 해서웨이 주주총회 자리에서 "재무제표 하나만 주고 투자를 결정하라고 하면 어떻게 할 것이냐?"라는 질문을 받은 적이 있다. 버핏은 이렇게 답했다. "재무제표 단 하나만 갖고는 아무런 투자 결정을 할 수 없다. 그 기업을 우선 알고, 그 기업이 속한 산업을 파악한 후에야 그 재무제표 속의 숫자가 의미를 가질 것이다." 재무제표는 투자를 위한 여러 정보 중 하나일 뿐, 재무제표만으로는 투자를 결정할 수 없다는 말이다.

여러분은 주식 투자가 목적이지 공인회계사가 되려는 것이 아니다. 같은 회계학과 재무제표를 대상으로 하더라도 당연히 공인회계사 시험을 준비하기 위한 공부와 주식 투자를 위한 공부는 달라야 한다. 그런데 시중의 책과 강의들은 이런 부분들에 대한 고려가 부족해 그저 다양한 회계 지식을 나열하는 데에 그쳤다고 생각한다.

나는 이번 장에서 '주식 투자자에게 꼭 필요한 재무제표 정보'만 콕 집어 알려드리려 한다. 마치 수능 일타강사처럼 근본 원리를 이해하게 하고, 투자에 꼭 필요한 부분만 말씀드리려고 한다. 그러니 '회계는 너무 어려운데' 하며 겁먹지 말고 차분히 내용을 따라오길 바란다.

회계와 재무제표에 대한 가장 심플한 정의

회계와 재무제표에 대한 지식을 단지 주식 투자에 활용할 목적으로 접근하는 분들이라면, 무엇보다 이들에 대한 개념을 단순하게 잡아두는 게 첫걸음이다. 개념을 단순화해야 이후에 이 개념에서 출발해 가지를 뻗어나가는 정보들을 명쾌하고 쉽게 이해할 수 있어서다.

우리의 투자 대상인 기업을 쉽게 표현하자면, '돈을 벌어오는 기계'라고 할 수 있다. 주식 투자란 주식을 발행한 기업에게 돈을 빌려주는 행위다. 우리에게 받은 투자금으로 '기업이라는 돈을 벌어오는 기계'는 돈을 더 크게 불린다. 그렇게 불어난 돈이 배당이나 주가 상승으로 이어지면서 우리는 주식 투자를 통해 돈을 벌게 된다. 우리가 가진 돈을 기업이란 돈을 벌어오는 기계에 던졌는데('투자'의 한자를 살펴보면, '던질 투投', '돈 자資'로, 말 그대로 '돈을 던진다'라는 뜻이다), 좋은 기계에 잘 던지게 되면 그 기계가 돈을 뻥튀기해 우리에게 돌려주는 일련의 과정이 바로 주식 투자인 셈이다.

이렇게 돈을 벌어오는 기계인 기업은, 대표이사와 노동자 등 인적 자원과 공장, 사무실, 생산설비 등 물적 자원과 특허권, 노하우, 브랜드 등 무형의 자원 등으로 다양하고 복잡하게 구성됐다. 따라서 이 기계가 돈을 벌어오는 전 과정을 여러 다양한 이해관계자들에게 쉽고 명확하게 설명해야 할 필요성이 생긴다. 이런 과정을 표준화 및 체계화해 기록하는 과정이 곧 회계다. 그리고 회계 결과를 다양한 이해관계자들에게 보고하기 위해 만든 서류가 바로 재무제표다.

요컨대, 회계든 재무제표든 모두 '돈'과 관련이 있는 개념이며, '돈이 만들어지는 과정'을 표현하기 위한 것임을 분명히 기억해두셨으면 한다. 대한민국에서 채택한 국제 회계기준의 재무제표는 '재무상태표, 손익계산서, 현금흐름표, 자본변동표, 재무제표에 대한 주석' 이렇게 총 다섯 가지다. 재무제표에 대한 주석은 본문 내용을 추가로 상세히 설명하기 위한 부수적인 자료이므로 차치하고, 자본변동표를 제외한 나머지 세 가지 재무제표, 즉 재무상태표, 손익계산서, 현금흐름표

세 가지만 알아도 주식 투자자에게는 충분하다. 그조차도 세부 사항을 모두 다 알 필요는 없다. 그럼 본격적으로 재무제표에서 주식 투자에 꼭 필요한 핵심 부분만 콕 집어 알기 쉽게 설명드리겠다.

주식 투자를 할 때는 재무상태표, 손익계산서, 현금흐름표만 알아도 충분하다

앞서 설명한 기본 개념에서 출발해 세 가지 재무제표를 알기 쉽게 단순화해 설명하면 다음과 같다.

- **재무상태표**: 회사에 돈 될 만한 게 얼마나 있나?
- **손익계산서**: 회사는 한 해 동안 돈을 얼마나 벌었나?
- **현금흐름표**: 회사 안에서 오고 간 돈의 흐름은 어떠했나?

훨씬 더 직관적으로 쉽게 이해가 되지 않나? 이와 같은 회계 정보는 해당 정보를 누가 사용하느냐에 따라 재무회계와 관리회계, 세무회계의 세 종류로 나뉜다. 재무회계(기업회계)는 주식 투자자나 채권자 등 기업 외부의 이해관계자를 위한 회계다. 관리회계(원가회계)는 기업 내부인 경영자를 위한 회계다. 마지막으로 세무회계는 세금 계산을 목적으로 한다. 이 책을 읽는 독자분들은 주식 투자자일 테니 이 세 가지 중에서 재무회계만 알면 된다. 관리회계나 세무회계는 그런 것이 있다는 정도만 알고 무시하셔도 무방하다.

재무회계는 기업 외부의 다양한 이해관계자에게 정보를 제공하는 것을 목적으로 한다. 재무제표는 여러분들과 같은 주식 투자자뿐만 아니라 기업에 회사채나 대출 등으로 돈을 빌려준 채권자나 그 외에 '다양한' 외부 이해관계자들에게 제공되는 정보이다 보니, 1) 다양한 범위의 정보를 포괄해 정보량이 많고, 2) 과거에 일어난 사건을 기록하기 때문에 과거 지향적이고, 3) 표준화된 기준, 즉 회계원칙에 따른 규정에 근거해 작성되고, 4) 정보의 신뢰성을 무엇보다 중요시한다는 특징이 있다. 이런 특성을 잘 이해하고 접근해야만 재무제표를 통해 나에게 꼭 필요한 정보를 골라 활용할 수 있다.

구분	재무회계(기업회계)	관리회계(원가회계)	세무회계
목적	투자자나 채권자 등 외부 이해관계자에게 유용한 정보 제공	내부 이해관계자인 경영자에게 유용한 정보 제공	법인세 산출에 유용한 정보 제공
보고 수단	재무제표(재무 보고)	일정한 보고 양식 없음	세무조정계산서 등
범위	범위가 광범위함	범위가 좁고 특정 사항에 해당	범위가 좁고 특정 사항에 해당
정보 성질	과거 지향적	미래 지향적	과거 지향적
작성 기준	회계원칙에 따른 규정에 근거	일반적인 기준이 없음	세법
강조점	신뢰성 강조	목적적합성 강조	

재무회계, 관리회계, 세무회계의 특징

재무제표는 본질적으로 과거 지향적이고 보수적으로 작성되며 실제 투자에 정말 중요한 정보는 누락되는 경우가 많다. 대표적으로 경영자의 경영 능력이나 그 기업만이 갖고 있는 기술력, 브랜드 파워, 경제적 해자 등과 같은 핵심 정보는 '신뢰성을 중시하고 보수성을 강조하는' 재무제표의 특성상 서류에 드러나지 않는다. 이는 단순히 재무제표에 기입된 여러 재무 지표가 우수하다고 해서 반드시 좋은 기업이자 우수한 투자 성과로 연결되지 않는 이유이기도 하다. 오로지 재무제표만 분석해 투자 기업을 판단하는 '재무제표성애자'가 되어서는 안 되는 이유가 바로 여기에 있다.

회계연도, 현금주의 회계 vs. 발생주의 회계

사람들이 해가 바뀜에 따라 한 살씩 나이를 먹듯이, 학생들이 1년마다 학년이 바뀌듯이, 기업도 해가 지날 때마다 나이를 먹는다. 그리고 학생들이 새로운 학년으로 올라가기 전, 한 해의 학업 성과를 총 집대성한 성적표를 받듯이 기업 또한 한 해가 끝나고 다음 해로 넘어가기 전에 '돈을 버는 기계인 기업'으로서 얼마나 돈을 잘 벌었는지를 평가하는 일종의 성적표를 만든다. 이것이 곧 재무상태표, 손익계산서, 현금흐름표 등의 여러 가지 성적표, 즉 재무제표다. 투자자들은 이렇게 만들어진 성적표, 즉 재무제표를 보고 거기에서 투자에 필요한 정보를 얻는 것이다.

그렇다면 학생들에게 학년을 정해놓은 이유는 무엇일까? 학년을 정해놓아야 그 학생의 학업 성취도를 평가할 수 있는 기준이 생기기 때문이다. 학생들의 학년에 해당하는 개념이 기업에게는 바로 회계연도다. '기업에 돈 될 만한 것이 얼마나 있는가(=재무 상태)', '기업이 얼마나 돈을 벌어왔는가(=경영 성적)' 등을 명백히 계산하고자 6개월 또는 1년 등의 적당한 간격으로 기간을 구분하고 설정하는데, 이것이 바로 회계연도 또는 회계기간이다. 이 회계연도는 관련법상 1년을 초과할 수 없다. 그 이하의 기간으로도 설정이 가능하지만 거의 100%에 가까운 기업들이 회계연도를 1년으로 설정하고 있다.

사람과 기업이 다른 것은 사람들은 매년 1월 1일이 돼야 나이를 한 살 더 먹지만, 기업들은 나이 한 살을 더 먹는 날짜를 기업 스스로 정할 수 있다는 사실이다. 즉, 1년이란 기간이 경과함에 따라 기업들도 사람처럼 나이를 한 살씩 더 먹지만, 한 살을 더 먹는 날짜가 사람들은 1월 1일로 고정된 반면에 기업들은 기업 스스로 정하기에 따라 한 살을 더 먹는 날짜가 4월 1일이 될 수도, 9월 1일이 될 수도, 11월 17일이 될 수도 있다. 우리나라는 대다수 기업들이 1월 1일부터 시작하는 회계연도를 채택하고 있고, 증권사 등 아주 일부만 4월 1일부터 회계연도가 시작한다. 참고로 미국은 기업마다 회계연도가 아주 다양하며, 일본은 대개 4월 1일을 회계연도로 삼는 경우가 많다.

기업의 성과를 평가하기 위한 회계연도는 두 가지 개념을 파생시켰다. 바로 '현금주의 회계'와 '발생주의 회계'라는 개념이다. 회계연도는 기업의 성과를 평가하기 위한 시점과 기간을 설정한 것인데 여기에서 특정 회계 사건, 즉 '언제 돈을 벌어왔는가' 혹은 '지금 가진, 돈이 될 만한 것은 얼마인가'를 결정하기 위한 기준이 필요해진다. 이 기준을 정하는 데는 두 가지 방법이 있다. 하나는 실제로 돈이 입금된 시점을 기준으로 하는 것이고, 다른 하나는 돈이 입금될 만한 결정적 사건이 발생한 시점을 기준으로 하는 것이다. 전자를 현금주의 회계라고 부르고, 후자를 발생주의 회계라고 부른다. 이 두 가지 방법 중에 어떤 것이 더 객관적이고 공정하게 그 기업을 운영하는 경영자의 성과를 알 수 있는 방법일까?

만일 현금주의 회계 방식을 택한다면, 경영자는 받을 돈은 최대한 당겨서 받고 줄 돈은 최대한 미루어 지급함으로써 올해의 성과를 부풀리고, 그 부풀린 성과로 많은 보너스를 받은 다음에 당연히 성과가 나빠질 내년이 오기 전에 사표를 내는 식으로 기업을 운영할 수도 있을 것이다. 이는 객관적이고 공정한 성과 평가라고 보기 어렵다. 그래서 거의 모든 기업이 현금주의 회계가 아닌 '결정적 사건이 발생했을 때'를 기준으로 하는 발생주의 회계를 채택하고 있다.

투자자가 알아두면 좋은, 기초적인 회계 용어들

그렇다면 이제 본격적으로 투자자가 알아두면 좋을 기초적인 회계 용어들을 살펴보자. 자산, 부채, 자본, 수익, 비용, 이익, 수익 비용 대응의 원칙 등이 바로 그것들이다. 그동안 이런 용어들이 어렵게 느껴졌던 이유는 다음과 같이 전문적이고 추상적으로 설명이 되어 있었기 때문이다.

- **자산**: 과거의 거래나 사건의 결과로서 기업 실체에 의해 지배되고 미래의 경제적 효익을 창출할 것으로 기대되는 자원
- **부채**: 과거의 거래나 사건의 결과로서 현재 기업 실체가 부담하고 미래에 자원의 유출 또는 사용이 예상되는 의무
- **자본**: 기업의 자산 총액에서 부채 총액을 차감한 잔액. 순자산으로서 기업 실체의 자산에 대한 소유주의 잔여청구권을 가리킴
- **수익**: 기업의 영업활동 결과 자본이 증가하는 원인(상품 매출 이익, 수수료 수익, 이자 수익, 임대료 등)
- **비용**: 기업의 영업활동 결과 자본이 감소하는 원인(급여, 통신비, 임차료, 보험료 등)

이 정의들은 회계 전문가 입장에서는 너무나 명쾌하고 정확한 설명

이다. 하지만 단지 주식 투자를 잘하기 위한 목적으로 회계와 재무제표를 알고 싶은 일반인들에게는 무척 난해한 암호문처럼 느껴진다. 이를 보다 직관적으로 이해하기 쉽게 풀이해서 정의하면 다음과 같다.

- **자산**: 돈과 앞으로 돈이 될 만한 것
- **부채**: 앞으로 돈이 나갈 것
- **자본**: 들어올 돈에서 나갈 돈을 뺀 것(= 자산에서 부채를 뺀 것), 즉 우리 몫의 돈이 될 것
- **수익**: 기업이 본 활동으로 돈을 벌어들인 것
- **비용**: 수익을 내기 위해 나갔거나 나갈 돈
- **이익**: 실제 벌었거나 벌게 된 돈(= 수익에서 비용을 뺀 것)
- **수익 비용 대응의 원칙**: 수익이 발생한 기간에 그에 소요된 비용을 계산하는 원칙

우리 모두에게 익숙한 '돈'을 매개로 풀어서 설명하니 어떠한가? 어려운 회계 용어들이 쉽게 이해되지 않는가? 여러분이 회계학을 공부하는 입장이라면 이런 식의 설명은 곤란하겠지만, 그저 투자에 필요한 정도의 회계와 재무제표 지식 습득만을 목표로 한다면 이렇게 간편한 방식의 접근이 투자를 할 때 월등히 유리하고 이걸로도 충분하다.

수익 비용 대응을 위해
감가상각을 한다

회계와 재무제표 공부를 시작한 분들이 가장 많이 혼란에 빠지는 부분은 감가상각과 감가상각누계액, 대손상각과 대손충당금 등 각종 상각과 충당금에 대한 내용이다. 이 개념이 어렵게 느껴지는 이유는 현실에서 전혀 사용되지 않는 말들인 데다, 현실에서 쓰이더라도 현실에서의 뜻과 회계상의 뜻이 달라 혼란스럽기 때문이다.

근본 원리를 명확하게 인식하지 못한 상태에서 세부 사항으로 들어가는 것은 마치 모래성을 쌓는 것과 같아서 위태롭고 무너지기 쉽다. 마찬가지로 감가상각이라는 회계 처리 과정을 제대로 알려면, '도대체 왜 감가상각을 하는가?'라는 근본적인 질문에서부터 시작해야 한다. 감가상각을 하는 이유는 바로 '수익 비용 대응'을 위해서다.

앞에서 설명했던 내용들을 토대로 요약하자면, 감가상각이라는 회계 처리 과정은 '돈 버는 기계인 기업'이 '얼마나 돈을 잘 벌어왔는지'를 제대로 평가하기 위해 '발생주의 회계기준' 아래에서 '수익 비용 대응의 원칙'을 실천하기 위한 목적으로 하는 것이다. 즉, 올해의 성과를 제대로 평가하기 위해 기계, 건물 등 유형자산(=형태가 있는, 돈이 될 만한 물건)을 활용해 돈을 벌어들인 몫에 사용된 비용 부분을 공정하게 계산하고자 하는 것이 감가상각 회계 처리 과정이다.

이해를 돕기 위해 단순화된 예를 하나 들어보겠다. 2025년 1월 1일,

1조 원을 들여 공장을 지었다고 하자. 이를 돈이 나가는 시점을 기준으로 하는 현금주의 회계 방식으로 기록한다면, 2025년에 이 기업은 1조 원의 비용을 사용한 것으로 장부에 적을 것이다.

그러나 우리는 발생주의 회계를 택하고 있고, 이는 이 공장 때문에 돈이 벌리는 기간(=유식한 말로 '내용연수'라고 함) 동안에 그에 맞춰 비용을 안분계산을 해야 함을 의미한다. 그래야 매 회계연도마다 공정한 평가가 이루어지기 때문이다. 이 공장이 앞으로 10년간 돈을 벌어올 수 있다고 치면, 2025년 연초에 사용한 1조 원의 돈 또한 이 10년의 기간 동안 적절한 방법으로 나누어서 비용으로 계산해야 '수익 비용 대응의 원칙'을 지키는 셈이 된다. 사실 적절하게 나누는 방법, 즉 감가상각 방법에도 정액법, 정률법, 생산량 비례법 등 다양한 방법이 있는데, 여기에서는 그런 세부적인 디테일까지 알 필요는 없다. 따라서 가장 기초적이면서도 가장 널리 쓰이는 정액법을 사용한다고 가정하고 설명하겠다.

감가상각 방법 중 하나인 정액법은 공장, 기계, 설비 등 유형자산이 돈을 벌어다주는 기간(=내용연수) 동안 매해 일정한 금액(=정액)만큼 나눠서 비용으로 집계하는 방법이다. 앞의 예시에서 1조 원에 지은 공장을 향후 10년간 사용해 기업이 돈을 벌 수 있다고 치면, 1조 원÷10년=1,000억 원을 매해 비용으로 계산하게 된다. 즉, 이 공장이 10년간 돈을 벌어올 동안 이 공장을 짓는 데 들어간 돈 1조 원을 매년 균등하게 1,000억 원씩 10년 동안 일정한 금액(=정액)만큼 비용으로 계산해 '수익 비용 대응의 원칙'을 지키고, 이를 통해 기업의 경영 성과를 매년 공정하게 평가하고자 하는 것이다.

 2025년 초에 1조 원이 들어간 공장을 10년간 사용할 경우, 첫해에는 1,000억 원의 비용이 계산된다. 그럼 1년이 지난 2025년 말 기준으로 이 공장의 가치는 얼마가 될까? 1년 동안 1,000억 원만큼 사용돼 그 가치가 사라진 것으로 간주해서(=감가상각, 가치가 감해진 만큼 자산의 가격을 줄여주는 것) 1조 원-1,000억 원=9,000억 원을 이 공장의 가치로 재계산해 표시하게 된다. 이때 이 공장의 가치를 재무제표에서 바로 9,000억 원으로 표시하는 방법을 직접법이라고 하고, 처음 산 1조 원이라는 금액은 그대로 유지한 채 감가상각누계액이라는 별도의 계정 항목을 사용해 표현하는 방식을 간접법이라고 한다. 국제적으로 인정되는 회계기준은 간접법을 사용하게 되어 있고, 여러분들이 보는 재무상태표도 이 방식으로 표현되어 있다.

 이때 재무상태표(=기업에 돈이 될 만한 것이 얼마나 있는가를 나타낸 표)에 표시되는 감가상각누계액은 어떤 의미일까? 누계'액'이라고 금액, 즉 돈 같다는 느낌이 드는 용어를 사용하고 있어서 일반인들 중에는 이를 마치 실제 돈을 적립해둔 것처럼 착각하는 분들이 있다. 그러나 이는 전혀 돈이 아니다. 돈과는 아무런 관계가 없는 그저 회계상의 용어일 뿐이다. 그러니 절대 오해하지 말아야 한다. 감가상각누계액은 자산(=돈이 될 만한 것)의 실제 가치를 나타내기 위해 사용되는 '자산의 차감 항목'으로 그저 회계상 표현을 위해 만들어낸 회계적 장치에 불과하다. 그저 자산의 공정 가치를 표현하기 위한 하나의 방법으로 만들어진, 실체가 없는 가공의 계정으로 이해하셔야 한다.

여기서 '실체가 없는 가공의 계정'이란 말은 이런 뜻이다. 이 공장을 5년간 사용했다고 하자. 그럼 짓는 데 1조 원이 든 공장은 매해 1,000억 원씩×5년=5,000억 원이 사용되어 사라졌다고 가정된다. 이는 재무상태표에 그 공장의 가치가 1조 원-5,000억 원=5,000억 원으로 표시됨을 의미한다. 그런데 이를 직접 차감해 표시하는 직접법이 아닌, 감가상각누계액이라는 자산의 차감 항목을 활용해 표시하는 간접법을 사용한 만큼, 공장을 짓는 데 처음 사용한 1조 원은 그대로 유지한 채 다음과 같이 표기한다.

5년 후 재무상태표 표시	공장	1조 원
	감가상각누계액	5,000억 원
	공장의 순가치	5,000억 원

그런데 공장을 지은 지 5년이 경과한 시점에서 이 공장을 누군가에게 판다고 생각해보자. 그럼 이 공장은 얼마를 받고 팔 수 있을까? 재무상태표에 표시된 대로 5,000억 원에 팔 수 있지 않을까? 땡! 전혀 그렇지 않다. 장부상 금액은 말 그대로 장부상 금액에 불과하다. 실제 팔리는 가격은 이 공장을 구입하려는 사람이 얼마나 있는지, 그 사람이 얼마나 지불할 것인지 등에 달려 있다. 이는 재무상태표에 표시된

5,000억 원이라는 금액과는 아무런 관련이 없다. 그러면 공장의 순가치를 평가하기 위해 만들어진 회계상 계정 과목인 '감가상각누계액'은 도대체 무엇인가? 아무런 의미도 없는 것이 아닌가? 그렇다. 실제로 이 '감가상각누계액'은 공장의 순가치를 표현하는 형식을 띠고는 있으나 실제 가치와는 전혀 무관하다. 그래서 이 감가상각누계액을 '실체가 없는 가공의 계정'이라고 말한 것이다.

조금 혼란스러운가? 도대체 아무런 정보 가치도 없는 가공의 계정인 '감가상각누계액'이라는 것을 왜 만들어서 재무제표를 공부하는 사람만 힘들게 하는가? 그 이유는 애초에 '감가상각누계액'이 만들어진 이유가 자산을 제대로 평가하기 위한 목적이 아니라 매년의 경영 성과를 평가하기 위해 '수익 비용 대응의 원칙'을 우선으로 매년 감가상각비라는 비용을 계산하는 과정에서 만들어진 파생적인 계정의 성격을 갖고 있기 때문이다. 회계에서는 공장의 현재 자산 가치가 얼마인가를 평가하는 것보다 매해 기업의 경영 성과를 평가하는 것을 더 중요하게 여기기 때문에 이런 현상이 발생한다.

이는 PBR_{Price to Book-Value Ratio}이 주가가 저렴한지 비싼지 여부, 즉 밸류에이션 지표로 가치가 떨어짐을 의미하는 것이기도 하다. 대차대조표상의 장부 가치는 앞서 얘기한 이러한 이유에 따라 현재의 정확한 시장 가치가 아니므로 투자자에게는 의미 있는 정보를 전혀 제공하지 못한다. 그런데도 금융 당국과 여의도 금융권은 PBR 주식이 마치 저평가됐다고 생각해 'PBR을 해소하는 코리아 밸류업' 프로그램을 만들어서 코리아 디스카운트를 해소하겠다고 하니 무식해도 이렇게 무식할 수가 없는 것이다. 참으로 안타까운 일이 아닐 수 없다.

재무제표상의 금액은 '실체가 없는 가공의 계정'임을 기억하라

우리가 일상에서 사용하는 '-금', '-액' 따위의 단어는 모두 돈을 가리키거나 돈과 관련된 말이다. '예금', '적금', '비상금' 등이 바로 그것이다. 그러나 회계와 재무제표에 있는 대부분의 '-금', '-액' 등의 용어는 전혀 돈이 아니다. 이 사실을 제대로 이해해야만 주식 투자자로서 제대로 재무제표를 읽어낼 수 있다.

앞서 감가상각누계액은 돈이 아니고 '수익 비용 대응의 원칙'을 위해 회계상 만들어진 '실체가 없는 가공의 계정'이라고 설명했다. 이 감가상각누계액은 건물, 기계, 설비 등 형체가 있는 자산(=회계 용어로는 유형자산)에 해당한다. 형체가 없지만 돈이 될 만한 것(=회계 용어로는 무형자산, 영업권, 특허권, 소프트웨어 등)들 역시 '수익 비용 대응의 원칙'을 지켜서 매년 성과를 공정하게 평가하기 위해 '상각'이라는 절차를 거친다. 이때 유형자산의 감가상각과는 구분하기 위해 '감모상각'이라는 별도의 용어를 사용한다. 이 감모상각 과정을 통해 만들어진 '실체가 없는 가공의 계정'이 바로 감모상각누계액이다.

정리하자면, 형태가 있는 유형자산은 정확한 연간 실적 평가를 위해 감가상각을 하고, 그 결과 감가상각누계액이라는 유형자산의 차감적 평가 계정이 재무상태표에 표현된다. 한편, 형태가 없는 무형자산은 감모상각을 하고, 그 결과 감모상각누계액이라는 무형자산의 차감적 평가 계정이 발생한다. 그리고 둘 다 실제 돈과는 아무런 관계가 없다.

'-충당금'이라고 이름 붙은 것들도 이와 동일하다. 대손충당금, 판매보증충당금, 퇴직급여충당금 등 각종 충당금 또한 우리가 일상 언어생활에서 사용하는 충담금의 의미와 다르다. 즉, '-을 하기 위해 모아둔 돈'의 의미가 아니라는 말이다. 이들 충당금은 그저 '수익 비용 대응의 원칙'을 지켜서 매해 기업의 성과를 제대로 측정하려고 만든 '실체가 없는 가공의 계정'이다.

이와 유사한 사례로 이익잉여금과 자본잉여금이 있다. 우리의 언어 습관에 비추어 이 두 용어를 판단해보면, 이익잉여금은 이익을 내어서 남겨둔 '돈', 자본잉여금은 뭔가 자본과 관련된 활동을 해서 남겨둔 '돈'처럼 느껴진다. 하지만 이들 또한 감가상각누계액, 대손충당금과 마찬가지로 매년 공정한 성과 평가를 위한 회계 처리 과정에서 만들어진 '실체가 없는 가공의 계정'에 불과하다. 이 또한 돈이 전혀 아닌 것이다.

'기업에 돈이 될 만한 것이 얼마나 있는가'를 표현하는 재무상태표에는 이렇듯 '실체가 없는 가공의 계정'이 무척이나 많다. 이 말은 곧 재무상태표에 표현된 그 기업의 가치는 실제 기업의 가치와 큰 차이가 날 수밖에 없음을 의미한다. 그래서 이러한 장부 가치상의 자산 가치로 기업과 주가를 평가하는 방법인 PBR은 '쓰레기 정보'일 수밖에 없다.

이렇듯 재무상태표상의 자산들이 실제 자산 가치를 제대로 반영하지 못하는 이유는 '매해 성과를 평가하는 것'이 '매년 말 자산의 가치를 시세대로 평가하는 것'보다 더 중요하기 때문이다. 기업의 매해 성과를 나타내는 재무제표는 손익계산서이고, 기업의 매년 말 자산 상태를 나타내는 재무제표는 재무상태표인데, 이 둘을 모두 정확하게 표현하기는 어렵다. 따라서 둘 중 어느 하나에 더 무게를 두고 정확하게 표현할지를 선택해야 한다. 이는 복식부기의 원리와 관계가 있는데, 더 깊이 들어가면 설명이 복잡해지므로 여기에서는 생략하겠다.

그렇다면 손익계산서와 재무상태표, 둘 중 어느 것을 더 중점적으로 공정하고 객관적이며 정확하게 표현해야 할까? 당연히 손익계산서다. 기업은 매해의 성과에 따라 경영진과 노동자의 진급과 성과급을 결정한다. 그리고 증시에서 주가의 움직임도 매해의 성과에 결정적으로 연동된다. 주주들에게 배당금을 지급할 때도 매해의 성과가 기준이 되고, 금융기관들이 돈을 빌려줄 때도 우선적으로 보는 것이 '이 기업이 돈을 제대로 벌고 있는가'다.

이에 비해 매해 연말, 그 기업이 얼마만큼의 재산을 갖고 있는지 여부는 그렇게 중요하지 않다. 왜냐하면 기업은 '계속기업의 가정', 즉 앞으로도 계속해서 사업을 할 것이라고 보는 만큼 '올 연말에 이 기업을 청산하면 얼마나 받을 수 있을지'는 그리 중요한 정보가 아니기 때문이다.

이렇듯 매년 기업의 성과를 공정하게 평가하는 것이 가장 중요하고, 이는 '수익 비용 대응의 원칙'을 지켜서 손익계산서를 작성함을 의미한다. 감가상각, 대손상각 등은 이처럼 비용을 제대로 계산하는 과정인데, 그 과정에서 전혀 돈이 아닌 감가상각충당금, 대손충당금, 이익잉여금 등 '실체가 없는 가공의 계정'이 다수 만들어진다. 이 본질적 개념과 절차를 제대로 이해해야만 재무제표를 통해 투자에 필요한 정보를 얻을 수 있다.

재무제표, 어디에서 어떻게 볼 수 있나?

지금까지 회계와 재무제표의 기본 개념에 대해 살펴봤다면, 이제 본격적으로 재무제표를 읽을 수 있는 눈을 기를 차례다. 투자를 할 때 재무제표를 보라고 하는 말은 여러분이 투자한 혹은 투자하려고 하는 기업의 사업보고서를 보라는 뜻이다. 사업보고서 안에는 기업의 돈 버는 활동에 관한 기록을 정리해둔 표, 즉 재무제표가 들어 있다. 관련 법령상 재무제표는 재무상태표, 손익계산서, 현금흐름표, 자본변동표, 재무제표에 대한 주석 이렇게 다섯 가지가 있는데, 투자자 수준에서 필요한 자료는 재무상태표, 손익계산서, 현금흐름표 이렇게 세 가지 정도다.

재무제표는 다양한 이해관계자들을 염두에 두고 작성되는 자료이다 보니 그 안에는 여러 이해관계자들에게 필요한 수많은 정보들이 담겨 있다. 정보가 넘칠수록 그 안에서 나에게 필요한 정보를 선별해 낼 줄 아는 안목이 중요하다. 지금부터는 재무상태표, 손익계산서, 현금흐름표의 여러 정보 중에서 투자자에게 무엇이 중요하고 무엇이 덜 중요한지, 어디까지 알아야 하고 어떤 것은 무시해도 되는지 등을 알려드리고자 한다.

외부 회계감사와 감사 의견

우선 자신이 투자한 기업 또는 투자를 고려하는 기업의 재무제표를 찾는 방법부터 설명하겠다. 증시에 상장된 기업은 당연하고, 일정 규모 이상 되는 기업은 '외부 회계감사 법인'에 지정돼 재무제표를 공시해야 한다. 해당 조건은 대통령령으로 정해지는데 증시에 상장된 기업의 약 14배에 달하는 기업들이 여기에 해당한다. 비상장 기업도 규모가 크다면 재무제표를 확인할 수 있다.

'외부 회계감사'란 기업이 자체적으로 작성한 재무제표가 제대로 잘 작성됐는지를 독립된 외부 전문가 집단이 확인하는 과정이다. 이를 업으로 하는 회사들이 여러분들이 익히 들어보셨을 '삼일회계법인', '삼정회계법인' 등과 같은 회계법인이다. 공인회계사는 이와 같은

적정 의견	회사의 회계 정책이나 재무제표 작성 등에 중요한 왜곡 표시가 없음을 표시하는 감사인의 의견
한정 의견	중요하지만 전반적이지 아니한 특정 부분에서 ① 감사인이 충분하고 적합한 감사 증거를 확정하지 못했거나 ② 재무제표에 왜곡 표시가 포함돼 있을 때 나오는 의견
부적정 의견	재무제표에 포함된 왜곡 표시가 중요하고 전반적일 경우에 표명되며, 한정 의견보다 심각한 사안일 때 나가는 의견
의견 거절	감사인의 감사 수행에 중요하고 전반적인 제한이 있어 적절히 감사를 수행할 수 없었으며, 이에 따라 재무제표에 대한 검토와 의견을 표명할 수 없을 때 나오는 의견

감사 의견의 종류

회계법인에 소속돼 외부 회계감사를 할 수 있는 공인된 자격증을 가진 사람들이다. 회계법인은 기업들의 재무제표를 외부 감사한 후, 재무제표가 제대로 작성됐는지에 대한 의견을 내는데, 이를 '감사 의견'이라고 한다. 감사 의견은 적정 의견, 한정 의견, 부적정 의견, 의견 거절의 네 가지로 나뉘며, 각각의 의미는 다음과 같다.

'적정 의견'은 쉽게 비유하자면, '무죄'의 느낌으로 이해하면 된다. 즉, '회계와 관련된 중요한 규정을 어긴 것은 없다'는 정도의 의미다. '한정 의견'은 '집행유예'의 느낌으로 받아들이면 된다. 분명히 죄는 지었으되 그 범죄가 아주 중하지는 않을 때 '지금 당장 투옥하지는 않을 테니 앞으론 법을 살 지키시오' 하는 게 집행유예인 것처럼 '한정 의견'은 엄중한 경고장 느낌이다.

'부적정 의견'과 '의견 거절'은 '유죄이니 실형'의 느낌이다. 당장 이 두 가지 의견을 받은 기업은 대출금이 회수된다거나 공공 입찰에 참여가 제한되는 등의 여러 불이익을 받는다. 무엇보다도 투자자 입장에서 가장 두려운 '관리대상 종목 편입'이나 '거래 정지', '상장 폐지'로까지 이어질 수 있다. 매년 외부 회계감사 보고서가 제출되는 3월에 이런 종목군들이 쏟아지기 때문에 특히 주의를 기울여야 한다.

이렇듯 외부 회계감사 법인의 감사 의견은 중요하다. 투자 중인 기업이 한정 의견이나 부적정 의견 또는 의견 거절을 받으면 투자에 막대한 피해를 입을 수 있기 때문에 주의하고 경계할 필요가 있다. 그러나 그렇다고 해서 지나치게 겁먹을 이유는 없다. 왜냐하면 아래의 표에서 보듯 '적정 의견'을 받는 기업의 비율이 매년 97%를 넘기 때문이다. 여러분이 투자하는 웬만한 건실한 기업은 외부 감사에서 당연히 '적정 의견'을 받는다. 이는 국민 대다수가 범죄를 저지르지 않고 사는

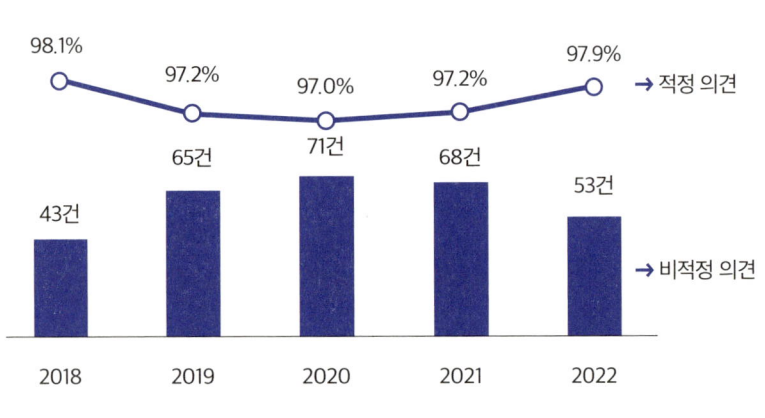

최근 5년간 외부 감사 시 적정 의견 및 비적정 의견 현황(출처: 금융감독원)

것과 동일한 이치다.

'주식회사 등의 외부 회계감사에 관한 법률(이하 '외감법')'에 따라 외부 회계감사의 대상이 되는 기업은 스스로 재무제표를 작성한 후 독립된 외부 회계법인의 감사를 받고 나서 이를 금융감독원에 보고해야 한다. 금융감독원은 이렇게 보고된 재무제표를 포함한 사업보고서를 금융감독원 전자공시시스템을 통해 대중에게 공시한다. 상장 기업은 매년 4회에 걸쳐 재무제표를 포함한 사업보고서를 제출해야 한다. 연간 실적을 보고하는 사업보고서는 90일 이내, 반기 실적을 보고하는

각 결산법인이 2025년 중 제출해야 하는 사업보고서 및 분반기 보고서의 제출 기한일
(출처: 금융감독원 전자공시)

반기 보고서와 분기 실적을 보고하는 분기 보고서는 45일 이내에 제출해야 한다. 즉, 12월 결산법인을 기준으로 사업보고서 최종 제출 기한은 3월 31일, 반기 보고서는 8월 14일, 1/4분기 분기 보고서는 5월 15일, 3/4분기 분기 보고서는 11월 14일이다.

재무제표, 어디에서 확인하나?

투자한 기업 혹은 투자를 고려 중인 기업의 재무제표가 들어 있는 연간 사업보고서 혹은 반기 보고서나 분기 보고서를 확인하려면, '금융감독원의 전자공시시스템' 홈페이지(dart.fss.or.kr)를 방문해야 한다.

금융감독원 전자공시시스템 초기 화면

사이트에 접속하면 다음과 같은 초기 화면이 뜬다.

여기에서 내가 살펴보고자 하는 기업의 기업명이나 종목 코드를 입력한 다음, 검색을 누른다. 여기에서는 예시로 'LG에너지솔루션'을 검색해봤다.

금융감독원 전자공시시스템에서 살펴보고자 하는 기업 찾기

이때 기간은 현재로부터 1년 전까지가 초기 값으로 설정돼 있는데, 원하는 기간의 사업보고서를 보려면 설정을 바꾸면 된다. 공시 유형 설정은 정기공시, 주요사항 보고, 발행공시 등 특정 유형별 공시를 확인할 때 필요한데, 초기 값은 기간 내 모든 보고사항을 검색하는 것으로 세팅돼 있다. 이 초기 값인 상태로 검색을 눌러보자.

그러면 위와 같은 다양한 형태의 금융감독원 보고 문서가 표시된다. 가령, 이 원고를 한창 집필할 당시(2024년 가을)를 기준으로 가장 최근의 재무제표는 61번 분기 보고서에 있다. 12월 결산법인인 LG에너

번호	공시대상회사	보고서명	제출인	접수일자	비고
61	LG에너지솔루션	분기보고서 (2024.09) XBRL Viewer	LG에너지솔루션	2024.11.14	
62	LG에너지솔루션	주식등의대량보유상황보고서(약식)	국민연금공단	2024.10.30	
63	LG에너지솔루션	[기재정정]연결재무제표기준영업(잠정)실적(공정공시)	LG에너지솔루션	2024.10.28	유
64	LG에너지솔루션	단일판매·공급계약체결	LG에너지솔루션	2024.10.15	유
65	LG에너지솔루션	단일판매·공급계약체결	LG에너지솔루션	2024.10.15	유
66	LG에너지솔루션	단일판매·공급계약체결	LG에너지솔루션	2024.10.08	유
67	LG에너지솔루션	기업설명회(IR)개최(안내공시)	LG에너지솔루션	2024.10.08	유
68	LG에너지솔루션	임원·주요주주특정증권등소유상황보고서	한동훈	2024.09.12	
69	LG에너지솔루션	대규모기업집단현황공시[분기별공시(개별회사용)]	LG에너지솔루션	2024.08.30	공
70	LG에너지솔루션	반기보고서 (2024.06) XBRL Viewer	LG에너지솔루션	2024.08.14	
71	LG에너지솔루션	지급수단별·지급기간별지급금액및분쟁조정기구에관한사항	LG에너지솔루션	2024.08.14	공

금융감독원 전자공시시스템에서 원하는 기간의 사업보고서 찾기

지솔루션의 3사분기는 7/1~9/30까지이고, 분기 보고서 제출 기한은 3분기 마지막 날인 9월 30일 이후 45일인 11월 14일이다. 그 제출 기한에 맞춰 접수 일자가 11월 14일인 것을 확인하실 수 있을 것이다.

이 분기 보고서를 누르면 281쪽과 같은 창이 뜬다. '1. 회사의 개요'는 해당 기업의 기초적인 내용에 관한 보고서로 연간 보고서와 반기 보고서에는 기재해야 하지만, 분기 보고서에는 '기업공시 서식 작성 기준'에 따라 생략된다. 연간이나 반기 보고서에 올라가 있는 내용도 아무래도 공공 서식이다 보니 의례적으로 작성돼 있어서 투자에 큰 도움이 될 만한 정도는 아니다. 그러니 이 부분은 가벼운 마음으로 쓱 훑고 넘어가도 무방하다. '2. 사업의 내용'은 1) 사업의 개요, 2) 주요 제품 및 서비스, 3) 원재료 및 생산설비, 4) 매출 및 수주상황, 5) 위험

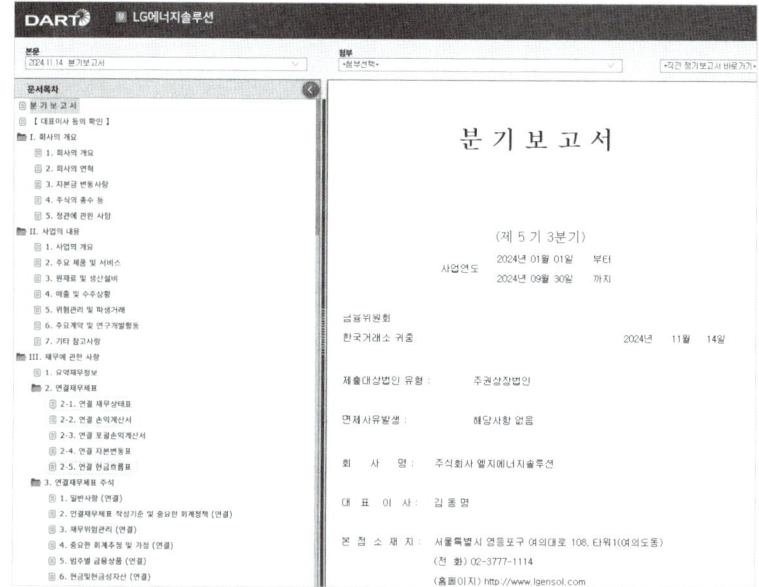

분기 보고서 양식

관리 및 파생거래 등으로 이루어졌다. 이 부분은 기업 경영에서 가장 핵심적인 부분에 해당하므로 꼼꼼히 봐두면 좋다. 다만, 이 또한 공식적인 서식이다 보니 형식적인 서술에 국한돼 있기에 이를 통해 투자에 참조할 만한 충분한 정보를 얻기에는 부족하다.

 그리고 드디어 우리가 그토록 보고 싶어 했던 재무제표가 등장한다. 바로 '3. 재무에 관한 사항'이다. 이 부분은 1) 요약 재무 정보, 2) 연결 재무제표, 3) 연결 재무제표 주석, 4) 재무제표, 5) 재무제표 주석, 이렇게 총 다섯 항목으로 이루어졌다. 이 중 초보 수준의 투자자가 봐야 할 내용은 '2) 연결 재무제표의 2-1) 연결 재무상태표, 2-2) 연결 손익계산서, 2-5) 연결 현금흐름표', 딱 세 가지다. 그러니 '이 방대한 양의 보고서를 언제 다 보지' 하면서 지레 겁먹을 필요는 없다.

연결 재무제표와 개별 재무제표
& 기업회계기준과 K-IFRS

본격적으로 재무제표 얘기를 하기에 앞서 많은 분이 혼란스러워 할 만한 연결 재무제표와 개별 재무제표, 기업회계기준과 K-IFRS에 대해서 간략히 설명드리고자 한다.

오늘날 대한민국의 어느 정도 규모가 있는 기업들은 활발히 해외 진출 중이다. 해외에 생산 공장을 두거나 해외 유수의 기업들과 합작회사를 만들거나 혹은 생산과 판매를 전담하는 별도의 자회사를 두는 경우도 많다. LG에너지솔루션과 GM의 배터리 합작법인 얼티엄 셀즈나 현대차의 북미 시장 생산과 판매, 기획을 담당하는 현대차아메리카 등이 대표적인 사례다. 그 외 국내에서 사내 벤처 형태로 다양한 사업을 시도할 목적의 자회사 등을 두는 등 실질적으로 지배력을 행사하는 다양한 기업을 거느리고 있다.

따라서 해당 기업의 본모습은 LG에너지솔루션이나 현대차 같은 단일 기업 단위의 재무제표로는 파악하기 어렵다. 그 대신 이 기업들이 지배력을 갖고 있는 다양한 형태의 자회사들을 한데 묶어서 재무제표를 작성해야 진짜 모습을 파악할 수 있다. 이때 지배력을 행사하는 LG에너지솔루션, 현대차 같은 기업을 모회사, 이들이 지배력을 행사하는 다양한 기업을 자회사, 또는 종속회사라고 한다. 개별 재무제표는 각각의 회사를 별개의 실체로서 작성하는 재무제표이고, 연결 재무제표는 모회사와 자회사를 하나의 경제적 실체로 간주해 작성하는 재무제표다.

우리 기업들이 전 세계를 대상으로 활동하고 있는 지금, 연결 재무제표가 기업의 본질을 더 정확히 보여준다고 할 수 있다. 따라서 금융감독원 전자공시시스템에 공시된 재무제표에서도 연결 재무제표가 먼저 나오고 나중에 개별 재무제표가 나오도록 순서를 정해놓은 것이다. 즉, 본질적으로 연결 재무제표가 더 우위에 있으므로 투자자는 연결 재무제표만 확인하면 된다.

앞에서 재무제표는 다양한 이해관계자들에게 정보를 제공하기 위해 작성된다고 언급했다. 이때 일관되고 정확한 기준 없이 기업들이

구분	개별 재무제표	연결 재무제표
작성 주체	개별 기업	지배 기업
포함 범위	단일 기업	지배 기업과 종속 기업
내부 거래	표시	제거
주요 목적	개별 기업 평가	기업 그룹 전체 평가

개별 재무제표와 연결 재무제표의 차이

저마다 자기 마음대로 재무제표를 작성하도록 허용한다면, 재무제표는 중구난방이 되어버릴 것이다. 그래서 재무제표를 작성할 때 필요한 기준을 법적으로 정해놓았다. 바로 '기업회계기준'이 그것이다. 기업회계기준은 일반적으로 인정되는 회계원칙Generally Accepted Accounting Principles, GAAP을 존중해 제정된다. 즉, 일반적으로 인정되는 회계원칙, GAAP는 관습법이며 불문법적 성격을 갖고, 이를 기반으로 성문법화한 것이 기업회계기준이 되는 셈이다.

이렇게 만들어진 기업회계기준은 각 나라별 고유의 기업 문화와 법체계에 맞춰 제정된다. 따라서 대한민국의 기업회계기준은 미국의 기준과 다르고, 일본, 중국 등 다른 모든 나라와도 조금씩 다를 수밖에 없다. 상황이 이렇다 보니 많은 기업이 다국적기업이고, 우리 대한민국 국민들이 국내에서도 손쉽게 미국, 일본, 중국 등 해외 증시에 직접 투자할 수 있는 글로벌화된 세상에서는 나라별로 다른 회계기준이 많은 불편함을 양산하게 됐다. 이런 불편함을 제거하기 위한 목적으로 나온 것이 바로 국제회계기준International Financial Reporting Standards, IFRS이다.

2001년 설립된 국제회계기준위원회International Accounting Standards Board, IASB는 국제적으로 통용되는 회계기준, 즉 IFRS 제정을 주도하고 있으며, 유럽연합은 2005년부터 이를 전면 의무화했다. 일본은 2014년부터 IFRS를 수용했으며, 우리나라는 2009년부터 순차적으로 IFRS를 받아들이고 있다. 하지만 전 세계 모든 나라가 IFRS를 따르는 것은 아니다. 대표적으로 미국과 중국은 IFRS가 아닌 자국의 독자적 기업회계기준을 여전히 고수 중이다.

미국과 중국의 사례에서 보듯이 기업과 관련한 문화와 법규는 나라마다 다르기 때문에 전 세계적으로 통용되는 하나의 기준을 만들어서 일률적으로 적용시키기는 어렵다. 이는 우리나라도 마찬가지여서 IASB에서 제정한 IFRS를 따르기는 하지만, 대한민국 사정에 맞게 약간 수정을 할 필요도 생겼다. 바로 이런 이유로 IFRS 규정을 대한민국 실정에 맞게 조정해 도입한 회계기준이 바로 K-IFRS_{Korea Internantial Financial Reporting Standards}다. 2011년부터 국내 상장 기업은 K-IFRS 규정을 의무적으로 따라야 하며, 여러분들이 앞으로 보게 될 재무제표는 모두 이 K-IFRS를 기준으로 작성된 것이다.

돈과 돈이 될 만한 것을 나타내는 재무상태표

이제 본격적으로 각각의 재무제표에 대해 알아보도록 하자. 각각의 재무제표를 아주 이해하기 쉽게 직관적으로 설명하면 다음과 같다.

- **재무상태표**: 돈과 돈이 될 만한 것(자산), 갚아야 할 돈(부채), 나머지(자본= 주주 몫)
- **손익계산서**: 한 해 동안 돈을 얼마나 벌었나?
- **현금흐름표**: 돈은 어떻게 왔다 갔다 했나?(현금주의/발생주의)
- **자본변동표**: 주주 몫은 한 해 동안 어떻게 바뀌었나?

이 네 가지 재무제표를 작성할 때, 표와 숫자로 설명하기에는 부족한 부분이 생기기도 하는데, 이를 책의 주석처럼 별도로 빼내서 설명하는 부분이 주석이다. K-IFRS상 재무제표는 앞의 네 가지에다 주석까지 포함해 총 다섯 종류다.

먼저 돈과 돈이 될 만한 것과 그것이 갚아야 할 것인지 아니면 주주의 것인지를 나타내는 표인 재무상태표부터 살펴보자. 재무상태표는 우리가 흔히 재산이라고 부르는 돈과 돈이 될 만한 것을 뜻하는 자산 부분과 그 자산이 어디서부터 왔는지를 뜻하는 자본 부분, 이렇게 크게 두 부분으로 나뉜다. 그리고 이 두 부분 중 하나는 재산의 상태(=자산)이고, 다른 하나는 재산의 원천(=자본)으로 회계 구조상 이 두 부분은 일치할 수밖에 없다. 그래서 과거에는 이를 대차대조표라고 부르기도 했다. 이 이름은 자산은 차변(=왼쪽), 자본은 대변(=오른쪽)에 표시하는 것에서 유래했다.

이제 LG에너지솔루션의 2024년 9월 30일 재무상태표를 예시로 투자자 여러분들이 반드시 알아야 할 핵심을 알기 쉽게 설명하겠다.

재무상태표의 '자산' 파트 해석의 실제

① 돈과 돈이 될 만한 것은 총 56조 원이다

연결 재무상태표 자산資産, Asset 파트의 맨 아래쪽에는 자산 총계가

	제 5 기 3분기말	제 4 기말
자산		
유동자산	18,137,901	17,208,396
현금및현금성자산	5,385,110	5,068,783
매출채권	5,360,855	5,128,474
기타수취채권	422,186	555,186
기타유동금융자산	91,800	65,439
선급법인세	41,455	67,072
기타유동자산	1,470,633	927,106
재고자산	5,365,862	5,396,336
비유동자산	38,489,229	28,228,748
장기매출채권	365,280	129,995
기타장기수취채권	132,072	122,282
기타비유동금융자산	742,891	357,038
관계기업 및 공동기업투자자산	67,610	223,559
이연법인세자산	2,797,705	2,228,924
유형자산	32,658,012	23,654,677
무형자산	1,129,840	875,993
투자부동산	198,639	212,489
기타비유동자산	397,180	423,791
자산총계	56,627,130	45,437,144

LG에너지솔루션의 2024년 9월 30일 재무상태표 중 '자산' 파트

나온다. 자산의 회계적 정의는 '특정의 경제적 실체가 과거의 거래, 사상 등의 결과로 현재 획득하거나 통제하고 있는 미래의 획득 가능한 경제적 효익financial benefits'이다. 결국 자산이란 과거의 활동으로 현재 기업이 권리를 보유한, 미래의 돈이 될 만한 것이란 얘기다. 기업은 돈을 벌어오는 기계이고, 그런 관점에서 '미래의 획득 가능한 경제적 효익'이란 앞으로 돈이 될 만한 것이란 의미일 테니 말이다. 2024년 9월 30일 기준, LG에너지솔루션이 보유한 돈과 돈이 될 만한 것의 합계는 56조 원(조 단위 이하 절하)이고, 이는 2023년 12월 31일 기준 자산 총계인 45조 원에 비해 11조 원이 늘어난 값이다. '우와, 아홉 달 만에 11

조 원이나 돈이 될 만한 것이 늘어나다니 대단하다!'라고 생각할 수도 있겠다. 그러나 반드시 그런 것은 아니다. 기업이 장사를 잘해서 순수하게 11조 원이 증가한 것이라면 좋은 일이겠으나 단지 은행에서 돈을 많이 빌려왔기 때문에 자산 총계가 늘어난 것일 수도 있다. 이는 '자산이 늘어난 원천이 어디인가?'와 관련이 있는데, 이 부분은 재무상태표의 후반부인 '자본' 파트에서 다시 설명하겠다.

② 거의 현찰로 5.3조 원을 갖고 있다

재무상태표에서 언제나 첫 번째 항목은 현금 및 현금성자산이다. 현금 및 현금성자산은 현찰이거나 곧 현찰화할 수 있는 예금 등을 포함한다. 여러분이 가진 현찰과 월급 통장에 들어 있는 보통예금이라고 이해하면 된다. 보다 정확하게 말하자면, 현금과 만기가 3개월 이하이면서 언제든 현금화가 가능한 기업 예금, 단기 양도성 예금증서, 단기 국공채 등이 여기에 해당한다.

이러한 현금이나 현금성자산은 기업의 안정성을 담보하는 장치이지만, 수익성은 아무래도 떨어질 수밖에 없다. 따라서 이 부분의 보유 금액이 너무 과하면 그 또한 좋은 것은 아니다. 더 수익성 있는 자산에 투자하든지 마땅한 투자 대상이 없다면 배당 등으로 주주에게 환원해 주는 것이 합리적인 경영이다.

2024년 9월 말 기준, LG에너지솔루션은 거의 현찰로 5.3조 원을 갖고 있고 이는 2023년 말 기준 금액인 5조 원에 비해 3,000억 원이 늘어난 값이다. 이는 만일 비상 상황이 도래했을 때 바로 쓸 수 있는 안전판을 이만큼 갖고 있다는 의미 정도로만 이해하면 된다. 이렇게 현찰이 늘어났다는 사실 자체만 가지고, LG에너지솔루션이 영업을 잘했다는 의미로 받아들이면 안 된다.

③ 빨리 돈이 되는 순서로 배열 & 1년 내 현찰이 될 자산은 18조 원이다

재무상태표의 자산 파트는 돈과 돈이 될 만한 여러 가지 것들의 명세서다. 이 여러 가지 것들을 나열할 때도 당연히 정해진 순서가 있다. 바로 가장 빨리 현찰화할 수 있는 순서다. 이를 전문용어로 유동성 배열법Current arrangement method이라고 한다. 그래서 현찰에 가장 가까운 현금 및 현금성자산을 가장 먼저 표시하고 이후 매출채권, 기타 수취채권 등의 순서로 표시한다.

자산은 크게 두 종류로 나뉘는데, 1년 안에 현찰화할 수 있는 자산을 유동자산, 현찰화하는 데에 1년보다 더 많은 기간이 소요되는 자산을 비유동자산으로 구분해 표시한다. LG에너지솔루션의 1년 내 현찰화할 수 있는 자산은 18조 원으로 2023년 말 대비 1조 원 정도 증가했다.

유동자산 파트에서 투자자들이 가장 눈여겨볼 부분은 매출채권과 재고자산이다. 기업들이 분식회계로 매출을 부풀리게 되면, 그 대응계정으로 매출채권과 재고자산이 늘어난다. 꼭 분식회계를 하지 않더라도 매출채권이 과도하게 늘어나면 돈을 떼일 가능성(=외상매출 후에 대금회수가 원활하지 않을 가능성)이 생기고, 재고자산이 과도하게 늘어나면 안 팔리는 재고를 떨이로 처분해야 할 가능성이 생기기 때문에 항상 주의해야 한다.

매출액이 2배 늘어났고 그에 따라 매출채권이나 재고자산이 2배 늘어난 것이라면 크게 문제 될 것이 없다. 하지만 매출액은 제자리인데 매출채권이나 재고자산만 2배 늘어났다면 이는 차후 큰 문제가 될 수 있으니 경계해야 한다.

④ 1년보다 훨씬 더 지나서 현찰이 될 자산은 38조 원이다

2024년 9월 말 기준, LG에너지솔루션은 현찰화하는 데 1년보다 더 오랜 기간이 걸리는 자산(비유동자산)을 38조 원 보유 중인데, 이는 2023년 말에 비해 무려 10조 원이나 크게 증가한 값이다.

그러면 투자자는 이 10조 원의 자산 증가가 어디에서부터 비롯됐는지 확인해야 한다. 연결 재무상태표를 보면, 2023년 말 23조 원이던 유형자산이 2024년 9월 말 32조 원으로 9조 원 증가한 것을 확인할 수 있다. 유형자산이란 공장, 기계, 설비, 토지, 건물 등 물리적 실체가 있는 자산이다. LG에너지솔루션이 보유한 유형자산 32조 원은 전체 비유동자산 38조 원의 84%를 차지하며, 전체 자산 56조 원 중에서도 57%나 되는 큰 비중을 차지한다.

이렇듯 공장, 기계, 설비 등 유형자산이 큰 비중을 차지하는 것은 우리나라 제조기업의 특징으로, 이러한 산업을 장치 산업이라고 한다. 유형자산은 지금 팔 때 받을 수 있는 가격(=청산 가치 또는 현재 가치)으로 표시되지 않고, 처음 구매했을 때 혹은 처음 만들었을 때의 가격(=역사적 원가)으로 표시된다. 이는 PBR의 기본 가정인, '이 회사를 청산했을 때 한 주당 얼마만큼 돌아가는가'라는 가치 평가 방법이 전혀 쓸모가 없음을 의미한다. 재무제표상에서 LG에너지솔루션 자산 중 무려 57%나 차지하는 32조 원의 유형자산을 실제로 매각할 때 받을 수 있는 금액은 얼마일까? 장부상에 기록된 32조 원을 받고 팔 수 있을까? 현실에서는 전혀 그렇지 않기 때문에 저PBR 주가 저평가 주식이라는 논리는 성립될 수 없다. 이런 경향은 유형자산이 자산 중 많은 비중을 차지하는 장치 산업, 제조기업일수록 더욱 그렇다.

재무상태표의 '부채'와 '자본' 파트 해석의 실제

① 돈과 돈이 될 만한 것 56조 원 중 주주들의 것은 28조 원이다

연결 재무상태표의 두 번째 파트는 첫 번째 파트인 '돈과 돈이 될 만한 것'이 어디서부터 유래했는지를 표시한 부분이다. 자산이 다른 이에게 빌려온 것이면 부채가 되고, 주주와 기업 그 자체로부터 온 것이면 자본이 된다. 다른 각도로 보면, 빌려왔기 때문에 갚아야 할 것(=사외 유출)이면 부채가 되고, 갚지 않아도 되는 것(=사내 유보)이면 자본이 된다. LG에너지솔루션의 총 자산 56조 원 중 누군가에게 갚지 않아도 되는, 주주들의 몫은 2024년 9월 말 기준, 28조 원으로 2023년 말

부채		
유동부채	12,375,672	10,937,185
매입채무	2,939,605	3,093,719
기타지급채무	3,672,499	3,458,103
차입금	4,438,644	3,211,456
유동성충당부채	741,250	517,170
기타유동금융부채	1,736	7,652
미지급법인세	51,197	33,321
기타유동부채	530,741	615,764
비유동부채	15,753,848	10,126,450
기타장기지급채무	18,993	25,291
차입금	12,460,350	7,720,832
기타비유동금융부채	837,178	68,824
비유동성충당부채	979,459	869,123
순확정급여부채	267	239
이연법인세부채	54,853	19,958
기타비유동부채	1,402,748	1,422,183
부채총계	**28,129,520**	**21,063,635**
자본		
지배기업의 소유주지분	20,216,854	20,200,641
자본금	117,000	117,000
자본잉여금	17,164,627	17,164,627
기타포괄손익누계액	911,102	554,518
이익잉여금	2,024,125	2,364,496
비지배지분	8,280,756	4,172,868
자본총계	**28,497,610**	**24,373,509**
부채와 자본총계	56,627,130	45,437,144

LG에너지솔루션의 2024년 9월 30일 재무상태표 중 '부채와 자본' 파트

에 비해 4조 원 증가했다.

② 돈과 돈이 될 만한 것 56조 원 중 갚아야 할 것은 28조 원이다

부채는 갚아야 할 것으로 주주들의 몫이 아니다. 그래서 주주들의 몫인 자본을 자기자본, 주주들의 몫이 아닌 부채를 타인자본이라 부르기도 한다. 주주들의 몫이 아닌 만큼 부채에 해당하는 금액은 결국 사외로 유출돼야 한다. LG에너지솔루션이 보유한 자산 56조 원 중에서 사외로 유출돼야 할 것, 즉 갚아야 할 것은 2024년 9월 말 기준 28조 원으로 2023년 말에 비해 7조 원 늘었다.

기업의 미래가 아무리 유망하더라도 빚을 갚지 못하는 순간, 그 기업의 활동은 급격히 위축되고 주주는 큰 손실이 불가피하다. 따라서 투자자는 투자하는 기업이 부도가 나는 상황을 특히 경계해야 한다. 기업이 부도가 나지 않고 기업 활동을 계속 이어갈 수 있는지 여부를 '재무안정성'이라 한다. 이 재무안정성의 대표적 지표가 바로 부채비율이다. 부채비율은 부채총계를 자본총계로 나눈 다음에 100을 곱해 계산한다.

$$부채비율 = (부채총계 \div 자본총계) \times 100$$

부채비율에서 중요한 수치는 100%와 200%다. 통상 부채비율이 100% 미만이면, 초우량한 재무안정성, 100~200% 사이라면 우량한 재무안정성, 200%가 넘어가면 재무안정성에 문제가 있는 것으로 평가한다. 그러므로 투자 중이거나 혹은 투자를 검토 중인 회사의 부채비율을 계산해 어느 구간에 있는지 꼭 확인하길 바란다. LG에너지솔루션의 2024년 9월 말 기준, 부채비율은 '(28조 원÷28조 원)×100=100%'로 양호한 재무안정성을 보유 중임을 확인할 수 있다.

③ 1년 내 갚아야 할 것은 12조 원이다

부채 파트도 회계기간인 1년을 기준으로 유동부채와 비유동부채로 구분한다. LG에너지솔루션이 2024년 9월 말 기준, 1년 내에 갚아야 할 것은 12조 원으로 2023년 말에 비해 2조 원 증가했다.

　재무안정성 지표 중에서 부채비율만큼 중요하게 여겨지는 것이 유동비율이다. 많은 자산을 보유하고 있지만, 대부분이 공장이나 기계 등 현금화되는 데에 장기간이 소요되는 자산이어서 당장 만기가 돌아오는 부채를 갚지 못해 부도가 나는 기업들도 종종 있다. 이를 흔히 흑자도산이라 한다. 유동비율은 흑자도산의 가능성을 파악하기 위한 지표로 유동자산을 유동부채로 나눈 다음에 100을 곱해 계산한다.

$$유동비율 = (유동자산 \div 유동부채) \times 100$$

　유동비율 또한 부채비율과 마찬가지로 200%와 100%가 중요한 수치다. 통상 유동비율이 200%를 넘으면 아주 양호, 100%를 넘기면 양호, 100% 미만이면 위험하다고 평가한다. LG에너지솔루션의 2024년 9월 말 기준, 유동비율은 '(18조 원÷12조 원)×100=150%'로 양호한 상태다. 투자자라면 재무안정성과 관련해 부채비율과 유동비율, 이 두 가지를 반드시 체크해야 한다.

④ 1년 이후에 갚아야 할 것은 15조 원이다

　LG에너지솔루션이 1년 이후 갚아야 할 것은 15조 원으로 2023년 말에 비해 5조 원 늘었다. LG에너지솔루션은 현재 미국 현지 공장을 빠르게 증설하면서 매년 크게 성장 중이다. 이런 경우에는 당연히 거액의 투자 자금이 필요하다. 이러한 투자 자금은 크게 두 가지 원천으로부터 조달될 수 있는데, 바로 타인자본(=부채)과 자기자본(=자본)이다.

자기자본에 의한 조달은 다시 기업이 영업 등을 통해 번 돈으로 조달하는 것과 주주들에게 추가 출자를 통해 조달하는 방법 두 가지로 나뉜다. 전자는 사내유보금의 활용이라고 하고, 후자는 유상증자라고 부른다. 기업은 대개 먼저 경영 활동을 통해 번 돈 중에서 배당 등 주주 환원을 하고 남은 돈, 즉 사내유보금을 최우선으로 사용한다. 이후 기존 주주나 신규 주주에게 추가로 출자를 받는 유상증자 혹은 외부로부터 자금 차입을 통해 투자 자금을 확보한다. 이때 재무안정성 지표인 부채비율과 유동비율이 너무 악화되지 않는 선에서 적절히 결정한다.

⑤ 주주가 출자한 돈 등의 부분

자본, 즉 주주의 몫은 크게 '자본금, 자본잉여금과 기타 포괄손익누계액'과 이익잉여금 두 가지 원천으로 나뉜다. 주식회사는 최초에 주주들의 출자(=돈을 투자함)로 만들어지고, 이후 기업이 커감에 따라 추가적인 출자(=유상증자)가 이루어진다. 이와 관련된 부분이 바로 자본금과 자본잉여금이다. 우리나라는 상법상 1주당 액면가액을 기업 정관으로 확정해야 하는데, 1주당 '액면가액×총 발행주식 수'가 바로 자본금이 된다. 상법상 액면가액은 100원 이상 자유롭게 결정할 수 있는데, 거의 대부분의 기업이 관행적으로 100원, 500원, 5,000원 중 하나를 사용한다.

기업이 설립 시를 제외하고 이후 유상증자 등을 통해 추가 자본을 유치할 때는 1주당 납입금액을 액면가액보다 더 크게 결정할 수도 있다. 1주당 액면가액 5,000원 주식을 5만 원이든 10만 원이든 추가 출자를 받을 수 있는 것이다. 이때 실제 주당 발행가액에서 액면가액만큼을 뺀 금액에다 추가 출자 주식 수만큼 곱한 금액을 자본거래(=주주들의 추가 출자) 과정에서 발생한 돈이란 뜻으로 자본잉여금으로 표시한다.

이외에도 출자, 감자. 자기주식 취득 등 주주의 자본거래와 관련한 다양한 잉여금을 통틀어서 자본잉여금으로 표시한다. 이에 대한 자세한 제반 사항과 계정과목 회계 처리 방법까지 투자자가 알아야 할 필요는 없다. 그저 1) 자본잉여금은 주주들 사이의 자본거래 과정에서 발생하는 것이라는 점, 2) 자본잉여금은 배당할 수 없다는 점, 이 두 가지만 기억하면 충분하다. '기타 포괄손익누계액' 또한 자본잉여금과 유사한 성격으로 이해하고 넘어가면 된다.

다음 장에서 다시 한번 설명하겠지만, 자본잉여금과 이익잉여금 등 잉여금은 절대 돈이 아니란 사실을 명심해야 한다. 실제 기업이 보유 중인 돈은 재무상태표 자산 파트 맨 위에 표시된 '현금 및 현금성자산'뿐이다. 그 외의 모든 '~금', '~액'이라고 표기된 항목들은 그저 회계상의 용어일 뿐이다. 잉여금은 '주주들의 몫 중에서 법정 자본금을 초과하는 금액'을 뜻하는 용어로 그 원천이 주주들 사이의 자본거래에서 비롯된 것이면 자본잉여금, 기업 활동을 통해 번 돈에서 비롯된 것이면 이익잉여금이다.

⑥ 주주에게 배당 가능한 최대 금액은 2조 원이다

투자자에게 중요한 것은 이익잉여금이다. 이익잉여금은 언제든 배당 등으로 주주들에게 돌려줄 수 있는, 즉 주주 환원을 할 수 있는 재원이 되는 금액이기 때문이다. 2024년 9월 말 기준, LG에너지솔루션의 배당 가능한 금액인 이익잉여금은 2조 원으로 2023년 말에 비해 3,000억 원 감소했다.

이때 이익잉여금이 2조 원이라 해서 LG에너지솔루션이 현찰로 2조 원을 갖고 있다고 착각해서는 안 된다. LG에너지솔루션의 보유 현금은 재무상태표 자산 파트의 첫 번째 항목인 '현금 및 현금성자산'으로 2024년 9월 말 기준 5조 원이다. 그렇다면 이익잉여금이 2조 원이란 것은 무슨 의미일까? 이는 LG에너지솔루션이 주주들에게 최대한으로 배당을 나눠주려 할 때, 최대 2조 원까지는 배당이 가능하지만 그 이상은 불가능함을 법적·회계적으로 표시해둔 것에 불과하다.

돈을 버는 기계인 기업은 회계기간인 1년간 열심히 돈을 번다. 이렇게 올해 한 해 동안 번 돈이 다음 손익계산서에서 설명할 당기순이익이다. 당기순이익 중 일부는 기업의 주인인 주주들에게 돌려주게 되는데, 이것이 바로 배당이다. 기업들은 대개 한 해에 번 돈 모두를 주주들에게 다 돌려주지 않고 일부만 배당하고, 나머지는 내년의 투자 등에 대비하기 위한 목적으로 남겨둔다.

이렇게 기업이 한 해 동안 번 돈을 모두 배당하지 않고 남겨두는 것을 사내유보금이라 하는데, 이익잉여금은 이런 매년의 사내유보금을 쌓아서 모아둔 것이다. 이 과정을 정리해 설명하면 아래와 같다.

당기순이익(기업이 한 해 동안 번 돈) - 배당금(주주들에게 배분한 것)
= 사내유보금

1기 사내유보금 + 2기 사내유보금 + … + 올해 사내유보금
= 이익잉여금

이익잉여금이 많다는 것은 주주들이 배당으로 나눠 가질 수 있는 몫의 최대 액수가 커진다는 뜻이므로 좋은 것이다. 기업의 이익잉여금은 다다익선이다.

한 해 동안 얼마나 벌었는지를 나타내는 손익계산서

　기업을 돈을 벌어오는 기계라고 가정하면, 훌륭한 기업이란 돈을 많이 벌어오는 기계일 것이다. 내가 투자한 주식의 주가가 상승하려면 당연히 기업이 돈을 많이 벌어야 한다. 손익계산서는 기업이 한 해 동안 얼마나 돈을 많이 벌어왔는지를 나타내는 재무제표다. 따라서 손익계산서야말로 투자자에게 가장 중요한 재무제표다. 다행히도 손익계산서는 재무상태표에 비해서 훨씬 더 단순한 구성이며, 이해하기도 훨씬 더 쉽다. 손익계산서 이해의 핵심은 기업이 벌어온 돈, 즉 이익이 네 가지로 분류된다는 사실과 각각의 이익의 성격을 이해하는 것이다. 그 개념만 명확히 알면, 손익계산서에 대한 공부는 끝이다.

기업이 한 해 동안 벌어온 돈, 즉 이익은 다음의 네 가지 단계로 구분된다.

- **매출총이익**: 매출액 - 매출원가
- **영업이익**: 매출총이익 - 판매비와 관리비
- **법인세비용차감전순이익**: 영업이익 + 영업외수익 - 영업외비용
- **당기순이익**: 법인세비용차감전순이익 - 법인세비용

그렇다면 이제부터 기업의 손익계산서를 살펴보며 각각의 의미에 대해 알아보자.

손익계산서 해석의 실제

① 3분기까지 제조를 통해 번 돈은 2.8조 원으로 매출총이익률은 14.9%이다

손익계산서의 네 단계 이익 중에서 가장 먼저 등장하는 것은 매출총이익이다. 매출총이익은 매출액에서 매출원가를 뺀 것이다. 매출총이익은 제품의 제조 과정에서 발생하는 이익으로 제조기업의 가장 기초적인 수익성을 나타낸다.

매출액은 따로 설명할 필요가 없을 것이다. 매출액은 단어 뜻 그대

2-2. 연결 손익계산서				
연결 손익계산서				
제 5 기 3분기 2024.01.01 부터 2024.09.30 까지				
제 4 기 3분기 2023.01.01 부터 2023.09.30 까지				
(단위 : 백만원)				
	제 5 기 3분기		제 4 기 3분기	
	3개월	누적	3개월	누적
매출액	6,877,843	19,168,423	8,223,542	25,744,146
매출원가	5,620,828	16,294,517	6,881,973	21,774,291
매출총이익	1,257,015	2,873,906	1,341,569	3,969,855
기타영업수익	465,974	1,102,722	215,587	426,797
판매비와 관리비	1,274,730	3,175,713	825,907	2,571,638
영업이익(손실)	448,259	800,915	731,249	1,825,014
금융수익	152,864	640,633	(41,712)	600,514
금융비용	212,735	746,829	203,697	686,491
지분법손익	(2,292)	(43,897)	(5,668)	(23,960)
기타영업외수익	178,229	502,753	235,039	959,305
기타영업외비용	225,173	500,530	316,363	918,467
법인세비용차감전순이익(손실)	339,152	653,045	398,848	1,755,915
법인세비용(수익)	(222,155)	(96,574)	(21,683)	308,257
분기순이익(손실)	561,307	749,619	420,531	1,447,658
분기순이익(손실)의 귀속				
지배기업의 소유주지분	133,156	(339,080)	327,741	1,260,779
비지배지분	428,151	1,088,699	92,790	186,879
지배기업의 소유주지분에 대한 주당이익(손실)				
보통주 기본 및 희석주당이익(손실) (단위 : 원)	569	(1,449)	1,401	5,388

LG에너지솔루션의 2024년 9월 30일 손익계산서 일부

로 기업이 물건을 팔아서 번 돈이다. 이에 대응하는 매출원가Cost of goods sold는 기업이 제품을 생산하는 데 사용한 돈을 의미하는데, '공장에서 제품이 만들어질 때까지 쓰인 비용'으로 이해하면 쉽다. 즉, 제품을 만들기 위해 필요한 원재료, 부품, 반제품 등의 재료비, 공장 직원들의 인건비, 공장을 돌리는 데 필요한 전기료, 공과금, 공장과 기계의 감가상각비 등의 다양한 비용을 모두 포함하는 제조간접비의 총합이 바로 매출원가다.

기업들이 분식회계를 통해 이익을 늘리려고 할 때 가장 많이 손대

는 부분이 바로 매출원가다. '매출액-매출원가=매출총이익'이기 때문에 매출원가를 실제보다 적게 계산하면 당연히 매출총이익이 늘어나고, 당기순이익 또한 증가한다. 이렇게 의도적으로 손익계산서상의 매출원가를 줄이면 반드시 재무상태표의 재고자산이 그 금액만큼 늘어난다. 앞에서 재무상태표를 설명할 때, 재고자산 금액이 비정상적으로 증가한 경우에는 주의해야 한다고 이야기한 이유다.

기업을 돈을 버는 기계라고 본다면, 돈을 벌어온 총액, 즉 매출액도 중요하지만 얼마나 많이 남기느냐 하는 수익성도 중요하다. 따라서 손익계산서를 볼 때는 매출총이익을 매출액으로 나눈 매출총이익률, 영업이익을 매출액으로 나눈 영업이익률 등을 확인하고 이러한 각종 이익률의 증가 혹은 감소 여부와 그 이유를 파악하는 것이 더욱 중요하다. 다음은 매출총이익률과 매출원가율 등을 계산하는 산식이다.

$$매출총이익률 = (매출총이익 \div 매출액) \times 100\%$$
$$매출원가율 = (매출원가 \div 매출액) \times 100\%$$
$$매출원가율 + 매출총이익률 = 100$$

LG에너지솔루션은 2024년 3분기(7~9월) 6.87조 원의 매출과 1.25조 원의 매출총이익을 기록했다. 3분기 매출총이익률은 '(1.25÷6.87)×100=18.2%'다. 2024년 3분기까지 누적 매출은 19.1조 원으로 2023년 3분기 누적 매출 25.7조 원 대비 -25.7% 역성장했다. 2024년 3분기까지 매출총이익은 2.87조 원으로 매출총이익률은 '(2.87÷19.16) ×100=14.9%'를 기록했는데 이는 2023년 3분기 누적 매출총이익률 '(3.96÷25.74)×100=15.4%' 대비 -0.5% 포인트 줄어든 값이다.

② 3분기까지 영업을 통해 번 돈은 8,000억 원으로 영업이익률은 4.2%이다

제품을 공장에서 생산 완료했다고 해서 바로 다 팔리는 것은 아니다. 만든 제품을 팔려면 영업사원의 월급과 수당, 광고 선전비, 접대비 등 판매를 위해 필요한 여러 비용을 의미하는 판매비와 사장 등 이사진을 포함해 기획, 재무, 세무, 회계, 총무 등등 본사에서 사용하는 여러 비용을 의미하는 일반 관리비가 추가로 필요하다. 매출총이익에서 바로 이 두 가지 비용, 판매비와 일반관리비를 제외한 것이 영업이익이다.

기업의 영업활동이란 제품의 제조와 판매, 그리고 본사를 운영하는 과정을 모두 포함한다. 영업이익은 기업이 영업활동을 통해 번 돈이므로 손익계산서상의 네 가지 이익 중 가장 핵심적이고 가장 중요하다.

LG에너지솔루션의 2024년 3분기 영업이익은 4,482억 원, 누적 영업이익은 8,009억 원을 기록했다. 3분기 영업이익률은 6.5%, 누적 영업이익률은 4.2%를 기록했는데 이는 2023년 3분기 영업이익률 8.9%, 누적 영업이익률 7.1% 대비 각각 -2.4%, -2.9% 포인트 악화된 값이다. 다음은 영업이익률의 계산하는 산식이다.

$$영업이익률 = (영업이익 \div 매출액) \times 100$$

③ 3분기까지 법인세를 내기 전 번 돈은 6.5천억 원, 순금융비용은 1,000억 원이다

가장 중요한 영업이익에서 기업의 본질적인 영업활동 이외의 활동을 통해서 번 돈인 영업외수익을 더하고, 나간 돈인 영업외비용을 뺀 것이 법인세비용차감전순이익이다. 이 영업외수익과 비용에는 여러 가지 항목이 들어간다. 금융수익과 비용, 지분법손익, 그 외의 다양한 형태로 번 돈과 나간 돈이 다 여기에 포함된다.

투자자라면 이런 여러 가지 영업외 수익, 비용 항목 중에서 단 하나만 눈여겨보면 된다. 바로 금융수익과 금융비용이다. 기업들이 돈을 벌 때, 주주들이 갹출한 돈과 벌어놓은 돈(=자기자본 혹은 자본)을 위주로 사업을 하는 곳도 있고, 빌린 돈(=타인자본 혹은 부채)을 위주로 사업을 하는 곳도 있다. 전자는 부채비율(부채÷자본×100)이 낮은 회사일 테고, 후자는 부채비율이 높은 회사일 것이다. 한편, 전자는 금융비용이 적을 것이고, 후자는 많을 것이다. 이를 영업외손익 항목 중 금융수익과 금융비용 항목에서 확인할 수 있다.

금융수익과 금융비용은 경상적이다. 즉, 변함없이 항상 일정한 수익과 비용이다. 그 외의 영업외 수익과 비용 항목은 거의 다 일시적이다. 운에 따라 매년 들쭉날쭉하기 때문에 기업의 본질적인 이익 체력과는 무관하다 할 수 있으며, 따라서 무시해도 괜찮다. 투자자 입장에서는 손익계산서를 볼 때, 영업이익을 가장 중요하게 체크하고 거기에다 기업의 재무구조와 관련이 있는 금융수익과 금융비용 부문만 추가로 확인하면 충분하다.

LG에너지솔루션은 2024년 3분기에 순금융비용(금융비용-금융수익)으로 600억 원을 지출했고, 3분기까지 누적액은 1,000억 원이다. 법인세를 내기 전 이익은 3분기 3,391억 원, 3분기 누적액은 6,530억 원을 기록했다.

④ 3분기까지 번 돈은 7.4천억 원이다

당기순이익은 법인세차감전순이익에서 법인세비용을 뺀 것이다. 돈을 벌어오는 기계인 기업은 돈을 잘 벌어서 기업의 주인인 주주에게 나눠주기 전에 정부에 세금을 납부해야 한다. 사람이 번 돈, 즉 소득에 대해 내는 세금이 소득세이고, 기업 등 법인이 번 돈에 대해 내는 세금을 법인세라고 한다.

손익계산서에는 법인세가 아니라 법인세비용이라고 되어 있다. 이는 기업들이 회계 처리 시 적용하는 회계기준, 즉 K-IFRS와 세금 계산을 할 때 적용하는 세법 규정이 다르기 때문에 사용되는 용어다. 투자자라면 이런 디테일까지 알 필요는 없고, 그저 법인세비용과 법인세를 동일한 것으로 여겨도 크게 무리가 없다. 요약하자면, 당기순이익은 세금까지 포함한 모든 비용을 다 제하고 주주들이 실제로 나누어 가질 수 있는 돈, 즉 돈을 버는 기계인 기업이 회계 기간 동안 열심히 벌어온 돈이다.

2024년 3분기 LG에너지솔루션의 당기순이익(당기가 분기인 만큼 분기순이익으로 표시)은 5,613억 원, 3분기 누적액으로 7,496억 원을 기록했다.

실제로 돈이 어떻게 오갔는지를 나타내는 현금흐름표

앞서 발생주의 회계 처리 방식과 현금주의 회계 처리 방식에 대해 설명한 바 있다. 현행 회계 처리 기준은 보다 정확한 기업의 성과 평가를 위해 '결정적 사건이 발생했을 때' 수익을 인식하는 발생주의 회계 처리 방식을 사용 중이다. 그래서 대표적인 재무제표인 재무상태표와 손익계산서도 발생주의 회계 처리 방식에 따라 작성된다. 그럼에도 불구하고 현찰이 실제로 어떻게 오고 갔는지는 투자자를 포함한 다양한 재무제표 이용자에게 중요한 정보다. 그래서 발생주의 회계 처리 방식의 예외로 현금주의 회계 처리 방식을 적용한 재무제표를 작성해 실제 기업 내에서 현찰이 어떻게 오고 갔는지를 정리해 보여주는데

4-5. 현금흐름표
현금흐름표
제 5 기 3분기 2024.01.01 부터 2024.09.30 까지
제 4 기 3분기 2023.01.01 부터 2023.09.30 까지

(단위 : 백만원)

	제 5 기 3분기	제 4 기 3분기
영업활동현금흐름	388,069	(172,290)
영업으로부터 창출된 현금흐름	(163,099)	(474,866)
이자의 수취	54,777	95,581
이자의 지급	(154,245)	(40,927)
배당금의 수취	808,660	329,775
법인세의 납부	(158,024)	(81,853)
투자활동현금흐름	(4,456,782)	(3,515,015)
투자활동으로 인한 현금유입액	16,033	84,930
기타수취채권의 감소	5,000	13,866
기타장기수취채권의 감소	3,261	3,580
금융상품의 처분	2,751	0
유형자산의 처분	2,668	66,213
무형자산의 처분	2,353	1,271
투자활동으로 인한 현금유출액	(4,472,815)	(3,599,945)
기타장기수취채권의 증가	(8,549)	(11,574)
종속기업투자자산의 취득	(2,953,496)	(2,257,823)
관계기업투자자산의 취득	(7,661)	(48,950)
금융상품의 취득	(365,883)	(88,315)
유형자산의 취득	(1,052,094)	(1,124,449)
무형자산의 취득	(82,355)	(64,403)
기타투자활동의 유출	(2,777)	(4,431)
재무활동현금흐름	4,306,464	1,584,504
재무활동으로 인한 현금유입액	4,330,054	2,325,688
차입금의 증가	4,330,054	2,325,688
재무활동으로 인한 현금유출액	(23,590)	(741,184)
차입금의 상환	(23,590)	(741,184)
현금및현금성자산의 증가(감소)	237,751	(2,102,801)
기초 현금및현금성자산	1,855,224	4,828,152
현금및현금성자산의 환율변동효과	13,070	(3,880)
당분기말 현금및현금성자산	2,106,045	2,721,471

LG에너지솔루션의 2024년 9월 30일 현금흐름표 일부

그것이 바로 현금흐름표다.

현금흐름표는 크게 1) 영업활동 현금흐름, 2) 투자활동 현금흐름, 3) 재무활동 현금흐름, 4) 현금의 증가(감소)와 기초 및 기말의 현금, 이렇게 네 부분으로 나뉜다. 각각을 간략히 요약 정리하면 다음과 같다.

- 영업해서 번 돈으로(영업활동 현금흐름)
- 공장 짓고 기계 사고(투자활동 현금흐름)

- 부족하면 빌려오고(재무활동 현금흐름)
- 기말에 현금 이만큼 남음

현찰이 들어오고 나감을 기준으로 기업의 1년간 활동을 정리하면 이처럼 표현할 수 있다. 여기서 투자자들이 관심을 갖고 봐야 할 항목은 딱 하나다. 바로 '영업활동 현금흐름'뿐이다. 기업은 돈을 벌어 오는 기계이니 실제 영업을 통해서 돈을 벌어야 마땅하다. 따라서 영업활동 현금흐름은 당연히 플러스 값이어야 하고, 그 금액이 크면 클수록 좋다.

그런데 간혹 이 영업활동 현금흐름이 마이너스인 경우가 있다. 또는 플러스인데 그 금액이 전년 대비 크게 감소한 경우가 있다. 이는 심각한 위험 신호로 극히 경계해야 할 대목이다. 손익계산서의 영업이익과 순이익이 흑자임에도 영업활동 현금흐름이 마이너스가 되는 경우는 두 가지다. 1) 매출채권이 크게 증가했거나, 2) 재고자산이 크게 증가한 경우다. 이는 기업이 지나치게 확장적인 영업활동을 펼쳐서 외상매출이 너무 많아졌거나, 제품을 만들기 위한 재고자산을 너무 많이 쌓아두었거나, 매출 후 대금회수가 제대로 이루어지지 않았거나, 만들어둔 제품이 잘 팔리지 않아 창고에 쌓이고 있거나 하는 등 다양한 요인이 존재한다. 어떤 경우든 결코 좋은 것은 아니다. 또한, 기업이 이익 뻥튀기를 할 때는 반드시 매출채권이나 재고자산이 증가하는데, 이는 분식회계를 한 결과일 수도 있기 때문에 특히 의심해야 한다.

LG에너지솔루션의 2024년 3분기까지의 현금흐름표를 요약하면 다음과 같다.

1. 영업활동을 통해 1.9조 원의 돈을 만들었고(2023년 대비 2,000억 원 증가)
2. 공장, 기계 등을 만들기 위해 9.3조 원의 돈을 지출했고
3. 여기에 부족한 돈을 차입이나 유상증자 등을 통해 7.5조 원의 돈을 마련했다.
4. 그 결과, 현금은 2024년 초 5조 원에서 3,000억 원이 증가한 5.3조 원이 됐다.

이것이 투자자가 알아야 할 현금흐름표의 모든 것이다. 공시된 현금흐름표에는 이것과 관련한 세부 사항이 더 자세히 기재돼 있으나 그것은 다른 다양한 이해관계자들을 위한 내용이지 초보 투자자에게는 커다란 정보 가치가 없다. 그러니 과감하게 무시해도 된다. 다시 한번 강조하지만, 현금흐름표에서 투자에 도움이 되는 정보는 '영업활동 현금흐름'뿐이다.

네이버페이 증권의 '기업실적분석' 활용하기

    대한민국 투자자들이 많이 활용하는 '네이버페이 증권'에는 '기업실적분석'이라는 코너가 있다. 이는 공시된 재무제표 중에서도 특히 손익계산서와 여러 재무 정보를 요약해 보여주는 무료 서비스다. 실제로 많은 투자자가 금융감독원 전자공시시스템에 공시되는 재무제표보다 네이버페이 증권의 '기업실적분석'을 더 자주, 그리고 손쉽게 접할 것이다. 이번 장에서는 투자자들이 쉽게 접하게 되는 네이버페이 증권의 '기업실적분석'을 잘 활용하는 방법을 설명하고자 한다.

    네이버페이 증권에서 'LG에너지솔루션'을 검색하면 다음과 같이 초기 화면이 뜬다. 이 초기화면을 아래로 스크롤하면 하단에 '기업실적

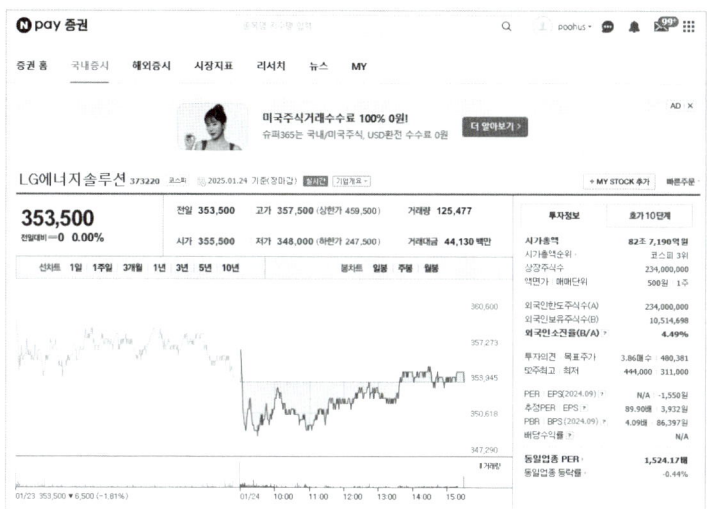

네이버페이 증권에서 'LG에너지솔루션'을 검색했을 때 나오는 초기 화면

네이버페이 증권의 '기업실적분석'

분석' 코너가 나온다.

연간 매출액 성장률과
분기 매출액 추이를 확인하라

기업은 외발자전거와 같다. 외발자전거는 페달을 계속 밟으며 전진해야 균형을 유지하고 쓰러지지 않는다. 기업 또한 이와 같아서 매년 성장하지 않으면 곧 쇠락해 사라진다. 매년 인플레이션이 발생하기에 그만큼 임금도 올려줘야 하고, 기업 유지에 필요한 각종 비용도 매년 상승하기 때문에 매출이 정체되거나 줄어드는 것은 기업에겐 가장 큰 악재다.

LG에너지솔루션의 연간 매출 성장률을 확인해보면, 2022년 43%, 2023년 32%로 고속 성장했으나 2024년에는 -23%로 역성장했다. 이는 2023년 하반기부터 가파르게 진행돼 2024년 내내 이어진 제품 가격 하락의 영향을 받은 결과다. 이러한 역성장 추세가 향후 계속 이어진다면 LG에너지솔루션이 큰 위기 상황을 맞이하겠으나, 이것이 2024년까지의 일시적 현상이라면 오히려 좋은 투자 기회가 될 수도 있다. 추세적인가? 일시적인가? 이는 재무제표만 봐서는 파악할 수 없다. 재무제표는 지나간 일들에 대한 기록일 뿐 미래에 일어날 일에 대한 정보는 담겨 있지 않기 때문이다. 이것이 바로 재무제표만을 절대적인 투자 판단의 근거로 삼아서는 안 되는 이유다.

추가로 LG에너지솔루션의 최근 분기 매출액 추이를 확인해보면, 2023년 3분기 8.2조 원, 4분기 8.0조 원에서 2024년 1분기 6.1조 원, 2분기 6.1조 원으로 크게 급락했다. 그러다가 3분기 6.8조 원, 4분기 6.7조 원으로 분기 매출액이 회복되고 있음이 확인된다. 2025년 들어 이러한 분기 매출액 회복 추세가 유지, 강화되는지 여부를 가장 중요하게 살펴봐야 할 것이다.

연간 영업이익 성장률과 분기 영업이익 추이를 확인하라

결국 주가는 기업 이익의 함수다. 이익이 추세적으로 늘어나면 주가 또한 장기적으로 그 추세를 따라간다. 앞서 손익계산서를 설명할 때, 네 가지 이익이 있다고 언급했는데, 네이버페이 증권의 '기업실적분석'에는 영업이익과 당기순이익 두 가지가 표시돼 있다. 둘 중에서도 주가에 직접적으로 영향을 미치는 것은 기업의 본질적인 이익 체력과 관련된 영업이익이다. 그러니 영업이익만 봐도 충분하다.

LG에너지솔루션의 연간 영업이익 성장률을 확인해보면, 2022년 58%, 2023년 78%로 고속 성장했으나 2024년에는 -68%로 역성장했다. 이는 당연히 2023년 하반기부터 시작돼 2024년을 관통한 불황의 영향이다. 여기서 주목해야 할 부분은 매출의 연간 성장률이 43%, 32%, -23%인 데 비해, 영업이익은 58%, 78%, -68%로 그 변동 폭이 확연히 크다는 점이다. 이는 기업의 비용 중에 상당 비율의 고정비가 존재하기 때문이다. 고정비는 생산하는 제품의 매출액에 비례해 움직이지 않는 비용이다. 대표적으로 공장, 기계 등의 감가상각비, 임대료, 금융비용 등이 여기에 해당한다. LG에너지솔루션은 대표적인 장치 산업에 속한 기업인데, 이는 원가 중 고정비 비중이 높음을 의미한다. LG에너지솔루션뿐만 아니라 장치 산업에 속한 대부분의 한국 대기업들, 예를 들어 삼성전자, 현대차, POSCO 등은 고정비 비중이 높기 때문에 공장 가동률에 따라 이익 규모의 변동이 큰 특성을 갖는다. 이런 식으로 이익의 변동성이 큰 산업을 증시에서는 시크리컬Cyclical 산업 혹은 경기순환적 산업이라고 부르기도 한다.

LG에너지솔루션의 분기 추이를 살펴보면, 2023년 3분기 7,312억 원을 정점으로 4분기 3,382억 원, 2024년 1분기와 2분기에 각각 1,573억 원, 1,953억 원으로 크게 줄어든 다음, 3분기 4,483억 원으로 많이 회복했음을 알 수 있다. 그러다가 2024년 4분기 -1,223억 원으로 다시 적자 전환했다. 이에 대해 막연히 우려할 수도 있는데, 꼭 그럴 것만은 아닌 게 4분기의 특성을 이해할 필요가 있다. 우리나라 상장 기업들 중 다수는 매 회계연도가 끝나는 4분기에 일회성 손실성 비용을 털어내고 가는 경우가 많다. 임직원에 대한 특별 상여금이나 명예퇴직금 같은 것들을 집행한다든지, 재고자산 평가손실이나 대손상각비용, 기타의 일회성 비용을 4분기에 집중적으로 반영하는 경향들이 있다 보니 늘 4분기에는 일시적으로 이익이 줄어드는 현상들이 자주 발생한다. 이 또한 재무제표만 가지고 투자 판단을 해서는 안 되는 이유다.

영업활동에 대한 수익성의 지표인 영업이익률에 주목하라

기업은 돈을 벌어오는 기계인 만큼 성능 좋은 기계란 돈을 잘 벌어오는 기업일 것이다. '돈을 잘 벌어온다'를 다른 말로 표현하면 '수익성이 좋다'라고도 할 수 있을 것이다. 수익성을 나타내는 두 가지 대표적인 지표가 바로 영업이익률과 다음에 설명할 ROE Return On Equity(자기자본이익률)다. 투자자라면 반드시 이 두 가지 지표의 정도와 추이에 주목해야 한다. 영업이익률이 높다는 것은 매출을 통해서 번 돈 중 남는 돈이 많다는 것을 의미한다. 즉, 수익성 높은 사업을 한다는 뜻이다. 투자자 입장에서 영업이익률을 해석할 때는 다음의 세 가지를 기억해둘 필요가 있다.

① 영업이익률의 절대 수준

제조기업의 경우 통상 10%가 중요한 숫자다. 상식적으로 뭔가를 팔아서 10% 이상 남는다고 하면 꽤 괜찮은 사업이라는 생각이 들 것이다. 제조기업의 경우, 특히 우리나라 상장 기업들은 소비자를 대상으로 하는 B2C 비즈니스보다 기업과 기업 간 거래인 B2B 비즈니스인 경우가 훨씬 더 많다. 이때 영업이익률은 기업과 기업 간 상호 협상에 따라 결정되는데, 갑의 위치에 있는 기업이 을인 기업에게 물건을 사올 때, 마진율을 10% 이상 허락하진 않을 것이다. 일시적으로 10% 이상의 영업이익률을 올리고 있는 것을 확인하면, 당연히 납품단가 조정을 요구할 것이다. 구매부서는 이런 일을 하라고 존재한다. 이렇게 납품단가 조정을 요구하는 것을 전문용어로 CR Cost Reduction(원가 절감)이라고 하는데, CR을 자꾸 당하다 보면 외형은 크게 성장했으나 이익 규모는 제자리를 크게 벗어나지 못하는 경우가 생긴다. 이런 기업의 주가는 장기적으로 별 볼 일 없는 게 당연하다.

② 동종 업종 내 상대적 비교

영업이익률을 동종 업종 내 경쟁 관계에 있는 기업들과 비교해보는 것도 아주 중요하다. 특정 기업이 동종 업종 내 경쟁 기업들에 비해 매해 가장 높은 영업이익률을 유지하고 있다면 이는 가장 수익성 있는 기업이면서 또한 가장 경쟁력 있는 기업임을 의미한다. 특히 시크리컬 산업의 경우에 호황과 불황을 반복하는데, 영업이익률이 높은 기업은 불황일 때도 생존함으로써 호황이 다시 도래했을 때 영업이익률이 낮아 결국 도산한 기업의 몫까지 가져오면서 크게 성장하는 경우도 많다. 1990년대 초 30여 개에 달하던 D램 제조업체들이 하나둘씩

망하고 현재는 삼성전자, SK하이닉스, 마이크론 세 회사만 살아남은 사례가 대표적이다. 이 과정에서 삼성전자 주가는 수백 배 올랐다.

③ 고속 성장 기업의 영업이익률은 낮기 마련이다

여의도의 반쪽짜리 전문가들이 2차전지 주식을 폄하하기 위해 자주 내세우는 말 중 하나는 '배터리 산업은 수익성이 낮다'는 주장이다. 그러나 그것은 심각한 오해이고 의도가 있는 왜곡이다. 왜냐하면 고속 성장 기업의 영업이익률은 구조적으로 낮기 마련이기 때문이다. 특히 대규모 투자가 선행돼야 하는 장치 산업은 더욱 그렇다. LG에너지솔루션 등 대한민국 배터리 제조기업과 에코프로비엠 등 양극재 대표 기업들은 빠르게 성장하는 전기차용 배터리 수요에 부응하기 위해 빠르게 생산설비를 확장 중이다. 이런 경우 감가상각비 부담이 공장 완성 초기에 집중되기 때문에 영업이익률은 당연히 낮을 수밖에 없다. 그러다가 차차 공장 건설이 안정화 단계에 접어들고 완성된 공장의 가동률이 높아지면 수익성은 점차 개선돼 영업이익률 또한 자연스럽게 높아진다.

한편, 고속 성장 산업에 속한 기업들은 해당 산업이 빠르게 성장하는 만큼 초기에는 시장 지위를 확고히 하고자 수익성보다는 외형 성장에 치중하는 경향이 있다. 이후 충분한 시장점유율을 확보하고 경쟁자들을 물리친 다음에는 확고해진 시장 지위를 기반으로 수익성 위주의 경영으로 전환해 영업이익률을 높이는 것은 기업 경영의 고전적 방법이기도 하다.

LG에너지솔루션의 영업이익률은 2021년 4.3%, 2022년 4.7%에서 2023년 6.4%로 크게 증가했다. 2023년은 LG에너지솔루션 주가가 크게 오른 해이기도 하다. 그러다가 2024년 불황의 영향으로 영업이익률은 2.7%로 크게 떨어졌다. 2023년 3분기부터 이어지는 6개 분기의 영업이익률은 8.9%, 4.2%, 2.5%, 3.1%, 6.5%, -1.8%를 기록했다.

주주들이 맡긴 돈에 대한 수익성의 지표인 ROE에 주목하라

영업이익률이 영업활동의 수익성 여부를 평가하는 지표인데 비해, ROE는 주주가 맡긴 돈을 가지고 얼마나 수익성 있는 사업을 했는지를 나타내는 지표다. ROE는 워런 버핏이 가장 중요하게 여기는 투자지표로 널리 알려졌다. 다음은 ROE를 계산하는 산식이다.

$$ROE = (순이익 \div 자기자본) \times 100$$

기업이란 기업의 주인인 주주가 맡긴 돈을 갖고 열심히 돈을 번 다음, 이를 다시 주주에게 돌려주기 위해 만들어진 '돈을 벌어오는 기계'다. 그렇다면 맡긴 돈에 비해 가장 많은 수익을 돌려주는 기업이 당연히 가장 좋은 기업일 것이다. 이는 곧 ROE가 높은 기업이라는 뜻이다. 예를 들어, 동일한 주주들의 돈(=자본) 1억 원으로 매년 5,000만 원을 버는 기업 A와 매년 500만 원을 버는 기업 B가 있다고 하자. 이때 기업 A의 ROE는 50%(5,000만 원÷1억 원×100)이고, 기업 B의 ROE는 5%(500만 원÷1억 원×100)다. 기업 A가 기업 B보다 월등히 좋은 기업임은 두말할 나위 없다.

ROE도 영업이익률과 마찬가지로 절대적 수준과 상대적 비교가 둘 다 중요하다. 또한, 고속 성장 기업의 경우 영업이익률처럼 ROE도 낮기 마련이다. 워런 버핏은 ROE 20%를 기준선으로 삼는 것으로 잘 알려졌는데, 이를 절대적 수준의 기준으로 삼을 만하다. 다만, 우리나라 상장 기업은 ROE가 20%를 추세적으로 넘기는 경우가 아주 드물다. 이는 자본 투자가 많이 이루어지는 대규모 장치 산업의 특성 때문이다. 그렇더라도 ROE는 최소 15%를 넘어야 하지 않을까 싶다. 또한, 동종 기업 내 ROE가 가장 높은 기업을 가장 경영을 잘하고 경쟁력이 있는 기업이라고 평가할 수 있을 것이다.

LG에너지솔루션의 ROE는 2021년 10.6%, 2022년 5.7%, 2023년 6.3%, 2024년 -1.0%로 15~20%의 기준 수치에 크게 못 미친다. 그러나 이는 앞서 설명했듯이 기업이 고속 성장하는 과정 중에 있어서 낮게 나오는 것임을 감안할 필요가 있다.

안정성을 나타내는 부채비율과 당좌비율

기업의 재무안정성이 떨어지면 불의의 환경 변화를 맞이했을 때 도산하는 경우가 생기게 되고, 이는 투자자에겐 재앙이다. 따라서 재무안정성이 일정 수준을 넘어서는지를 반드시 확인해야 한다. 네이버페이 증권의 '기업실적분석'에는 재무안정성 지표 중에서도 대표적인 두 가지 지표인 부채비율과 당좌비율이 나와 있는데, 각각의 산식은 다음과 같다.

$$부채비율 = (부채총계 \div 자본총계) \times 100$$

$$당좌비율 = (당좌자산 \div 유동부채) \times 100$$

부채비율은 앞서 재무상태표에서 설명한 바 있으니, 그 부분을 참고하길 바란다. 부채비율은 100% 미만이면 초우량, 100~200%이면 우량, 200% 이상이면 주의해야 한다.

당좌비율은 앞서 재무상태표에서 설명한 바 있는 유동비율을 조금 변형한 지표다. 유동자산 중에서도 당장 현금화가 어려운 재고자산(재고자산은 매출로 팔려야 하므로)을 제외한 것을 당좌자산이라고 하는데, 이 당좌자산을 유동부채로 나눈 후에 100을 곱한 것이 당좌비율이다. 당좌비율이 유동비율보다 더 엄격한 기준이라고 이해하면 되고, 기준선은 100이다. 당좌비율이 100 이상이면 양호하고, 100 미만이면 경계해야 한다. 이때 각각의 수준을 충족하지 못한다고 해서 투자를 하지 말아야 할 대상으로 생각하라는 뜻은 아니다. 다만, 관련 내용을 좀 더 주의를 갖고 살펴봐야 하는 정도라고 이해하자.

LG에너지솔루션의 2024년 9월 말 기준 부채비율은 98.7%로 초우량이고, 당좌비율은 102로 양호하다.

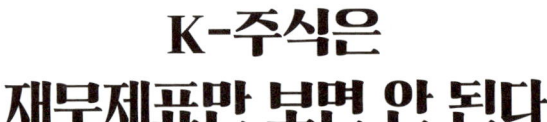

K-주식은 재무제표만 보면 안 된다

투자의 구약 《증권분석》 vs. 투자의 신약 《위대한 기업에 투자하라》

소위 '가치 투자'라는 방식을 현대식으로 이론화하고 체계화한 인물이 벤저민 그레이엄Benjamin Graham이라는 사실에는 이론의 여지가 없다. 그가 1934년 출간한《증권분석》에서 던진 교훈들, 즉 '1) 주식은 기업의 한 조각으로 보아야 하고, 2) 시장을 보는 적절한 관점을 유지해야 하며, 3) 적정 안전마진을 확보해야 한다'는 오늘날에도 여전히 유효하다.

벤저민 그레이엄이 투자에서 가장 중요하게 생각했던 것이 바로 재무제표다. 그는 재무제표상에 공표된 숫자를 철저히 분석한 후 저PER 혹은 저PBR 주에 투자하면 위험을 줄이고 적정한 수익을 얻을 수 있다고 강조했다. 재무제표가 우량한 대형 기업을 선별해 10~30개 종목에 분산투자를 하고, PER이나 PBR이 높은 주식에 대한 투자는 철저히 피하는 것이 그레이엄의 투자 원칙이다. 그의 투자 원칙을 조금 더 자세히 정리하면 다음과 같다.

- 10~30개 종목에 분산투자 한다.
- 현금흐름이 우수하고 전망이 밝은 대형주로 투자 대상 종목을 한정한다.
- 20년 정도의 오랜 기간 동안 계속해서 배당금을 지급한 기업에 투자한다.
- 주가는 최근 1년간 주당 순이익의 20배, 7년간 평균 주당 순이익의 25배를 넘기 않아야 한다.

요컨대 벤저민 그레이엄의 《증권분석》을 관통하는 세 가지 주제는, 1) 재무제표를 활용한 철저한 계량적 분석, 2) 투자원금의 안정성 확보, 3) 적당한 수익성 추구다. 이렇듯 공표된 숫자를 중요하게 여기는 투자 방법, 즉 재무제표의 철저한 분석을 아주 중요하게 여기는 그레이엄의 방식은 마치 성경의 구약과 같다.

그런데 1958년 필립 피셔 Philip Fisher 의 《위대한 기업에 투자하라》라는, 가치 투자의 신약이 출간되면서 가치 투자에 대한 접근법은 완전히 달라졌다. 워런 버핏은 그레이엄의 구약에서 피셔의 신약을 받아들여 개종한 대표적인 인물이다. 버핏은 컬럼비아대학교에서 그레이엄의 강의를 직접 들은 제자이자 졸업 후에는 그레이엄의 투자회사에서 첫 직장 생활을 하기도 했다. 따라서 버핏은 초기 투자자 시절, 그레이엄에게 배운 방식대로 투자했다. 당시 버핏은 '순운전자본이 시가총액에도 못 미치는 저평가회사'인 버크셔 해서웨이를 인수했는데, 이는 이른바 그레이엄의 '담배꽁초 투자 전략'을 사용한 것이었다. 그러다가 1959년 영혼의 파트너 찰리 멍거를 만났고, 멍거의 소개로 필립 피셔의 투자법을 접하게 된다.

'위대한 기업에 좋은 가격으로 투자하라'

투자에서 가장 좋은 기회는 '위대한 기업에 좋은 가격으로 투자'하는 것이다. 그런데 둘 중에 단 하나만 선택해야 한다면 무엇을 선택해야 할까? '위대한 기업'을 우선시할 것인가? 아니면 '좋은 가격'을 우선시할 것인가? 그레이엄의 구약은 위대한 기업이라도 가격이 비싸면 투자를 하지 않아야 한다고 주장한다. 또한, 조금 별로인 기업이라도 가격이 충분히 저렴하면 투자해야 한다고도 주장한다. 이것이 바로 '담배꽁초 투자 전략'의 핵심이다. 길에 떨어져 있는 담배꽁초는 공짜이니 그것을 주우면 몇 모금은 빨 수 있다. '담배꽁초 투자 전략'은 그레이엄이 주장한 '낮은 리스크 적당한 이익Low risk medium return'에 딱 어울리는 투자 방법이었다.

이렇게 '담배꽁초 투자 전략'을 시행할 때, 그 정보의 근원이 되는 것이 바로 재무제표다. 그레이엄이 주로 활동한 1930~40년대는 1929년 뉴욕 증시 대폭락 이후 대공황이 이어진 시대였기 때문에 엄청나게 저렴한 주식들이 널려 있었다. '담배꽁초 투자 전략'은 재무상태표상의 순운전자본(유동자산-부채)이 시가총액보다도 낮은 기업을 증시에서 다 사들인 다음, 그 기업을 청산해 '순운전자본-시가총액'만큼 차익을 남기는 방법이었다. 이 방법을 사용할 때는 그 기업의 미래 성장성이나 경쟁력 같은 비계량적 요소들은 아무 필요가 없다. 단순히 재무제표에 적혀 있는 숫자만 확실하면 확실한 이익을 얻을 수 있는 방법이기 때문이다.

이윽고 제2차 세계 대전이 끝나고 세계경제가 빠르게 회복하기 시작한 1950년대가 되자 상황이 바뀌었다. 그레이엄의 방법을 사용할 만한, '시가총액보다 순운전자본이 더 많은 회사'는 증시에서 빠르게 사라졌다. 이제 '담배꽁초 투자 전략'은 더 이상 유효한 투자 전략으로 작용하지 않는 시절이 됐다. 2014년 버크셔 해서웨이의 주주서한에는 이와 관련한 내용이 담겨 있다.

> "내 담배꽁초 투자 전략은 소액을 관리하는 동안에는 아주 효과가 좋았다. 실제로 1950년대에 공짜나 다름없이 산 수십 개 주

식 덕에 10년 동안은 상대와 절대 수익률 면에서 역대 최고의 실적을 거둘 수 있었다. 그러나 이 전략이 가진 치명적인 약점이 점차 명백해졌다. 담배꽁초 투자는 어느 정도 선까지만 확장 가능했다. 투자금이 많았을 때는 제대로 작동하지 않았다."

이런 시대적 상황을 배경으로 1958년 필립 피셔의《위대한 기업에 투자하라》가 등장하게 된 것이다. 필립 피셔는, '1) 좋은 가격보다는 위대한 기업에 투자하는 것이 더 중요하며, 2) 위대한 기업은 계량화된 재무제표의 숫자로는 알 수 없고, 3) 재무제표의 안정성보다는 탁월한 성장성이 핵심이다' 등의 새로운 주장을 펼치며 가치 투자의 새 역사를 썼다.

"장부가보다 높은 가격에 거래되더라도 미래 성장성을 고려해 적정한 가격이라고 판단되면 그 기업의 주식을 사라. 숫자를 잘 다루는 사람이 열심히 저평가 주식에 투자해도 대부분 볼품없는 수익을 올린다. 저평가된 주식은 보통 실제 가치보다 아주 조금 저평가돼 있기 때문이다. 이들은 탁월한 성장 기업에 투자해 얻는 수익률을 따라오지 못한다."

필립 피셔는 기업의 '탁월한 성장성'에 주목했다. 대다수 기업들이 갖지 못한 탁월한 성장성을 가진 기업은 장기간에 걸쳐 엄청나게 성장하게 되고, 그 혜택을 기업의 주인인 주주들이 골고루 나눠 가지게 된다는 것이다. 요컨대 '위대한 기업'이란 '탁월한 성장성'을 가진 기업이고, 이는 재무제표의 숫자를 들여다보는 것으로는 알아낼 순 없으며, 훌륭한 경영진의 자질, 우수한 기업의 조직 문화, 탁월한 제품력과 브랜드력, 기술력 등의 요소를 살펴봐야 한다. 이런 숫자화할 수 없는 정보들을 '질적 정보'라고 하는데, 그레이엄의 구약에서는 재무제표의 수치화된 '양적 정보'가 중시된 반면에 피셔의 신약에서는 수치화할 수 없는 '질적 정보'가 중요했다.

재무제표는 기초 정보일 뿐 더 중요한 것은 따로 있다

벤저민 그레이엄은 투자자가 하지 말아야 할 최악의 실수로 '지나치게 고평가된 주식을 사서 원금을 잃는 것'이라고 지적했다. 한편, 필립 피셔는 '사람들이 주식 투자에서 볼 수 있는 가장 큰 손해는 훌륭한 회사를 너무 일찍 파는 것이다'라고 말해 전혀 다른 관점을 제시했다. 그도 그럴 것이 '탁월한 성장성을 가진 위대한 기업'은 극도로 드물다. 충분히 벌었다고 생각해 그 주식을 팔고 다른 주식을 살 경우 '위대한 기업을 팔아서 그저 그런 기업을 산 것'일 가능성이 아주 높고, 그 이후의 수익은 평범해질 수밖에 없다.

피터 린치는 이를 "꽃을 뽑고 잡초에 물을 주는 행위"라고 말한 바 있다. 피터 린치는 보유 기간이 6~7년 정도 됐을 때 수익이 가장 좋은 경향이 있다고 언급했다. 필립 피셔는 '3년의 원칙'이라는 기준을 세워두었는데, 어떤 주식에 투자했을 때 최소한 3년은 지켜보고 난 후에 평가해야 한다는 것이다. 여기서 잘 살펴야 하는 게 '최대 3년'이 아니라 '최소 3년'이라는 점이다. 그런데 우리나라 투자자들 중에 최소 3년을 보고 투자하는 사람이 몇이나 될까? 만일 투자 기간이 최소 3년이 안 된다면, 애초에 투자자라고 스스로를 부를 자격이 없다고 생각해야 한다.

실제로 필립 피셔는 1956년 주당 42달러에 모토로라 주식을 사서 2004년 사망하기 얼마 전인 2000년에 처분했다. 그가 주당 42달러에 산 모토로라 주식을 처분한 2000년 주당 10만 달러로 무려 2,400배가 올랐다. 탁월한 성장성을 보유한 위대한 기업에 장기 투자한 결과의 파괴력을 피셔는 스스로 확실히 입증한 셈이다.

결국 주식 투자에서는 이와 같이 기업의 탁월한 성장성을 찾아내는 것이 핵심이다. 그런데 어떤 기업이 탁월한 성장성을 갖고 있는지 여부는 재무제표의 숫자를 아무리 들여다봐도 알아낼 수 없다. 즉, 재무제표는 투자에 필요한 기초 정보일 뿐 더 중요한 것은 따로 있다는 사실을 명심해야 한다.

그렇다면 탁월한 성장성이 있는 기업을 발견하기 위해 우리는 어떤 것들을 확인해야 할까? 이에 대해 필립 피셔는 다음의 15가지 기준을 제시했다. 재무제표를 통해 기업에 대한 기초적인 지식을 획득한 후 피셔가 제시한 15가지 기준에 대한 답을 스스로 찾기 위해 노력하는 것이 바로 투자의 과정이라 할 수 있겠다. 다음은 필립 피셔가 이야기한, 투자할 회사를 선정할 때의 기준을 정리한 것이다.

- 회사가 적어도 향후 몇 년간 매출을 상당히 증가시킬 것 같은 제품이나 서비스를 생산하고 있는가?
- 경영진이 새로운 제품이나 서비스를 개발하려고 하는가?
- 회사의 연구 개발이 얼마나 효과적인가?
- 회사는 평균 이상의 판매 조직을 가지고 있는가?
- 회사는 가치 있는 수익성을 가지고 있는가?
- 회사는 수익성을 유지하거나 심지어 높이기 위해 어떤 일을 하고 있는가?
- 회사는 뛰어난 노사 관계를 가지고 있는가?
- 회사 내 임원들 간의 관계가 좋은가?
- 회사는 능력 있는 관리자들을 다수 보유하고 있는가?
- 회사의 비용 분석과 회계 방법이 얼마나 적절한가?
- 회사가 경쟁자들과 비교해서 얼마나 뛰어난지에 대한 중요한 실마리를 제공할 수 있는, 소속 산업 내 다른 회사들에 비해 차별성이 있는 사업적 특성이 있는가?
- 회사가 장기적인 목표를 가지고 회사를 운영하고 있는가?
- 회사의 성장이 너무 많은 자본 조달을 필요로 해 주식 수의 증가가 성장으

로 인한 수혜를 희석하는가?
- 회사가 투자자들과 잘 대화하고 있는가? 문제가 생겼을 때 침묵하는가?
- 회사는 청렴한 관리자들을 가지고 있는가?

이 목록을 보고 여러분은 어떤 생각이 드시는가? 아마도 '아니, 저걸 어떻게 알 수 있어?' 하는 생각이 들 것이다. 맞다. 이 15가지 요소를 일일이 확인하는 것은 개인 투자자로서 결코 쉬운 일이 아니다. 다만, 손쉽게 이에 대한 힌트를 얻을 수 있는 정보의 원천이 있는데, 그것이 바로 '애널리스트 리포트'다.

5장

K-주식 투자에 꼭 필요한 기업 분석의 핵심 기초

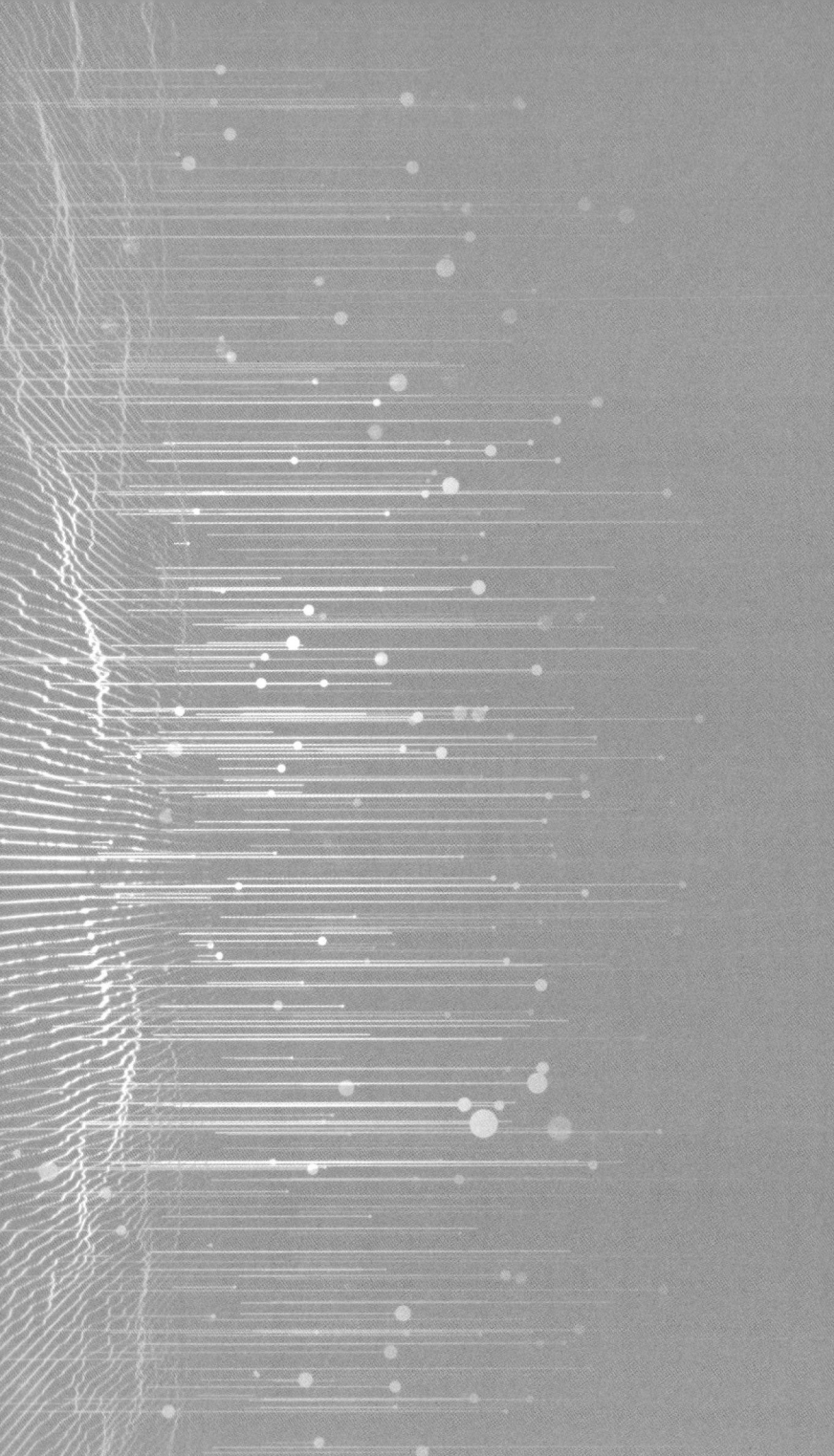

K-주식 애널리스트 리포트의 신뢰도가 낮은 이유

나는 1995년에 대한투자신탁(현 하나증권)에 입사한 후 2023년 금융감독원의 불의한 횡포로 사직서를 제출할 때까지 28년간 증권 유관 기관에서 다양한 일을 해왔다. 펀드 판매, 애널리스트, 벤처 투자, 펀드매니저, 증권사 PB, 투자자문사 운용본부장 등이 내가 맡았던 직군들이다. 그중에서도 단 하나만 꼽아야 한다면 애널리스트가 나의 정체성이라고 생각한다.

사실 오랜 기간 애널리스트는 증권사의 꽃으로 여겨졌다. 증권사에 취업하는 젊은이들 사이에서 가장 선망받는 직군은 언제나 애널리스트였다. 그러나 최근에는 애널리스트의 인기가 급전직하 중이며, 애널리스트가 작성하는 애널리스트 리포트에 대한 대중의 신뢰도 땅바닥에 떨어졌다.* 이처럼 애널리스트의 직업적인 인기와 대중의 신뢰도가 떨어지게 된 이유는 무엇일까? 여러 가지 이유가 있겠지만, 나는 다음의 세 가지를 핵심적 이유로 꼽는다.

1. 게으름
2. 기관과의 결탁
3. 쓸데없는 아집과 자존심

애널리스트들의 게으름

기자들이 '정치부, 법조부, 연예부, 사회부, 경제부, 증권부' 등 각자의 취재 영역이 있는 것처럼 원래 애널리스트도 '반도체, 자동차, 화학' 등 전문적으로 분석하는 업종 영역이 있다. 속칭 '나와바리'가 있는 것이다. 문제는 2차전지 산업에 신규 진출하는 기업들이 '나와바리'를 넘나든다는 점이다.

POSCO는 원래 철강 기업이다. 그래서 다년간 철강 산업을 담당

---

* 한경우, '애널리스트, 어쩌다 이 지경까지… "리포트 못 믿겠다" 불신론 확산', 〈한국경제〉, 2021년 5월 22일자 기사.

해온 애널리스트가 이 기업에 대한 리포트를 내놓았다. 그런데 현재 POSCO는 리튬, 니켈 등 2차전지 소재 산업에 진출했고, 사명도 POSCO홀딩스로 바꾸는 등 여기에 사운을 걸고 있다. 이제 더 이상 POSCO홀딩스의 주력 산업은 철강이 아니라 리튬, 니켈 등 2차전지 소재 산업이다. 기업이 이렇게 시대의 변화에 맞춰 빠르게 변화한다면, 증권사 애널리스트 조직 또한 당연히 이에 발을 맞춰야 옳다. 즉, 철강 업종 담당 애널리스트가 2차전지 산업을 익혀서 철강과 2차전지를 모두 이해해 분석하든지, 아니면 2차전지 담당 애널리스트에게 리포트 작성을 넘기든지, 그도 아니면 철강 업종 애널리스트와 2차전지 애널리스트가 협력 작업을 하든지 해야 한다.

그러나 현실은 어떠한가? 최근에야 일부 반영된 증권사도 있지만, 사업 구조가 변했음에도 불구하고 POSCO홀딩스는 여전히 철강업종 담당자가 분석 중이며, 이들은 '중국의 철강 밀어내기로 세계 철강 산업이 침체에 빠져들어…' 등의 철강업에만 국한된 리포트를 쏟아내는 중이다. 특히 2차전지 산업의 여러 기업을 대상으로 이런 현상이 두드러지고 있는데, LG화학이나 SK이노베이션 등이 또한 그러하다.

LG화학은 양극재 산업의 주요 플레이어 중 하나로 LG에너지솔루션 지분 81.82%를 보유하고 있어 기업 가치의 대부분이 전통적인 의미의 화학 산업이 아니라 2차전지 산업 쪽에서 형성되고 있다. 그럼에도 대부분의 증권사에서 LG화학은 전통 화학 업종 담당 애널리스트가 맡고 있다. 그래서 에코프로비엠, 포스코퓨처엠, 엘앤에프는 2차전지 업종 담당 애널리스트가 분석하고, 같은 일을 하는 LG화학은 전혀 다른 애널리스트가 분석하는 우스운 일이 벌어지고 있다. 이는 SK온이라는 대한민국 제2의 배터리 업체를 자회사로 보유한 SK이노베이션도 마찬가지여서 LG에너지솔루션과 삼성SDI만 2차전지 업종 담당 애널리스트가 분석하고, SK이노베이션은 S-오일을 담당하는 정유 산업 담당 애널리스트가 맡는 이해할 수 없는 행태가 펼쳐지는 중이다.

기관과 애널리스트 사이의 결탁

기관과 애널리스트 조직 간의 결탁도 심각하다. 마치 한국 언론이 특권층과 광고주와 결탁해 가짜 뉴스를 양산해 국민들의 눈과 귀를 가리는 것처럼 롱-쇼트 사모펀드 등과 결탁한 애널리스트들이 그들의 입맛에 맞는 리포트를 내놓아 이를 믿고 뒤늦게 뛰어든 다수의 개인 투자자들을 먹잇감으로 제공하는 것은 이제 공공연한 사실이다.

2차전지 주가가 연일 상승을 이어간 2023년 2월에서 7월까지 2차전지 담당 애널리스트는 연일 부정적 견해를 쏟아냈다. 특히 여의도 기관들의 이해를 대변한다고 의심받는, 200만 이상 구독자를 보유한 한 유튜브 증권 방송은 이러한 부정적 견해의 선봉에 서서 2차전지 주주들로부터 집중적인 항의를 받기도 했다. 2023년 4월 금융감독원장은 2차전지 주가가 고평가됐다는 견해를 밝힘으로써 대놓고 공매도 세력의 편을 들기까지 했다.

과거 십수 년간 대한민국의 주식형 펀드 시장은 급속히 쪼그라들었다. 적립식 펀드 붐이 최고조였던 2008년을 기점으로 공모형 주식형 펀드 시장은 쇠퇴일로에 접어들었고, 그 자리를 롱-쇼트 사모펀드(특정 주식은 사고 특정 주식은 팔아서 절대 수익을 추구하는, 부자들만 가입 가능한 펀드)가 대체했다. 증권사 애널리스트의 주요 고객은 원래 개인 투자자가 아니라 법인 영업부를 통해 주문을 내는 기관 투자자들이다.

그런데 주요 고객인 기관 투자자들이 롱-온리 공모형 펀드(주식 매수만 가능한, 모든 국민이 가입할 수 있는 펀드)에서 롱-쇼트 사모펀드로 바뀌게 되자 그들이 매수 포지션인 종목에 대해서는 긍정적인 의견을, 그들이 매도 포지션인 종목에 대해서는 부정적인 의견을 쏟아내게 된 것이다. 2023년 2~7월 사이에 2차전지 주식에 대해 여의도 애널리스트들이 악평을 쏟아낸 이유는 여의도 롱-쇼트 사모펀드들이 2차전지 주식들에 대해 줄줄이 매도 포지션을 갖고 있었기 때문이라는 것이 기사를 통해 밝혀진 셈이다.*

미국에서 가장 영향력과 공신력이 있는 뉴스 채널은 무엇일까? 많은 사람이 이 질문에 대해 CNN이라고 말할 것이다. 그러나 CNN은 미국 뉴스 채널 중 12위에 불과한 군소 매체이며 온갖 가짜 뉴스를 쏟아

---

* 이인아, '한 달 수익률 -30%' 롱숏名家의 처참한 성적표… 이게 다 에코프로 때문', 〈조선비즈〉, 2023년 8월 2일자 기사.

내는 사이비 언론으로 취급받은 지 오래다. 미국에서 가장 영향력 있고 가장 공신력 있는 뉴스 채널은 다수의 대한민국 국민들이 극우라고 굳게 믿고 있는 FOX 뉴스다. 이것이 뜻하는 바가 무엇일까? 전 세계 미디어 환경이 혁명적으로 변화해 역사와 전통을 자랑하는 소위 레거시 미디어의 영향력과 신뢰도가 나날이 그 힘을 잃어 가고 있다는 의미다.

이는 대한민국 언론 환경 또한 마찬가지다. 공중파, 종편, 신문 가릴 것 없이 레거시 미디어에 대한 국민들의 불신은 날이 갈수록 깊어가고 있으며, 대안 언론, 유튜버, 인플루언서 등이 그 자리를 빠르게 대체하고 있다. 여기에는 여러 가지 이유가 있겠으나 무엇보다도 공정과 신뢰를 제1 덕목으로 삼아야 할 기존 레거시 미디어가 편파와 거짓을 밥 먹듯 해서 소비자의 믿음을 스스로 배신한 것이 가장 크다.

애널리스트들의 쓸데없는 아집과 자존심

이와 동일한 일이 여의도의 금융기업과 금융감독원, 한국거래소 등 금융 당국, 그리고 이들과 결탁한 일부 대형 유튜브 채널, 증권 방송 등에서 일어나고 있다. 애널리스트 리포트의 신뢰도 상실은 이런 큰 흐름 안에서 벌어지는 하나의 현상이다. 2007년 아이폰의 등장으로 시작된 모바일 혁명은 사람들이 정보를 소비하는 방식을 근본적으로 바꿔버렸다. 모든 정보는 내 손 안의 스마트폰 안에 모이고, 사람들은 그 작은 스마트폰으로 세상을 들여다본다. 기술의 변화가 문화의 변화를 이끌고 세상의 변화를 초래하는 법이다. 이런 세상이 도래했는데도 여전히 증권사 애널리스트 조직은 시대의 변화에 적응하지 못한 채, 오히려 그 구성원들의 실력과 도덕성은 심하게 퇴보했음에도 나름대로 '제도권' 안에 속해 있다는 알량한 자존심이나 내세우면서 쓸데없는 아집에 사로잡혀 있다.

애널리스트는 과거에 증권사의 꽃이었다. 꽃이 시드니 열매가 맺힐 리 없다. 그러니 대한민국 산업계는 나날이 발전을 거듭해 세계 최고의 반도체 회사, 세계 최고의 2차전지 회사, 세계 최고의 가전 회사 등 다수의 기업이 세계 최선두에서 경쟁하고 있지만, 대한민국 금융계는 세계 금융계에 명함조차 못 내미는 한심한 처지를 벗어나지 못하고 있다. 그러면서 귀중한 고객들이나 금융 소비자들을 이용할 궁리만 한다.

애널리스트 리포트의 품질은 곧 증권사의 실력이고, 증권사의 실력이 곧 우리 금융 산업 경쟁력의 원천이다. 애널리스트 리포트의 정상화와 품질 향상에 우리 모두가 관심을 기울여야 할 이유가 여기에 있다. 이는 장기적이고 공적인 관점에서 정의와 국익을 위해서 하는 말이다. 하지만 투자자라면 이런 상황에서도 돈을 벌어야 한다. 그러므로 다음 장에서부터는 이렇게 문제가 다분한 현재 대한민국의 애널리스트 리포트를 어떻게 활용해야 하는지에 대해서 상세히 살펴보도록 하겠다.

애널리스트 리포트에서 버려도 되는 내용

 우리는 정보의 홍수 시대에 살고 있다. 하루에도 어마어마한 양의 정보가 전 세계에서 생산되며, 이 모든 정보를 손 안의 스마트폰을 통해 비용 없이 혹은 적은 비용으로 손쉽게 접할 수 있는 시대다. 이런 상황에서 중요한 것은 무엇이 유용한 정보이고 무엇이 쓸모없는 정보인지를 파악하고 분별하는 능력이다. 이는 애널리스트 리포트를 볼 때도 마찬가지다. 애널리스트 리포트는 크게 세 가지 종류로 나뉜다.

 1. **산업 분석 혹은 인뎁스**In-depth **리포트**: 애널리스트가 1년에 1~2번 정도 자신이 맡은 업종의 주요 상황, 전망 등을 깊이 있게 분석하는 리포트로 보통

책자 형태로 발간된다.

2. 기업 분석 혹은 신규 Initiation 리포트: 특정 기업을 심도 깊게 분석하면서 목표 주가와 투자 의견을 제시하는 리포트로 통상 소책자 형태로 발간된다.

3. 속보 혹은 스폿 Spot 리포트: 분석 중인 기업의 주가에 영향을 미치는 사건이 발생하거나 연간이나 분기 실적 발표 시 간략한 코멘트를 하는 리포트로 보통 팸플릿 형태로 제작된다.

여기에서는 이 중에서 가장 풍부한 정보를 담고 있는 리포트인 산

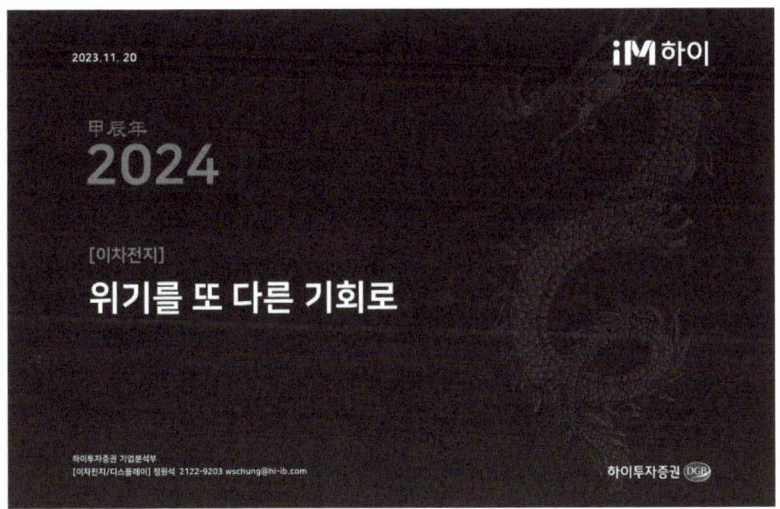

정원석 애널리스트의 '2024 [이차전지] 위기를 또 다른 기회로' 인뎁스 리포트 (출처: iM증권)

업 분석 리포트, 흔히 인뎁스 리포트라고 불리는 것을 기준으로 설명하고자 한다. 이를 위해 iM증권의 정원석 애널리스트가 2023년 11월 20일에 발간한 '2024 [이차전지] 위기를 또 다른 기회로'라는 제목의 인뎁스 리포트를 활용하겠다. 이 리포트는 총 88쪽의 책자 형태로 제작됐다.

애널리스트 리포트에서
반드시 찢어버려야 할 세 가지

애널리스트 리포트를 구해 페이지를 펼치고 난 다음, 여러분이 가장 먼저 해야 할 일은 다음의 세 가지 부분을 찢어버리든지 까만색으로 칠하든지 해서 절대 볼 수 없게 하는 것이다.

1. 목표 주가
2. 투자 의견(매수/매도/보유 등)
3. 애널리스트의 실적 추정

사실 이 세 가지는 대부분의 투자자들이 애널리스트 리포트에서 가장 먼저 확인하고 중요하게 생각하는 핵심 부분이다. '그래서 다 됐고 결론이 뭐야? 사? 팔아? 얼마까지 갈 수 있어?' 하며 빠른 결론만을 원

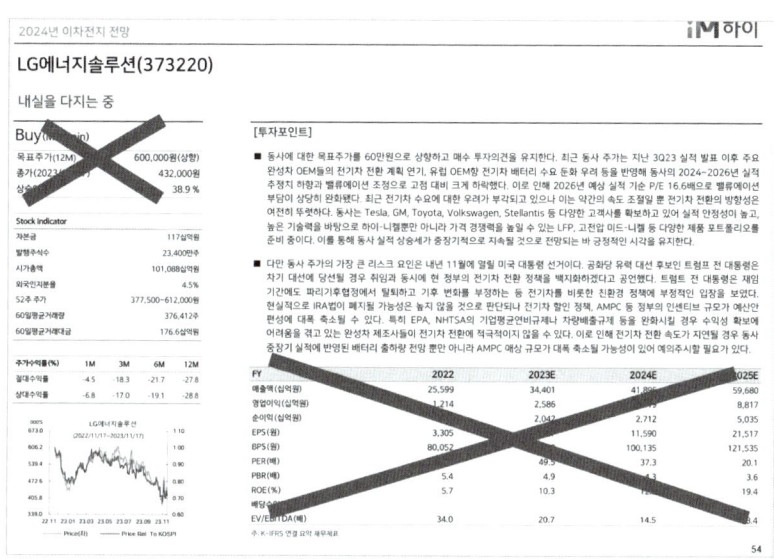

애널리스트 리포트에서 보지 않아도 되는 부분
(출처: 정원석, '2024 [이차전지] 위기를 또 다른 기회로', iM증권)

하는 투자자들은 긴 리포트의 다른 부분은 넘겨버린 채 이 세 가지만 보고 투자를 결정하기도 한다. 물론 전문가가 잘 판단해서 결론을 내려줬으니 나는 그걸 믿고 가면 된다고 생각할 수도 있다. 가령, '이 보고서에서 LG에너지솔루션을 사라고 했고, 현재가가 43만 2,000원인데 목표가가 60만 원이니 지금 사서 60만 원에 팔면 39% 정도 벌 수 있겠네'라고 생각하고 행동하는 분들도 적지 않다. 그러나 이런 식의 접근은 투자 실패를 작정한 것이나 다를 바 없다.

앞서도 이야기했지만, 매수/매도 의견이나 목표가를 애널리스트가 맞추기란 어렵다. 과거 애널리스트들의 도덕성이나 실력이 지금보다 월등히 나왔을 때도 제시한 목표가 성공할 확률은 아주 낮았다. 하물며 애널리스트에 대한 신뢰가 바닥에 떨어진 지금은 오죽하겠는가? 어차피 맞지도 않는 결론인데 왜 그 결론에 나의 소중한 재산을 맡기려 하는가? 어쩌면 주사위를 굴려서 투자하는 것만도 못한 결과를 맞을지도 모른다. 그렇다면 왜 이 세 가지 부분을 찢어버려야 하는지에 대해 그 이유를 구체적으로 하나씩 설명하겠다.

후행적인 목표 주가와 앵커링 효과

많은 투자자가 목표 주가는 애널리스트가 신중하게 해당 주식의 적정 가치를 산정해 정한다고 오해한다. 하지만 실제로는 전혀 그렇지 않다. 목표 주가는 현재 주가에 영향을 받으며, 주가가 변하면 후행적으로 목표 주가도 따라서 변한다. 애널리스트가 제시한 목표 주가는 미래를 예측한 값이라기보다 주가의 변화를 후행적으로 합리화한 것에 가깝다. 투자는 미래를 보고 하는 행위인데 과거 지향적 정보에 불과한 목표 주가로 도대체 무엇을 하겠다는 말인가?

실제 사례를 하나 보여드리겠다. 한화투자증권의 이용욱 애널리스트는 2022년 10월 13일 '전기차 시대, 그 많은 싱아를 누가 다 먹을까?'라는 제목의 인뎁스 리포트를 발간했다. 이 리포트에서 이용욱 애널리스트는 엘앤에프의 목표 주가를 33만 원으로 보고 Buy(매수) 투자

의견을 제시했다. 그리고 이후 엘앤에프 주가가 변함에 따라 목표 주가도 따라서 크게 변동했다.

- 2022년 10월 13일 주가 19.6만 원, 목표가 33만 원(+68%)
- 2023년 7월 24일 주가 28.1만 원, 목표가 50만 원(+78%)
- 2022년 11월 7일 주가 15.9만 원, 목표가 36만 원(+126%)

만일 이 목표 주가를 따라서 내가 투자하기로 결정했다면 어떤 결과가 펼쳐졌을까? 2022년 10월 13일 발간된 리포트를 보고, '지금 주가는 19.6만 원인데 목표 주가는 33만 원이니 +68%의 상승 여력이 있겠구나'라고 생각하고 엘앤에프를 매수했다고 하자. 이후 주가는 실제로 많이 올라서 이듬해인 2023년 4월에는 목표 주가가 33만 원을 넘긴 34.9만 원을 기록하기도 했다. 문제는 그 무렵인 7월 24일 이용욱 애널리스트가 28.1만 원 가격일 당시 목표 주가를 50만 원으로 상향했다는 것이다. 바쁜 일이 있어서 못 팔았든지, 아니면 욕심이 나서 더 끌고 가고 싶었든지, 여전히 엘앤에프 주식을 보유 중일 때 이 목표 주가 상향 리포트를 그대로 믿었다면, 아직 +78%의 상승 여력이 있으니 더 갖고 가자고 판단할 수 있었을 것이다. 그런데 그때 이후로 주가는 하락세로 전환해 같은 해 11월 7일에 주가는 15.9만 원으로 반 토막이 난 상황이 펼쳐진다. 그리고 이용욱 애널리스트는 목표 주가를 36만 원으로 하향해버린다. '어쩌라고'라는 말이 절로 나올 수밖에 없지 않

> **[투자의견]**
> 종목추천 투자등급
> 종목투자의견은 향후 12개월간 추천일 종가대비 해당종목의 예상 목표수익률을 의미함.
> · Buy(매 수): 추천일 종가대비 +15%이상
> · Hold(보유): 추천일 종가대비 -15% ~ 15% 내외 등락
> · Sell(매도): 추천일 종가대비 -15%이상

애널리스트 리포트 맨 마지막 페이지인 'Compliance notes'에 적힌 투자 의견 내용
(출처: 정원석, '2024 [이차전지] 위기를 또 다른 기회로', iM증권)

은가?

이는 목표 주가가 결정되는 과정을 투자자가 오해하는 데서 비롯된 결과다. 대부분의 투자자들은 가치 평가 전문가인 애널리스트가 심도 깊은 고민 끝에 목표 주가를 결정한다고 생각한다. 하지만 실제로는 매수나 매도 의견을 먼저 결정하고, 이후에 매수 의견이 가능하게끔 혹은 매도 의견이 가능하게끔 하는 가격대로 목표 주가를 설정하는 식으로 프로세스가 전개된다.

iM증권의 '2024 [이차전지] 위기를 또 다른 기회로' 인뎁스 리포트 맨 마지막 페이지인 88쪽에는 'Compliance notes'라는 글자가 아주 작게 쓰여 있다. 마치 우리가 물건을 살 때, 포장지 뒷면에 깨알 같은 글씨로 적혀 있는 경고 문구처럼 말이다. 여기에 적힌 투자 의견 부분을 확대해서 보면 이렇다.

종목 투자 의견은 향후 12개월간 추천일 종가 대비 해당 종목의 예상목표수익률을 기준으로 제시된다. 예상목표수익률이 +15% 이상이면 Buy(매수) 투자 의견, 예상목표수익률이 -15% 이하면 Sell(매도) 투

자 의견, -15%에서 +15% 사이이면 Hold(보유) 투자 의견을 제시하는 것으로 규정돼 있다. 그런데 여기서 질문을 던져보겠다. 도대체 예상목표수익률이란 무엇을 말하는가?

예상수익률은 내가 어떤 자산에 투자할 때, 일정 기간 경과 후 어느 정도 이익이 날지를 그야말로 '예상한' 수익률을 뜻한다. 예금이나 채권 투자처럼 미래에 들어올 돈이 확정된 투자자산이야 예상수익률이 의미가 있다. 하지만 미래의 기업 실적과 그에 따른 주가는 귀신도 모르는 것인데, 예상수익률을 말한다는 것 자체가 어불성설이다. 목표수익률은 주식형 펀드에서 그야말로 목표로 하는 수익률을 뜻한다. '우리 펀드에 1년간 돈을 맡기시면 저희는 이만큼의 수익을 목표로 운용하겠다'라고 목표를 제시하는 것이라 제시수익률이라고도 한다. 하지만 이 또한 그저 하나의 숫자에 불과하다. 제시한 목표수익률에 미달한다고 해서 펀드 가입자에게 돈을 물어주는 일은 절대 없다. 이처럼 예상수익률도 무의미하고, 목표수익률 또한 무의미한 것은 마찬가지인데 무의미한 숫자 두 개를 더한 예상목표수익률이란 그야말로 말장난에 불과하지 않을까? 그런데도 목표 주가를 신주단지 모시듯 하면서 투자한다? 애초에 돈을 갖다버리려고 작정한 사람이 아니고서야 그래서는 안 된다.

다시 한번 애널리스트 리포트는 기관 투자자들을 대상으로 한 서류란 점을 강조하고 싶다. 목표 주가와 이에 따른 예상목표수익률을 계산해 투자 의견을 제시하는 시스템은 주식형 펀드 등을 운용하는 연기금 및 자산운용사를 고객으로 설정하고 만들어졌다. 처음부터 개인 투자자를 위한 용도가 아니란 말이다. 당연히 개인 투자자는 자신의 목적에 맞게 애널리스트 리포트를 다른 방식으로 분석하고 활용해야 마땅하다.

연기금 및 주식형 펀드, 롱-쇼트 펀드의 운용은 각종 법률에 따라 엄격한 규제를 받는다. 목표 주가와 투자 의견 제시 등의 시스템은 이러한 운용 규제와 결합돼 있다. 연기금이나 펀드 등은 분산투자라는 미명 아래에 업종 내 다양한 종목을 사야 한다. 이때 어떤 종목을 시가총액 비중 대비 더 사거나 덜 살지를 가이드해주는 역할이 증권사 애널리스트 리포트의 주요 목적이다. 애널리스트는 자신이 담당하는 종목군 중에서 특히 좋아 보이는 종목을 찍어주면 그뿐이며, 그 종목이 해당 종목군 중에서 가장 우수한 성적을 기록하면 그것으로 충분하다. 이를 톱 픽스top picks라고 하는데, 이걸 잘하면 펀드매니저들의 투표로 우수 애널리스트로 선정되고 연봉도 올라간다. 즉, 애초부터 어떤 주식을 장기 투자했을 때 얼마나 많이 올라갈 수 있는지 여부는 애널리스트의 관심사가 전혀 아니다. 요컨대 목표 주가는 그저 투자 의견을 제시하기 위해 '만들어지는 숫자'에 불과하다.

여기서 애널리스트가 의미 없는 숫자에 불과한 목표 주가를 제시하고, 투자자들이 이 의미 없는 숫자에 쓸데없이 집착함에 따라 심각한 부작용이 발생한다. 바로 '앵커링 효과Anchoring effect'다. 앵커링 효과는 '배가 어느 지점에 닻Anchor을 내리면 그 지점에서 크게 벗어나지 못하고 근처를 맴도는 것과 마찬가지로 머릿속에 특정한 기준이나 이미지를 심으면 그것이 닻과 밧줄처럼 기준점이 돼 그 사람의 판단 범위가 제한되는 현상'을 말한다.

앞서 언급했던 필립 피셔의 말을 상기해보자. 그는 투자자가 저지르지 말아야 할 가장 큰 잘못으로 '훌륭한 회사를 너무 일찍 파는 것'이라 말했다. 왜 사람들은 훌륭한 회사를 잘 사놓고도 일찍 팔아버릴까? 그 이유 중 중요한 하나가 바로 애널리스트 리포트의 목표 주가 때문이다. 2023년 11월 24일에 보도된 한 기사[*]는 에코프로와 에코프로비엠 두 종목의 공매도 실현손실 합계 금액이 무려 1.6조 원이나 됐다고 전했다. 이는 유안타증권 정인지 애널리스트의 분석 보고서에서 공개됐는데 공매도 세력이 연전연승한다는 일반적 통념과는 다른 결과다. 그렇다면 왜 유독 에코프로와 에코프로비엠 두 종목에 대해서는 공매도 세력이 막대한 손실을 피하지 못했을까? 나는 중요한 이유 중 하나가 바로 '목표 주가에 의한 앵커링 효과' 때문이라고 본다.

SK증권의 윤혁진 연구원이 2022년 8월 5일 '배터리 리사이클링'이라는 제목의 리포트를 작성했고, 이때 에코프로를 처음 분석하면서 목표 주가를 15만 원으로 제시했다. 2022년 8월 5일 기준 10만 2,400원으로 예상목표수익률은 46%로 Buy(매수) 투자 의견을 제시할 수 있

---

[*] 김사무엘, "'우리 죽는다' 에코프로는 개미들의 적… 공매도 실제로는 '1.6조 손실", 〈머니투데이〉, 2022년 11월 24일자 기사.

는 수치인 15%를 충분히 뛰어넘는 수치다. 사실 이 목표 주가는 애널리스트가 통상적으로 크게 고민하고 내놓은 값이 아니라 Buy 의견을 낼 수만 있으면 되는 것이기 때문에 현재 주가가 10만 원대인 상태에서 목표 주가 15만 원을 제시할 수 있으면 그것으로 충분하다. 참고로 나는 유튜브 채널 '서정덕TV'에서 객관적으로 가치 평가를 하면, 에코프로의 적정 주가는 30배도 가능해 보인다고, 2022년 6월 에코프로 주가가 6만 원대일 때 말한 바 있다.

그리고 2023년 들어 7월까지 에코프로는 15만 원이 문제가 아니라 그 10배인 150만 원까지 주가가 상승했다. 그러나 기관 투자자들은 특히 롱-쇼트 사모펀드들은 이 목표 주가 15만 원의 앵커링 효과 때문에 앞서 언급한 기사에 나온 것처럼 2023년 8월에는 대대적인 손실을 보고 만다. 그렇게 여의도의 롱-쇼트 사모펀드가 초토화되고, 같은 해 11월에는 에코프로와 에코프로비엠 두 종목에서만 무려 1.6조 원의 손실을 입게 된 것이다. 막연히 15만 원 목표 주가를 중요한 숫자로 기억하고 있으면 어떻게 될까? 20만 원 정도가 되면 갖고 있던 에코프로를 다 팔고 공매도 포지션을 서서히 취하게 됐을 것이고, 30만 원 정도에서는 있는 돈 없는 돈을 다 끌어 모아서 공매도 포지션을 키웠을 것이다. 그 후 불과 넉 달 만에 그 가격의 5배인 150만 원까지 값이 올라가면서 막대한 손해를 피할 수가 없게 된 것이다.

애널리스트 리포트에서 목표 주가 부분을 반드시 찢어버려야 하는 이유는 또 있다. 피터 린치 투자법의 핵심은 '10루타 주식을 사라'

는 말에 모든 것이 담겨 있다. 10루타, 즉 10배가 올라갈 주식을 사려면 당연히 현재가 대비 미래의 주가가 10배 올라갈 수 있을 것으로 예상되는 주식을 사야 한다. 그리고 주식을 산 다음에는 값이 10배가 될 때까지 뚝심 있게 들고 가야 한다. 하지만 애널리스트 리포트의 목표 주가를 기반으로 한 예상목표수익률은 기껏해야 50%, 많아도 100%를 넘지 못한다. 즉, 목표 주가를 내 판단의 근거로 삼는 순간 '10루타 종목을 발굴'하려는 노력 자체를 할 수 없게 된다.

행간의 의미를 읽어야 하는 투자 의견

애널리스트 리포트에서 두 번째로 찢어버려야 할 것은 투자 의견이다. 왜냐하면 증권사 애널리스트와 그들의 고객인 자산운용사, 그리고 분석 대상인 해당 기업 간의 삼각 역학 관계로 인해 애널리스트가 처음부터 객관적이고 중립적이며 양심과 소신을 갖고 투자 의견을 표명할 수가 없기 때문이다. 이는 대한민국 애널리스트 리포트에 현저히 매도 의견이 적은 것과도 밀접한 관련이 있다.

iM증권의 '2024 [이차전지] 위기를 또 다른 기회로' 리포트 맨 마지막 장인 88쪽 하단에는 깨알 같은 글씨로 'Compliance notes'가 적혀 있다. 여기에는 iM증권 리서치센터에서 발간한 최근 1년 동안의 리포트에 대한 투자 의견 비율이 공시되어 있다. 매수는 94.6%, 보유(중립)

는 5.4%, 매도는 단 하나도 없다. iM증권만 유독 그럴까? 아니다. 이는 대한민국 증권사 전반에 해당되는 얘기다. 한 기사에 따르면,* 지난 1년간 NH투자증권, KB증권, 삼성증권, 신한투자증권, 대신증권 등 주요 5개 증권사의 매도 의견 리포트는 단 하나도 없었다. 보유나 중립 의견도 7~20% 정도로 드물고, 그러다 보니 투자 의견의 80~90%가 매수로 극도로 편중되어 있다. 이런 상황인데 증권사 리포트의 투자 의견이 무슨 정보 가치가 있겠는가?

그렇다면 왜 이렇게 대한민국 애널리스트 리포트는 매수 일색일까? 이는 일단 증권사와 분석 대상인 기업 간의 관계 때문이다. 상기 기사에 이런 지적이 나온다.

"증권사 영업 관행과 수익 구조 때문이란 해석이 나온다. 상장사는 증권사의 투자 분석 대상이자 동시에 회사채 발행 등 기업금융 고객이란 얘기다. 한 전직 애널리스트는 "수익을 내야 하는 증권사로선 기업 고객 눈치를 보지 않을 수 없다"며 "매도 의견은 고사하고 중립 의견을 내기도 쉽지 않은 게 현실"이라고 꼬집었다."

---

* 류은혁, '매도 0' 증권사 보고서… 슈퍼개미 "중립은 매도 신호", 〈한국경제〉, 2025년 1월 26일자 기사.

증권사 입장에서 상장된 주식회사는 증권사 리서치센터의 애널리스트에게 공정하고 객관적으로 분석해야 할 대상이기도 하지만, 기업금융 부서 관점에서는 각종 수익을 가져다주는 고객이다. 따라서 양 부서 사이에 이해관계가 상충하는 측면이 있다. 금융감독원 등 당국은 차이니즈 월Chinese wall(부서 간에 중국의 만리장성처럼 높은 장벽을 쌓아서 이해관계가 상충되는 부서 간 정보 교류를 막는 장치)을 세울 것을 지도하고 있지만, 실제 현업에서는 대놓고 무시되고 있는 실정이다.

금융감독원은 에코프로, 에코프로비엠 등에 속셈이 빤히 보이는 매도 리포트가 쏟아지고, 이에 대해 개인 투자자들의 비난이 쏟아지자 2023년 상반기에 리서치센터장을 불러모아 '매도 리포트 비중을 높여라'라고 얘기해놓고는 2024년 9월 한 외국계 증권사가 반도체 업종에 대해 매도 의견을 내놓고 주가가 떨어지자 부랴부랴 이 외국계 증권사를 엄벌하겠다고 나서면서 스스로의 말을 뒤집는 모습을 보여주었다. 그 결과, 더욱 매도 리포트가 나오기 어려운 분위기를 만들었다.

사실 분석 대상 기업뿐만 아니라 실제 리서치센터의 고객인 연기금 및 자산운용사 입장에서도 매도 리포트는 달갑지 않다. 워낙 매도 리포트가 귀한 실정에 증권사가 큰마음을 먹고 매도 의견을 낼 경우 해당 종목의 주가 급락으로 이어질 수밖에 없고, 이 종목을 보유 중인 기관 투자자 입장에서는 달가울 리가 없기 때문이다. 또한, 해당 종목을 보유 중인 개인 투자자들의 반발도 증권사로서는 고민스러운 대목이다. 그래서 2023년에 쏟아졌던 에코프로와 에코프로비엠에 대한 매도 의견 리포트는 아주 특별한 일이며, 그 진정성에 대한 의심을 피할 길이 없는 것이다.

이런 이유들 때문에 80~90%를 차지하는 매수 의견은 정보 가치가 제로에 수렴한다. 즉, 중립이나 보유 의견만이 정보로서 가치를 가지는 셈이다. 여의도 증권가에서는 매도 의견은 내기가 어려우니 대신 중립이나 보유 의견을 제시하는 것이 매도 의견을 대신하는 것으로 받아들여지기도 한다. 그러나 실상은 반드시 그렇지도 않다.

중립 또는 보유 의견은 애널리스트가 매도 의견을 대신 표현한 것일 수도 있고, 그렇지 않을 수도 있다. '꼭 파셨으면 싶지만 매도라고 얘기하면 큰일 나니 대신에 보유'라고 이해하는 것은 오해의 소지가 있다는 얘기다. 롱-쇼트 사모펀드가 대세가 된 상황에서 애널리스트의 주요 고객인 그 펀드에서 공매도 포지션을 많이 취하고 있는 종목이 있다고 할 때, 애널리스트는 투자 의견을 어떻게 내는 것이 좋을까? 연기금 등에서 해당 종목을 시가총액 비중 대비 많이 덜 갖고 있을 때(업계 용어로는 '언더웨이트'라고 함), 애널리스트는 어떤 의견을 내는 것이 좋을까? 실제 애널리스트의 본심은 그 종목이 좋다고 생각하더라도 매수보다는 보유라고 의견을 내는 것이 현명한 처사가 아닐까?

앞서 설명한 이러저러한 각종 이해관계에 따라 애널리스트의 투자 의견은 오염되기 쉽다. 100% 객관적이고 공정하게 투자 의견을 제시하기 어려운 여의도 환경 때문에 그렇다. 다만, 이런 상황에서도 인간 모두가 가진 '양심' 때문에 여러 뉘앙스와 표현을 통해 애널리스트는 자신의 본심을 행간에 녹여두는 경우가 많다. 그래서 '리포트의 행간을 읽어라'라고 하는 것이다. 앞의 기사에도 바로 이런 내용이 나온다.

"수백억 원을 굴리는 전업 투자자는 오히려 증권사 리포트에서 투자 타이밍을 찾는다. 보고서 속 숨은 행간을 읽고 있다는 것이다. '미래가 기대되는 종목'이나 '지금부터 성장 시작'이란 제목의 리포트가 나왔다면 아직 갈 길이 멀거나 당장 추천하지 않는 종목으로 해석하는 식이다. 중립 의견을 팔라는 신호로 여기는 것도 같은 맥락이다."

바로 이것이 핵심이다. 애널리스트 리포트 중에서 눈에 확 띄는 '적정 주가, 투자 의견' 등은 오히려 정보 가치가 없다. 애널리스트의 의도를 행간에서 읽어내는 것, 첨부한 자료를 비판적으로 읽어내는 방법 등 보다 고차원적으로 애널리스트 리포트를 활용할 수 있어야 한다. 그건 너무 어렵지 않냐고? 또 한 번 강조하지만, 세상에 쉽게 돈 버는 방법 따위는 없다. 그 진리는 주식 투자에도 똑같이 적용된다.

선후가 뒤바뀐 애널리스트 실적 추정

애널리스트 리포트에서 세 번째로 찢어버려야 할 것은 애널리스트의 실적 추정이다. 내가 투자하는 기업의 실적을 추정한다는 것은 무척이나 어려운 일이다. 따라서 나보다 훨씬 더 전문가인 애널리스트의 실적 추정을 그대로 믿는다면, 나로서는 어려운 일을 안 해도 되니 정말 편해지지 않겠는가? 이런 이유로 애널리스트 리포트의 실적 추정을 일단 믿거나 혹은 네이버페이 증권 면에 나오는 애널리스트 실적 추정 컨센서스를 기반으로 투자 판단을 하는 경우를 많이 본다. 하지만 이는 반드시 하지 말아야 할 방법이다.

애널리스트의 실적 추정을 믿지 말아야 할 가장 근본적인 이유는 그것이 엉터리이기 때문이다. 애널리스트의 실적 추정이 실제 결과와 잘 들어맞지 않는 것은 크게 다음의 세 가지 이유 때문이다.

1. 원래 실적 추정은 어렵다(이익의 변동성이 크기 때문).
2. 이해관계에 따라 투자 의견과 목표 주가를 먼저 정하고, 실적 추정을 꿰어 맞춘다.
3. 실적 추정이 틀리더라도 그 어떤 불이익도 없다.

실적 추정은 원래 어렵다. 기업 이익은 원래 변동성이 크고, 아주 많은 변수들에 따라 영향을 받는다. 따라서 애널리스트가 전문성을 갖고 양심적으로 최대한 객관적으로 추정하려 해도 맞추기가 어렵다. 2000년대 초, 내가 대한투자신탁 리서치센터에서 애널리스트로 일할 때의 일이다. 한 해가 마무리되어가는 11월 즈음, 애널리스트 모두에게 담당 기업의 당해 실적 예상을 하게 했다. 맡고 있는 기업들에게도 다 물어보고, 이런저런 상세한 분석 과정을 거쳐서 정말 꼼꼼하게 그리고 객관적으로 실적 추정을 했다. 이 숫자들을 다 모아서 이듬해 3월에 실제 기업들이 실적 발표한 것과 비교해봤다. 그랬더니 평균 오차율이 무려 30%가 넘어서 리서치센터 애널리스트 모두가 깜짝 놀랐던 적이 있다.

더 큰 문제는 이해관계에 따라 투자 의견과 목표 주가를 먼저 정하고 실적 추정은 그에 꿰어 맞추는 행태다. 현재 증권사 리서치센터의 최대 고객은 연기금과 롱-쇼트 사모펀드다. 운용자산은 압도적으로 국민연금 등 연기금이 더 크지만, 이들은 장기 보유하고 매수/매도를 자주 하지 않는다. 따라서 리서치센터를 먹여 살리는 증권사 법인영업부 입장에서는 규모는 상대적으로 작지만 자주 매수/매도를 하는 롱-쇼트 사모펀드가 더 중요한 고객이다. 상황이 이렇다 보니 리서치센터가 이들 롱-쇼트 사모펀드의 입맛에 맞게 매수/매도 의견을 내고, 이를 합리화하기 위해 실적 추정은 때려 맞추는 식의 일이 광범위하게 펼쳐지고 있다. 당연히 객관적이고 공정한 실적 추정 따위는 애초에 언감생심이다.

실제로 내가 2023년 4월 하나증권 김현수 애널리스트의 에코프로 매도 의견 보고서인 'Good company, but bad stock'을 크게 비판했던 이유는 단순히 매도 의견을 내어서가 아니라 매도 의견을 내기 위해 2022년 10월 POSCO홀딩스 매수 리포트 발간 당시 실적 추정에 사용한 리튬 가격의 가정치를 1/3로 줄여서 실적 추정을 했기 때문이다. 한 애널리스트가 2022년 10월과 2023년 4월, 단 6개월 만에 동일한 리튬 가격 가정치를 1/3로 축소한 이유는 매도 의견이 나오게끔 실적 추정치를 꿰어 맞추려고 한 것 외에는 다른 이유를 생각하기 어렵기 때문이다.

하지만 애널리스트의 실적 추정이 엄청나게 많이 어긋난다 하더라고 그 애널리스트에게 돌아오는 불이익은 단 하나도 없다. 정직하고 제대로 된 실적 추정을 바탕으로 해당 기업에 대한 매수나 매도 추천을 하고, 그 결과가 들어맞았을 때 그 애널리스트가 보너스도 받고 승진도 하고 명성도 얻으리라고 대다수 투자자들이 생각한다. 하지만 현실은 그렇게 돌아가지 않는다. 예를 들어, 한 롱-쇼트 사모펀드에서 특정 종목을 많이 갖고 있고, 그 종목으로 꽤 많은 수익을 얻었다고 하자. 이제 벌 만큼 벌었으니 팔아서 수익 실현을 하고 싶을 때, 그 롱-쇼트 사모펀드는 애널리스트에게 매수 의견 리포트를 부탁할까, 아니면 매도나 보유 의견 리포트를 부탁할까?

당연히 법인영업부서를 통해 매수 의견 리포트를 부탁하고, 이에 맞춰 애널리스트는 매수 리포트를 만들어낸다. 그리고 매수 의견을 만들기 위해 실적 추정은 꿰어 맞추는 일은 너무나 일반적이다. 그러니 애널리스트 리포트를 보고 매수하면 '막차 탄다'라든지 '설거지 당한다'라는 자조 섞인 얘기가 나오는 것이다. 고점에서 실적 추정을 부풀려서 매수 의견 리포트를 내었으니 이 애널리스트의 리포트는 엉터리다. 하지만 이 엉터리 리포트를 통해 손쉽게 수익 실현에 성공한 롱-쇼트 사모펀드는 이 증권사에 보답할 것이며, 그에 따른 보상을 이 애널리스트도 나눠 갖게 된다. 이러니 증권사 애널리스트 리포트에 대한 투자자들의 불신은 깊어질 수밖에 없고, 대한민국 증권 산업은 갈수록 볼썽사나운 모습만 자꾸 연출하게 되는 것이다.

대표적인 사례가 바로 '천보 사태'다. 다음은 2022년 말, 한 증권사 애널리스트가 발표한 천보 관련 리포트의 실적 추정이다. 2023년에 천보의 매출과 이익은 각각 50% 정도 증가해 보고서 발간 시점의 주가 기준 2023년의 PER은 17배, 2024년 PER은 10.6배로 빠르게 떨어질 것으로 예상했다. 이 실적 추정을 그대로 믿는다면, 천보는 충분히 투자 유망한 종목으로 평가할 수 있을 것이고, 실제로 천보를 매수한 투자자들도 분명히 있었을 것이다.

재무 정보	2021	2022E	2023E	2024E
매출액	971	4,235	6,554	9,680
영업이익	44	313	487	781
EBITDA	65	349	545	875
지배주주순이익	-113	285	366	587
EPS	-3,249	8,850	11,384	18,227
순차입금	176	608	751	944
PER	-68.5	21.9	17.0	10.6

2022년 말 발표된 천보 관련 리포트의 실적 추정 수치

그러나 2023년 실제 천보의 실적은 그야말로 처참했다. 2023년 매출은 절반 가까이 줄어들었고, 무려 -455억 원의 적자를 기록했다. 2024년 들어서도 매출은 계속해서 줄었고, 적자 규모가 -597억 원으로 더욱 커지고 말았다. 이에 따라 2022년 말 35만 원에 달했던 주가는 2024년 말 3.6만 원대로 무려 1/10 토막 나고 말았다. 문제는 에코프로, 에코프로비엠에 대해서는 그렇게 매도 의견을 쏟아냈던 2차전지 애널리스트들이 천보에 대해서는 강력한 매수 의견을 쏟아냈다는 것이다. 이는 에코프로 매도 리포트로 물의를 일으킨 하나증권 김현수 애널리스트도 예외가 아니다. 일부 2차전지 종목들에 대해 부정적 의견을 쏟아내길 망설이지 않았던 애널리스트들이 왜 유독 1/10 토막이나 나게 될 천보에 대해서는 매도 의견 하나 없이 모두가 다 매수 의견을 쏟아냈던 것일까?

그 이유는 여의도 금융기관들이 대량 보유한, 천보 CB의 발행 조건 때문이었다. 2022년 2월 천보는 3,000억 원 규모로 여의도 자산운용사를 대상으로 사모 CB를 발행했다. 당시 발행 조건은 천보에는 유리하고 자산운용사에는 다소 불리한 조건이었는데, '제로 금리, 할증 발행, 리픽싱 삭제' 등이 그것이다.* 이들 투자사들이 수익을 거두기 위해서는 32만 원 이상으로 주가를 유지해야만 했다. 이를 위해 애널리

---

* 이인아, '"에코프로는 16배 먹었는데"… 18개월 투자에도 원금만 건진 천보 메자닌 투자자들', 〈조선비즈〉, 2023년 8월 17일자 기사.

스트들은 매수 의견 리포트를 썼고, 매수 의견을 내기 위해 낙관적인 실적 추정을 한 것이라고 의심받을 수밖에 없는 구조인 셈이다.

이 기사에 이름을 올린 자산운용사 중 안다 자산운용과 타임폴리오 자산운용은 에코프로와 에코프로비엠 등이 크게 오름에 따라 2023년 7월 큰 손실을 본 것으로 알려진 바로 그 회사들이기도 하다. 2023년 에코프로와 에코프로비엠에 대해 매도 의견을 쏟아낸 증권사들이 반대로 천보에 대해서는 통일된 목소리로 강력 매수를 외쳤던 이유에 이런 이해관계가 결부되지 않았으리라고 말하지 않을 수 있을까?

금융감독원과 한국거래소 등 금융 당국과 사모펀드들의 이익단체 한국기업거버넌스포럼, 그리고 '삼프로TV' 등이 2024년 내내 '코리아 밸류업 프로그램'이란 희대의 캠페인을 펼쳤다. 이들 여의도 금융 카르텔이 '코리아 밸류업 프로그램'을 추진한 2024년 내내 한국 증시 성적은 그야말로 처참했다. 왜 코리아 디스카운트는 날이 갈수록 더 심해져만 갈까? '밸류업 이전에 신뢰업이 먼저'라는 단순한 이치를 이들이 깨닫지 못하고 있기 때문이라고 생각한다. 아니, 이들 여의도 카르텔은 그 사실을 알고 있지만, 지금처럼 선량한 개인 투자자들을 속이고 농락해 그들 이권 카르텔의 뱃속만 채우는 지금의 상황이 너무나 만족스러워서 그저 투자자를 위하는 척만 하는 것이다. 금융감독원이 이런 행태를 대놓고 봐주거나 심지어 같은 편이기까지 한데, 그 누가 단지 애국심만으로 한국 주식에 투자하려 하겠는가? 밸류업 이전에 신뢰업이 선행돼야 하고, 그 신뢰업을 위한 핵심 과제가 '공정하고 객관적인 애널리스트 리포트'가 되어야 함은 너무나도 명백하다.

애널리스트 리포트에서 꼭 참조할 내용

여기까지 읽은 독자라면, '차라리 애널리스트 리포트는 아예 안 보내는 게 낫지 않나? 그 시간에 투자 관련 유튜브나 보는 게 더 생산적이지 않을까?' 하는 생각이 들지도 모르겠다. 하지만 그렇지 않다. 여전히 증권사 애널리스트 리포트는 성공 투자를 위한 중요한 정보의 원천이다. 특히 인뎁스 리포트에는 정말 귀중한 정보가 풍부히 담겨 있다. 냇물이 젖소에겐 우유가 되지만 독사에겐 독이 되듯 그 정보를 어떻게 활용하느냐에 따라 유용하기도 해롭기도 한 것이다. 그러면 애널리스트 리포트에서 이로움을 취하기 위해 투자자가 꼭 봐야 할 귀중한 정보는 무엇일까? 바로 다음의 세 가지다.

1. 리포트를 관통하는 논리
2. 논리의 근거가 되는 각종 수치와 표, 그래프
3. 잘못된 해석, 추론, 편견 찾아내기

목표 주가나 매수 의견, 애널리스트 실적 추정은 결론이다. 애널리스트 리포트를 제대로 읽으려면 그 결론이 틀릴 수도 있다고 생각하고 접근해야 한다. 즉, 결론에 이르기까지의 과정이 더 중요하다. 애널리스트 리포트를 무턱대고 읽기보다는 비판적 사고를 갖고 해체하고 재구성해 나만의 결론을 따로 만들어야 한다. 그래야 상황이 바뀔 때 그에 맞춰 대처할 수 있다.

예를 들어, 앞에서 언급한 천보 리포트 결론만 굳게 믿고 투자했다고 가정해보자. 실적 추정부터 엄청나게 틀린 리포트에 기댄 결과, 주가가 1/10 토막이 날 때까지 어떻게 해야 할지 갈피를 못 잡을 수밖에 없지 않겠는가? 재산상 큰 손해를 보고 난 후 해당 리포트를 발행한 증권사나 애널리스트에게 따질 수도 없는 노릇이다. '투자의 최종 판단은 투자자의 몫입니다'라고 얘기할 테니까. 즉, 내 돈을 내가 스스로 지키려면 애널리스트 리포트를 분석하고 해체해 내가 스스로 판단하고 결론을 낼 수밖에 없다.

리포트를 관통하는 논리를 이해하라

이쯤에서 초등학교 국어 시간을 떠올려보자. 선생님이 여러분에게 글을 읽게 한 다음, 항상 이런 질문을 던졌을 것이다. '이 글의 주제는 무엇인가요?' 글을 읽고 그 글의 내용을 파악하는 능력을 문해력文解力이라고 한다. 문해력의 핵심은 글쓴이가 말하고자 하는 바, 즉 주제를 파악하는 것이다. 애널리스트 리포트도 마찬가지다. '애널리스트가 이 보고서를 통해 무엇을 투자자에게 전달하고자 하는가?' 즉, 리포트의 핵심 주제를 찾는 과정은 곧 리포트를 관통하는 논리를 이해하는 것과 같다. 여기에서부터 애널리스트 리포트 독해가 시작돼야 한다.

통상 수십에서 백수십 페이지에 달하는 인뎁스 리포트는 책자 초반부에 전달하고자 하는 핵심을 '서머리Summary'나 '요약'이라는 제목으로 소개한다. 여기에 애널리스트 리포트를 관통하는 논리가 나와 있다. 이후에 이 논리를 수치나 표, 그래프 등으로 뒷받침하며 근거를 제시하는 형태로 리포트가 작성된다. 내가 애널리스트로 일할 때도 리포트의 주장은 반드시 근거를 제시해야만 한다고 배웠다. 그래야 검증과 토론이 가능하기 때문이다. 애널리스트 리포트를 제대로 읽는다는 것은 그 핵심 논리를 먼저 파악한 뒤, 그 논리를 뒷받침하는 근거를 꼼꼼히 살펴보고 검증한다는 뜻이다.

앞에서도 언급했던 인뎁스 리포트 '2024 [이차전지] 위기를 또 다른 기회로'의 경우 3쪽에 'Summary'가 나오는데, 여기에 리포트를 관

> **iM하이**
>
> **Summary**
>
> **위기를 또 다른 기회로 만들어야 한다**
> - 최근 전세계 금리 인상 기조와 경기 둔화 우려, 러시아-우크라이나 및 이스라엘-팔레스타인 전쟁 등 매크로 불확실성이 높아지고 있어 자동차 수요에 부정적인 요인들이 부각되고 있다. 다만 세계 각국의 친환경 정책 방향성이 바뀌지 않는다면 일시적 수요 둔화 가능성은 존재하더라도 전기차로의 대전환 방향성은 확실하다.
> - 2024년에도 한국 배터리 산업의 희망인 미국 전기차 수요는 양호할 것으로 예상되나 미국 대선은 또 다른 변수일 수 있어 예의주시할 필요가 있다. 유럽은 전기차 수요 둔화 속에 중국 업체들과의 경쟁이 더욱 심화되고 있다. 이미 지난 3Q23 기준 유럽 전기차 배터리 시장 내 중국 점유율은 약 44%를 기록하며 한국을 바깥 뒤쫓고 있다. 향후 LFP 배터리 채택이 본격화될 경우 유럽 내 중국 업체들의 점유율 상승세는 불가피할 것으로 예상되며, 한국 업체들의 유럽 OEM향 수요 둔화세는 당분간 지속될 가능성이 높을 것으로 판단된다. 중국 기업들은 IRA 법으로 인해 미국 시장 진출이 여의치 않자 유럽 시장 공략을 위한 대규모 투자에 나서고 있다. 그러나 중국도 유럽 공장 증설이 만만치만은 않을 것이다. 중국 업체들에게 불리하게 작용할 수 있는 EU 배터리법이 시행될 예정이며, 해외 공장 가동시에도 자국에서만큼 가격 경쟁력을 확보할 수 있을지는 미지수이기 때문이다. 우리는 중국과의 경쟁에서 맞서기 위해 배터리 성능을 높이는 소재 개발뿐만 아니라 제조 비용을 낮추기 위한 공정 개발(AI 기반 스마트 팩토리, 솔벤트 프리 건식 공정, 인공 SEI 코팅 기술 등)에 더욱 박차를 가해야 할 것으로 보인다.
>
> **이차전지 업종 투자 전략**
> - 전기차 배터리 산업은 각국의 친환경 정책을 근거로 한 자동차 전동화 전환 방향성이 명확해 상대적으로 수요의 불확실성이 낮은 수주 산업이다. 다만 전세계/북미 전기차(BEV+PHEV) 판매량 전망치 변화로 인해 국내 이차전지 업종 중장기 실적 전망치와 주가의 적정 밸류에이션 배수 조정이 불가피할 전망이다.
> - 2024년 이차전지 업종 주가는 ① 전기차 수요의 불확실성, ② 2024년 미국 대선으로 인한 친환경 정책 변화 가능성, ③ 유럽 내 중국 업체들과의 경쟁 심화 등으로 인해 대체로 좁은 박스권 흐름이 예상된다. 따라서 2024~2025년 뚜렷한 실적 개선세가 예상되어 중장기적인 관점에서 밸류에이션 매력도가 높아질 수 있는 업체들을 중심으로 관심을 가져야 한다고 판단된다.
> - [이차전지 셀] 삼성SDI(Top-picks) > LG에너지솔루션
> - [이차전지 소재] 구조적 수요 성장이 가능한 소재에 주목
>   ① 미국 IRA법 시행으로 인한 소재 탈중국화의 반사 수혜: 북미향 배터리 소재 탈중국화 대응을 위해 1Q24부터 신규 라인이 본격 가동될 것으로 예상되는 전보의 가파른 실적 개선 가능성에 대해 주목할 것을 추천한다.
>   ② 실리콘 음극재: 주요 완성차 업체들은 2025년 출시 예정인 프리미엄 신차 라인업을 중심으로 실리콘 음극재 채택을 계획 중이다. Mercedes-Benz, 현대차, BMW 등 2025년 출시되는 다양한 신차에 실리콘 음극재 적용이 준비되고 있는 것으로 파악되며, 이를 고려할 때 실리콘 음극재 공급과 배터리 셀 생산은 2H24부터 본격화될 것으로 예상되어 대주전자재료(실리콘 음극재), 나노신소재(CNT 도전재), 제이오(CNT 파우더) 등에 대한 시장의 관심도가 높아질 것으로 기대된다.

(출처: 정원석, '2024 [이차전지] 위기를 또 다른 기회로', iM증권)

통하는 핵심 논리가 담겼다. 이를 요약해 살펴보면, 크게 다음의 다섯 가지로 정리가 가능하다.

1. 2024년 자동차 수요에 부정적인 요인이 부각되고 있다.

2. 친환경 정책 방향성이 바뀌지 않는다면 일시적 수요 둔화 가능성은 존재하더라도 전기차로의 대전환 방향성은 확실하다.

3. 2024년에도 한국 배터리 산업의 희망인 미국 전기차 수요는 양호할 것으로 예상되나 미국 대선은 또 다른 변수일 수 있어 예의 주시할 필요가 있다.

4. 향후 LFP 배터리 채택이 본격화될 경우, 유럽 내 중국 업체들의 점유율 상

승세는 불가피할 것으로 예상되며, 한국 업체들의 유럽 OEM향 수요 둔화세는 당분간 지속될 가능성이 높을 것으로 판단된다.

5. 2024년 2차전지 업종 주가는 대체로 좁은 박스권 흐름이 예상된다. 따라서 2024~2025년 뚜렷한 실적 개선세가 예상되어 중장기적인 관점에서 밸류에이션 매력도가 높아질 수 있는 업체들을 중심으로 관심을 가져야 한다고 판단된다.

수치와 표, 그래프로 논리의 근거를 확인하라

이제 각 논리를 뒷받침하는 수치와 표, 그래프를 확인할 차례다. 이를 확인해야 하는 이유는 이 논리의 근거가 옳으면 그 논리는 미래에 실현될 테지만, 근거가 틀렸다면 미래의 결과는 달라질 것이기 때문이다. '논리-근거'로 이루어진 애널리스트의 리포트를 샅샅이 분석함으로써 우리는 애널리스트의 인사이트를 흡수할지 여부를 결정할 수 있다. 리포트의 본문 부분에는 'Summary'에서 제시한 다섯 가지 논리의 근거가 상세히 기술되는데, 지금부터 이를 하나씩 따라가며 논리의 근거가 맞는지 확인해보자.

① 2024년 자동차 수요에 부정적인 요인이 부각되고 있다

리포트는 '전 세계 금리 인상 기조와 각종 전쟁 등 매크로 불확실성

대두로 자동차 수요에 부정적 요인들이 부각되고 있다'라고 지적하고 있다. 덧붙여 '전기차 수익성 악화에 따라 전기차 신차 출시 계획을 연기하면서 향후 전기차 수요 둔화를 우려하는 목소리가 커지고 있다'라고 이야기하면서 〈그림 1〉과 〈그림 2〉를 통해 그와 관련된 데이터를 보여주고 있다. 여러모로 봤을 때 충분히 설득력 있는 근거를 제시하고 있다고 생각된다.

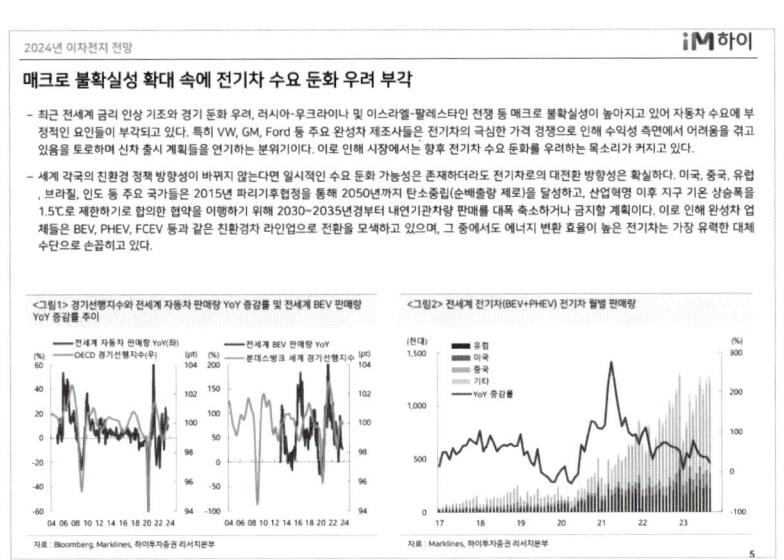

(출처: 정원석, '2024 [이차전지] 위기를 또 다른 기회로', iM증권)

실제로 2025년에 2024년 상황을 돌이켜보면 위의 논리와 근거는 그대로 현실화됐다. 미국 연방준비은행Federal Reserve Bank, FRB은 2024년 상반기까지 금리 인상 기조를 이어오다가 2024년 9월부터 다시 금리 인하 사이클로 접어들었다. 9월 이후 1% 포인트 인하해 2024년 말의 연방기금 금리는 4.25~4.5%를 기록 중이다. 이런 고금리는 자동차 할부 금리에도 영향을 미쳐서 2024년 글로벌 자동차 시장은 한 자릿수 역성장을 기록할 것으로 전망됐고, 자동차 시장의 약세는 그대로 전기차 시장에도 영향을 미쳐서 2차전지 산업 역시 고전을 면치 못했다. 이런 시장 상황에서 완성차 제조사들의 전기차 투자 계획도 축소될 수밖에 없었고, 이것이 2024년 전기차 시장의 '캐즘'의 원인이 됐다. 그러나 2024년 9월 이후 FRB의 금리 인하 사이클이 시작됐고, 2025년 세계경제도 회복세로 접어들 것으로 보여 금리와 경기에 민감한 자동차 수요는 회복되리라고 판단된다. 이는 전기차와 2차전지 시장에도 우호적인 영향을 미칠 것이다.

② 친환경 정책 방향성이 바뀌지 않는다면 일시적 수요 둔화 가능성은 존재하더라도 전기차로의 대전환 방향성은 확실하다

앞서 언급한 ①의 이유 때문에 리포트는 2024년 전기차 수요의 일시적 둔화 가능성이 존재할 것으로 예측했고, 실제로 현실화됐다. 2017~2023년까지 연평균 전기차 시장 성장률은 45.9%였다. 2023년의 전기차 성장률은 33.4%로 둔화됐고, 2024년에는 20% 내외로 성장률이 다시 더 둔화될 것으로 예상되고 있다. 소위 '캐즘' 현상이 나타난 것이다. 그럼에도 불구하고 이러한 수요 둔화 현상, 즉 캐즘 현상이 일시적이라고 보는 이유는 전기차로의 대전환 방향성이 다음의 근거와 같이 확고하기 때문이다.

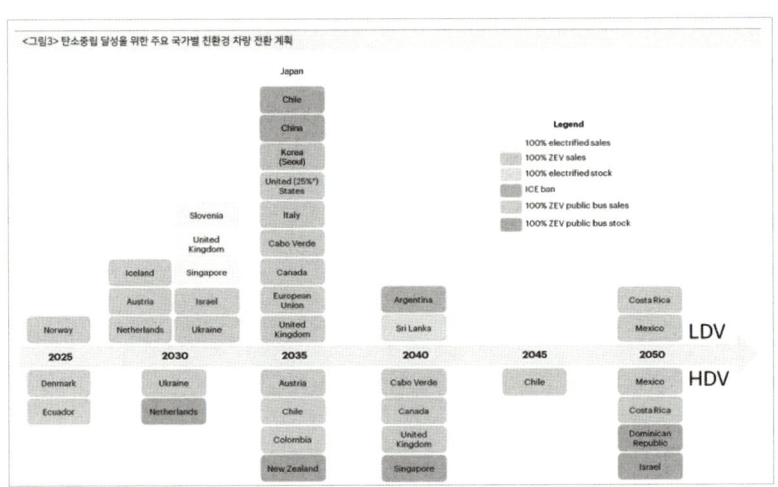

탄소중립 달성을 위한 주요 국가별 친환경 차량 전환 계획(출처: IEA, iM증권리서치본부)

2021년 1월, 미국 바이든 대통령은 취임 첫날 트럼프가 2017년 탈퇴한 파리기후협약에 재가입했다. 이는 탄소중립 달성을 위한 전 세계 주요국의 움직임을 더욱 가속화했고, 그 무렵 여러 나라들이 전기차 전환 100% 시점을 속속 발표했다. 과연 약속한 그 시점에 100% 전기차 전환이 가능할까? 아마 몇 년 더 시간이 걸릴 수도 있을 것이다. 그러나 그 방향으로 가야 하고, 갈 수밖에 없는 상황은 달라지기 어려울 것이라고 나는 판단한다. 아마 많은 분들이 여기에 동의하실 것이다.

③ 2024년에도 한국 배터리 산업의 희망인 미국 전기차 수요는 양호할 것으로 예상되나 미국 대선은 또 다른 변수일 수 있어 예의 주시할 필요가 있다

2023년 말에 발행된 이 리포트는 2024년 미국 전기차 수요가 양호할 것으로 예상했다. 그 근거는 두 가지인데 '2022년 기준 침투율이 7%에 불과하다는 점'과 'EPA 규제와 IRA 혜택 등 미국 정부의 지원책'이다. 이 두 가지 근거 모두 충분히 설득력이 있다. 따라서 2024년 K-배터리의 성장은 미국 전기차 시장의 상황에 달려 있다고 생각해볼 수 있겠다.

(출처: 정원석, '2024 [이차전지] 위기를 또 다른 기회로', iM증권)

다만, 리포트는 미국 시장과 관련해 우려되는 부분 두 가지도 거론한다. 하나는 GM과 포드의 전기차 전환 계획의 연기이고, 다른 하나는 트럼프 당선 시 친환경 정책 후퇴에 따른 영향이 그것이다. 실제로 2024년에 리포트에서 우려한 두 가지 일이 일어났다. 2024년 GM과 포드는 내연기관차에서 전기차로 전환하는 과정에서 충분히 준비되지 못한 약점을 계속 드러냈다. 그 결과, 예정된 전기차 신차 발표 스케줄이 계속해서 미뤄졌고, 신차를 출시하더라도 스케일-업에 지속적인 문제점을 노출했다. 게다가 2024년 11월, 미국 대선에서 트럼프가 승리함에 따라 전기차를 포함한 친환경 정책에도 일대 변화가 불가피하게 됐다.

다행인 점은 트럼프와 공화당의 정책 스탠스는 반反전기차보다 친親석유에 가깝다는 것이다. 이는 텍사스 등지의 석유업계가 전통적인 공화당 우호 세력인 것과도 관련이 있다. 표에도 나와 있지만, 석유의 생산과 판매를 직접적으로 규제하는 CAFE와 EPA 관련 규정을 대대적으로 손볼 것임을 공약으로 발표한 바 있으나, 한국의 친중매국 언론이 강변하는 IRA 폐지 등 K-배터리에 직접적 타격을 가하는 정책은 공약한 적이 없으며 실제 추진하지도 않을 것이라고 나는 판단한다. 요컨대, 트럼프의 당선에 따른 간접적인 악영향은 불가피할 것으로 보이지만 심대한 타격은 아니라고 예상한다는 뜻이다.

한편, GM은 2024년 9월 현대차와 포괄적 협력 MOU를 맺어서 현대차 그룹과 공동으로 전기차 전환의 속도를 높이기 위한 계획을 발표했다. 즉, 2024년 예상보다 늦춰진 미국 전기차 시장의 성장 속도가 2025년 이후 다시 빨라지리라고 기대해볼 만하겠다. 2024년 미국 전기차 시장은 10%대의 성장세가 예상되는데, 이는 당초 예상치를 크게 밑도는 수치다. 다만, GM의 전기차 판매가 2024년 11만 대를 돌파, 50% 성장을 기록했고 하반기 들어 그 속도가 빨라지고 있어 2025년에 대한 기대를 높이고 있다.

> **2024년 이차전지 전망** · iM하이
>
> **미국 완성차 빅2의 전기차 전환 계획 변화로 전기차 전환 속도에 대한 눈높이 조정은 필요**
>
> – 다만 GM, Ford 등 미국 주요 완성차 제조사들의 전기차 전환 계획이 연기되는 분위기이다. 전기차 수요가 예상보다 부진해 수익성 확보에 어려움을 겪고 있기 때문이다. 시장조사기관 COX Automotive에 따르면 지난 2Q23 미국 전기차 재고는 9.2만대로 집계됐다. 전년(2.1만대) 대비 4배 이상 증가한 수치이다. 미국 빅3 완성차 제조사들과 협력 관계에 있는 국내 배터리 셀 업체들의 공장 가동 시점에도 변화가 있을 가능성이 존재한다.
>
> – GM은 전기차 수요 성장세 둔화 영향으로 올해 출시 예정이었던 Chevrolet 이쿼녹스 EV 출시 일정을 연기하고, 미시간주에 위치한 전기 픽업 트럭 생산 공장의 가동 시점도 2024년에서 2025년 말로 1년 가량 연기했다. 또한 Honda와 함께 3만 달러(약 4,000만원) 미만 전기차를 생산하겠다는 계획을 철회했다.
>
> – Ford는 3Q23 실적 발표에서 전기차 사업부 'e-vem'이 13억 달러(약 1.7조원) 손실이 발생했으며, 앞으로 수익성과 성장, 투자 회수 등에 균형을 맞춰 전기차 사업을 탄력적으로 운영하겠다고 밝혔다. 또한 당초 올해 말까지 연간 60만 대 전기차를 생산할 계획했지만 최근 목표 시점을 2024년 하반기로 미뤘다.

(출처: 정원석, '2024 [이차전지] 위기를 또 다른 기회로', iM증권)

④ 향후 LFP 배터리 채택이 본격화될 경우, 유럽 내 중국 업체들의 점유율 상승세는 불가피할 것으로 예상되며, 한국 업체들의 유럽 OEM향 수요 둔화세는 당분간 지속될 가능성이 높을 것으로 판단된다

이 부분은 이 리포트가 가장 크게 오해하고 있는 부분이다. 물론 2023년 들어 중국산 배터리의 유럽 점유율 상승세는 분명한 사실이다. 이런 상승세의 가장 큰 부분을 CATL이 차지하고 있는 것 또한 사실이다. 그러나 그 이유에 대한 분석에는 큰 오해가 있다.

"그러나 최근 유럽 시장에서 주요 완성차 제조사들로부터 전기차 배터리 수주를 받기 위한 한국-중국 기업 간 경쟁이 점차 심화되고 있다. 중국의 유럽 전기차 배터리 시장 점유율은 <u>2020년 15%에서 2023년 3분기 누적 41%로 상승했고, 같은 기간 한국은 68%에서 56%로 하락</u>했다. 한국 업체들의 점유율이 <u>가격 경쟁력</u>을 앞세운 중국 업체들에게 그대로 넘어가고 있는 것이다."

리포트는 중국의 CATL이 가격 경쟁력을 앞세워 점유율을 높였다고 기술하고 있다. 그러나 이는 전기차와 배터리 산업의 정치경제학을 오인한 데서 나온 분석이다. 독일의 자동차 3사인 폭스바겐, 벤츠, BMW 그룹은 중국과 관계가 밀접하다. 이들 3사는 전체 매출의 30~40%를 중국 시장에서 올리는데, 그러다 보니 중국 공산당 정부와 긴밀한 협력이 필수적이었고, 그 정치적 배려의 결과로 유럽 내 중국 배터리의 비중이 높아지게 된 것이다. 특히 독일 메르켈 총리 시절 (2005~2021년, 16년간 재임) 유럽과 중국의 관계는 아주 끈끈했다. 2022년 8월에 발효된 IRA 법은 중국의 전기차 및 2차전지 시장 진출을 억제하는 것을 주요 목적으로 한다. 이후 2023년 유럽에도 CRMA 법이 발효됨에 따라 중국 배터리의 유럽 점유율은 오히려 줄어들 것이다. 전기차용 배터리 납품은 대략 3년 전에 결정된다. 2023년, 2024년 중국 배터리의 유럽 점유율 확대는 2020~2021년 유럽과 중국이 긴밀한 관계를 맺었던 시절의 산물이다. 2022~2023년 이후 시작된 유럽의 중국산 배터리 규제 정책은 2025~2026년 이후에 영향을 미칠 것이다. 따라서 2025년을 기점으로 K-배터리의 유럽 점유율 회복을 예상해야 제대로 된 분석이라 할 수 있다.

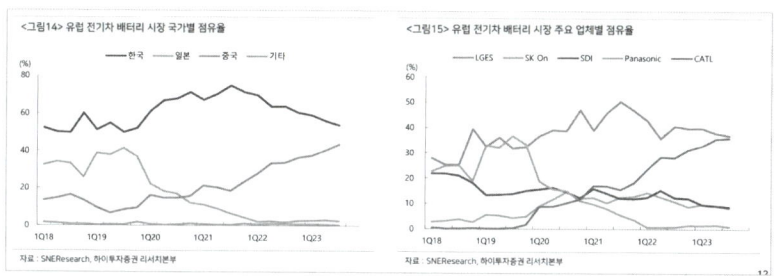

(출처: 정원석, '2024 [이차전지] 위기를 또 다른 기회로', iM증권)

한편, 유럽의 완성차 회사 다수를 중국 자본이 매입한 것과도 관련이 있다. 중국 공산당은 차세대 중국의 성장 동력으로 오래전부터 전기차와 배터리 산업을 점찍어두었다. 그리고 이를 위한 준비 작업으로 유럽 내 완성차 업체를 사들이거나 지분 일부를 매입해 2, 3대 주주로 등극하는 일들을 꾸준히 추진해왔다. 378쪽의 원형 그래프에서 네모로 표시한 완성차 제조 기업은 중국이 지배력을 행사하고 있는 기업이고, 동그라미로 표시한 것은 중국이 2, 3대 주주인 기업이다. 중국 회사가 중국 배터리를 사용하는 것은 당연한 일이지 놀랄 일이 아니다.

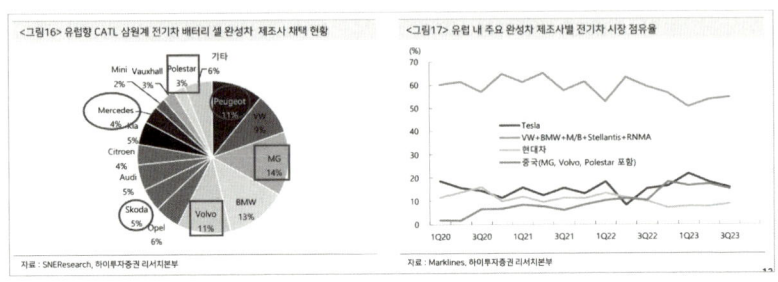

(출처: 정원석, '2024 [이차전지] 위기를 또 다른 기회로', iM증권)

그런데 이를 두고 리포트에서는 '가격이 싸서' 등 경제적 측면에 초점을 맞춰 '제품 경쟁력 우위'를 따지고 있으니 핵심을 놓치고 있는 셈이다. 그러다 보니 여기에서 한 발짝 더 나아가서 '유럽이 가격 경쟁력이 더 뛰어난 LFP 배터리 채택이 본격화된다면'이라는 뜬금없는 소리를 하게 된다.

'LFP 배터리 채택 시 유럽 내 중국 업체들의 점유율 상승세 지속될 전망'이라는 주장의 근거는 빈약하다. 리포트에도 나와 있듯이 'CATL이 유럽에 공급하는 배터리의 91%는 삼원계다.' 삼원계 배터리 비중은 2020년 이후 늘 90%가 넘었다. 이는 LFP 배터리 비중이 한 자릿수였다는 것이고, 이는 2024년에도 전혀 변하지 않았다. 애널리스트 리포트를 볼 때는 이렇게 '근거가 빈약한 논리'를 전개하는 부분을 찾아내는 것이 더 중요하다. 그 이유에 대해서는 다음 부분에서 자세히 설명하도록 하겠다.

> 2024년 이차전지 전망   iM 하이
>
> **LFP 배터리 채택시 유럽 내 중국 업체들의 점유율 상승세 지속될 전망**
>
> - 주목할 점은 CATL이 유럽에 공급하는 전기차 배터리는 LFP가 아니라 국내 업체들이 주력하는 삼원계(NCM) 배터리 비중이 약 91%이라는 것이다. 이 중 약 60%가 하이-니켈 양극재를 적용한 고에너지밀도 제품이다.
> - 문제는 유럽 내 중국 업체들의 점유율 상승세가 단기에 끝날 것으로 보이지는 않는다. VW, Mercedes-Benz, BMW 등 많은 유럽 완성차 제조사들은 엔트리 전기차 모델들의 가격을 낮추기 위해 LFP 배터리 채택을 본격화할 계획이기 때문이다. 이로 인해 유럽 시장에서 중국 배터리 셀 업체들의 점유율 상승세가 이어질 것으로 예상되는 반면, 국내 업체들의 점유율 하락이 불가피할 전망이다. 따라서 국내 업체들의 유럽향 배터리 셀, 소재 수요 약세는 당분간 지속될 가능성이 높을 것으로 판단된다.

(출처: 정원석, '2024 [이차전지] 위기를 또 다른 기회로', iM증권)

⑤ **2024년 2차전지 업종 주가는 대체로 좁은 박스권 흐름이 예상된다. 따라서 2024~2025년 뚜렷한 실적 개선세가 예상되어 중장기적인 관점에서 밸류에이션 매력도가 높아질 수 있는 업체들을 중심으로 관심을 가져야 한다고 판단된다**

①~④의 논리를 종합하면 ⑤의 투자 전략이 자연스럽게 도출된다. 1) 자동차 수요의 약세에 따른 자연스러운 전기차와 배터리 수요 약세가 예상되지만, 2) 이러한 소위 '캐즘'은 일시적인 현상이며 장기적으로 전기차 전환 트렌드는 변함이 없다. 3) 미국발 수요는 좋을 것으로 예상하지만 우려 요인이 있고, 4) 유럽발 수요는 다소 부진이 예상되며 이것이 장기화될 우려도 있는 만큼, 5) 2024년 2차전지 주가는 크게 오르지도 크게 내리지도 않는 소강 상태를 유지할 것으로 본다는 결론에 노달한 것이다. 그러나 실제로 2024년 2차전지 주가의 흐름은 소강 상태보다는 약세가 두드러진 한 해였다. 왜 그랬을까? 이는 ①~④의 전망 중 현실에서 더 나빠진 부분이 있었기 때문인데, 이를 정리하면 다음과 같다.

1. 미국발 수요가 예상외로 부진했고, 유럽의 악화 정도는 기대치보다 더 나빴다.
2. 결국 트럼프가 당선된 데에 따른 트럼프 리스크가 과잉 반영된 면이 있다.
3. 1년 내내 금융투자소득세(이하 '금투세')가 증시를 괴롭혔고, 금투세가 해결될 12월 즈음에는 비상계엄 사태라는 예상치 못한 악재를 만났다.

이렇게 놓고 보면 투자자로서 향후 어떻게 해야 할지 결정할 수 있다. 2)와 3)은 펀더멘털과는 무관한 돌발 악재이며, 시장이 과민 반응한 것이기 때문에 시간이 지나면 증시는 이성을 찾게 될 것이다. 주가 또한 이에 맞춰 자연스럽게 제자리를 찾아가게 될 것이다. 1)에서 미국발 수요가 2024년 부진했던 것은 2025년 해결될 실마리가 보이고 있고, 유럽발 수요 또한 최악의 상황은 지난 듯 보인다. 그렇다면 2024년은 마치 '개구리가 멀리 뛰기 위해 움츠리는 것과 같은' 한 해로 평가할 수 있을 테고, 2025년 전망은 밝다고 예상할 수 있다.

이렇듯 애널리스트 리포트의 논리와 근거를 철저히 분석하고 내 것으로 만들어놓으면 상황이 변하더라도 이성적으로 올바로 판단하고, 결정할 수 있다. 막연히 '목표 주가, 투자 의견, 애널리스트 실적 추정'만 무비판적으로 믿고 매수 버튼을 눌러버리면, 이후에 어떻게 해야 할지를 모르는 것과는 천지 차이인 접근이다. 투자자로서 애널리스트 리포트를 제대로 읽어야 할 이유가 바로 여기에 있다.

가장 중요한 것은 잘못된 추론, 해석, 편견을 찾아내는 것

리포트를 관통하는 '논리와 근거'를 하나하나 꼼꼼히 검토하다 보면, 잘못된 추론이나 해석, 애널리스트의 편견을 찾아낼 수 있다. 그리고 이것이 가장 '돈이 되는 정보'다. 그러므로 애널리스트 리포트 독해에서 가장 중요한 것은 이러한 잘못된 부분을 찾아내는 것이다.

가치 투자는 1,000원에 거래되고 있는 1만 원 가치의 물건을 찾아낸 다음, 그것을 1,000원에 사서 1만 원이라는 제 가치로 가격이 수렴될 때까지 인내를 가지고 기다리는 것이다. 이를 실천하면 피터 린치가 말한 '10루타' 달성이 가능해진다. 그렇다면 1만 원 가치의 주식이 주식시장에서 1,000원에 거래되는 이유는 무엇일까? 그것은 증시 참여자들 다수가 '오해'를 하고 있기 때문이다. 그리고 그 '오해'는 애널리스트 리포트의 잘못된 추론, 해석, 편견 안에 녹아 있다. 따라서 리포트의 잘못된 추론, 해석 편견을 찾아내면 '시장의 오해' 때문에 1만 원 가치의 주식이 1,000원에 거래되고 있음을 발견할 수 있다. 이는 피터 린치가 말한 '10루타' 종목을 발굴하는 출발점이다. 이제 '2024 [이차전시] 위기를 또 다른 기회로' 리포트에 나타난 잘못된 추론, 해석, 편견 몇 가지를 구체적으로 살펴보도록 하자.

① LFP 배터리의 탑재 확대가 전망된다

리포트에서 LFP 배터리의 탑재 확대가 전망된다고 보는 논리의 흐름은 다음과 같다.

1. 소비자들은 가성비 전기차를 희망한다.
2. 완성차 제조사들의 수익성 압박이 더욱 거세지고 있다.
3. 그래서 가격 경쟁력이 높은 LFP 배터리 채택 확대가 전망된다.

리포트에서 전망하는 대로 LFP 배터리 탑재가 확대된다면, K-배터리 업체 중 타격을 입을 회사는 어디일까? 당연히 에코프로비엠, 포스코퓨처엠 등 양극재 제조회사들이다. 그래서 리포트에서는 '파트 4. 기업분석 부문'에서 양극재 대표 기업인 에코프로비엠에 대해 Hold(보유) 의견, 목표 주가 27만 원을 제시했다. 그리고 이 목표 주가를 산출하기 위해 중장기 실적 전망치를 2025년 2.3조 원, 2026년 1.4조 원 감액했다. 그리고 투자 포인트 부문에서 '특히 많은 완성차 제조사들이 2025년을 기점으로 보급형 라인업에 LFP 배터리 채택을 계획하고 있다는 점도 부담 요인이다'라고 적시했다.

(출처: 정원석, '2024 [이차전지] 위기를 또 다른 기회로', iM증권)

1) '소비자들이 가성비 전기차를 희망한다'는 기본 전제는 충분히 합리적이다. 신기술과 신제품이 보급될 때 초기 수용자, 즉 얼리 어댑터는 가격에 예민하지 않다. 이 얼리 어댑터들의 전기차 수용은 거의 완료된 것으로 보인다. 이후 단계는 초기 다수 수용자, 얼리 매저리티 Early majority로 넘어가야 한다. 통상 얼리 어댑터에서 얼리 매저리티로 넘어가는 단계에 캐즘 현상이 일어나는 것으로 알려졌는데, 다음 그림에서 16%가 그 부분에 해당한다. 실제로 현재 유럽의 전기차 침투율은 20% 수준, 미국은 7~8% 정도여서 이 모델에 정확히 부합한다.

초기 다수 수용자는 얼리 어댑터 층과는 다르게 가격에 민감한 소

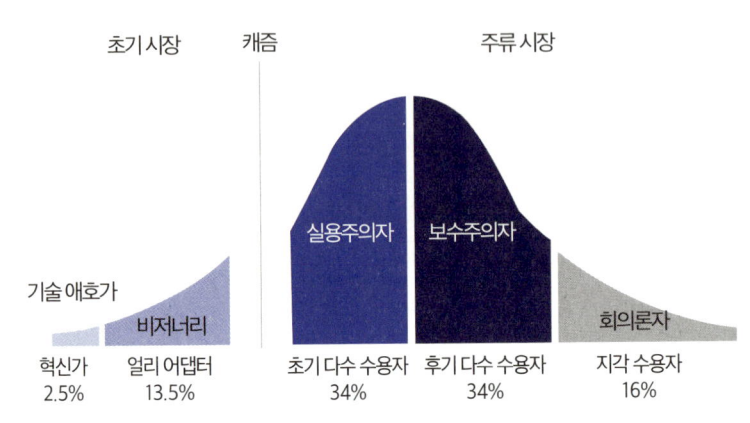

기술 수용의 생애 주기 그래프 (출처: COFFEEPOT)

비자 군이다. 당연히 초기 다수 수용자를 확보하려면 '가성비 전기차'가 필요하다. 실제로 2024년부터 '가격 경쟁력을 확보한 전기차'가 본격적으로 출시되기 시작했다.

2) '완성차 제조사들의 수익성 압박이 더욱 거세지고 있다'는 논리 전개도 대체로 수긍할 만하다. 완성차 제조사들이 신차종 하나를 개발할 때, 개발비만 수천억 원이 드는 것으로 알려졌다. 전기차는 기존 내연기관차와는 아예 다른 종류의 자동차여서 개발비 부담이 더욱 클 것임은 자명하다. 그래서 스케일-업이 중요하다. 실제로 테슬라도 설립 이후 거의 10여 년간 적자에서 헤매다가 2020년경 연산 30만 대 생산 체제가 완성되고 난 후, 흑자 기조로 전환했다. 리포트에서 언

급한 수익성 압박 가속화는 대체로 옳은 지적이다. 하지만 이를 해결할 방법으로 보다 중요한 것은 배터리 납품 단가를 낮추는 것보다 스케일-업 조기 완성이라 보는 편이 타당하다. 2024년 9월의 'GM과 현대차의 공동 협력 MOU', 2024년 12월의 '혼다와 닛산의 합병'은 바로 이런 목적에서 이루어진 것이다.

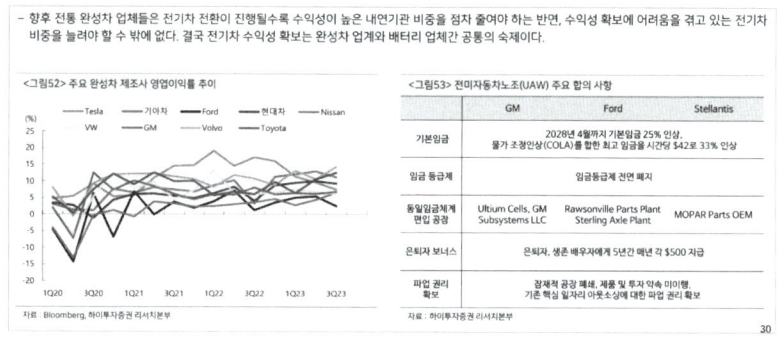

(출처: 정원석, '2024 [이차전지] 위기를 또 다른 기회로', iM증권)

3) '그래서 가격 경쟁력이 높은 LFP 배터리 채택 확대가 전망된다'는 논리의 비약과 사실과 기술에 대한 오해가 많이 포함된 잘못된 추론이다. 일단 LFP 배터리가 가격 경쟁력이 높다는 명제부터 잘못됐다. 배터리 재활용 가치에 대한 고려가 빠져 있기 때문이다. 통상 LFP 배터리는 한국의 하이니켈 삼원계 배터리에 비해 10% 수준 저렴한 것으로 알려졌다. 하지만 한국의 삼원계 배터리는 일정 기간 사용 후 금속 자원을 회수해 초기 원가의 10~20% 가치를 얻을 수 있는 반면,

LFP 배터리는 사용 후 재활용이 불가능하고 땅에 파묻어야 하기 때문에 추가적으로 처리 비용을 부담해야 한다. 제품의 생애 주기 사이클 가격으로 보면, 한국의 주력 배터리인 하이니켈 삼원계 배터리가 중국의 LFP 배터리보다 오히려 저렴하다.*

이는 해당 리포트에도 적시된 내용이다. 'LFP 배터리는 삼원계에 비해 재활용 생산성이 낮고, 폐배터리 재활용 규제가 구체화된다면 LFP 배터리 중심의 중국 업체들에게 걸림돌이 될 수 있다'라는 내용이 버젓이 적혀 있다. 이는 앞서 '유럽에서 LFP 배터리 채택을 확대한다면 한국 배터리 업체의 점유율이 떨어질 것이다'라는 논리와 명백히 모순되는 언급이다. 친환경 기조가 가장 강력한 곳이 유럽이고, 이에 따라 폐배터리 재활용 규제 정책을 가장 강력히 추진 중인 곳 또한 유럽이기 때문이다.

> 2024년 이차전지 전망   iM하이
>
> **한국 이차전지 산업을 위해서는 각 국의 폐배터리 재활용 의무화 절실**
>
> – 각국의 친환경 정책으로부터 시작된 전기차로의 전환이다. 전기차의 핵심 부품 중 하나인 배터리의 소재 재활용 측면까지 고려했을 때 LFP 배터리는 삼원계 재활용 생산성이 낮다. LFP 배터리는 리튬을 포함하고 있지만 니켈, 코발트 등의 금속은 사용되지 않기 때문이다. 특히 올해 들어 리튬 가격이 급락한 것을 감안하면 경제성이 낮아 실질적으로 재활용될 가능성이 떨어진다. 주요 국가들의 강력한 폐배터리 재활용 규제가 구체화된다면 LFP 배터리 중심의 중국 업체들에게 걸림돌이 될 수 있는 반면, 삼원계 중심의 국내 업체들에게는 기회가 될 수 있을 것으로 판단된다.

(출처 : 정원석, '2024 [이차전지] 위기를 또 다른 기회로', iM증권)

이런 이유로 일부 LFP 배터리 채택이 있기는 하나 대세를 이룰 정도

---

* 허정윤, '[기자수첩] LEP, 비싸다', 〈메트로〉, 2023년 11월 7일자 기사.

는 아니다. 리포트에서는 '2025~2026년 전기차 차세대 플랫폼에서 LFP 배터리 채택이 본격화' 될 것이라고 전망하고 있으나 이에 대한 뚜렷한 근거는 제시하지 못하고 있다. 통상 전기차에 들어갈 배터리는 3년 전에 미리 결정되기 때문에 2025~2026년 신차에 LFP 배터리 채용이 확대된다면, 이미 그 계획이 2023년 말 리포트 발간 무렵에는 발표됐어야 한다. 하지만 그런 자료를 리포트는 전혀 제시하지 못하고 있다. 그러므로 리포트의 결론은 논리의 비약이라고 평가할 수 있다.

(출처: 정원석, '2024 [이차전지] 위기를 또 다른 기회로', iM증권)

이 리포트 외에 다른 리포트와 기사들을 추가적으로 살펴보더라도 '전기차 가격 경쟁력 확보를 위해 LFP 배터리가 대세가 될 것이다'라는 취지의 얘기가 광범위하게 퍼져 있음을 쉽게 확인할 수 있다. 'LFP 배터리 채택이 확대된다면 하이니켈 양극재에 강점을 갖고 있는 대한민국 양극재 기업은 힘들어질 것이다'라는 논리가 주식시장에 반영되어 있다고 볼 수 있다. 이는 제 가치에 비해 한국 양극재 기업 주식을 싸게 살 수 있는 기회를 제공하는 정보라고 판단할 수 있다.

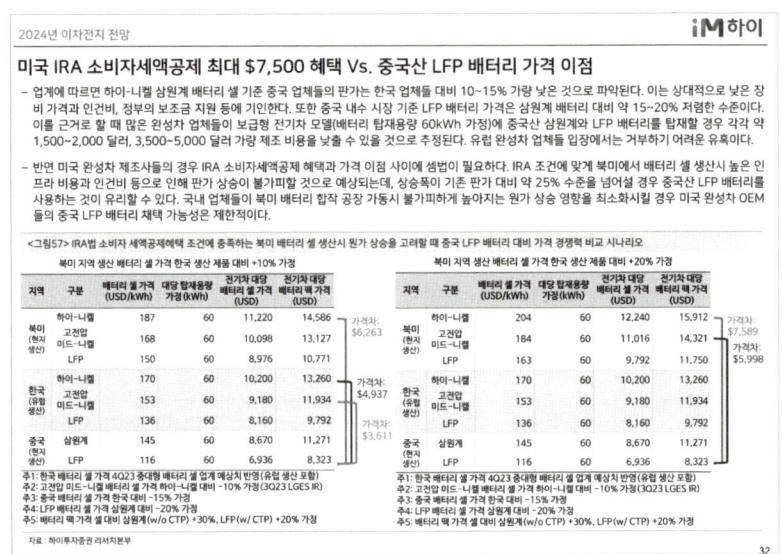

(출처: 정원석, '2024 [이차전지] 위기를 또 다른 기회로', iM증권)

② 중국 배터리는 여전히 선전할 것이다

명시적으로 적혀 있진 않지만(리포트는 국장 주식을 평가하는 목적이므로), 리포트 곳곳에는 중국 배터리가 여전히 경쟁력을 갖고 미국과 유럽 시장에서 K-배터리를 위협할 수 있으리라는 내용이 적혀 있다. 이는 사실과는 상당히 거리가 있는 얘기여서 대한민국 2차전지 주가가 전반적으로 저평가 상태에 있을 것임을 판단할 수 있다.

리포트는 미국의 IRA 규제에도 불구하고 중국 배터리가 미국에 진출할 가능성을 거론하고 있다. 'IRA 조건에 맞게 북미에서 배터리를 생산할 경우 판가 상승이 불가피한데, 그 상승 폭이 25%를 넘어설 경우 중국산 LFP 배터리를 사용하는 것이 유리할 수 있다'라는 언급이 바로 그것이다. 이는 리포트에서 흔히 이루어지는 '리스크 요인 거론'에 불과할 수도 있으나 다소 의도적인 발언이 아닌가 하고 의심된다.

결론적으로 말하자면, 이 리포트는 미국의 IRA 법안의 취지를 잘못 이해했다. IRA 법안은 2022년 10월 발표된 '국가 안보 전략'의 일환으로 입안됐다. '중국인민공화국은 경제, 외교, 군사, 기술 등 모든 면에서 국제질서를 재편하려는 의도를 가진 미국의 유일한 경쟁국'이며 '중국에 대한 경쟁력 우위를 유지하기 위해 IRA 법안을 통과시켰다'라고 적시했다. 즉, IRA를 통한 중국 배터리 배제는 경제적 사안이 아니라 정치적·안보적 사안이란 말이다. 어떤 정치체제에서도 정치가 경제에 우선하고, 안보가 정치에 우선하는 법이다. '중국의 2차전지 산업 성장을 가만두지 않겠다'라는 미국의 의지가 명백한데, '중국이 더 싸게 만들면 미국에서 팔리지 않겠나?'라고 보는 것은 핵심을 전혀 벗어난 얘기인 셈이다.

2023년 초에 '삼프로TV'를 비롯해 다수의 언론들이 '포드와 CATL의 합작 공장 건설 계획'을 대대적으로 보도했다. 2022년 8월, IRA 법이 통과됐으나 중국의 2차전지 기업들, 대표적으로 CATL은 우회해 진출할 수 있으리라는 주장을 대대적으로 홍보했는데, 이 리포트의 관련 내용도 이런 연장선상에 놓인 듯 보인다. 그러나 앞서 얘기했듯이 IRA

법안을 통해 중국 2차전지 산업의 성장을 막는 것은 정치적·안보적 정책이다. 따라서 미국 정치권이 나서서 '포드와 CATL이 합작으로 미국 시장에 우회진출을 하는 것'을 원천 차단했다. 당시 이 활동에 앞장선 정치인이 공화당 상원의원 마크 루비오인데 그는 트럼프 2기 행정부의 국무부장관으로 임명됐다. 2025년 1월에는 CATL을 중국의 군사기업으로 지정해 미국 시장에 절대 진출하지 못하도록 대못까지 박아버렸다. 즉, 리포트에 나온 언급은 이런 국제정치의 역학을 완전히 무시한 채, 중국 공산당에 편향적인 기대를 드러내고 있는 생각이라고 평가할 수밖에 없다.

'유럽 내 중국 배터리 점유율 확대 전망'도 마찬가지다. 2023년,

2024년 이차전지 전망	iM하이
중국도 유럽 공장 증설이 만만치만은 않다 ① EU 배터리법	

- 유럽 공장 건설을 진행 중인 중국 배터리 셀 업체들의 변수는 EU 배터리법과 유럽 공장에서 빠른 수율 안정화를 통해 자국에서만큼 원가 경쟁력을 확보할 수 있느냐이다. 유럽은 지난 6월에 배터리 설계, 생산 및 폐배터리 관리에 관한 포괄적 규제를 담은 배터리법을 승인하고, 내년 2월부터 시행할 예정이다. EU 배터리법은 배터리 전 주기에 걸친 지속가능성과 순환성을 강화하는 것을 목표로 한다. ① 리튬, 니켈, 코발트 등 핵심 광물 재생원료 사용 의무화, ② 배터리 생산, 소비, 폐기 등 전과정의 온실가스 배출량을 관리하는 탄소 발자국 제도, ③ 제품 생산 및 사용, 재활용 정보 등 정보를 기록하는 배터리 여권제도 등을 도입해 친환경 규제를 강화한다. 이는 지금까지 가격 경쟁력을 앞세워 유럽 시장을 공략해오던 중국 배터리 업체들에게 다소 부정적인 영향이 발생할 가능성이 높다. 지난 2018년 중국이 발표한 '중국 배터리 관리 방법과 배터리 관리 시스템, 배터리 회수 방식 등의 요구 사항과 심사 기준이 EU 배터리법과 크게 다르기 때문이다. 해당 규제를 준수하기 위한 비용이 증가하고 탄소 발자국 추적으로 인해 수출에 제약이 생길 수 있다.

2024년 이차전지 전망	iM하이
② 해외 공장 가동시에도 자국에서만큼 가격 경쟁력을 확보할 수 있을까?	

- CATL은 지난해 첫번째 해외 생산기지인 독일 공장(14GWh)이 가동되기 시작했고, 2025년 가동을 목표로 헝가리에 100GWh 규모의 기가팩토리 배터리 공장 건설을 추진 중이다. 또한 SVOLT는 독일에 총 56GWh, Envision AESC은 프랑스와 스페인에 총 84GWh, CALB는 포르투갈에 총 45GWh 규모의 배터리 공장 건설 계획을 발표했다.
- 관건은 중국 업체들이 유럽 공장에서 빠르게 수율 안정화가 이루어질 것인지, 또한 인프라 투자 비용과 인건비 상승에도 불구하고 자국에서만큼 원가 경쟁력을 확보할 수 있느냐이다. 과거 국내 업체들도 지난 2018년에 유럽 공장(LG에너지솔루션-폴란드, 삼성SDI-헝가리) 첫 가동시 안정적인 수율을 확보하는데 상당히 어려움을 겪으며 약 3년의 시간이 소요되었다. 지금까지 가격 경쟁력을 앞세워 유럽 시장을 공략해오던 중국 배터리 업체들에게 부정적인 영향이 발생할 가능성이 높다. 향후 국내 업체들이 지속 가능한 공급망과 제도들을 앞서 준비하고 기술 경쟁력을 높일 수 있는 기회가 될 수 있을 것으로 판단된다.

(출처: 정원석, '2024 [이차전지] 위기를 또 다른 기회로', iM증권)

2024년의 중국 배터리 점유율 확대는 메르켈 독일 총리 시절의 '유럽-중국 밀월'의 산물이다. 2022년 8월 미국은 중국 2차전지 산업의 성장을 억제하고자 IRA 법안을 통과시켰고, 이 정책 기조를 유럽에도 이식하려 노력했다. 유럽 또한 이런 미국의 압력을 거부할 수 없어 중국과의 거리 두기에 속속 나서고 있다. 2023년의 CRMA 법안 통과, 2024년의 중국산 전기차에 대한 최고 49%의 상계관세 부과 등이 바로 그런 정책이다.

이런 내용은 리포트에도 그대로 나와 있다. 중국 정부의 보조금 지원, 환경을 무시한 공법, 탄소 배출의 주범인 석탄 발전을 통한 저렴한 전기료 등이 중국 내에서 생산되는 배터리가 가진 원가 경쟁력의 이유다. 유럽은 이를 더 이상 용인하지 않을 것이라고 거듭 밝힌 바 있고, 정책으로 입안되어 속속 그 효력이 발생 중이다. 그럼에도 '유럽에서 중국 배터리의 점유율이 상승할 것'이라는 결론을 내는 것은 납득하기 어렵다.

③ 장기적으로 LFP 배터리는 해답이 아니다

이 리포트는 리포트 내에 아주 큰 모순이 존재한다. 앞서 'LFP 배터리 채택 확대가 예상된다'라고 해놓고, 바로 뒷부분에서는 '장기적으로 LFP 배터리는 해답이 아니다'라고 전혀 다른 주장을 한다.

리포트는 '완전 자율주행, 스마트카 등이 대중화할수록 고에너지밀도 배터리가 필요해진다'라고 얘기한다. 현재의 자동차는 완전 자율주

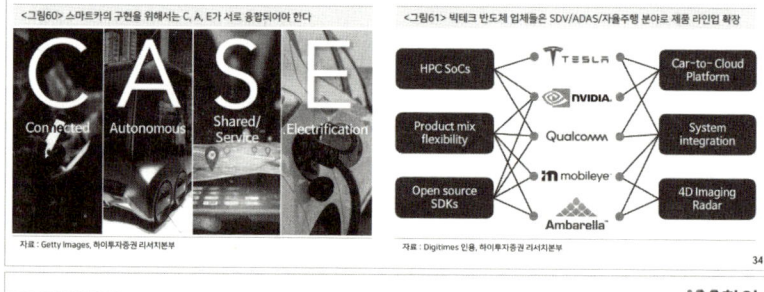

(출처: 정원석, '2024 [이차전지] 위기를 또 다른 기회로', iM증권)

행 수준에는 도달하지 못했지만, ADAS Advanced Driver Assistance System(첨단 운전 보조 시스템)의 채택과 고도화는 계속 진행 중이다. 완벽한 스마트카 수준은 아니지만 자동차의 IT 기기화 또한 현재 진행형이다. 당연히 이들 서비스는 많은 전력을 소모할 수밖에 없고 이는 고에너지밀도 배터리의 필요성을 증가시킨다. 즉, 오늘날 배터리 산업의 주요 기술 트렌드는 여전히 배터리의 고에너지밀도화라는 것이다. 게다가 배터리의 고에너지밀도화는 배터리 가격을 떨어뜨리는 효과까지 있어서 캐즘 극복을 위한 '가성비 전기차 트렌드'와도 전혀 상충하지 않는다.

그런데 이 리포트는 엉뚱한 얘기를 하고 있는 것이다. 여전히 미국과 유럽의 LFP 배터리 채택율은 한 자릿수에 불과하고, 어디에도 유럽과 미국 시장에 LFP 배터리 점유율이 유의미하게 증가하는 통계가 없는데도, 지금의 트렌드는 LFP 배터리의 확대라고 주장하고 있는 것이다. 몇 년이 지나면 LFP 배터리는 자리를 잃을 것이라고 리포트에 버젓이 적어 놓고서 말이다.

지금까지 살펴본 리포트의 잘못된 추론, 해석, 편견을 정리해보면 '한국 배터리 산업의 성장성과 경쟁력에 대한 저평가', '하이니켈 양극재 기술에 대한 저평가'라고 요약할 수 있다. 이를 통해 일차적으로 대한민국 2차전지 산업의 주가가 저평가돼 있고, 그중에서도 에코프로비엠 등 핵심 양극재 기업들의 주가가 더욱 저평가돼 있을 것이란 결론을 내릴 수 있다. 즉, 장기적으로 대한민국 2차전지 산업 전반과 그중에서도 에코프로비엠 등 핵심 양극재 기업들이 '10루타 종목'이 될 가능성을 강하게 시사한다고 봐도 좋겠다.

이쯤에서 이런 질문을 던질 분들도 있을 것 같다. "어쨌든 2024년 대한민국 2차전지 주가는 크게 하락했고, 특히 에코프로비엠 등 양극재 주가의 하락 폭은 더 컸으니 결론적으로 이 리포트는 맞은 게 아닌가요?" 그러나 이것은 애널리스트의 역할을 오해한 데서 나온 질문이다. 애널리스트는 주가를 맞추는 직업이 아니다. 애널리스트는 논리를 펴고 그 논리에 대한 근거를 제시하는 직업이다. 그러므로 논리와 논리를 이끌어낸 근거를 맞춘 리포트가 좋은 리포트다. 주가를 맞췄는지 여부는 부차적인 문제다.

또한, 애널리스트의 접근법은 장기 투자적 관점을 내포한다. 기업의 펀더멘털이 주가에 제대로 반영되는 데는 장기간의 시간이 종종 소요된다. 적어도 '최소 3년'은 지나야 애널리스트 리포트를 기초로 한 투자가 정당화될 수 있다. 이는 찰리 멍거의 '장기적으로 훌륭한 투자가 단기적으로는 나쁜 결과를 맞을 수도 있다'라는 말에도 잘 나와 있다. 사실 당신의 투자 기간이 한 달, 3개월, 혹은 1~2년이라면 애널리스트 리포트는 무용지물이다. 애널리스트 리포트는 가치에 대한 얘기이고, 가치가 주가에 반영되는 데는 '최소 3년'의 시간이 필요하기 때문이다. 따라서 애널리스트 리포트를 제대로 평가하려면, 최소 3년을 두고 판단해야 하지, 3년 미만의 투기가 작용하는 시간 내에서 판단하는 것은 가당치 않다.

성공적인 주식 투자를 위해 모아야 할 자료 리스트

　애널리스트 리포트는 정보의 보고다. 모든 애널리스트는 어떤 주장을 하든 그 근거를 제시할 것을 요구받는다. 그렇기 때문에 근거를 제시하는 과정에서 여러 중요한 자료들을 인용하고 재가공한다. 이렇게 애널리스트 리포트의 근거가 되는 자료를 수집하고 편집해 표나 그래프로 만드는 일을 하는 직군을 RA**Research Assistant**라고 하고, 정식 애널리스트가 되기 전 견습생처럼 이 직군을 거치는 경우가 많다. RA가 만들어놓은 여러 자료들 중에는 잘 보관해두었다가 나중에 귀중하게 사용할 만한 자료들이 많다. 따라서 이를 잘 갈무리해두는 것이 중요하다. 여기에서도 앞 장들과 마찬가지로 '2024 [이차전지] 위기를 또 다른 기회로' 리포트를 예시로 들어 애널리스트 리포트에서 꼭 보관해 두어야 할 자료들을 하나씩 소개하겠다.

산업의 큰 방향성과 관련된 중요한 자료들

산업의 방향성과 관련된 정부 정책이나 기업들의 장기 계획이 담긴 자료들은 아주 중요하다. 이들 자료는 미래의 청사진에 가깝기 때문에 자료에 적힌 그대로 전부 다 실현되는 것은 아니다. 그렇지만 커다란 방향성은 이들 자료에 제시된 대로 따라가는 만큼 따로 잘 보관해두면 두고두고 요긴하게 사용할 수 있다.

<그림21> EU 배터리법 주요 사항	
탄소 발자국	2026년부터 배터리 생산, 소비, 폐기 전 과정에서 직간접 배출되는 온실가스 총량 신고 의무화 일정 수준 이상 탄소배출 제품의 경우 역내 시장 판매 제한할 계획 대상: 전기차, 전기자전거 등 경량 운송 수단 및 2kWh 이상 산업용 배터리
휴대용 배터리	소비자 혹은 사업자가 쉽게 분리하고 교체할 수 있는 제품 설계 대상: 휴대전화 등 휴대용 배터리
디지털 배터리 여권 제도	배터리 내구성, 용도 변경 및 재활용 정보/이력 등 특정 정보를 전자 형태로 기록한 여권 시스템 도입 예정 대상: 전기차, 전기자전거 등 경량 운송 수단 및 2kWh 이상 산업용 배터리
공급망 실사	배터리 원자재 공급망 추적 시스템 구축 및 관리 → 환경 및 사회적 영향 평가 대상: 중소기업 제외한 모든 역내 관련 업계 적용 예정
폐배터리 수거	카드뮴, 납 포함 배터리는 2023년 7월부터 해당 화학기호 표기 및 별도 수거처리 여부 명시 이동식 배터리: 2023년 45%, 2027년 63%, 2030년 73%까지 수거 경량 운송 수단 배터리: 2028년 51%, 2031년 61%까지 수거
핵심 광물 수거 (폐배터리 재활용)	2027년부터 리튬 50%, 코발트, 구리, 납, 니켈 90%까지 수거 2030년부터 리튬 80%, 코발트, 구리, 납, 니켈 95%까지 수거
재활용 원료 사용 (2031년 의무화)	2030년부터 코발트 16%, 리튬 6%, 납 85%, 니켈 6% 2035년부터 코발트 26%, 리튬 12%, 납 85%, 니켈 15%

자료: 언론 취합, 하이투자증권 리서치본부

(출처: 정원석, '2024 [이차전지] 위기를 또 다른 기회로', iM증권)

396쪽의 표는 리포트에서 EU 배터리법 주요 사항을 정리해놓은 자료다. EU 전반에 적용되는 법규에 따라 당연히 유럽 배터리 시장은 재편될 텐데, 특히 '폐배터리 재활용 의무 수거 비율' 때문에 LFP 배터리보다는 재활용이 용이한 삼원계 배터리가 대세가 될 수밖에 없음을 알 수 있다.

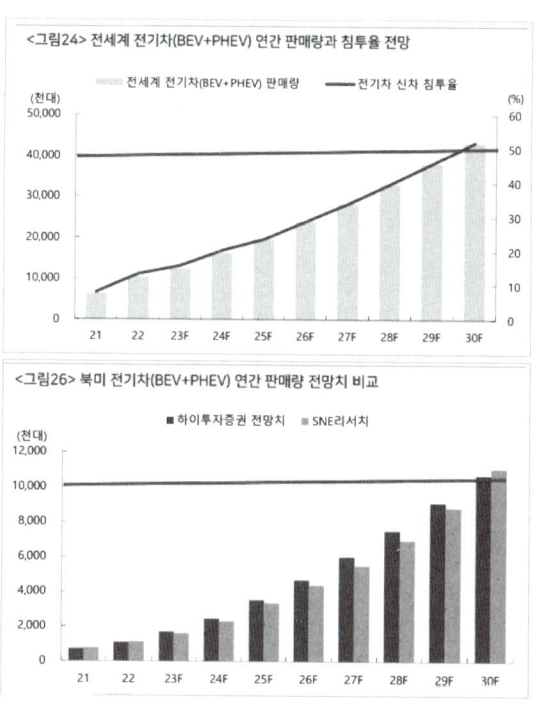

(출처: 정원석, '2024 [이차전지] 위기를 또 다른 기회로', iM증권)

위의 그림들은 전기차 시장의 장기 전망을 나타내는 그림이다.

2030년이 되면 전 세계 전기차는 한 해에만 4,000만 대가 팔리고, 그중 북미 시장에서는 1,000만 대가 팔리게 될 것으로 시장조사기관은 예상하고 있다. 전기차용 배터리의 대당 가격을 2,000만 원으로 잡을 경우, 2030년 전 세계 글로벌 배터리 시장 규모는 800조 원에 이르고, 그중 북미 시장은 200조 원 규모가 된다. 중국의 미국 시장 진출은 불허되고, 일본 파나소닉의 경쟁력 저하가 목격되는 만큼 LG에너지솔루션의 미국 시장 점유율은 50%까지도 차지할 수 있으리라고 보인다. 그렇게 되면 LG에너지솔루션은 2030년 북미 시장에서만 100조 원의 매출을 기대할 수 있다. 이는 2024년 매출액의 4배나 되는 규모다. LG에너지솔루션을 비롯해 대한민국 배터리 산업의 고성장이 '정해진 미래'인 이유가 바로 여기에 있다.

<그림31> 전세계/북미 전기차(BEV+PHEV) 침투율 및 판매량 가정에 따른 전기차 배터리 수요 전망

지역	구분	2021	2022	2023F	2024F	2025F	2026F	2027F	2028F	2029F	2030F
전세계	자동차 판매량(천대)	79,783	78,188	85,500	85,650	85,800	85,800	85,800	85,800	85,800	85,800
	전기차 신차 침투율	8%	13%	15%	18%	22%	26%	30%	35%	40%	45%
	전기차(BEV+PHEV) 판매량(천대)	6,374	10,456	13,086	15,712	18,797	22,075	25,712	29,632	33,906	38,532
	YoY 증감률	119%	64%	25%	20%	20%	17%	16%	15%	14%	14%
	전기차 대당 배터리 탑재용량(kWh)	47	44	47	50	53	56	59	62	64	65
	전기차 배터리 총 탑재용량(GWh)	303	463	619	790	1,002	1,243	1,524	1,831	2,163	2,516
	전기차 배터리 수요(GWh)	363	556	743	948	1,202	1,491	1,829	2,197	2,595	3,019
	YoY 증감률	105%	53%	34%	28%	27%	24%	23%	20%	18%	16%
	전기차 배터리 최소 요구 Capa.(GWh)	504	772	1,031	1,317	1,669	2,071	2,541	3,051	3,605	4,193

지역	구분	2021	2022	2023F	2024F	2025F	2026F	2027F	2028F	2029F	2030F
북미 (미국 +캐나다)	북미 자동차 시장 점유율	22%	20%	21%	21%	21%	21%	21%	21%	21%	21%
	자동차 판매량	17,196	15,921	18,294	18,326	18,358	18,358	18,358	18,358	18,358	18,358
	전기차 신차 침투율	4%	7%	9%	13%	17%	22%	28%	35%	43%	50%
	전기차(BEV+PHEV) 판매량(천대)	706	1,064	1,682	2,332	3,141	4,105	5,221	6,466	7,802	9,179
	YoY 증감률	100%	51%	58%	39%	35%	31%	27%	24%	21%	18%
	전기차 대당 배터리 탑재용량(kWh)	64	67	70	73	75	78	81	84	87	90
	전기차 배터리 총 탑재용량(GWh)	45	72	117	169	237	320	422	542	678	826
	전기차 배터리 수요(GWh)	54	86	141	203	284	384	507	650	813	991
	YoY 증감률	111%	59%	64%	44%	40%	35%	32%	28%	25%	22%
	전기차 배터리 최소 요구 Capa.(GWh)	75	120	196	282	394	534	704	903	1,129	1,377

자료: Marklines, 하이투자증권 리서치본부

(출처: 정원석, '2024 [이차전지] 위기를 또 다른 기회로', iM증권)

398쪽의 표는 전기차 판매량 가정에 따른 전기차 배터리 수요 전망을 나타낸 표다. 2030년까지 전 세계 배터리 산업 성장률은 연평균 20%대가 기대된다. 특히 우리의 주력 시장인 북미 시장은 그 성장 속도가 더욱 빨라서 연평균 30%대가 예상된다는 사실을 확인할 수 있다. 캐즘 현상에도 불구하고 장기 성장 전망이 유효한 것을 이 표를 통해서도 확인이 가능하다.

기업의 중장기 CAPA 및 매출 계획, 추정치

배터리 제조업과 같은 장치 산업은 미래의 매출 확대에 대비하기 위해서 적어도 3~4년 전에 CAPA 증설 계획을 세워야 한다. 특히 배터리 산업은 완성차 제조사로부터 3년 전에 선주문을 받아서 진행되는 대표적인 수주 산업이다. 따라서 이와 관련한 계획은 이미 고정되어 있고, 이를 공시나 IR을 통해 발표한다. 이 자료들은 미래의 매출 예상과 직결되는 만큼 반드시 관련 자료를 잘 보관해놓고 추후 변동이 있을 때마다 수정해 갖고 있어야 한다.

400쪽 상단의 표는 K-배터리의 주력 시장인 미국 완성차 제조사들의 전기차 계획과 관련해 이들 회사가 어디 배터리를 쓸지 등을 정리한 표다. 표를 통해 GM, 포드, 루시드Lucid 등의 전기차 계획이 1년 정도 늦춰지는 것을 확인할 수 있다. 이 과정에서 재고 조정 과정이 불가

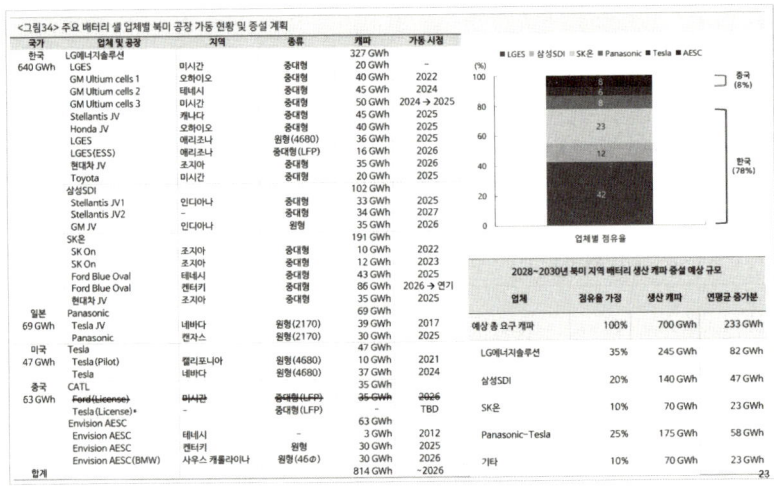

(출처: 정원석, '2024 [이차전지] 위기를 또 다른 기회로', iM증권)

피해 2024년 K-배터리 실적 악화의 주요 원인으로 작동하기도 했다. 어쨌든 K-배터리와 미국 완성차 업체 간의 배터리 계약은 지연되기는 했으되 여전히 유효함을 위의 표를 통해 확인이 가능하다. 특이 사항은 테슬라의 69Gwh 물량 외에 모든 배터리는 K-배터리를 사용하기로 결정됐다는 점이다. 결국 미국 전기차 시장이 K-배터리 산업에서 가장 중요한 수요처라는 사실이 확연히 드러난다.

400쪽 하단의 표는 주요 배터리 업체의 북미 공장 가동 및 증설 계획을 정리해놓은 자료다. 대한민국이 640Gwh, 일본이 69Gwh, 중국이 63Gwh를 차지하는 것으로 되어 있는데, 중국 63Gwh의 주인공인 엔비전 AESC Envision AESC의 계획은 사실 확정된 것은 아니다. 결국 북미 시장의 80~90%를 K-배터리가 차지하게 될 것임을 확인할 수 있다.

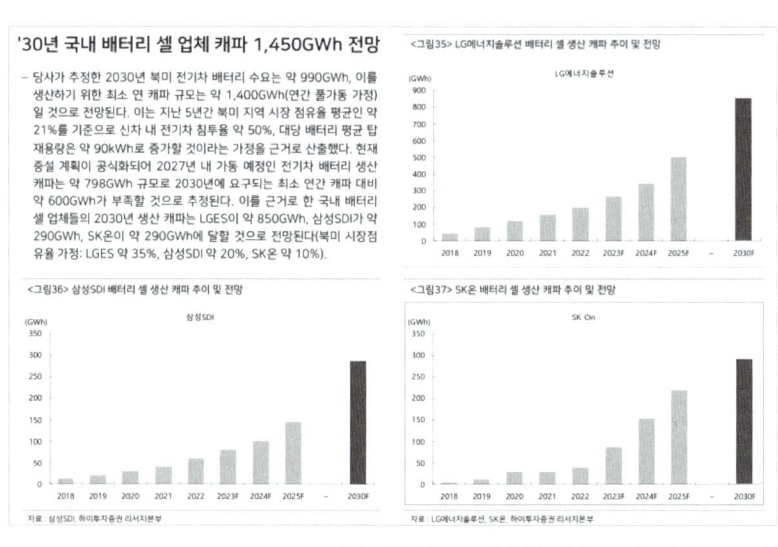

(출처: 정원석, '2024 [이차전지] 위기를 또 다른 기회로', iM증권)

위의 그래프는 2030년까지 K-배터리 3사의 생산 캐파 CAPA ('capacity'의 약자로 설비 또는 공정의 생산능력을 가리킴)를 추정한 것이다. 리포트는

2030년 3사의 CAPA가 1,450Gwh에 이를 것으로 전망하고 있는데, 이는 매출액 기준으로 300조~500조 원 정도에 달하는 엄청난 금액이다.

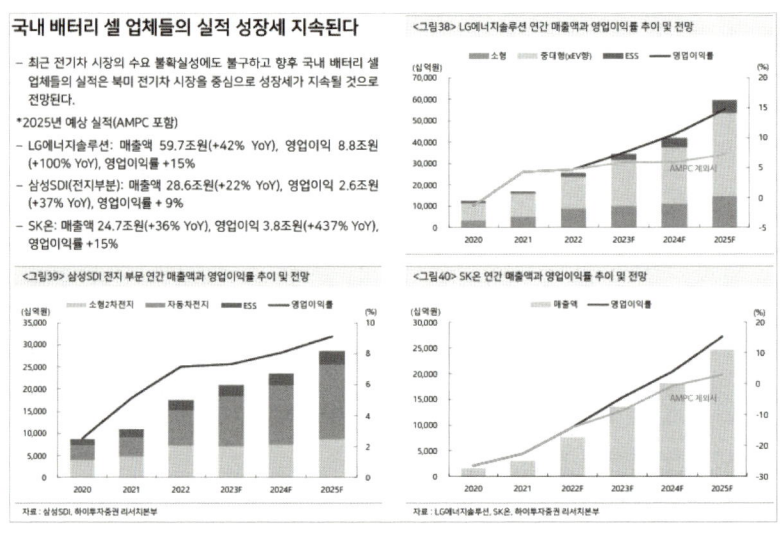

(출처: 정원석, '2024 [이차전지] 위기를 또 다른 기회로', iM증권)

위의 그래프는 K-배터리 3사의 2025년까지의 매출액과 영업이익 전망치다. 2024년 들어 배터리 가격이 큰 폭으로 하락함에 따라 3사 모두 역성장을 기록했다. 그러나 재고 조정이 마무리되고 배터리 가격 정상화가 이루어지면 다시 정상적인 성장 궤도로 복귀해 그래프에서 제시된 실적을 달성하게 될 것이다. 그저 2025년 예상치가 2026~2027년 정도로 1~2년 정도 늦춰져서 달성될 것이라고 보면 적당하지 않을까 싶다.

밸류 체인이 정리된 자료

밸류 체인Value Chain은 기업이 제품 또는 서비스를 생산하기 위해 원재료, 노동력, 자본 등의 자원을 결합하는 과정에서 발생하는 부가가치 생태계를 뜻한다. 쉽게 설명하자면 납품 관계다. 최종 소비재를 생산하는 회사는 여러 협력 업체들로부터 납품을 받아 제품을 완성하는데 이 관계도를 밸류 체인이라고 한다.

밸류 체인을 정확히 아는 것은 투자자 입장에서 정말 중요하다. 예를 들어, 현대차에서 새로 출시한 신형 전기차가 선풍적인 인기를 끌고 있다고 하자. 그럼 여기에 배터리를 공급하는 회사와 그 배터리 제조사에 양극재, 음극재, 전해액, 분리막 등 소재를 공급하는 회사들 또

<그림27> 국내 배터리 셀 업체별 고객사 출하용량 비중(3Q23 누적 기준)

업체	주요 고객사		
	북미	유럽	기타
LG에너지솔루션	Tesla(36%) Ford(8%) GM(7%) Stellantis(2%)	Volkswagen(24%) Renault-Nissan(5%) Daimler(2%)	현대차(6%) Geely(8%) 기타(2%) *Toyota/*Honda
삼성SDI	Stellantis(17%) Ford(3%) *GM	BMW(31%) Volkswagen(23%) (이 중 Audi 80%)	Rivian(20%) 기타(6%) *현대차
SK on	Ford(6%)	Daimler(19%) Volkswagen(11%)	현대차(63%) 기타(1%) *Polestar

자료 : Marklines, 하이투자증권 리서치본부
주1 : 현재 공급 중인 업체 일반, 공급 예정인 업체 * 표기
주2 : 전기차 전환 계획 축소 업체 주황색 표기
주3 : 업체별 출하량 비중 괄호 표기

(출처: 정원석, '2024 [이차전지] 위기를 또 다른 기회로', iM증권)

한 수혜를 받을 것이다. 애널리스트 리포트에 나와 있는 밸류 체인 자료를 미리 확보해 잘 보관해두면, 필요할 때 바로 확인이 가능하고 투자로 연결할 수 있다. 그러므로 밸류 체인이 정리된 자료는 꼭 잘 보관해두어야 한다. 그럼 '2024 [이차전지] 위기를 또 다른 기회로' 리포트에서 밸류 체인 자료를 찾아보자.

403쪽의 표는 국내 배터리 3사의 고객사별 비중을 정리해둔 표다. LG에너지솔루션의 가장 큰 고객은 2023년 3분기 기준 테슬라와 폭스바겐이고, 삼성SDI는 BMW, SK온은 현대차 그룹이 가장 큰 고객임을 알 수 있다.

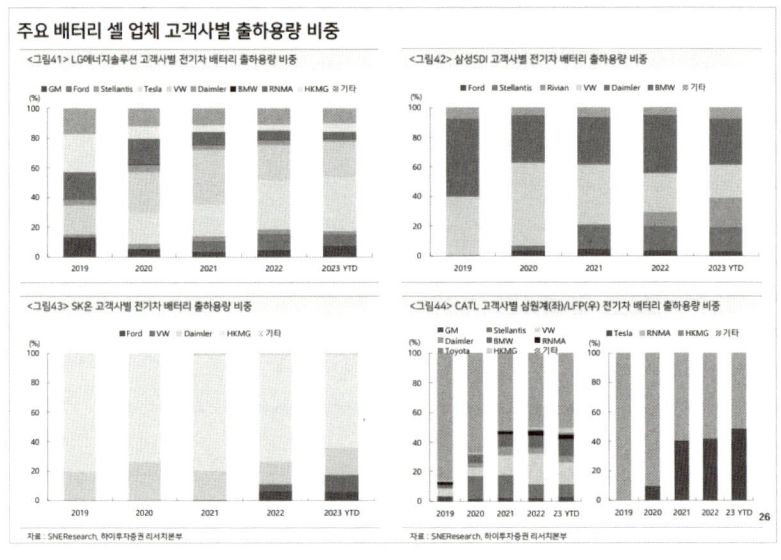

(출처: 정원석, '2024 [이차전지] 위기를 또 다른 기회로', iM증권)

404쪽의 그래프는 K-배터리 3사와 중국 CATL의 배터리 주요 납품처를 연도별로 일목요연하게 보여준다. 완성차 업체와 배터리 제조사 간의 합종연횡이 어떻게 이루어지는지를 파악할 수 있는 아주 귀중한 자료다.

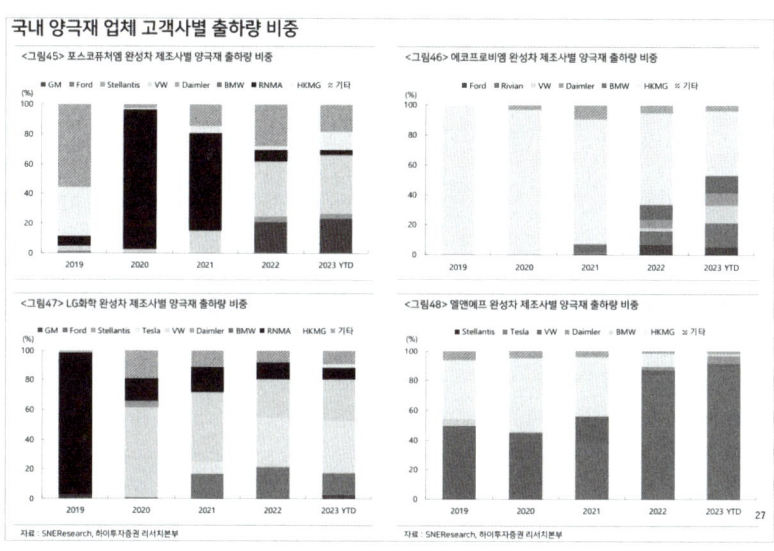

(출처: 정원석, '2024 [이차전지] 위기를 또 다른 기회로', iM증권)

위의 그래프는 대한민국 대표 양극재 4사의 완성차 제조사별 매출 비중을 보여준다. 이 또한 소장할 가치가 충분한 귀한 자료다. 이런 형태의 밸류 체인 자료는 보는 족족 별도로 잘 모아두고, 자주 봐서 그 내용을 익혀두어야 한다. 또한, 밸류 체인은 계속 바뀌기 때문에 주기적으로 업데이트해두어야 한다.

기술 변화의 로드맵이 나와 있는 자료

주식 투자에서 기술 변화는 정말로 중요하다. 더 나은 신기술이 적용되기 시작해 기존 기술의 대체에 성공하면 이는 정말로 커다란 투자의 기회를 제공하기 때문이다. 따라서 모든 투자자는 신기술과 신제품에 열광하는 경향이 있다. 그리고 이런 경향상 초기에 너무 과민 반응해 각종 버블을 형성하는 경우도 많다. 지금 글로벌 증시를 주도하고 있는 빅 테크의 경우에도 2000년대 초 '닷컴 버블' 시대에는 초기 과민 반응으로 과도한 수준까지 주가가 급등했다가 이내 급락했던 전례가 있다. 어쨌든 신기술과 신제품이 세상을 바꾸고 증시 변화를 주도하며, 여기에 큰 기회가 있는 것만은 분명하다. 이 기회를 잡으려

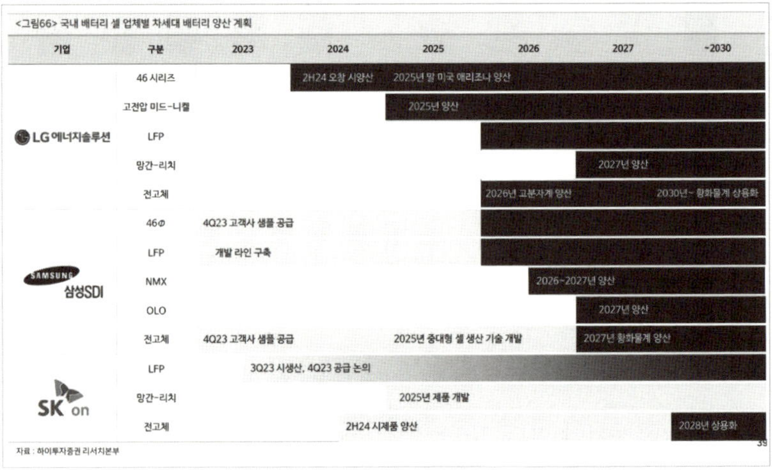

<그림66> 국내 배터리 셀 업체별 차세대 배터리 양산 계획

(출처: 정원석, '2024 [이차전지] 위기를 또 다른 기회로', iM증권)

면 기술 변화의 로드맵이 나와 있는 자료가 필요하다.

406쪽의 자료는 K-배터리 3사의 차세대 배터리 양산 계획을 정리한 그래프다. 46파이 원통형, 고전압 미드니켈, LFP, 망간 리치, 전고체 배터리 등의 개발 일정이 정리돼 있다. 한 가지 명심할 부분은 이들 신기술 로드맵 중 상당수가 실제로 제품화되지 못하기도 하고, 상용화되더라도 원래 일정보다 많이 늦춰지거나 시장 규모가 예상보다 적은 경우들도 많다는 점이다. 그러므로 자료에 제시된 개발 일정은 곧이곧대로 믿지 말고 이후 후속 보도 등을 통해 실제 진행 정도를 계속해서 팔로우업 해야 한다.

<그림67> 배터리 특성을 높이기 위한 다양한 소재 개발 방안

구분		소재 개발 방안	국내 관련 업체
주행 거리 (에너지밀도)	양극재	High-nickel(NCM, NCA, NCMA)	양극재: 포스코퓨처엠, 에코프로비엠, LG화학, 엘앤에프, 코스모신소재 / 전구체: 에코프로머티리얼즈, 이엔드디
		CNT 도전재, CNT Power	CNT 도전재: 나노신소재, LG화학, 동진쎄미켐, 제원산업 / CNT Powder: LG화학, 제이오, 금호석유화학
	음극재	Si 음극활물질 첨가+CNT 도전재	Si 음극활물질: 대주전자재료, 포스코퓨처엠, SKC, 한솔케미칼 / CNT 도전재: 나노신소재
	양극판	Al foil 극판 두께 얇게...	삼아알미늄, 롯데알루미늄, 동원시스템즈, 동일알미늄, 한국알미늄
	음극판	Cu foil 극판 두께 얇게...	롯데에너지머티리얼즈, SK넥실리스, 솔루스첨단소재
가격 경쟁력	양극재	고전압 Mid-nickel, Co-free, LFP 등	양극재: 포스코퓨처엠, 에코프로비엠, LG화학, 엘앤에프, 코스모신소재 / 전구체: 에코프로머티리얼즈, 이엔드디
충전 속도	음극재	Si 음극활물질 첨가+CNT 도전재	Si 음극활물질: 대주전자재료, 포스코퓨처엠, SKC, 한솔케미칼 / CNT 도전재: 나노신소재
	전해액(질)	신규 전해질, 전해액 첨가제	전해액: 엔켐, 동화일렉트로, 솔브레인, 덕산일렉테라 / 전해질: 후성, 천보 / 첨가제: 켐트로스
안정성 향상	분리막	고강도, 내열성	SK아이이테크놀로지, WCP(W-Scope 자회사)
	전해액(질)	신규 전해질, 전해액 첨가제	전해액: 엔켐, 동화일렉트로, 솔브레인, 덕산일렉테라 / 전해질: 후성, 천보 / 첨가제: 켐트로스
저온 특성	전해액(질)	신규 전해질, 전해액 첨가제	전해액: 엔켐, 동화일렉트로, 솔브레인, 덕산일렉테라 / 전해질: 후성, 천보 / 첨가제: 켐트로스
	양극/음극	CNT 도전재, CNT Power	CNT 도전재: 나노신소재, LG화학, 동진쎄미켐, 제원산업 / CNT Powder: LG화학, 제이오, 금호석유화학
수명 향상	양극/음극	단결정 양극재	양극재: 포스코퓨처엠, 에코프로비엠, LG화학, 엘앤에프, 코스모신소재 / 전구체: 에코프로머티리얼즈, 이엔드디
		CNT 도전재, CNT Power	CNT 도전재: 나노신소재, LG화학, 동진쎄미켐, 제원산업 / CNT Powder: LG화학, 제이오, 금호석유화학
	전해액(질)	신규 전해질, 전해액 첨가제	전해액: 엔켐, 동화일렉트로, 솔브레인, 덕산일렉테라 / 전해질: 후성, 천보 / 첨가제: 켐트로스

자료: 하이투자증권 리서치본부

(출처: 정원석, '2024 [이차전지] 위기를 또 다른 기회로', iM증권)

위의 표는 배터리 성능 향상을 위한 각 소재별 R&D 방안을 정리해둔 자료다. 이와 관련된 업체들도 잘 나열돼 있으니 수시로 참고할 만하다.

이렇듯 애널리스트 리포트는 정보의 보고다. 특히 애널리스트가 1년에 1~2번 발행하는 인뎁스 리포트는 그 안에 엄청난 노력과 정성이 담긴 정말 귀중한 정보의 원천이다. 이를 제대로 활용하지 못하고, 아무짝에도 쓸모없는 '목표 주가, 투자 의견, 애널리스트 실적 추정' 결론만 보고 말았다면 정말 엄청난 자원 낭비가 아닐 수 없다. 애널리스트 리포트를 읽을 때는 그 안에 담긴 정보를 제대로 습득하고, 이해하고, 비판적으로 분석해, 이를 활용할 수 있는 능력을 길러야 한다. 그렇지 않고 그저 습관적으로 결론만 읽고 넘어간다면 차라리 읽지 않는 것만 못하다. 노력한 만큼 결과가 주어지는 것이 당연한 세상사 진리인 바, 애널리스트 리포트 읽기에도 이 진리가 똑같이 적용된다는 사실을 명심하면 좋겠다.

6장

K-주식 투자에 꼭 필요한
기술적 분석의 핵심 원리

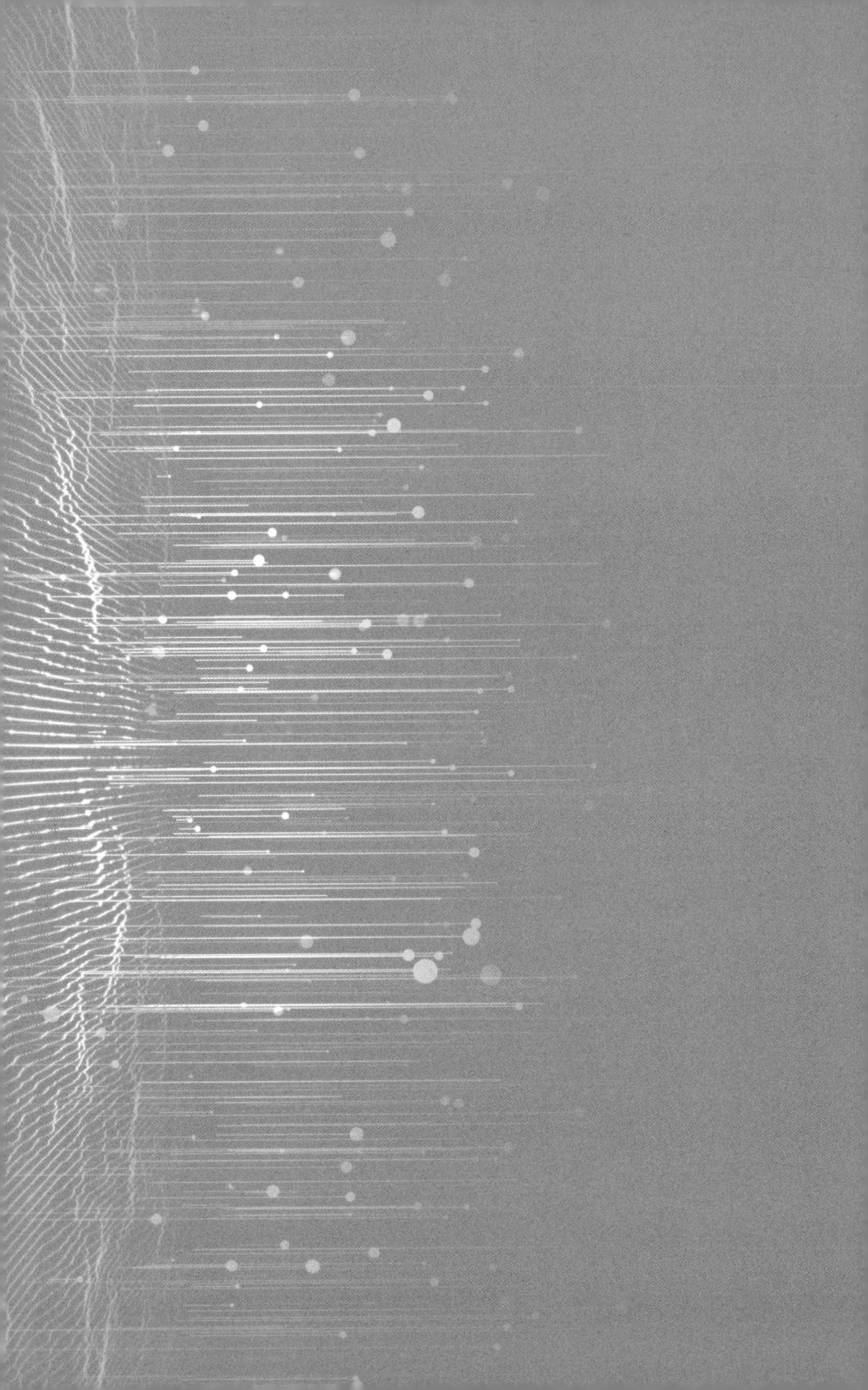

주식 초보자도 이해할 수 있는 기술적 분석의 원리

　투자와 투기는 다르다. 이를 명확히 인식하는 것이 중요하다. 투자는 주식의 실제 가치와 주가와의 괴리를 확인해 충분히 저평가됐을 때 매수한 후, 그 괴리가 장기간에 걸쳐 회복되기를 인내심을 갖고 기다리는 행위다. 그리고 그 인내의 기간은 최소 3년이다. 3년을 기다릴 자신이 없으면 처음부터 투자의 관점으로 주식을 사서는 안 된다. 이렇게 투자의 관점으로 주식에 접근할 때 필요한 정보의 대표적인 것이 바로 애널리스트 리포트다. 즉, 3년 이상 인내심을 갖고 투자할 각오가 된 사람에게만 애널리스트 리포트는 쓸모가 있다. 반면에 짧은 기간, 이를테면 한 달, 6개월, 1년을 투자 기간으로 설정한 사람에게는 애널리스트 리포트가 아무런 소용이 없다.

그러나 이것은 어디까지나 이론적으로 그렇다. 현실은 애석하게도 그렇지 않다. 이는 애널리스트 리포트의 주요 고객인 자산운용사, 특히 롱-쇼트 사모펀드가 1년, 6개월 혹은 3개월이라는 아주 짧은 기간 안에 평가를 받고, 그 평가에 따라 거취가 결정되는, 왜곡된 여의도 문화의 산물이다. 애널리스트 리포트를 보고 충분히 저평가된 주식을 잘 사놓아도 1년, 6개월, 3개월의 짧은 기간 동안 저조한 성적을 거두어 펀드매니저 자리에서 쫓겨난다면, 그 펀드가 이후에 최고의 수익을 낸다 한들 그게 무슨 도움이 되겠는가? 그렇다 보니 애널리스트에게 주가를 맞추라는 요구를 하게 되고, 애널리스트는 '12개월 목표 주가' 같은 자기 직무와 관련 없는 일을 하게 되는 것이다. 투자와 투기가 뒤섞여버린, 작금의 혼란한 '여의도 문화'는 이렇게 만들어졌다.

3년 이하의 기간 동안 보유할 목적으로 주식을 사는 모든 행위는 투기다. 투기는 주가의 향방을 예측해 이를 활용해서 돈을 버는 행위다. 3년 이하의 짧은 기간 동안에는 주가의 향방이 '가치와 주가의 괴리를 좁히는 방향'으로 움직이기도 하고, 반대로 '가치와 주가의 괴리를 넓히는 방향'으로 움직이기도 한다. 그래서 가치 투자의 원조 벤저민 그레이엄은 '주식시장은 단기로는 미인 투표기계, 장기로는 저울계'라고 말한 것이다. 미인 투표기계에 초점을 맞추면 투기, 저울계에 초점을 맞추면 투자다. 그리고 이 둘은 작동 방식이 전혀 다르므로 '투자와 투기의 접근 방법과 철학'은 당연히 달라야 한다. 그러나 많은 투자자가

'투자와 투기'를 마구 섞어놓는다. 석 달 있다 팔 생각으로 주식을 사면서 애널리스트 리포트를 읽는다든지, 차트를 활용한 투자를 해놓고는 단지 물렸다는 이유로 5년, 10년을 보유하는 속칭 '비자발적 장기투자'가 여기에 해당한다.

그렇다면 투자는 옳고, 투기를 그를까? 아니, 그렇지 않다. 투자도 옳고 투기도 옳다. 쥐만 잡을 수 있다면 검은 고양이든 흰 고양이든 상관없듯이 돈을 번다는 것이 중요하지 그 방법이 투자인지 투기인지는 중요하지 않다. 모로 가도 서울만 가면 된다. 다만, 어떤 방법으로 돈을 벌지 처음부터 딱 정해두지 않은 채, 철학과 접근법이 전혀 다른 '투자와 투기' 사이를 왔다 갔다 하는 바보 같은 행동만은 하지 말아야 한다. 앞 장에서는 투자적 접근법의 대표 격인 '애널리스트 리포트 읽는 법'을 설명했으니, 이번 장에서는 투기적 접근법의 대표 격인 '기술적 분석 활용법'을 설명하겠다.

기본적 분석과 기술적 분석

주식 투자자라면 다들 한 번쯤은 '기본적 분석'과 '기술적 분석'이라는 말을 들어봤을 것이다. 앞서 함께 살펴본 재무제표 분석과 애널리스트 리포트는 기본적 분석을 위한 대표적인 도구이다. 한편, 차트 분석은 기술적 분석의 대표적인 도구다. 다음은 금융감독원이 발간한

《대학생을 위한 실용 금융》에서 기본적 분석과 기술적 분석을 설명한 내용이다.

> "기본적 분석은 경제 분석, 산업 분석, 기업 분석으로 이어지는 환경적 분석과 재무제표를 중심으로 기업의 재무 상태와 경영 성과를 평가하는 재무적 분석이 포함된다."

여기에서 '경제 분석, 산업 분석, 기업 분석으로 이어지는 환경적 분석'이 증권사의 꽃이라 불리는 리서치센터 애널리스트가 하는 일이다. 경제 분석은 매크로 담당 애널리스트가, 산업 분석과 기업 분석은 업종 담당 애널리스트가 맡는다. 앞서 5장에서 예시로 들며 주로 설명한 애널리스트 리포트는 이 중 '산업 분석과 기업 분석'에 해당한다. 재무제표를 중심으로 하는 재무적 분석은 앞서 4장에서 설명했다.

한편, 기술적 분석은 '주가 차트를 분석해 단기적인 매매 타이밍을 잡는 방법'으로 주로 이용된다. 결국 차트를 배우는 이유는 '주가가 오르내리는 것을 알기 위해서'라고 할 수 있다. 이쯤에서 이런 질문을 할 수도 있다. "기본적 분석은 복잡하기도 하고 고도의 실력과 엄청난 노력이 요구되는데, 어쨌든 돈을 벌기만 하면 되는 것이니 중간 과정은 모두 생략하고 차트 분석만 할 줄 알면 되는 거 아닌가요?" 얼핏 보면 그 말이 백 번 옳은 것도 같다. 그러나 세상사는 그렇게 단순하지 않으며, 남의 돈 벌기가 그렇게 쉬울 리는 만무하다. '차트를 활용한 주가 맞추기' 역시 복잡 미묘한 세계다.

　차트 분석을 주로 활용하는 기술적 분석은 '주가의 움직임을 예측'하는 것이 목적이다. 기술적 분석의 관점에서는 '주가가 오를 것 같을 때 산다.' 그런데 오를 것 같아서 샀는데 오르지 않기도 한다. 이는 기술적 분석의 한계를 뜻한다. 기술적 분석에서 100%는 존재하지 않는다. 그저 '이런 차트의 모습일 때는 오를 확률이 비교적 높더라'에 가깝다. 그래서 차트 분석의 경우 오를 것 같아서 샀는데 반대로 가격이 내려가는 경우도 자주 발생한다. 이때는 애초의 판단이 잘못됐기 때문에 손실이 더 커지기 전에 팔아야 한다. 즉, 반드시 손절매를 해야 한다.

　그런데 사람의 심리가 그걸 어렵게 한다. 누구나 손해 보고 팔기는 싫은 법이다. 그래서 투기적 접근으로 시작해 '오를 것 같아서 샀다가' 그 예측이 틀려서 손절매를 해야 했는데도 제때 하지 못하고 손실인 채로 무작정 들고 가다가 '비자발적 장기 투자'가 되는 일이 생기곤 한다. 하지만 기술적 분석에서 이는 반드시 하지 말아야 할 일이다. 기술적 분석이란 결국 일종의 점치기 같은 것이다. 즉, 확률적 접근이란 부분을 반드시 명심해야 한다. 점이 그렇듯 기술적 분석 또한 끼워 맞추기 성격이 강하다는 점, '미래 예측적'이기보다는 '과거를 정당화'하는 경향이 강하다는 점을 꼭 염두에 두어야 한다.

　앞서 언급한 금융감독원의 《대학생을 위한 실용 금융》에는 다음과 같은 내용이 나온다.

"기술적 분석은 과거 증권 가격 움직임의 양상이 미래에도 반복된다고 가정하고 있고, 증권 가격의 패턴을 결정짓는 증권의 수요와 공급이 이성적 요인뿐 아니라 비이성적 요인이나 심리적 요인에 의해서도 결정된다는 것을 전제하고 있다."

즉, 주가의 움직임에는 일종의 반복되는 패턴이 있는데, 이처럼 무언가가 반복되는 것은 심리적 요인 때문이라는 말이다. 무언가가 계속된다는 것은 그 이면에 변하지 않는 어떤 작용이 있어서다. 나는 그것이 인간 내면에 존재하는 특유의 성질이라고 보고, 결국 이것이 기술적 분석을 작용하게 만든다고 생각한다. 보다 더 구체적으로 말하자면, 다음의 세 가지 인간 마음의 특성, 즉 심리가 바로 기술적 분석을 관통하는 핵심 원리들이다.

1. 추세
2. 본전 생각
3. 물극필반 物極必反

뭔가를 이해한다는 것은 어떤 현상이 발생하게 된 근본 이유를 깨달음을 의미한다. '해가 동쪽에서 뜬다'는 사실이지 이해가 아니다. 한편, 지구는 24시간을 기준으로 스스로 도는 자전을 하는데, 그 방향이 시계 반대 방향으로 일정하기 때문에 해가 동쪽에서 뜨는 것처럼 보인다고 생각하는 것은 이해다. 이처럼 현상의 이면에 존재하는 이유를 알아야만 비로소 '이해'라는 말을 쓸 수 있다.

  기술적 분석 또한 마찬가지다. 다수의 기술적 분석을 다루는 책들이 '추세선', '지지와 저항', '이동평균선 매매법', '보조 지표 활용법' 등을 다룬다. 하지만 왜 이런 현상들이 일어나는지 그 근본 이유에 대한 설명은 없거나 미흡하다. 그래서야 제대로 된 이해라고 할 수 없다. 이어지는 내용에서는 기술적 분석을 관통하는 세 가지 핵심 원리에 대해 자세히 설명하고자 한다. 이를 통해 기술적 분석을 하는 수많은 방법의 원리를 이해하고, 예외적 사항이 발생하는 이유와 대응법 등에 대해서도 인사이트를 얻을 수 있을 것이다.

기술적 분석을 관통하는
핵심 원리 1: 추세

가격은 스스로 추세를 가진다. 이는 기술적 분석가들 대다수가 동의하는 이론적 근거다. 기술적 분석을 공부하는 사람들 사이에서 일종의 교과서로 여겨지는 책으로 존 J. 머피John J. Murphy의 《금융시장의 기술적 분석》이 있다. 이 책에서는 기술적 분석의 철학 및 이론적 근거 세 가지를 제시하는데 이 중 두 번째가 바로 '가격은 추세를 가진다'라는 명제다. 잠시 이 세 가지 기술적 분석의 토대를 이루는 철학 또는 이론적 근거를 잠깐 살펴보기로 하자.

① 시장의 움직임은 모든 것을 반영한다

기술적 분석은 주가 그 자체에 답이 있다고 생각한다. 향후 주가를 예측하는 데는 주가 그 자체의 분석만으로 충분하고 경제, 산업, 기업 분석이나 재무제표 분석 등의 기본적 분석은 필요하지 않다고 본다. 이런 기본적 분석의 요소들이 주가에 영향을 미치지 않는다는 것은 아니다. 이런 요소들은 이미 주가에 다 반영됐으므로 주가 그 자체를 분석하는 것만으로 충분하다는 뜻이다.

② 가격의 움직임은 추세를 이룬다

뉴턴의 '운동의 3법칙' 중 하나인 관성의 법칙이 물리적 세계뿐만 아니라 증시에도 적용된다는 것이다. 즉, 오르는 주식은 '다른 일이 없으면' 계속 오르고, 이는 가격이 내려갈 때도 마찬가지라는 말이다.

③ 역사는 스스로 반복된다

과거의 특정 주가 패턴이 계속해서 반복된다는 것이다. '이중 천장'이라든지 '헤드 앤드 숄더'라든지 '삼산과 삼천'이라든지 하는 것들은 이런 반복되는 패턴에 관한 말들이다. 그런데 왜 이런 특정 주가 패턴은 반복되는 걸까? 주가를 결정하는 요소 중 무언가가 변하지 않고 '계속해서 유지되는 성질'이 있기 때문은 아닐까? 그것은 바로 '인간 대중의 심리'다. 결국 기술적 분석이란 '주가에 영향을 미치는, 변하지 않는 대중의 심리적 특성을 파악해 이를 주가 예측에 활용하는 기법'

이다.

다시 '가격은 스스로 추세를 가진다'라는 명제로 돌아오자. 이 명제를 참이라고 받아들인다면, 그 이유가 무엇인지를 고민해봐야 한다. 이유를 알아야 제대로 된 이해라고 할 수 있기 때문이다. '가격은 스스로 추세를 가진다'라는 말을 풀어서 쓰면 다음과 같다.

(확률적으로)

올라가는 주식은 계속해서 올라가는 경향이 있고,

떨어지는 주식은 계속해서 떨어지는 경향이 있다.

이런 현상이 생기는 이유는 '돈을 벌면 더 태우고 싶고, 돈을 잃으면 그만두고 싶어지는 것'이 사람들의 일반적인 속성이기 때문이다. 나는 2003~2008년까지 하나증권에서 PB 업무를 담당했다. 이 시기는 코스피 지수가 500p에서 2,000p로 네 배가 오른 대세 상승장이었다. 이 시기 내 고객들의 행동 패턴은 한결같았다. 지수가 500p 근처인 상승 초기에 처음 주식을 시작할 때는 아주 소액으로 시작한다. 그러다가 지수가 1,000p가 돼 수익이 꽤 나기 시작하면 투자금을 더 늘린다. 이후 지수가 2,000p 근처가 돼 최고점일 무렵에는 적금을 깨고, 대출을 받아 투자금을 최대한으로 더 늘린다.

지수가 500p 무렵인 바닥 수준에서는 "천만 원만 한번 해볼까요?" 하고 조심스레 시작했다가 천만 원으로 천만 원을 번 1,000p가 되면 천만 원을 벌어서 기쁜 한편, '처음부터 5,000만 원으로 시작했으면 5,000만 원을 벌었을 텐데' 하며 아쉬워한다. 즉, 4,000만 원을 손해 본 듯 느끼는 것이다. 결국 고민 끝에 4,000만 원을 더 투자해 투자금을 5,000만 원으로 늘린다. 이제 지수가 2,000p가 돼 6,000만 원(1,000만 원×2+4,000만 원)이 1억 2,000만 원이 됐다. 이것만으로도 충분히 만족하고 그만둘 만도 하다. 하지만 사람 마음이 그렇지 않다. 1,000만 원이 2,000만 원이 되고, 6,000만 원이 1억 2,000만 원이 됐으니, 이제 '2억 원을 투자하면 4억 원이 되겠네' 하고 있는 돈 없는 돈을 다 끌어 모아서 2억 원으로 투자금을 다시 늘린다. 하지만 곧 얼마 지나지 않아 시장은 고점을 치고 증시는 하락 추세로 전환된다.

사실 곰곰 생각해보면 사람들의 이런 행태는 전혀 합리적이지 않다. 이성적으로 투자를 한다면, 지수가 500p 정도로 주가가 낮을 때 투자금을 크게 넣고, 2,000p 근처로 주가가 높을 때 투자금을 줄이는 것이 당연하다. 그러나 현실의 사람들은 전혀 그렇게 움직이지 않는다. '기술적 분석은 증권 가격의 패턴을 결정짓는 증권의 수요와 공급이 이성적 요인뿐 아니라 비이성적 요인이나 심리적 요인에 의해서도 결정된다는 것을 전제'한다는 말은 바로 이런 상황을 두고 하는 설명이다.

그렇다면 왜 대부분의 사람들은 주가가 바닥인 500p 무렵에는 1,000만 원밖에 못 태우면서 고점 부근인 2,000p 근처에서는 2억 원을 태우는 걸까? 500p 바닥일 때는 두렵기 때문이고, 2,000p 고점에서는 더 욕심이 나기 때문이다. 이런 심리를 두고 워런 버핏은 이렇게 말했다. "사람들이 두려워할 때 욕심을 내고, 사람들이 욕심을 낼 때 두려워하라." 이 말은 투자자라면 누구나 다 아는 얘기이지만, 아는 것을 그대로 실천하기란 쉽지 않다. 다들 그 반대로 행동하니 말이다. 이유는 간단하다. 머리로는 이 말을 이해해도 실제 매수나 매도 버튼을 누를 때 우리는 '감정의 노예'가 된다. 언제나 '이성보다 감정이 훨씬 더 강력'하다. 제러미 시걸이 '감정적이지 않은 투자자가 가장 훌륭한 투자자'라고 일갈하며 '감정보다 이성'을 앞세운 투자를 해야 한다고 거듭 강조한 까닭이다.

상승 추세와 하락 추세

가격은 스스로 추세를 가진다. 추세에는 상승 추세와 하락 추세가 있다. 그런데 상승 추세와 하락 추세란 정확히 무엇을 의미하는 걸까? 각각의 정의는 다음과 같다.

- 상승 추세Upward Trend는 저점이 계속해서 높아지는 과정이다.
- 하락 추세Downward Trend는 고점이 계속해서 낮아지는 과정이다.

상승 추세에 있는 종목이라고 해서 매일 매시간 매분 올라가기만 하는 것은 아니다. 마치 바닷물이 움직일 때 조류와 파도가 일렁이듯 상승 추세 중에도 수시로 하락은 있기 마련이다. 이를 '조정'이라고 부른다. 그래서 '올라가는 과정'이라는 단순한 뜻의 '상승 추세'를 명확히 정의할 필요가 생긴다. 기술적 분석에서 상승 추세란 저점이 계속해서 높아지는 과정이다. 반대로 하락 추세는 고점이 계속해서 낮아지는 과정이다.

추세선은 추세를 명확히 보여주기 위해 의미 있는 저점 또는 고점을 연결해 그은 직선이다. 이때 상승 추세에서는 (저점이 높아가는 과정이므로) 높아지는 저점을 연결해야 한다. 반대로 하락 추세에서는 (고점이 낮아지는 과정이므로) 낮아지는 저점을 연결해 선을 그어야 한다. 그리고 상승 추세선의 저점은 지지선, 즉 매수 시점이 된다. 한편, 하락 추세선의 고점은 저항선, 즉 매도 시점이 된다.

상승 추세는 저점을 높여가는 과정이지만, 당연히 고점 또한 높아질 것이다. 상승 추세는 저점을 높여가는 과정인 만큼 이 저점을 연결한 선을 주추세선, 상승 추세에서 고점을 연결한 선은 보조추세선이 된다. 그리고 주추세선과 보조추세선 사이의 공간을 상승 추세대라고 부른다. 반대로 하락 추세에서는 고점을 연결한 선이 주추세선, 저점을 연결한 선이 보조추세선, 그 사이의 공간은 하락 추세대가 된다.

이를 그림으로 도식화하면 424쪽 그림과 같다. 추세선 그림을 보면 문득 이런 생각이 든다. '와, 이대로만 하면 돈 벌겠네.' 저점을 연결한 선을 그은 다음, 그것이 계속해서 높아지면 '상승 추세가 계속 되겠네'

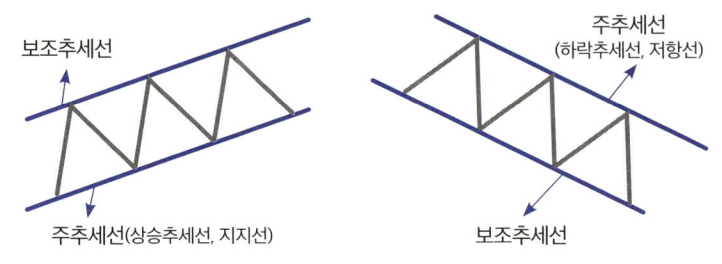

상승 추세일 때(왼쪽)와 하락 추세일 때(오른쪽)의 주추세선과 보조추세선

라고 생각하고, 지지선인 주추세선에 주가가 왔을 때 주식을 산 다음, 저항선인 보조추세선에 도달했을 때 주식을 팔면 '이론적으로' 떼돈을 벌 수 있을 것 같다. 그러나 당연하게도 그런 일은 벌어지지 않는다. 왜 그럴까?

실제 차트를 갖고 실전에 대입해보면, 자로 댄 듯이 위의 그림처럼 그대로 움직이는 일은 거의 전무하다. 추세선을 그었을 때 저점이 9만 원, 9만 5,000원으로 저점을 높였다고 치자. 이론대로라면 다음 저점, 주추세선상의 지지선은 10만 원이 될 것이다. '이때 사면 이후 값이 올라가서 돈을 벌겠지' 하고 10만 원에 예약 주문을 넣고 대기하고 있었다고 치자. 쭉 조정을 거치던 주가가 10만 500원까지만 떨어지고 올라갈 수도 있다. 이러면 내가 미리 걸어놓은 주문은 체결되지 않을 것이다.

혹은 다행히 10만 원까지 떨어져서 내 주문이 체결될 수도 있다.

그런데 10만 원부터 올라야 할 주가가 오르지 않고 9만 9,000원, 9만 5,000원, 9만 원 이렇게 계속해서 떨어질 수도 있다. 어디까지나 기술적 분석은 확률적인 것이지, 100% 그대로 되는 법은 없으니까. 그러면 낭패이지 않겠는가? 10만 원에 주문이 체결되고 다행히 그 전후에서 다시 상승을 했다고 치자. 그래도 여전히 문제는 발생한다. 값이 어느 정도 올라가면 다시 떨어질 테니 그 전에 팔아야 할 텐데, 도대체 얼마에 팔아야 하는가? 5% 오른 10만 5,000원에? 아니면, 10% 오른 11만 원에? 5% 올랐을 때 팔았는데 더 많이 올라가면 배가 아플 것이다. 한편, 10% 올랐을 때 팔려고 대기하고 있었는데 5%만 오르고 다시 떨어지면 이 역시 낭패다.

이는 기술적 분석 방법을 배워서 실전에 적용할 때 누구나 겪는 어려움이다. 기술적 분석에 대한 책을 쓰고 방법을 강의해서 돈을 번 사람들은 많지만, 실제로 기술적 분석으로 투자해서 돈을 번 사람은 적은 이유이기도 하다. 현실의 주가 흐름은 기술적 분석의 교과서에서 설명한 그 모습 그대로 움직이는 경우가 거의 없다. 그러니 추세란 것이 있다는 사실을 알고, 이를 만드는 사람의 심리를 이해하는 선에서 그쳐야지, 이를 맹신하는 것은 정말 위험하다는 말씀을 드리고 싶다.

기술적 분석을 관통하는 핵심 원리 2: 본전 생각

사람들은 이상하게 본전에 집착한다. 본전에 지나치게 집착하는, 이런 비이성적이고 지극히 감정적인 요인 때문에 주가는 일정한 패턴을 갖게 된다. 이것이 기술적 분석을 관통하는 두 번째 핵심 원리다.

투자란 미래를 향한다. 내가 어떤 종목을 얼마에 샀는지는 과거의 정보일 뿐 미래의 주가와는 아무런 관련이 없다. 너무나 당연하고 너무나 합리적이고 너무나 이성적인 사실이다. '증시는 당신의 본전을 모른다'라는 말도 있지 않은가. 내가 얼마에 샀든 해당 회사의 전망이 좋아지면 주가는 올라갈 것이고, 그 반대면 주가는 내려갈 것이다. 내가 1만 원에 샀다는 이유만으로 주가가 5,000원이 된 회사의 전망이 더욱 악화되고 있음에도 시장이 '나를 불쌍하게 여겨서' 나의 본전이 회복될 이유는 어디에도 없다. 그런데도 많은 사람이 막연하게 '본전을 못 뽑으면 절대 안 팔 거야' 하면서 버티는 '비자발적 장기 투자'의 길로 접어든다. 이와 같은 개인의 행동은 분명 어리석다. 그런데 이런 어리석은 사람들이 모여서 주가를 만든다. 즉, '사람들이 본전에 집착하기 때문에' 생기는 여러 주가 현상이 나타나는 것이다. 그리고 기술적 분석은 이를 중요한 매매 기법으로 채택한다.

행동경제학의 창시자인 대니얼 카너먼Daniel Kahneman 프린스턴대학교 교수는 사람들의 이런 본전 심리를 체계적으로 연구해 2002년 노벨경제학상을 받았다. 그는 '전망 이론Prospect Theory'을 통해 사람들이 본전에 집착하는 이유를 규명했다. 다음은 그의 이론을 도식화한 그

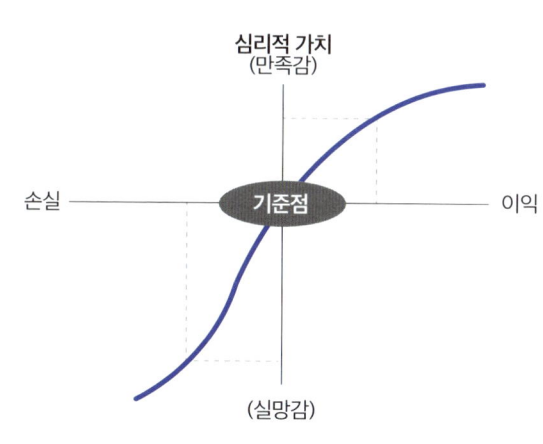

대니얼 카너먼의 '전망 이론'을 도식화한 그림

림이다. 그림의 내용을 간단히 설명하면 이렇다.

① 동일한 금액의 이익보다 손실의 효용이 더 크다

사람들은 천만 원의 손실과 천만 원의 이익을 동일한 가치로 여기지 않는다. 천만 원을 벌었을 때 얻는 기쁨보다 천만 원을 잃었을 때 느끼는 아픔의 크기가 더 크다. 이 아픔을 겪지 않으려면 손실이 난 주식을 팔지 않으면 된다. 손절매를 하기가 어려운 이유가 여기에 있다.

② 이익 금액이 늘어갈수록 무감각해지고, 이는 손실 금액 또한 마찬가지다

주식 투자로 돈을 벌 때, 처음 천만 원을 벌 때가 제일 행복하다. 그리고 이익 금액이 늘어남에 따라 그 기쁨의 정도는 서서히 줄어든다. 손실도 마찬가지다. 처음 천만 원의 손실이 날 때가 제일 아프고, 그 손실 금액이 늘어날 때마다 아픔의 크기는 서서히 줄어들면서 무감각해진다.

이러한 심리 때문에 많은 투자자가 다음과 같은 잘못된 투자 결정을 되풀이한다.

① 이익은 자르고 손실은 키운다

조금의 이익에도 사람은 크게 만족한다. 이후 이익이 더 크게 불어나도 만족은 그에 비례해 커지지 않는다. 따라서 적은 이익이 났을 때 충분히 만족하고 매도해 이익을 실현한다. 반대로 처음 조금 손실이 났을 때 많이 아프고, 이후에는 손실이 커져도 점점 무감각해진다. 그래서 일정 수준이 지나면 손실을 한도 끝도 없이 방치하게 된다. '반토막이든 1/4 토막이든 뭐 그리 큰 차이가 있나' 하고 느끼는 것이다. 이런 식이면 피터 린치가 말한 '10루타 투자'는 영영 불가능하다. 값이 10배까지 오를 동안 인내심을 갖고 기다리지 못하게 되니 말이다.

② 꽃은 뽑고 잡초는 물을 준다

주식 포트폴리오에서 이익이 난 종목과 손실이 난 종목이 있을 때, 사람들은 손실이 난 종목을 팔아 손실을 확정하기보다는 이익이 난 종목을 팔아 이익을 실현하기를 더 선호한다. 사실 동일한 시점에 투자했을 때, 손실이 난 종목보다는 이익이 난 종목이 더 좋은 회사일 가능성이 큰 게 당연하다. 그러므로 이익이 난 종목을 더 보유하고 손실이 난 종목을 파는 것이 확률적으로 옳은 판단일 경우가 많다. 이와 반대되는 투자를 피터 린치는 '꽃은 뽑고 잡초에 물을 주는 행동'이라고 비판했다. 이런 투자가 계속되면 당신의 주식 포트폴리오는 잡초만 무성해질 것이다.

③ 본전을 회복했을 때 판다

앞서 처음 손실 구간으로 들어섰을 때가 제일 아프고, 거기에서 손실 폭이 더 확대되면 자포자기하는 심정이 되어 '비자발적 장기 투자'로 가게 된다고 말했다. 이렇게 손실이 커져서 '비자발적 장기 투자' 중인 여러 종목 중에서 어느 날 '기도가 하늘에 닿아' 운 좋게 원금을 회복하는 종목이 생기기도 한다. 이럴 때 사람들은 어떻게 할까? 대다수 사람들은 원금을 회복한 데 따른 큰 기쁨을 유지하고 싶어 한다. 또한, 혹시라도 값이 다시 떨어져서 과거의 뼈저린 아픔이 되풀이할까 봐 두려워 그 주식을 팔고 만다. 그런데 냉정하게 생각해보면, 값이 떨어진 여러 종목 중에서 유독 그 종목만 상승해 원금을 회복했다면, 이는 그 기업의 전망이 밝아졌기 때문일 수 있다. 그렇다면 향후 전망이 밝은 만큼 이후에 주가도 오를 가능성이 더 크지 않을까? 단순히 본전을 회복했다고 해서 팔아야 할 합리적 이유는 없다.

결국 인간 내면의 본전 심리 때문에 사람들은 질 수밖에 없는 게임을 하기 마련이다. 이익이 났을 때는 푼돈을 벌고 팔고, 손실이 나면 한도 끝도 없이 손해를 키우고, 기껏 수년을 기다렸다가 본전을 회복하면 팔아버리는 식인데, 어떻게 주식 투자로 재산을 불릴 수 있겠는가? 성공적인 투자의 핵심은 포트폴리오에 소수의 10루타, 100루타 종목을 장기간 보유하는 것이다. 이런 본전 심리에 마음이 흔들려서는 성공적인 투자가 절대 불가능하다.

다수의 사람들이 이렇게 본전에 집착하다 보니, 다수의 본전이 모여 있는 주가 수준은 변곡점으로 작용할 확률이 높다. 앞서 설명한 바와 같이 물려 있던 주식이 본전이 되는 순간, 수익이 난 주식의 주가가 떨어져서 본전 근처에 오는 순간이 보유 주식을 팔 가능성이 높아지는 시점이다. 이런 개인들 다수가 특정 가격대에 모여 있다면, 이 가격대에서 매물이 일제히 쏟아질 테고, 다수의 본전이 주가의 변곡점으로 작용하게 된다. 이를 이용한 기술적 분석의 대표적 기법이 '이동평균선, 지지와 저항, 매물대' 분석이다. 차례대로 하나씩 살펴보자.

일정 기간의 평균 본전인 이동평균선 분석

아마도 기술적 분석의 여러 기법 중 가장 대중적인 것이 이동평균선 분석이 아닐까 싶다. 5일, 20일, 60일, 120일, 240일 등 다양한 기간의 이동평균선이 있고, 이 이동평균선에 왔을 때 사라 또는 팔아라 하는 얘기들을 많이 들어봤을 것이다. 실제 주식 차트의 초기 화면에 가장 많이 등장하는 것이 이동평균선인 만큼 꽤 익숙하지 않을까 싶다.

그렇다면 이런 이동평균선이 뜻하는 바는 무엇일까? 이동평균선은 '일정 기간' 동안 투자자들의 평균 본전을 뜻한다. 평균 본전은 주가의 변곡점으로 작동할 확률이 높기 때문에 기술적 분석에서는 이를 매수나 매도 시점으로 활용한다. 우리가 자주 쓰는 이동평균선 기간은 다음과 같이 각자의 의미를 가진다.

- 5일 이동평균선: 일주일 동안의 평균 본전(한 주에 거래일은 5일이므로)

- 20일 이동평균선: 한 달 동안의 평균 본전(5일×4주)
- 60일 이동평균선: 한 분기 동안의 평균 본전(20일×3개월)
- 120일 이동평균선: 반년 동안의 평균 본전(20일×6개월)
- 240일 이동평균선: 1년 동안의 평균 본전(20일×12개월)

일간 기준이 아니라 주간 기준이나 월간 기준, 연간 기준의 이동평균선을 사용할 수도 있다. 5월 이동평균선이나 5개월 이동평균선, 5년 이동평균선 같은 식으로 말이다. HTS나 MTS의 이동평균선은 우리가 관행적으로 많이 사용하는 5일, 20일, 60일 등 달력을 기준으로 하는 것들이 초기 값으로 설정돼 있다. 하지만 별도의, 이를테면 33일이나 200일 등 기간을 달리하는 이동평균선을 사용해도 무방하다. HTS나 MTS, 심지어 네이버페이 증권에서도 이 이동평균선 기간을 쉽게 바꿀 수 있다. 그 숫자를 얼마로 하든 그게 그렇게 중요하지는 않다. 그보다 더 중요한 것은 이런 이동평균선의 성질과 특성을 이해하는 것이다. 여러분이 알아야 할 이동평균선의 특징은 다음과 같다. 하나씩 살펴보자.

1. 다들 행복한 이동평균선 정배열 상태
2. 이동평균선의 방향이 더 중요하다.
3. 장기 이동평균선일수록 더 확률이 높다.
4. 정배열 → 혼조 → 역배열, 역배열 → 혼조 → 정배열

이동평균선의 실제(출처: 네이버페이 증권)

① 이동평균선의 정배열과 역배열: 다들 행복한 상태와 다들 불행한 상태

짧은 기간의 이동평균선이 맨 위에, 중간이 그다음, 가장 긴 기간이 아래에 있는 상태를 이동평균선의 정배열 상태라고 한다. 434쪽 그림처럼 위쪽부터 '5일 > 20일 > 60일 > 120일' 순으로 된 것이 정배열 상태, 반대로 위쪽부터 '120일 > 60일 > 20일 > 5일' 순으로 된 것이 역배열 상태다. 이는 무엇을 의미할까? 이동평균선이 정배열 상태라면, 이 주식에 투자한 사람들이 평균적으로 본전을 넘어 이익 상태란 뜻이

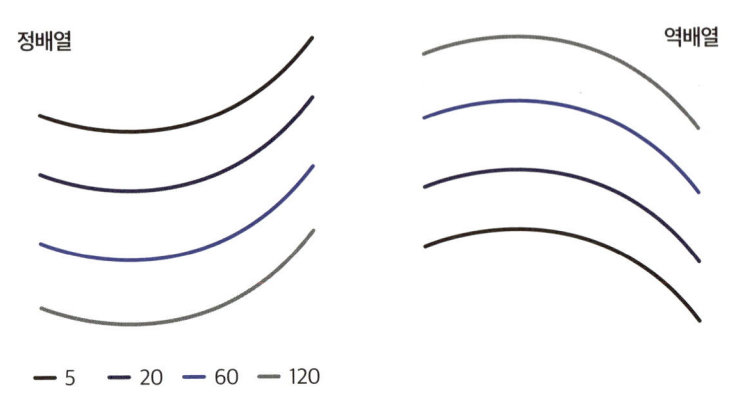

이동평균선의 정배열과 역배열

다. 반대로 역배열 상태라면, 이 주식에 투자한 사람들이 평균적으로 손실이 나 있는 상태란 뜻이다.

이를 앞서 설명한 추세와 연결하면, '이동평균선의 정배열=상승 추세', '이동평균선의 역배열=하락 추세'라고 이해할 수도 있다. '가격은 스스로 추세를 가진다'라는 명제를 대입해보면, 이동평균선 정배열 상태의 주가는 계속해서 오를 가능성이 많고, 반대로 역배열 상태는 내릴 가능성이 많다.

이는 사람들의 보편적인 심리와도 일치한다. 돈을 벌고 있으면 더 태우고 싶고, 돈을 잃고 있으면 그만두고 싶은 것이 사람의 마음이다 보니, 이동평균선이 정배열 상태인 주식은 조정 시 평균 본전 가격대에서 추가 매수세가 붙게 되어 올라간다. 반대로 이동평균선이 역배열 상태인 주식은 상승 시 평균 본전 가격대에서 원금 회복 매도세가 나오게 되어 값이 내려간다. 그래서 차트 투자자들은 '정배열 상태의 주식만 사고 역배열 상태의 주식은 쳐다보지도 말라'라고 늘 말하기도 한다.

② 이동평균선의 방향이 더 중요하다: 돈을 벌고 있느냐 vs. 돈을 잃고 있느냐

이동평균선 매매법을 처음 접하는 분들이 자주 잘못 적용하는 부분이 있다. '주가가 조정돼 ××일 이동평균선에 왔을 때 사라' 하는 것이다. 여기에는 중요한 하나가 빠졌다. '주가가 조정돼 우상향하는 ××일 이동평균선에 왔을 때 사라'라고 해야 정확하다. '우상향하는'을 빼먹으면 안 된다. 중요한 것은 이동평균선의 방향이다.

그렇다면 왜 이동평균선의 방향이 중요할까? 이동평균선은 투자자들의 평균 본전이고, 이동평균선이 우상향한다는 것은 돈을 벌고 있는 사람이 많다는 뜻이다. 결국 '이동평균선 우상향=상승 추세', '이동평균선 우하향=하락 추세'를 의미한다. 상승 추세 중에, 즉 이동평균선이 우상향하는 중에 주가가 이동평균선에 도달한 시점은 '다들 돈을 벌고 있어서 행복한 중에 나타난 조정'이어서 지지선으로 작용해 매수 시점이다. 하지만 하락 추세 중에, 즉 이동평균선이 우하향하는 중에 주가가 이동평균선에 도달한 시점은 '다들 돈을 잃고 있어서 불행한 와중에 나타난 하락'이어서 지지선으로 작용하지 못하는 경우가 많다.

③ 장기 이동평균선일수록 더 확률이 높다: 더 많은 사람의 평균 본전이 더 강력하다

앞서 얘기한 '주가가 조정돼 상승하는 ××일 이동평균선에 왔을 때 사라'는 전략을 사용할 때, 그 이동평균선의 기간이 길면 길수록 더 확률이 높다. 5일 이동평균선보다는 20일이, 20일보다는 60일이나 240일 이동평균선이 더 주가 변곡점으로 작동할 확률이 높다.

왜 그럴까? 이는 이동평균선의 의미를 생각하면 당연하다. 이동평균선은 평균 본전을 뜻한다. 즉, 5일 이동평균선이면 최근 5일 동안 투자한 사람들의 평균 본전이고, 240일 이동평균선이면 최근 1년간 투자한 사람들의 평균 본전 가격이다. 5일 동안보다는 240일 동안의 평균 본전이 훨씬 더 많은 사람들의 본전 금액이다. 따라서 '본전이 주가의 변곡점으로 작동하는 힘'이 당연히 훨씬 더 클 수밖에 없다.

④ 정배열 → 혼조 → 역배열, 역배열 → 혼조 → 정배열: 서둘러 팔 필요도, 성급히 살 필요도 없다

앞서 이동평균선 정배열 상태는 모두가 돈을 벌고 있는 행복한 상태인 상승 추세이고, 반대로 역배열 상태는 하락 추세를 의미한다고 설명했다. 즉, 이동평균선이 정배열 상태에서 역배열 상태로 바뀐다는 것은 상승 추세에서 하락 추세로 바뀜을 뜻한다.

그런데 정배열 상태에서 역배열 상태로 바로 넘어가는 것이 아니고, 중간에 이동평균선의 혼조 상태가 나타난다. 다음의 삼성전자 주가 차트를 보면 A구간은 이동평균선이 위쪽부터 '5일 〉 20일 〉 60일 〉 120일'인 정배열 상태다. B구간이 되면 주가는 상승과 하락을 반복하면서 여전히 대체로 상승 중이긴 하지만, 이동평균선은 정배열이 아니라 여러 가지 이동평균선이 얽혀 있는 상태다. 이를 이동평균선의 혼조 상태라고 한다. 이후에 C구간이 되면 이동평균선이 역배열 상태로 바뀌면서 주가의 하락 추세가 진행된다. 즉, 상승 추세는 바로 하락 추세로 전환되지 않고, 상승은 하되 그 기울기가 완만해진다든지 상

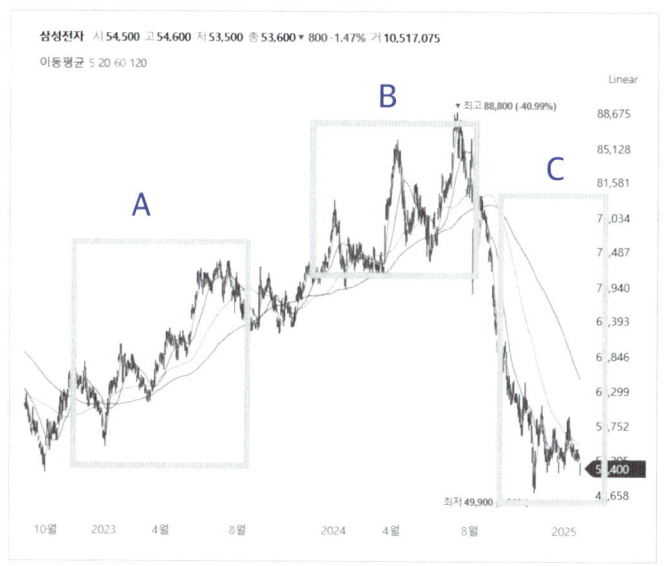

삼성전자 주가의 이동평균선(출처: 네이버페이 증권)

승과 하락을 반복하는 보합 추세가 중간에 있다가 이후에 하락 추세로 전환된다.

이는 뉴턴 물리학의 '관성의 법칙'과 유사한 측면이 있다. 한 번 움직이기 시작한 물체는 특별한 힘(예를 들어, 마찰력)이 없는 경우, 동일한 속도로 계속해서 전진한다. 이 움직이는 물체를 멈추게 하고자 브레이크를 밟으면(마찰력을 가하면), 바로 멈추는 것이 아니라 속도가 서서히 낮아지다가 마침내 멈추게 된다. 이와 마찬가지로 주가의 상승 추세 또한 어느 날 갑자기 끝나는 것이 아니라 서서히 상승 동력이 약화되면서 추가 상승 속도가 느려지다가(이동평균선 혼조) 이후 하락 추세로 전환된다. 이는 정반대의 경우도 마찬가지다. 이동평균선이 역배열 상태에서 정배열 상태로 바뀔 때도 동일하게 중간에 이동평균선 혼조 상태를 거친다.

이것이 의미하는 바는 무엇일까? 바로 수익이 나기 시작한 주식을 서둘러 팔 필요가 없고, 하락 추세에 있는 주식을 성급히 살 필요도 없다는 뜻이다. 앞서 적은 수익 상태에서 쉽게 파는 이유에 대해 설명한 바 있다. 10%의 수익이 난 상태에서 추가로 10%가 더 올라 20% 수익을 얻는 것에 따르는 기쁨보다는 10% 떨어져서 수익이 사라질 때 느끼는 아픔의 크기가 더 크다. 그렇기 때문에 이를 피하기 위해 빨리 팔게 되는데, 그렇게 해서는 안 된다. 상승 추세는 생각보다 길고 바로 값이 떨어지는 것이 아니라 혼조 구간이 있기 때문에 그때 팔아도 충분히 기회가 있다. 반대로 하락 추세에 있는 주식을 살 때 오늘 당장

안 사면 다시는 살 기회가 없을 것처럼 서두를 필요가 없다. 본격적인 상승이 시작되기 전에 바닥을 다지는 횡보 구간이 있기 때문에 그 종목을 충분히 연구해 충실히 이해한 다음에도 살 기회는 충분하다. 그러니 매도를 하든 매수를 하든 서두를 필요가 없다. 주식 투자에서 중요한 것은 신속함이 아니라 인내심인 이유를 여기에서 다시 한번 또 확인한다.

본전 가격의 작용: 지지와 저항

주가 차트를 보면 특정 가격대에서 여러 번 주가가 방향을 바꾸는 모습이 관찰되곤 한다. 떨어지던 주가가 상승으로 전환되는 것을 지지Support라고 하고, 반대로 오르던 주가가 하락으로 전환되는 것을 저항Resistence이라고 한다. 상승을 저지하던 저항선을 뛰어넘어 이후 상승이 이어지는 것을 상승 돌파라고 하고, 반대로 하락을 방어하던 지지선을 아래로 뚫고 내려가 이후 하락이 계속되는 것을 하락 돌파라고 한다. 그리고 한 번 돌파된 저항선은 이후 주가 조정 시 지지선으로 그 역할이 바뀌고, 하향 돌파된 지지선은 이후 주가 반등 시 저항선으로 그 역할을 바꾸게 된다. 이것이 본전 심리를 활용한 또 하나의 투자 기법인 '지지와 저항' 분석이다. 440쪽의 그림은 이를 정리해놓은 것이다.

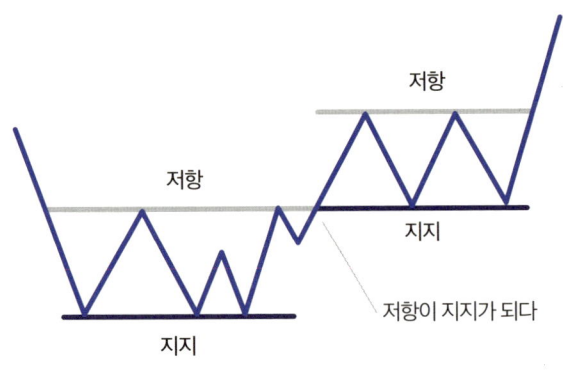

지지와 저항에 대한 분석을 도식화한 그림

유명한 기술적 분석가인 존 J. 머피와 알렉산더 엘더는 지지와 저항을 활용한 매매 기법에 대해 다음과 같이 그 특성들을 얘기했다.

"지지선, 저항선 부근에서 많은 거래가 이루어지면 이루어질수록 많은 사람이 이해관계를 갖기 때문에 더욱 중요한 의미를 갖게 된다. (…) 소요된 시간(기간), 거래량, 거래 발생 시기(얼마나 최근인지)… 등이 더욱 중요해진다."_존 J. 머피

"지지나 저항 영역의 길이, 즉 기간이 길거나 각 영역에 부딪힌 바의 수가 많을수록 강도가 세다. 지지나 저항 영역의 높이가 높을수록 강도가 세다. 지지나 저항 영역에서 거래량이 많을수록

더 강력하다."_알렉산더 엘더

이런 특성들은 지지와 저항이 사람들의 본전 심리와 관련이 있다는 것을 떠올리면 너무나 당연한 얘기다. '많은 거래가 이루어질수록', '여러 번 부딪힐수록', '지지나 저항 영역에서 거래량이 많을수록' 등의 서술은 모두 한 가지 사실을 가리킨다. 즉, 이 가격대에 더 많은 사람들의 평균이 모여 있다는 것이다. '평균은 주가의 변곡점으로 작용한다. 더 많은 사람의 평균은 주가의 변곡점으로 작용할 가능성이 더 커진다'라는 논리가 이 '지지와 저항' 매매 기법에도 그대로 적용되는 셈이다.

또 하나, 저항이 돌파 후 지지로 작용하고 반대로 지지가 붕괴 후 저항으로 작용하는 현상도 본전 심리로 설명이 가능하다. 저항 가격대는 다수가 물려 있는 주식이 본전이 되는 가격이어서 매물 출회로 상승이 제한되는 지점이다. 그런데 이 지점이 상승 돌파됐다는 것은 이런 본전 매물 출회를 능가하는 더 많은 신규 매수세가 등장했다는 것이기도 하다. 많은 수의 신규 매수세가 등장했으니 이 가격대가 그들 신규 매수세 다수의 본전이 되는 셈이다. 이는 이후 추가 상승 후 조정 과정에서 당연히 주가의 변곡점으로 작용하게 된다. 즉, '돌파된 저항선이 지지선으로 역할을 변경'하는 현상이 일어난다. 이와 반대로 '붕괴된 지지선이 저항선으로 역할을 변경'하는 현상 또한 동일하게 본전 심리가 작용한 결과다.

본전들이 모여 있는 가격대인 매물대

'본전은 주가의 변곡점으로 작용한다. 더 많은 사람들의 본전은 주가의 변곡점으로 작동할 가능성이 커진다'라는 관점에서 본전이 되는 가격이 어느 수준에 많이 모여 있는지를 확인해 매매에 활용하는 기법이 바로 매물대 분석이다. 매물대는 HTS나 MTS, 혹은 네이버페이 증권에서 쉽게 확인이 가능하다.

삼성전자의 매물 분석도(출처: 네이버페이 증권)

442쪽의 그림은 네이버페이 증권에서 가져온 삼성전자의 매물 분석도다. 5만 5,000~6만 원 구간과 7만 3,000~7만 8,000원 구간에서 매물대가 두터움을 확인할 수 있다. 또한, 동일한 가격대 근처에서 지지와 저항이 역할을 바꾸는 모습도 확인할 수 있다. 그러나 자세히 보면 앞서 제시한 이론적인 그림처럼 딱 맞아떨어지지 않는다는 것도 알 수 있다.

이뿐만 아니라 다른 모든 기술적 분석의 기법들이 전부 동일한 문제점을 가진다. 이론서에 나와 있는 그림들처럼 시장이 교과서적으로만 움직인다면, 기술적 분석을 배워서 쉽게 떼돈을 벌 수 있을 것이다. 그러나 냉정하게도 현실에서는 그런 꿈같은 일이 벌어지지 않는다. 그런 만큼 기술적 분석 기법을 활용해 '주가를 예측'하고 이를 통해 큰돈을 버는 일은 불가능함을 명심해야 한다.

기술적 분석을 관통하는 핵심 원리 3: 물극필반

'과유불급過猶不及'이라는 말이 있다. 지나침은 모자람만 못하다는 뜻으로 욕심을 절제해야 함을 경고하는 말이다. '화무십일홍 권불십년 花無十日紅 權不十年'이란 말도 있다. 열흘 피는 꽃은 없으며 10년 가는 권세도 없다는 말로 흥한 것은 반드시 곧 쇠락하게 된다는 뜻이다. '쥐구멍에도 볕 들 날이 있다', '어둠이 깊을수록 새벽이 가깝다'라는 말도 있다. 힘든 순간이 지나고 나면 곧 밝은 날이 온다는 뜻이다. 이런 세상사 당연한 이치가 주가에도 그대로 적용된다.

주가의 고점은 언제일까? 시장 참가자들의 탐욕이 극에 달할 때다. 주가의 저점은 언제일까? 시장 참가자들의 비관과 공포가 극에 달할 때다. 세상사가 다 그렇듯 극에 달하면 곧 반전되는 원리는 주식시장에도 적용된다. 이것이 기술적 분석을 관통하는 세 번째 핵심 원리다. 이와 관련해 존 J. 머피의 저서 《금융시장의 기술적 분석》에는 다음과 같은 구절이 나온다.

"시장은 영리한 매수자가 저점을 예상해 시장에 진입하기 때문에 바닥을 치는 것이 아니라 비유적으로 말하자면 마지막 매도자가 매도했기 때문에 저점을 기록하는 것이다. (…) 반대로 시장의 고점은 영악하고 정보가 빠른 매도자에 의해 만들어지는 것이 아니라, 비유적으로 말해 마지막 매수자가 매수를 했기 때문에 만들어지는 것이다."_톰 디마크 Tom DeMark

시장의 저점을 만드는 것은 영리한 투자자의 저점 매수가 아니라 가장 어리석은 투자자의 마지막 매도이고, 시장의 고점을 만드는 것은 고급 정보를 가진 투자자의 매도가 아니라 가장 우둔한 투자자의 마지막 매수라는 것이다. 이것이 바로 물극필반의 원리가 작동하는 이유다.

냉정하고 합리적으로 생각해보면 주가는 빠질수록 호재다. 가치에 비해 더욱 저렴해진 것이니까. 그런데 주가는 스스로 추세를 가지다 보니 떨어지기 시작한 주식은 계속해서 떨어지는 경향이 있다. 계속해서 떨어지다 보면 '이러다가 0원이 될 것 같은' 비합리적인 감정에

휩싸이게 된다. 그 결과, 공포에 질려서 파는, 패닉 셀이 나오고 나면 더 이상 나올 매도세는 없어지게 된다. 그러면 아주 작은 매수세의 유입에도 주가는 상승하기 시작하는 추세의 상승 전환이 나타난다.

반대로 주가가 오르는 것은 가치에 비해 비싸지는 것이기 때문에 악재다. 그러나 가격은 스스로 추세를 갖기 때문에 오르기 시작한 주식은 계속해서 오른다. 이 오르는 과정을 부러워만 하면서 혹시 내가 고점을 잡지 않을까 봐 두려워하던 새가슴인 사람이 마침내 나만 홀로 돈 버는 대열에 낙오될까 봐 두려워서 '에라 모르겠다' 하고 사는 그 마지막 순간, 즉 포모FOMO, Fear Of Missing Out의 순간이 지나가면, 더 이상의 매수세는 없기 때문에 아주 작은 매도세에도 주가는 떨어지기 시작하는 추세의 하락 전환이 발생한다. 이것이 기술적 분석의 세 번째 핵심 원리, 물극필반의 작동 원리다.

공포와 탐욕의 정도를 파악하기 위한 각종 보조 지표

'시장의 심리는 공포와 탐욕 사이를 마치 시계추처럼 오고 간다'라는 관점에서 현재 시장의 심리 정도를 파악해 매수 시점과 매도 시점을 찾고자 하는 기술적 분석의 방법이 바로 각종 보조 지표다. 다음은 기술적 분석에서 사용하는 다양한 보조 지표다.

- 이격도Divergence: 주가와 지표 간의 차이를 분석해 주가의 향방을 판단한다.
- 스토캐스틱Stochastic: 최근 주가가 일정 기간 동안의 주가 범위 내에서 어디에 위치하는지 분석한다.
- CCICommodity Channel Index: 주가와 이동평균선 간의 상대적 위치를 측정해 과매수, 과매도 구간을 판단한다.
- 투자심리선: 최근 주가의 상승과 하락을 분석해 투자자들의 심리 상태를 나타내는 지표다.
- OBVOn Balance Volume: 주가의 상승과 하락에 따른 거래량을 누적해 시장 참여자들의 관심도를 파악한다.
- MFIMoney Flow Index: 거래량과 가격을 연결해 거래 주체들의 투자 열기와 자금 흐름을 측정하는 지표다.
- VOVolume Oscillator: 일정 기간 동안의 짧은 기간 거래량과 긴 기간 거래량을 비교해 투자자들의 관심도와 힘을 파악한다.
- VRVolume Ratio: 일정 기간 동안의 매수 거래량과 매도 거래량의 비율을 통해 주식시장의 매수세와 매도세를 파악하는 지표다.

위와 같은 각종 보조 지표들은 산식이 쉬운 것부터 복잡한 것까지 실로 다양하다. 여러 가지 보조 지표들을 하나씩 설명하고, 계산 방법을 소개하고, 활용법을 제시하는 것만으로도 족히 책 한 권은 쓸 수 있는 분량이다. 그러나 나는 '이런 보조 지표는 다 무용지물이니 아예 신경 끄세요'라고 단호하게 말씀드리고 싶다. 왜 그런지 예를 하나 들어서 설명하겠다.

$$\frac{(M-m)}{D \times 0.015}$$

위의 내용은 보조 지표 중 많이 사용되는 CCI 지표를 계산하는 산식과 활용법이다. 이 CCI 지표에서 매도 시점은 1차로 CCI가 100 이상으로 과열권에 진입한 시점, 2차로 100 이상 과열권에서 숫자가 고점

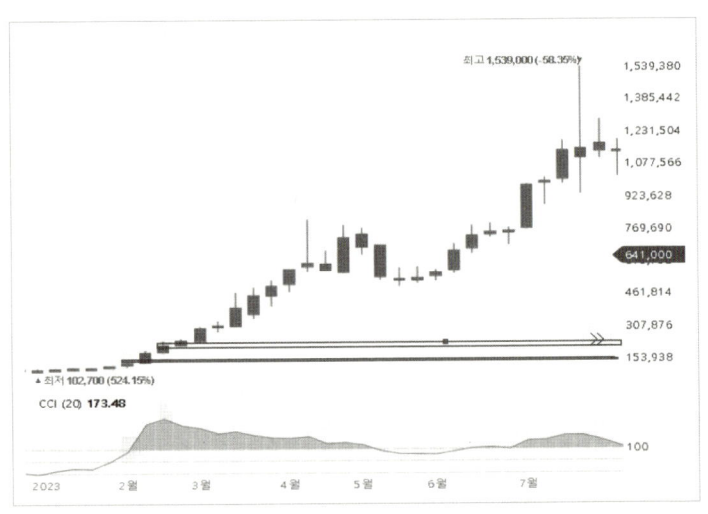

CCI 지표를 활용한 투자 전략을 에코프로에 적용했다면 어떤 결과가 나올까? 이미지는 2023년 2~7월 사이 에코프로의 주가 추이다.

을 치고 꺾이는 시점이다. 이 투자 전략을 활용해 1차에서 절반을 팔고, 2차에서 나머지 절반을 파는 전략을 세웠다고 가정해보자. 그리고 이를 2023년 에코프로 종목에 적용하면 어떤 결과가 나올까?

1차 절반 매도 가격은 15만 원대이고, 나머지 2차 절반은 25만 원 선에서 매도했을 것이다. 결국 평균 매도 단가는 20만 원이 됐을 것이다. 이후 주가는 매도 가격의 7배가 넘는 150만 원대까지 상승했다. 보조 지표를 활용한 매매법의 치명적 약점이 바로 이 점이다. 대체적으로 보조 지표를 활용해 매매 시점을 잡으면 승률은 높일 수 있다. 그러나 가끔씩 보조 지표상 과열인 상태에서 매도 신호가 나왔음에도 상승을 지속하는 경우들이 있다. 방금 보여드린 에코프로의 예처럼 말이다. 그런데 이렇게 드물게 나오는 케이스에서 실제로는 가장 큰 수익을 벌어들일 수 있는 기회를 날리게 된다.

성공적인 투자의 핵심은 '잔돈을 끌어 모으는 것이 아니라 소수의 10루타, 100루타 종목을 장기 보유'하는 것이다. 그런데 보조 지표를 활용한 투자는 이를 근본적으로 불가능하게 만든다. '훌륭한 회사를 너무 일찍 파는' 일을 실행하게 만드는 가장 확실한 방법이 바로 보조 지표를 이용해 주식 투자를 하는 것이다. 그래서 '보조 지표 따위는 잊어야 한다'라고 말씀드린 것이다.

사실 보조 지표는
처음부터 필요가 없었을 수 있다

사실 보조 지표는 처음부터 필요가 없었을 수 있다. 보조 지표의 목적은 대부분 '투자자 다수의 투자 심리를 파악'하는 것이다. 시장 참가자들 다수가 얼마나 두려워하는지, 혹은 얼마나 욕심을 내고 있는지를 수치화해 판단하고자 여러 방법으로 계산식을 고안해서 보조 지표를 만들어 사용하는 것이다.

그런데 그런 감정을 알기 위해 꼭 그런 복잡한 지표가 필요할까? 내 감정이 지금 어떠한지를 살피는 것이 훨씬 더 빠르고 간편하며 게다가 확실한 방법이 아닐까? 감정은 전염성이 강하다. 내가 불안하면 남도 불안하고, 남이 불안해하면 나도 불안해진다. 내가 욕심이 날 때 남들도 그럴 것이고, 남들이 욕심을 낼 때 나도 그럴 것이다. 그러니 나 자신의 감정을 들여다봄으로써 시장의 '공포와 탐욕의 정도'를 깨달을 일이지, 굳이 복잡한 계산식으로 만들어진 각종 보조 지표를 볼 필요가 있을까?

보조 지표의 논리는 단순하다. '시장이 공포에 질렸을 때 사고, 시장이 탐욕에 빠졌을 때 팔아라.' 이는 버핏의 말과도 일맥상통한다. 그러니 내 마음이 너무 두렵고 밤에 잠이 안 올 때는 남들도 그럴 테니 '팔고 싶은 마음을 억누르고 반대로 사고', 내 마음이 너무 들뜰 때는 남들도 그렇게 탐욕에 들떠 있을 때이니 '더 갖고 가고 싶은 마음을 억누르고 반대로 팔면' 될 일이다.

다만, 여기서 한 가지 덧붙이자면, 시장의 공포가 극에 달하면 하루에 10% 가까이 빠지는 날이 연달아 이어지고, 반대로 시장의 탐욕이 극에 달하면 하루에 10% 가까이 오르는 날이 연달아 나타난다. 그래서 한 번에 다 사지 말고 나눠서 사고, 한 번에 다 팔지 말고 나눠서 파는 '분할 매수, 분할 매도'가 필요하다. 바닥 밑에 지하실이 있고, 하늘 끝에 더 넓은 하늘이 있다. 그러니 늘 10~30% 비중으로 현금을 항상 보유해야 한다는 생각을 갖고, 끝까지 먹을 생각도 하지 말고, 가장 바닥에서 살 생각도 하지 말아야 한다. 그 누구도 정확하게 바닥과 천장을 짚어낼 능력 따위는 갖고 있지 못하니 말이다.

기술적 분석은
결국 심리를 파악하는 것이다

　기술적 분석을 관통하는 세 가지 핵심 원리는 결국 사람의 마음과 관련된다. '벌면 더 태우고 싶고, 잃으면 그만두고 싶은 마음'에서 추세가 생긴다. '본전에 대한 쓸데없는 집착'에서 이동평균선, 지지와 저항, 매물대 분석의 기법이 고안된다. '공포와 탐욕을 오고 가는 마음' 때문에 물극필반의 이치가 주식시장에도 적용된다. 결국 기술적 분석은 '사람의 마음'이라는 요물이 만들어낸 반복되는 현상을 탐구하는 것이다.

투자는 심법心法이다

그래서 결국 투자는 심법이다. 이 진리는 18세기 일본 에도시대의 전설적인 곡물 선물 투자자인 혼마 무네히사本間宗久가 한 말이다. 그는 여러분이 늘 보는 봉차트Candle Chart를 발명한 사람이기도 하다. 1717년 데와에서 태어난 혼마는 23세에 사카타의 상인인 혼마 가문의 양자가 됐고, 그 후 오사카 도지마 곡물거래소에서 신출귀몰한 거래로 막대한 부를 쌓아 에도시대 일본 최고의 부자 가문을 일구었다고 한다. 기술적 분석을 공부해본 분들은 '사카다 삼법'이라는 말을 들어보셨을 텐데, 이를 고안해낸 것 또한 혼마 무네히사다.

그는 죽기 전《혼마비전》157장을 저술했는데, 자신의 투자 비법을 가문의 후계자에게 전달하기 위한 목적으로 썼다고 한다. 이 책에는 일본 최고의 투기가이자 기술적 분석의 최고수가 수많은 거래 경험을 통해 획득한 시세의 원리에 대한 통찰이 담겼다. 현대에도 그대로 적용 가능한 다양한 인사이트가 담긴 이 책은 우리나라에도《거래의 신, 혼마 무네히사》라는 제목으로 번역, 출간됐다. '투자는 심법'은 이 책을 관통하는 핵심 사상이다.

혼마 무네히사가 발명한 봉 차트

혼마가 활동한 시기인 18세기에는 당연히 컴퓨터 같은 도구가 없었다. 따라서 매일의 시세 변화를 일일이 손으로 기록할 수밖에 없었다. 혼마가 보다 정확하게 하루 동안의 시세 변동을 나타낼 방법을 고민하다 만들어낸 것이 바로 봉 차트다. 봉 차트는 일본에서 만들어진 것이고 우리나라에서도 널리 사용됐지만, 서구에서는 그 존재를 몰랐다. 그래서 미국 등 서구에서는 매일의 종가를 연결한 선 차트나 봉 차트와 비슷한 형태이지만 정보량은 봉 차트에 비해 부족한 바Bar 차트를 주로 써왔다. 그러다가 혼마의 봉 차트가 미국의 기술적 분석가들 사이에 소개돼 널리 퍼졌는데, 용어를 번역하는 과정에서 차트의 모양이 양초와 닮았다 해서 서구에서는 '캔들 차트'라고 부르게 됐다.

다음의 그림은 삼성전자 주가를 선 차트, 바 차트, 봉 차트로 나타낸

삼성전자 주가의 선 차트, 바 차트, 봉 차트

것이다. 선 차트에는 당일 종가만 기록돼 있다. 바 차트에는 당일 시가, 종가, 최고가와 최저가가 기록돼 있지만, 시가 대비 종가가 높았는지 낮았는지에 대한 정보는 없다. 봉 차트는 바 차트의 네 가지 정보에다 당일의 종가가 시가보다 높으면 양봉(빨간색), 낮으면 음봉(파란색)으로 구분 표시해서 가장 풍부한 정보를 담고 있다. 그래서 대부분의 기술적 분석가들은 봉 차트를 사용한다.

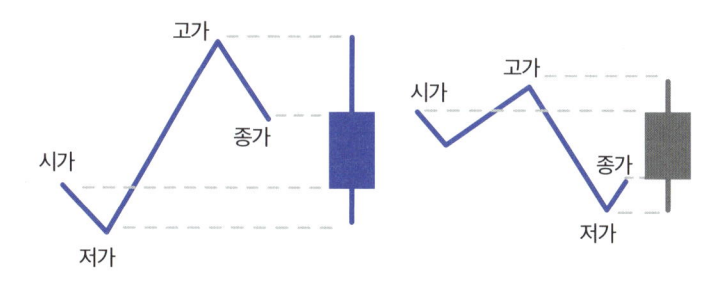

봉 차트 그리는 법

위의 그림은 봉 차트를 그리는 법을 설명한 것이다. 봉 차트에는 시가, 고가, 저가, 종가 네 가지 정보를 표기하고, 양봉(빨간색), 음봉(파란색)을 구분해 시가에 비해 종가가 높았는지 낮았는지를 나타낸다. 하루의 주가 움직임에 따라 봉의 모습은 456쪽의 그림과 같이 다양하게 표현되며, 이 중 특별한 패턴을 찾아내 매매 기법으로 활용하기도 한다.

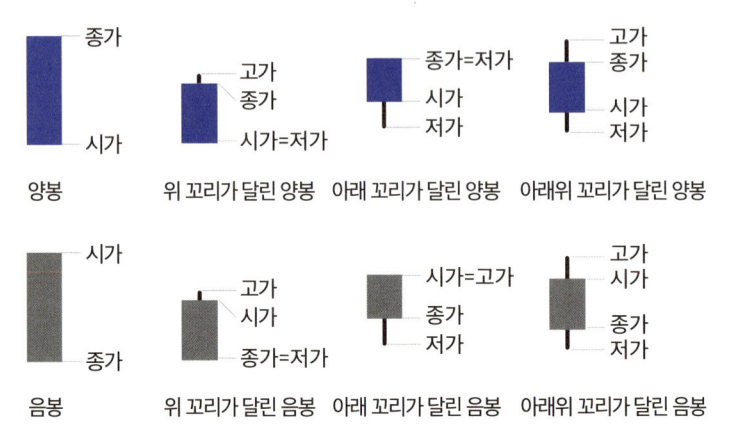

양봉과 음봉의 다양한 모습

혼마의 사케다 전법:
삼산, 삼천, 삼병, 삼공, 삼법

혼마의 발명품 중에서 현재도 널리 알려진 것이 사케다 전법戰法이다. 삼산, 삼천, 삼공, 삼병, 삼법의 다섯 가지 '삼'을 다루고 있어 사케다 오법이라고도 한다. 가볍게 개념을 설명하자면 다음과 같다.

① 삼산三山과 삼천三川

주가의 고점은 한 번에 형성되지 않고, 세 번에 걸쳐서 형성된 후 하락 추세로 전환되고(삼산, '세 개의 산봉우리'라는 뜻), 바닥 또한 세 번에 걸쳐서 저점을 형성한 후(삼천, '세 개의 강'이라는 뜻) 상승 추세로 전환된다는 것이다. 이는 서구의 기술적 분석가들의 패턴 분석 중 '헤드 앤드 숄더'와 '역 헤드 앤드 숄더' 패턴과 동일한 설명이다. 이는 앞서 추세와 이동평균선의 '정배열 → 혼조 → 역배열'을 설명할 때 이야기한 것과 동일한 논리다. 즉, 상승 추세의 주식이 하락 추세로 전환할 때, 반대로 하락 추세에서 상승 추세로 전환할 때, '시간이 걸린다'는 것과 일맥상통한다. 즉, 서둘러 팔 필요도, 급하게 살 필요도 없으니 '조바심을 버리고 인내심을 가져라'는 교훈을 되새겨야 함을 뜻한다.

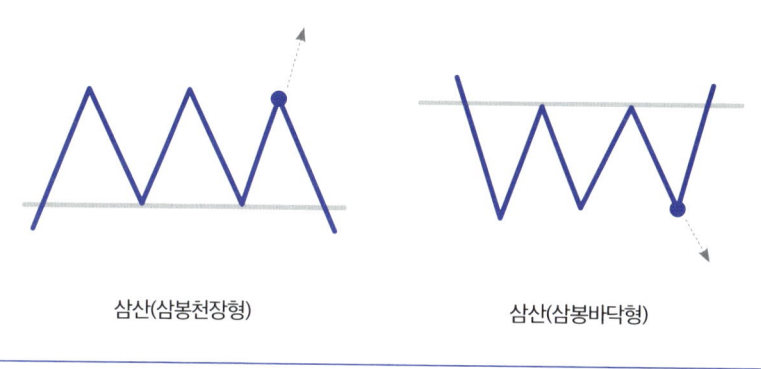

삼산(삼봉천장형)   삼산(삼봉바닥형)

삼산과 삼천

② **삼병**三兵

양봉이 세 개 연속된 것을 적삼병, 음봉이 세 개 연속된 것을 흑삼병이라고 한다. 바닥권에서 적삼병이 출현하면 상승 추세로의 전환,

고점권에서 흑삼병이 출현하면 하락 추세로의 전환이라고 보는데, 실제 투자에 접목해보면 맞지 않는 경우도 비일비재하다. 그러니 너무 맹목적으로 따르지 말고 이런 것이 있다는 정도로만 알고 넘어가도 충분하다.

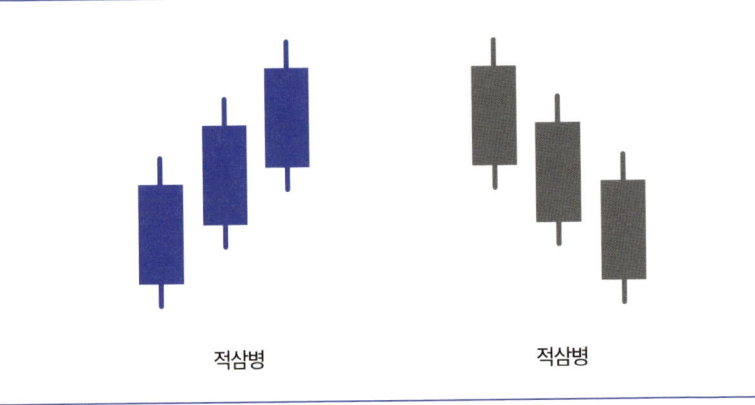

적삼병과 흑삼병

③ 삼공三空

봉 차트에서 전일의 봉과 금일의 봉 사이에 겹치지 않는 공간이 나타날 경우 이를 갭Gap이라 한다. 혼마는 이를 '빌 공空'으로 표현했다. 상승 시 나타나는 갭을 상승 갭이라 하는데, 이 상승 갭 세 개가 연달아 출현한 것을 상승삼공이라고 하고, 이를 하락 추세로의 전환 신호로 판단한다. 반대로 하락삼공은 상승 추세로의 전환 신호다. 이는 물극필반의 원리와 일맥상통한다. 상승 갭이 세 개나 출현했다는 것은 사람들의 탐욕이 극에 달했다는 의미다. 따라서 물극필반의 원리에 따라 상승이 끝나고 하락으로 반전되는 것이다. 반대로 하락 갭이 세 개나 출현했다는 것은 공포가 극에 달했다는 의미이니 곧 상승이 나타나게 되는 것이다.

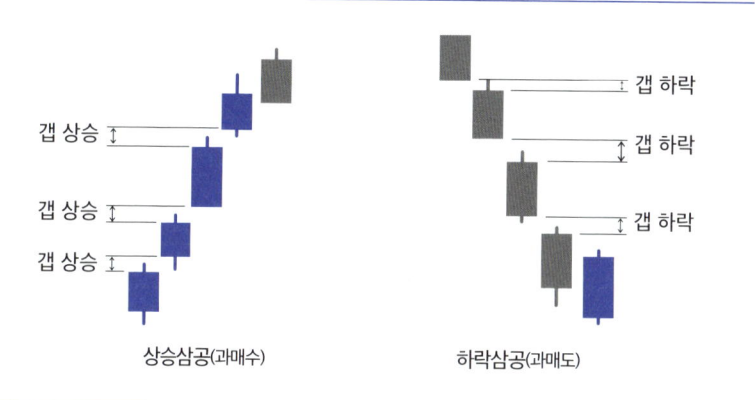

상승삼공과 하락삼공

④ **삼법**三法

삼법이란 '매수, 매도, 휴식'이 투자의 한 사이클이라는 뜻이다. 나는 사케다 오법 중에서 이 삼법이 가장 중요하다고 생각한다. 잘 사서 잘 팔고 이익을 얻은 다음에는 쉬어야 한다. 쉬면서 천천히 기회를 살핀 다음, 기회가 왔을 때 다시 사야 한다. 그러나 대부분의 투자자들은 사서 돈을 번 다음, 쉬지 않고 더 벌기 위해서 다른 종목 매수에 성급히 들어간다. 혹은 팔고 나서 더 올라가고 있는 주식을 추격 매수 한다든지 해서 낭패를 본다. 잦은 매매는 패망의 지름길이다. 반드시 경계하자.

혼마의 삼위三位의 비전祕傳

혼마가 얘기한 여러 가지 매매 방법 중에서도 가장 핵심은 '삼위의 비전'이다. 삼위란 가격의 세 가지 위치를 말하는데, 바닥 가격, 중간 가격, 천장 가격을 가리킨다. 현재의 시세가 어느 시점인지 면밀히 관찰해 '바닥 가격에서 사서 중간 가격에서는 흔들리지 않고 보유했다가 천장 가격에서 팔아라. 팔고 난 후 40~50일을 충분히 쉬면서 관찰하고, 다음 바닥 가격이 형성되기를 기다려라'가 삼위의 비전의 골자다. 다음은《혼마비전》에 나오는 삼위의 비전에 관한 내용에 나의 주석을 덧붙인 것이다.

"매수와 매도 모두 '오늘 어떻게든 잘 해봐야겠는데'라고 조바심이 난다면 3일 정도 기다리는 것이 좋다. 쌀 시세의 움직임을 차분히 관찰하고 최고 가격과 바닥 가격을 비교해가면서 매매한다. 바닥 가격에 다다르지 않았다면 몇 달이고 기다렸다가 이운利運이 들어왔다고 판단되는 때에 매매를 시작한다. 이것이 삼위의 비전이다."

이는 매매 시작 시점의 중요성에 대한 이야기다. '빨리 돈을 벌어야 하는데 하는 조바심을 버리고' 충분히 바닥 가격에 도래했다고 생각이 드는 시점에 매수를 시작해야 한다는 것이다. '장사는 시작이 중요하다. 투자 또한 마찬가지로 시작이 가장 중요하다'는 사실을 명심하자.

> "거래가 끝나면 40~50일간 충분히 휴식한다. 휴식이 필요한 이유는 다음 장세의 바닥 시세가 어떻게 형성되는가를 관찰하기 위함이다. 심사숙고해 이 비전을 활용하도록 하라."

혼마는 팔고 난 후의 휴식을 강조했다. 40~50일 푹 쉬면서 다음 바닥 가격이 언제 도래할지를 유심히 관찰해야 한다고 조언했다. 1년 내내 쉬지 않고 매매하고, 주식 계좌에 현금이 조금이라도 남아 있으면 뭐라도 사지 못해 안달인 사람은 일종의 도파민 중독인 '매매 중독증'에 걸렸다고 보고 반드시 먼저 치료를 받아야 한다. 이는 일종의 '흥분을 추구하는' 도박 중독증과 같다. 도박의 끝이 패망이듯 이러한 상태에서는 투자 실패가 예정돼 있는 셈이나 마찬가지다.

> "상인들은 이번 기회에 구매하지 못하면 거래에서 제외될 수

있다는 두려움 때문에 너도 나도 달려들기 시작하는데 이럴 때야 말로 매도로 돌아서야 한다. 이것은 불 속에 뛰어드는 심정과 비슷하다."

천장 가격에서의 매도와 관련된 얘기다. '상인들이 이번 기회에 구매하지 못하면 거래에서 제외될 수 있다는 두려움 때문에'라는 구절은 어디서 많이 본 모습 같지 않은가? 바로 포모증후군의 에도시대적 표현이다. 이런 매수 조급증 때문에 매수세가 몰려서 시세가 급상승을 거듭할 때 오히려 매도할 시점을 노려야 한다는 것이다. 이렇게 하는 것은 정말 감정적으로 힘든 결정이기 때문에 '불 속에 뛰어드는 심정'과 비슷하다고 말하고 있다.

"소문이 돌면 거래에 대한 수요가 눈에 띄게 떨어진다. 줄어든 거래량은 사람들을 더욱 불안하게 만들고 앞으로 더 하락할지도 모른다는 불안 심리가 확산된다. 그러나 이런 상황이야말로 생각을 바꾸어 매수에 나설 시기다. 마치 바다에 뛰어드는 심정이므로 여간해서는 용기가 나지 않는다. 그래도 의심하지 말고 매수에 나선다. 훗날 상당한 이윤을 얻게 될 것이다."

바닥 가격에서의 매수와 관련된 얘기다. 온갖 악재가 쏟아지고 가격은 연일 하락하고 거래량도 급감해 '불안이 극대화되는 시점에' 매수를 시작해야 한다는 것이다. '마치 바다에 뛰어드는 심정으로' 의심을 거두고 용기를 내어 사야 한다고 조언하고 있다. 이런 용기는 훗날 '상당한 이윤'으로 보상받는다고 강조하고 있다.

> "사람들이 모두 서쪽으로 달려가고 있는데 나 혼자 동쪽으로 걸어가고 있어서 불안하기도 하지만 이런 상황에서 이득은 매우 높다. 사람들이 일을 마치고 돌아올 때쯤 뒤늦게 혼자 서쪽으로 향했다가는 아무런 이득도 보지 못한다. 두 번째 거래에서 최고 시세로 팔고 세 번째 거래 물량까지는 반드시 이득을 봐야 하며 네 번째 거래는 상황을 반전해서 생각해본다. 이것이 삼위의 비전이다."

이는 '대중과 반대로 가는 길에 꽃길이 있다'라는 증시의 격언을 생각나게 하는 대목이다. 누구나 정답은 알고 있다. 사람들이 몰려 있는 곳의 반대로 가야 큰 수익을 거둘 수 있다는 것을. 그러나 그렇게 하지 못하는 것은 사람의 나약한 마음 때문이다. 무리 속에 속해 있어야만 보호받고 안전할 것 같은 그 마음 때문이다. 이를 혼마는 '사람들이 모두 서쪽으로 달려가고 있는데 나 혼자 동쪽으로 걸어가고 있어서 불안하기도 하지만 이런 상황에서 이득은 매우 높다'라고 표현했다. 그리고 뒤늦게 고점 부근에 포모증후군을 못 이겨 뛰어드는 것을 '사람들이 일을 마치고 돌아올 때쯤 뒤늦게 혼자 서쪽으로 향했다가는 아무런 이득도 보지 못한다'라고 경고한다. 그리고 고점 부근에서 팔 때, 누구도 정확한 고점은 알 수 없으므로 네 번에 걸쳐 분할 매도할 것을 권고하면서 그 구체적 방법론을 제시하고 있다.

흔들리는 것은 깃발이 아니라 당신의 마음

이쯤에서 청년 혼마 무네히사가 성공한 투기자로 거듭나는 깨달음을 얻게 일화를 들려드리겠다. 그가 도쿄에서 큰돈을 잃고 사카타의 산사에서 들어가 칩거하던 중에 생긴 일이다. 어느 날 스님이 그를 찾아와 말을 건넨다.

스님: 청년, 자네는 무얼 하고 있는가?

혼다: 그저 누워 있습니다. 달리 할 일이 없으니까요.

스님: 자, 이리 와서 저기 저 깃발 좀 보게나. 자네는 저 깃발이 왜 흔들리는 것 같은가?

혼다: 바람이 부니 흔들리겠지요.

스님: 다른 답을 생각해보게.

혼다: 음… 기氣의 흐름 때문일까요?

스님: 저 깃발이 흔들리는 것은 자네의 마음이 흔들려서라네.

선문답 같은 스님과의 대화를 통해 이후 혼다는 마음이 지어내는 허상에 흔들리지 않고 자기 내면을 바라보고, 그것을 통해 타인의 마음을 아는 법을 깨닫는다. 이때의 깨우침 이후 혼마는 연전연승해 일본 최고의 부자로 우뚝 설 수 있었다고 한다. 혼마가 '투자는 심법'이라고 누누이 강조한 까닭이다. 사실 이 얘기는 '비풍비번非風非幡'이라는 선불교의 여러 화두 중 하나다. 비풍비번의 오리지널 이야기는 다음과 같다.

어느 날 사찰 깃발이 바람에 나부끼고 있었다. 이 광경을 보고 두 스님이 논쟁을 시작했다. 한 스님은 "깃발이 움직인다"라고 말하고, 다른 스님은 "바람이 움직인다"라고 주장했다. 서로의 주장만 오갈 뿐 논쟁이 결코 해결되지 않자 육조 혜능이 말했다. "바람이 움직이는 것도, 깃발이 움직이는 것도 아닙니다. 그대들의 마음이 움직이고 있을 뿐입니다." 두 스님은 소스라치게 놀랄 수밖에 없었다.

깃발은 바람이 불지 않으면 움직일 수 없다. 그런 의미에서 깃발이 움직이는 것이 아니라 바람이 움직이는 것이다. 그러나 바람이 아무리 강하게 불어도 깃발이 없으면 바람이 깃발을 움직일 수 없으니 바람이 깃발을 움직이는 것도 아니다. 깃발과 바람이 동시에 존재해야 비로소 깃발이 움직인다. 그러나 바람이 불어 깃발이 움직이는 모습을 누군가가 보지 않는다면, '바람이 깃발을 움직이게 하는 사실'을 그 누구도 알 수 없다. 즉, 깃발의 움직임을 보고 있는 사람이 있어야 깃발이 바람에 움직이는 것이다. 요컨대, 깃발과 바람, 사람 이 세 가지가 모두 갖춰져야만 그제야 비로소 깃발이 움직인다.

이를 주가의 움직임에 빗대어 말하면 이렇다. 깃발은 그 기업의 본질적인 가치다. 바람은 그 기업에 대한 각종 호재와 악재다. 사람은 이 두 가지를 인식하는 사람의 마음이다. 본질적인 가치는 쉽사리 주가에 반영되지 않는다. '최소 3년'을 기다려야 한다는 것은 그런 의미다. 그러던 중 어디선가 바람이 불어(=호재가 발생해서) 그것이 사람들에게 널리 인식되기 시작하면(=사람의 마음이 움직이면) 그제야 주가는 오르기 시작한다. 그리고 마침내 '가치가 주가에 반영되기를 오랜 기간 기다려온' 진짜 투자자에게 그 기다림에 대한 보답을 해준다. 가치, 호재와 악재, 마음, 이 세 가지의 조합이 주가를 만들어낸다. 그리고 이를 탐구하는 것이 바로 주식 공부다.

기술적 분석이란 결국 마음 단련이다

《혼마비전》에는 이 밖에도 투자자의 마음에 깊이 새겨둘 만한 좋은 경구들이 많다. 그중 몇 가지를 소개한다.

- 매수, 매도 공히 오늘만큼 좋은 시장은 없다고 생각될 때 3일을 기다려라.
- 거래를 서두르지 마라.
- 천장과 바닥의 정도를 생각하고 매매하라
- 사람들이 서쪽으로 달리면 나는 동쪽을 향해야 이운이 따른다.
- 바닥부터 오르는 쌀값은 몇 개월간 계속 오르는 법이다.
- 바닥과 천장을 노리고 매매하라.
- 열 사람이 모두 치우쳐 있을 때 반드시 그 반동이 오는 법이다.
- 하락장일 때는 바닥에서 사지 않으면 이득이 없다.
- 결코 홧김에 팔고, 홧김에 사지 마라.
- 연중 내내 거래하고 있으면 이운에서 멀어진다.
- 투자에 확신이 없을 때는 쉬어라.

꼼꼼히 읽어 내려가다 보면 결국 다 '마음 수련'에 관련한 얘기들이다. 어려운 말들도 아니고, 투자자들이 늘 듣고, 자신의 입으로 내뱉기도 하는 '새삼스러울 게 없는' 말들이기도 하다. 그런데 왜 나의 투자 실력은 늘 제자리일까?

방법을 몰라서 투자가 어려운 것이 아니다. 인간 내면에 내재한 '투자에 실패하게 만들어진 본성'을 거슬러야 하기 때문에 어려운 것이다. 다이어트가 어려운 것과 유사한 이치다. 우리 모두는 살을 빼려면 무엇을 해야 하는지 너무나 다 잘 알고 있다. 그 방법은 무척 단순하다. 식단을 조절하고 열심히 운동하는 게 전부다. 하지만 방법을 몰라서 다이어트에 실패하는 사람은 아무도 없다. 마음껏 먹고 싶은 마음, 누워서 쉬고 싶은 마음 등 다이어트를 어렵게 만드는 인간의 본성을 거슬러야 해서 어려운 것이다.

투자도 마찬가지다. 사실 여러분은 답을 이미 알고 있다. 마음을 내어 실천하기가 어려울 뿐이다. 기술적 분석에 대한 접근법도 마찬가지다. 많은 사람이 다이어트에 실패하는 이유는 먹을 것을 다 먹으면서도 다이어트가 가능한 명약 같은 것을 찾고, 운동하지 않고도 몸짱이 되게 만드는 약물 같은 것에 손대기 때문이다. 기술적 분석을 관통하는 핵심 원리 세 가지는 추세와 본전 심리와 물극필반이다. 이는 결국 인간의 마음에 관한 얘기로 인간의 나약한 마음을 역이용하라는 조언이다. 그런데도 나약한 마음은 그대로 유지하면서 '이대로 따라 하기만 하면 떼돈을 버는 기술적 매매 비법' 따위를 찾아 헤매는 것은 굶지 않고 살 빼는 약, 운동하지 않고도 몸짱 만드는 약을 찾아 헤매는 것과 같다.

배터리 아저씨의 기술적 분석 노하우와 현금 보유 비중

기술적 분석을 통해서 우리가 알고 싶은 것은 무엇인가? '차트를 열심히 들여다보면 주가가 오르내리는 것을 맞출 수 있지 않을까?' 하는 생각으로 우리는 기술적 분석을 배운다. 기술적 분석만 한평생 파서 기술적 분석의 모든 것을 마스터한 이 분야의 대가들도 존재한다. 그러나 수많은 기술적 분석가들 중에 '그저 좋은 주식을 사서 마냥 갖고 있기만 하는 나는 시장의 상승 하락을 맞출 능력이 없습니다'라고 대놓고 고백하는 워런 버핏만큼 돈을 번 사람이 단 한 명도 없는 것은 왜일까? 나는 버핏이 가진 재산의 1/10만큼이라도 벌었다고 말하는 기술적 분석가를 한 번도 본 적이 없다.

여의도에서 사용하는 속어 중 '펴서 먹는다'라는 말이 있다. 이게 무슨 뜻인지 예를 들어보겠다. 삼성전자 주가가 30년에 걸쳐 400배 올랐는데, 그동안 계속 오르기만 한 것은 아니고 중간에 크게 하락한 적도 몇 번 있다. 만일 중간에 떨어지기 전에 팔았다가 저점에 다시 잡기를 반복하면 400배가 아니라 4,000배를 벌 수도 있었을 것이다. 이를 두고 '펴서 먹는다'라고 하고, 이를 위해 기술적 분석을 열심히 공부하는 것이다. 하지만 지금껏 여의도의 그 많은 '차트쟁이'들은 왜 지난 30년간 4,000배의 수익을 거두지 못했을까? 4,000배는 고사하고, 삼성전자 주식을 가만히 들고만 있어도 벌 수 있었던 400배 이익의 1/10 금액인 40배를 벌었다는 기술적 분석가들 소식을 나는 들어본 적이 없다.

노자의 《도덕경》에 '대지약우 대교약졸大智若愚 大巧若拙'이라는 구절이 나온다. '큰 지혜는 마치 어리석은 것처럼 보이고, 훌륭한 기술은 마치 어눌한 것처럼 보인다'라는 뜻이다. 워런 버핏, 피터 린치, 존 템플턴, 필립 피셔 등 실제로 투자를 통해 큰 부를 쌓고 뛰어난 성과를 일군 사람들의 투자 전략은 한결같이 단순하다. 오히려 너무 단순해서 어리석어 보이고, 어눌해 보인다. 이들의 투자 전략은 다음과 같은 단순한 공통점을 공유한다.

1. 훌륭한 기업의 주식을 사서 아주 오랜 기간 보유하라.
2. 경제의 향방, 증시의 향방, 주가의 향방은 알 수 없다. 맞추려 하지 말라.

3. 남들과 반대로 하라. 남들이 열광할 때 팔고, 남들이 공포에 질렸을 때 사라.
4. 언제든지 주가는 크게 떨어질 수 있다. 그때를 대비해서 항상 일정 부분의 현금을 보유하라.

투자의 그루들의 얘기를 들어보면, 기술적 분석은 아예 쓸모가 없는 것도 같다. 하지만 반드시 그런 것만은 아니다. '남들이 열광할 때와 남들이 공포에 질렸을 때'를 기술적 분석 기법을 통해 파악할 수도 있다. '주가가 언제 떨어질지' 그 정확한 날짜는 알 수 없지만, '지금은 크게 떨어져도 충분한 상태이니 조심할 필요가 있겠다'라는 경고는 기술적 분석 기법을 통해서 충분히 얻을 수 있다.

즉, 주식 투자 성공의 핵심 비결은 경제의 업 앤드 다운이나 증시 전반의 상승과 하락을 맞추는 데 있는 것이 아니라 다음의 세 가지에 있다. '훌륭한 기업을 알아보는' 안목, '그 주식을 너무 비싸게 사지 않게 하는' 가치 평가 기술, '사놓은 주식을 남들의 온갖 험담과 세상의 소음에도 불구하고 장기간 보유할 수 있는' 배짱이다. 이 세 가지 핵심 요소에 보조적으로 하나 더 있으면 금상첨화인 것이 바로 '현금 비중 조절의 테크닉'인데, 이는 기술적 분석을 통해 큰 도움을 받을 수 있는 영역이다.

삼위의 비전과
버크셔 해서웨이가 보유한 사상 최대 현금

혼마의 매매 방법 중에서 가장 핵심이 '삼위의 비전'이라고 앞서 이야기했다. 더불어 기술적 분석을 관통하는 세 가지 핵심 원리는 '추세, 본전, 물극필반'이라고 말했다. 사람의 본전 심리가 주가의 추세를 만들어낸다. 한 번 형성된 주가의 추세는 추세의 초기, 중기, 말기의 세 가지 위치, 즉 삼위를 갖는다. 기술적 분석이란 이렇게 추세가 형성되는 것을 인식해 상승 추세의 초기에 매수하고, 중기에 인내하며 보유를 지속하고, 추세 말기에 이르러 물극필반으로 추세가 하락으로 전환되기 전에 팔고 나오는 것이다. 그리고 이렇게 주식을 사고 판 후에는 다음 바닥 가격이 도래하기까지 반드시 휴식을 취하면서 매매를 자제하는 것이 사케다 오법 중 삼법, '사고-팔고-쉬어라'의 가르침이다.

2024년 세계 증시 흐름에서 내게 가장 흥미로웠던 부분이 두 가지 있다. 하나는 워런 버핏의 버크셔 해서웨이가 사상 최대의 현금을 보유했다는 소식이다. 또 하나는 버핏이 주식을 사상 최대로 팔 때 대한민국 국민들은 사상 최대로 미국 투자를 늘렸다는 점이다.[*] 이 둘의 결

---

[*] 류지영, '美 버크셔 해서웨이, 현금 보유 449조 원 사상 최대… 세계 증시 고점 신호?', 〈서울신문〉, 2024년 11월 3일자 기사.

말은 어떻게 될까? 버핏이 또 옳았던 것으로 결론이 날까? 아니면 다수의 대한민국 국민들이 맞고 버핏이 노망이 난 것으로 결론이 날까? 참으로 흥미로운 일이 아닐 수 없다.

혼마의 삼위의 비전을 생각해보자. 미국 증시는 지금 상승 추세의 초기인가? 중기인가? 말기인가? 그에 대한 답은 기술적 분석 안에 들어 있을 텐데, 이 장을 꼼꼼히 읽은 분이라면 그 답을 이미 눈치챘을 것이다. 덧붙여 한참 고점이 되기 전인 2024년 초부터 버핏이 왜 투자자들에게 경고를 했고, 이때 이미 주식을 많이 팔고 있었는지 그 이유를 여러분들이 이해했으리라고 나는 믿는다.

결국 기술적 분석을 배우는 이유는

경제가 악화될 것 같아서, 혹은 증시가 대세 하락으로 접어들 것 같아서 보유 주식을 죄다 팔아버리는 것은 투자자가 흔히 저지르기 쉬운 가장 어리석은 행동이다. 세상이 망하든 말든, 증시의 대폭락이 예상되든 말든 최대 30% 정도의 현금 확보만 해야지, 100% 주식을 다 팔아 버리는 일은 절대 해서는 안 된다. 왜 그럴까?

1. 우리는 경제가 악화될지 좋아질지 예측할 능력이 없다.
2. 경제가 불황이라고 해서 증시가 꼭 떨어지는 것도 아니다.

3. 증시 전반이 약세라도 모든 주식이 다 떨어지는 것도 아니다.
4. 내가 보유 중인 주식이 떨어지는 것을 맞추더라도 바닥을 정확히 맞춰서 다시 사들이기는 불가능하다

공자는 《논어》에서 앎에 대한 정의를 다음과 같이 내렸다.

知之爲知之 不知爲不知 是知也(지지위지지 부지위부지 시지야)
아는 것을 안다고 하고 모르는 것을 모른다고 하는 것, 그것이 곧 앎이다.

아는 것과 모르는 것을 명확히 구분할 수 있는 것이 진짜 앎이라는 얘기다. 기술적 분석을 통해 매매 시점을 정확히 잡을 수 있고, 이를 통해 떼돈을 벌 수 있다고 생각하는 것은 거짓된 앎이다. '가치에 비해 현저히 저평가된, 성장이 유망한 주식을 사서 장기간 보유하면 돈을 번다'라는 명제는 100%에 가까운 진실이다. 하지만 '우상향하는 20일선에 주가가 왔을 때 사면 돈을 번다'라는 명제는 진실일 확률이 그저 50%를 넘나들 뿐이다.

즉, 기술적 분석의 정의가 '주가의 향방을 예측해 매매 시점을 잡는 방법'임은 맞지만, 실제로 기술적 분석을 통해서 '주가의 향방을 예측하려는' 행위는 부질없다. 기술적 분석은 그저 내가 10~30% 수준의 현금 비중을 유지하려 할 때, 언제 10%만 보유하고 언제 30%를 보유

하는 것이 좋을지를 결정하는 데 도움을 주는 보조 지표 정도로만 사용해야 한다. 사실 이조차도 어쩌면 아예 필요 없을지 모른다. 워런 버핏의 말처럼 '남들이 두려워할 때 욕심을 내어 10%만 현금 보유를 하고, 남들이 탐욕을 부릴 때 두려워하면서 30% 현금 보유를 하면' 되니 말이다. 다만, 기술적 분석의 여러 기법을 사용하면, 남들이 두려워할 때와 남들이 탐욕을 부릴 때가 보다 더 선명하게 보일 뿐이다. 기술적 분석의 여러 지표들은 이를 알려주는 보조 지표일 뿐, 결코 주가의 미래를 예측하기 위한 도구로 사용해서는 안 된다는 점을 반드시 기억하길 바란다.

기술적 분석을 관통하는 세 가지 핵심 원리, 어떻게 활용할까?

기술적 분석을 관통하는 세 가지 핵심 원리는 추세, 본전 심리, 물극필반이다. 이를 실제 투자에서 어떻게 활용하면 좋을까?

① 가격은 스스로 추세를 갖는다

상승 추세에 접어든 주식은 별일이 없으면 장기간 그 추세가 유지된다. 그러므로 상승 추세 초기에 그 주식을 산 다음, 오랜 기간 보유해야 한다. 많은 사람이 약간의 수익이 났을 때 이를 참지 못하고 빨리

이익 실현을 해버리는데, 이러한 추세의 속성을 이해하지 못해서다. 상승 추세에서 하락 추세로 전환하는 데는 시간이 많이 걸린다. 따라서 약간의 악재에 깜짝 놀라서 성급히 뛰어내릴 이유가 전혀 없다. '돈은 머리로 버는 것이 아니라 엉덩이로 번다'라는 증시 격언은 바로 이를 두고 한 말이다.

② 본전 심리

본전 심리는 투자를 망치는 원흉이다. 남들이 가지는 본전 심리 때문에 만들어지는 투자 기회를 잘 활용해야 하고, 나는 본전 심리에 좌우되는 일이 없어야 한다. '사고 나서 내가 얼마에 샀는지는 잊어라.' 나의 본전 가격을 주식시장은 모른다. 산 가격은 잊어버리고 오로지 이 기업의 주가 전망이 밝은지 아닌지만 가지고 판단해야 한다.

③ 물극필반

사람이란 간사한 동물이다. 주식 투자로 돈을 꽤 벌게 되면 마치 자신이 주식 천재인 양 의기양양해져서 이 돈 저 돈을 다 끌어다가 올인한다. 그리고 망한다. 그렇게 돈을 꽤 잃고 나면 급격히 소심해져서는 안절부절못하고 불안감에 떨다가 투매를 해버리고 증시를 떠난다. 그랬다가 다시 시장이 좋아져서 옆집 영희 엄마, 철수 아빠가 꽤 돈을 벌어 온갖 자랑을 늘어놓는 것을 듣게 되면 포모에 빠져 뒤늦게 시장에 뛰어들어서 또 망하기를 반복한다. "내가 주식 투자 경력만 30년이야"

하는 사람들의 다수가 실은 이런 과정을 계속 반복해왔을 뿐이다. 이런 식으로 30년이면 무슨 발전이 있겠는가?

주식 투자를 할 때는 시세의 변화에 따라 내 계좌가 불었다가 줄었다가 하는 것에 덤덤해질 필요가 있다. 주가가 올랐다고 들뜨지 말고, 주가가 떨어졌다고 의기소침하지 않아야 한다. 물극필반의 원리에 따르면, 값이 많이 오르면 곧 떨어지게 되고, 값이 많이 떨어지면 곧 오르게 된다. 그러니 언제나 평상심을 유지하려 노력해야 한다. '감정적인 투자자가 되지 않기 위해 마음의 훈련을 하면' 그다음부터 주식 투자는 저절로 풀린다. 그저 마음이 들뜰 때는 그 마음을 경계하며 현금 비중을 30%로 늘리고, 마음이 불안하고 괴로울 때는 역으로 용기를 내어 현금 비중을 10%로 줄이고 과감히 주식을 더 사야 한다. 그리고 진짜 이 주식이 더 이상 성장할 수 없을 정도로 커졌고, 주가도 충분히 이를 반영하게 됐다면 이때가 주식의 장기 고점이니 서서히 이별을 준비해야 한다.

기술적 분석은 이 정도로 활용하면 충분하다. 그리고 기술적 분석을 활용해 이런 판단들을 내릴 때 앞서 배운 재무제표 분석이나 애널리스트 리포트 등의 기본적 분석을 결합해 함께 보면 투자에서 성공할 확률이 높아진다. 어차피 기술적 분석은 확률적으로 가능성이 크다는 것이지, 100%에 가까운 확률을 보장하는 방법은 아니기 때문이다. 주식 투자를 할 때 여전히 가장 중요한 것은 '위대한 기업을 찾는 것'이다. 기술적 분석은 이를 보조하는 역할에 만족해야 함을 반드시 명심하길 바란다.

박순혁의 K-주식 투자 바이블

초판 1쇄 발행 2025년 9월 15일

지은이 박순혁
펴낸이 전인구

펴낸곳 (주)애덤스미스
주소 서울시 서초구 사평대로 55길 149, 5층(반포동, 와이제이빌딩)
전화 02-540-2503
팩스 02-2179-8768
홈페이지 www.adamsmithclass.co.kr
전자우편 book@adamsmithclass.co.kr
출판등록 2023년 5월 23일 제2024-000001호

ⓒ박순혁, 2025

ISBN 979-11-987583-4-7 03320

이 책은 저작권법에 따라 보호받는 저작물이므로 무단 전재와 무단 복제를 금지하며,
이 책의 전부 또는 일부를 이용하려면 반드시 저작권자와 (주)애덤스미스 출판사의
서면 동의를 받아야 합니다.

* 잘못된 책은 구입하신 곳에서 바꿔드립니다.
* 책값은 뒤표지에 있습니다.